"十四五"国家重点图书出版规划项目

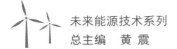

未来能源技术系列

总主编 黄震

# 能源互联下成员的行为决策分析

ANALYSIS OF MEMBERS'
BEHAVIORAL DECISIONS
IN ENERGY INTERNET

艾芊 著

上海交通大学出版社
SHANGHAI JIAO TONG UNIVERSITY PRESS

## 内容提要

本书是"十四五"国家重点图书出版规划项目"未来能源技术系列"之一。全书共 8 章，探讨了因新能源接入导致的能源互联网的结构层次和耦合模式的改变下，各类能源成员的特点、诉求、互动关系、行为决策和演化等内容。本书体现了能源互联背景下多能主体互动决策技术的最新重要进展，详细介绍了能源互联网的主要特征、具备功能、基本架构，以及相关的机埋模型、灵敏度在线感知模型、竞价预测模型和经济行为模型，为适应不同规模、场景和需求的能源系统优化设计提供思路和方法。本书可作为工科院校电气工程及相关专业的研究生的参考用书，也可供从事电力系统和综合能源系统交易、运行、规划等工作的相关人员参考阅读。

**图书在版编目(CIP)数据**

能源互联下成员的行为决策分析 / 艾芊著. —上海：
上海交通大学出版社，2023.6
（未来能源技术系列）
ISBN 978-7-313-28217-0

Ⅰ.①能… Ⅱ.①艾… Ⅲ.①能源经济-经济决策-
研究 Ⅳ.①F407.2

中国国家版本馆 CIP 数据核字(2023)第 038965 号

**能源互联下成员的行为决策分析**

NENGYUAN HULIAN XIA CHENGYUAN DE XINGWEI JUECE FENXI

著　者：艾　芊

出版发行：上海交通大学出版社　　　　　　　　地　　址：上海市番禺路 951 号
邮政编码：200030　　　　　　　　　　　　　电　　话：021-64071208
印　　制：上海颛辉印刷厂有限公司　　　　　　经　　销：全国新华书店
开　　本：710 mm×1000 mm　1/16　　　　　印　　张：21.75
字　　数：413 千字
版　　次：2023 年 6 月第 1 版　　　　　　　　印　　次：2023 年 6 月第 1 次印刷
书　　号：ISBN 978-7-313-28217-0
定　　价：118.00 元

# 前　言

2020 年 9 月 22 日,习近平总书记在第七十五届联合国大会一般性辩论上宣布,"中国将提高国家自主贡献力度,采取更加有力的政策和措施,二氧化碳排放力争 2030 年前达到峰值,努力争取 2060 年前实现碳中和。"庄重的承诺,体现了我国在全球气候环境治理中的大国担当和实现绿色低碳转型的坚定决心。要在较短的时间内实现碳达峰和碳中和,合理的能源结构调整是重中之重。面对高碳能源累积总量大、转型困难等挑战,如何高效、高速、高质地实现能源体系的低碳、脱碳、清洁化是一道必答题。解决上述问题,需从以下几个方面努力。

一方面,需要转变能源发展方式,以新型电力系统为核心,将不同能源系统的产能、输送和利用等各个环节进行统一地规划和调度,提升能源互联水平。随着智能电网相关技术的逐渐完善和建设"坚强电网"目标的基本完成,能源产业已经由各能源系统的独立运行向多能源系统的联合运行发展。早在 2015 年,习近平总书记在出席联合国发展峰会时就曾倡议探讨构建全球能源互联网,推动以清洁和绿色方式满足全球电力需求。随后,国家能源局建设了包括北京延庆能源互联网综合示范区、崇明能源互联网综合示范项目等在内的数十个"互联网＋"智慧能源(能源互联网)示范项目。国家科技部、国家电网公司、南方电网公司也推动了若干关于能源互联网关键技术的研发计划和科技项目的提出和落地,为能源互联的深入推进提供了理论和现实基础。

另一方面,需要利用市场手段进一步挖掘互联系统的互补支撑潜力来应对新型电力系统的安全运营和清洁消纳压力,用经济激励激活灵活性资源参与系统调控的积极性。2015 年以来,我国开启了新一轮的电力体制改革,以解决制约电力行业科学发展的突出矛盾和深层次问题,推动结构调整和产业升级。电力售电侧市场开始向社会资本开放,涌现出多种新型的市场参与主体,如负荷聚集商、虚拟电厂、需求响应集成商等,电网的可调控资源类型更加丰富,电力供应侧和需求侧的灵活性均大大增加。电力市场改革的成功经验也为建立健全能源互联环境下的市场交易机制指明了方向。进一步激发能源市场活力已成为促进"双碳"目标实现的又一有力推手。

为形象表述市场环境下不同参与主体的互动和依存关系,本书借鉴仿生学的概念将这些具有自治和协同能力的能源互联网成员刻画成大大小小的能源细胞。能源细胞是多类终端用户和分布式资源的聚合体和运营商,包括微电网、负荷聚集商、虚拟电厂、区域综合能源系统、主动配电网等。在能源互联背景下,该类主体的服务范围不再仅仅局限于电能的调度和供应,而是统一管理用户的多能源需求,提供综合能源服务。多个能源细胞进而通过互联组成能源组织,可完成一系列功能,在满足单个细胞发展需求的同时,构建一个和谐共生的生态环境。能源细胞主体通常具备"产消者"的身份属性,可以在生产者和消费者之间自由切换,其内部组织形式和运营模式具有高度的灵活性,可以根据不同的场景、需求、成员类型等而采用不同的互动模式。

随着电网智能化技术的发展以及可再生能源比例的不断提高,能源细胞主体可调控的分布式资源呈现海量增长的趋势,用户对能源服务的要求也将越来越高。随之带来的是互动关系的复杂化以及竞争的日益加剧,因此,能源细胞主体必须在现有基础上,拓展和创新服务类型,寻找新的盈利增长点,构建新的商业模式。而能源细胞-组织架构将使得能源系统的运行从集中式能源生产向分布式能源生产消费转变,通过各层、各区域能源细胞的通信、合作和竞争,从而达到全局最佳状态,获取相对合理的最大收益。

本书基于能源细胞-组织架构,以能源细胞为主体,对能源互联背景下各类能源细胞成员的特点、诉求、互动关系、行为决策和演化等内容进行了介绍,以期从崭新的视角审视能源互联网的运行演化规律。

需要说明的是,本书借鉴了国内外电力系统同行的丰富经验与观点,参考了大量相关资料和文献,并从中得到了很多启发,书中列出的参考文献仅仅是其中一部分。在此对广大同行专家表示衷心的感谢。

本书在全面总结相关技术的国内外研究进展的基础上,也介绍了作者承担的国家自然科学基金项目(U1766207、U1866206)、国网总部科技项目(52060018000N)和国家重点研发计划(2021YFB2401203)等有关课题所取得的最新研究成果。本书所涉及的内容,包括上海交通大学副研究员贺兴,助理研究员高扬,博士研究生姜子卿、郝然、周晓倩、殷爽睿、张宇帆、李昭昱、李嘉媚、程浩原,硕士研究生陈静鹏、刘思源、方燕琼、杨思渊、王皓、何奇琳、王玥、黄开艺、孙子茹、陈旻昱、张冲、朱天怡等刻苦研究的成果,在此一并向他们表示感谢。

本书共分8章。第1章对能源细胞-组织架构的基本概念、模型等进行了基本介绍,并分析了能源细胞的典型主体及其利益诉求;第2章介绍了能源细胞主体可调控的各类分布式资源的常用模型,并进行了量化的分析;第3章则聚焦能源细胞主体的运营模式,包括成员的利益、成本分析,互动运行架构以及市场参与模式;第4章和第5章分别分析了能源细胞主体在合作和非合作情况下的互动关系、博弈行为和最佳策略;第6章介绍了能源细胞集群的典型场景和优化调度方法;第7章介绍了基于能源细胞-组织架构的分布式调度和市场竞价策略;第8章结合目前我国现有能源政策和能源消费情况,探讨了能源互联背景下综合能源服务、互动机制和运营模式的未来发展趋势。

本书完稿后,虽经多番详细审阅,但难免仍有不足之处,加之作者编写水平有限,只能抛砖引玉,恳请广大读者和专家批评指正。

# 目　　录

# 1 基于细胞-组织架构的
# 能源互联网运行架构

能源互联网综合运用先进的电力电子技术、信息技术和智能管理技术,将电力网络、石油网络、天然气网络等能源互联起来,以实现能量双向流动的能量对等交换与网络共享。本章首先从能源互联网基本概念出发,从理论层面介绍能源互联网概念定义、主要特征、具备功能、基本架构,从实践层面介绍能源互联网的示范项目与发展现状;接着为了探讨能源互联网的运行,引入具备交流互动性与分层可控性的能源细胞-组织架构模型与互动机制,提出能源细胞-组织物理信息分层架构,以及机理模型、灵敏度在线感知模型、竞价预测和经济行为模型。然后,介绍能源互联网典型成员(微电网、虚拟电厂、负荷聚合商)的特点、应用及主要诉求。最后,基于能源互联网关键技术,介绍分析了态势感知、数据驱动、人工智能和区块链等技术在能源互联网中的发展、应用及展望。

## 1.1 能源互联网基本概念

### 1.1.1 基本概念

美国学者杰里米·里夫金(Jeremy Rifkin)于 2011 年在其著作《第三次工业革命》中预言,以新能源技术和信息技术的深入结合为特征,一种新的能源利用体系即将出现,他将设想的这一新的能源体系命名为能源互联网(Energy Internet)。杰里米·里夫金认为:"在即将到来的时代,我们需要创建一个能源互联网,让亿万人能够在自己的家中、办公室里和工厂里生产绿色可再生能源。多余的能源则可以与他人分享,就像我们现在在网络上分享信息一样。基于可再生能源的、分布式、开放共享的网络,即能源互联网"[1]。随后,随着我国对能源互联网发展的重视,杰里米·里夫金及其能源互联网概念在中国得到了广泛传播。能源互联网是实现我国能源革命目标的关键,而互联网技术将成为推动我国能源产业转型和发展的重要手段。能源互联网综合运用先进的电力电子技术、信息技术和智能管理技术,将大量由分布式能量采集装置、分布式能量储存装置和各种类型负载构成的新型电力网络、石油网络、天然气网络等能源节点互联起来,以实现能量双向流动的能量对等交换与共享网络。能源互联网采用先进的传感器、控制程序和软件应用程序,将能源生产端、能源传输端、能源消费端数以亿计的设备、机器、系统连接起来,形成了能源互联网的"物联基础"。大数据分析、机器学习和预测是能源互联网实现生命体特征的重要技术支撑:能源互联网通过整合运行数据、气象数据、电网数据、电力市场数据等,进行大数据分析、负荷预测、发电预测、机器学习,优化能源生产和提高能源消费端的运作效率,实现需求和供应随时的动态调整。

能源互联网其实是以互联网理念构建的新型信息能源融合"广域网",它以大电网为"主干网",以微网为"局域网",以开放对等的信息能源一体化架构,真正实现能源的双向按需传输和动态平衡使用,因此可以最大限度地适应新能源的接入。微网是能源互联网中的基本组成元素,通过新能源发电、微能源的采集、汇聚与分享以及微网内的储能或用电消纳形成"局域网"。大电网在传输效率等方面仍然具有无法比拟的优势,将来仍然是能源互联网中的"主干网"。虽然电能仅仅是能源的一种,但电能在能源传输效率等方面具有无法比拟的优势,未来能源基础设施在传输方面的主体必然还是电网,因此未来能源互联网基本上是互联网式的电网。能源互联网把一个个集中式的、单向的电网,转变成与更多消费者互动的电网。

### 1.1.2 具备功能

能源是现代社会赖以生存和发展的基础。为了应对能源危机,各国积极研究新能源技术,特别是太阳能、风能、生物能等可再生能源。可再生能源具有取之不竭、清洁环保等特点,受到世界各国的高度重视。可再生能源存在地理上分散、生产不连续、随机、波动和不可控等特点,传统电力网络集中统一的管理方式难以适应可再生能源大规模利用的要求。对于可再生能源的有效利用方式是分布式的"就地收集,就地存储,就地使用"。

但分布式发电并网并不能从根本上改变分布式发电在高渗透率情况下对上一级电网电能质量、故障检测、故障隔离的影响,也难以实现可再生能源的最大化利用。只有实现可再生能源发电信息的共享,以信息流控制能量流,实现可再生能源所发电能的高效传输与共享,才能克服可再生能源不稳定的问题,使可再生能源得到真正有效利用。

信息技术与可再生能源相结合的产物——能源互联网为解决可再生能源的有效利用提供了可行的技术方案。与目前开展的智能电网、分布式发电、微电网研究相比,能源互联网在概念、技术、方法上都有独特之处。因此,研究能源互联网的特征及内涵,探讨实现能源互联网的各种关键技术,对于推动能源互联网的发展,并逐步使传统电网向能源互联网演化,具有重要理论意义和实用价值。

能源互联网可理解为综合运用先进的电力电子技术、信息技术和智能管理技术,将大量由分布式能量采集装置、分布式能量储存装置和各种类型负载构成的新型电力网络节点互联起来,以实现能量双向流动的能量对等交换与共享网络。从政府管理者视角来看,能源互联网是兼容传统电网的,可以充分、广泛和有效地利用分布式可再生能源的、满足用户多样化电力需求的一种新型能源体系结构;从运营者视角来看,能源互联网是能够与消费者互动的,同时存在竞争的一个能源消费市场,只有提高能源服务质量,才能赢得市场竞争;从消费者视角来看,能源互联网不仅具备传统电网所具备的供电功能,还为各类消费者提供了一个公共的能源交换与共享平台。

## 1.1.3　主要特征

能源互联网主要具备五大特征[2]:可再生、分布式、互联性、开放性、智能化。

(1)可再生。可再生指能源互联网中可再生资源为主要能源供应来源。可再生能源具有波动性、间歇性,其接入会对传统电网的稳定性产生影响,从而促使传统电网向着能源互联网转型。

(2)分布式。分布式指为了利用分散的可再生能源,最大化能源利用效率,通常建立就地收集、存储和利用能源的能源网络,该网络规模小、分布广,是能源互联网中的一个节点。

(3)互联性。互联性指微型能源网络互联保证了能源的自给自足,平衡大范围内的能源供给和需求。能源互联网关注将分布式发电装置、储能装置和负载组成的微型能源网络互联起来,而传统电网更关注如何将这些要素"接进来"。

(4)开放性。开放性指能源互联网络中满足互操作标准的发电设备、储能装置等灵活资源能够"即插即用",成为一个对等扁平和能量双向流动的能源共享网络。

(5)智能化。智能化指能源互联网中能源的产生、传输、转换和使用都具备一定的智能。

除了上述特征外,能源互联网由于采用多种能源互联,因此与其他形式的电力系统相比,具有以下四个关键技术特征[3]:

(1)可再生能源高渗透率。能源互联网中将接入大量各类分布式可再生能源发电系统,在可再生能源高渗透率的环境下,能源互联网的控制管理与传统电网之间存在很大差异,需要研究、分析和解决由此带来的一系列新的科学与技术问题。

(2)非线性随机特性。分布式可再生能源是未来能源互联网的主体,而可再生能源具有很大的不确定性和不可控性,同时考虑实时电价、运行模式变化、用户侧响应、负载变化等因素的随机特性,能源互联网也将呈现复杂的随机特性,其控制、优化和调度将面临更大挑战。

（3）多源大数据特性。能源互联网工作在高度信息化的环境中,随着分布式电源并网、储能及需求侧响应的实施,其包含气象信息、用户用电特征、储能状态等多种来源的海量信息。而且,随着高级量测技术的普及和应用,能源互联网中具有量测功能的智能终端的数量将会大大增加,所产生的数据量也将急剧增人。

（4）多尺度动态特性。能源互联网是一个物质、能量与信息深度耦合的系统,是物理空间、能量空间、信息空间乃至社会空间耦合的多域、多层次关联,包含连续动态行为、离散动态行为和混沌有意识行为的复杂系统。作为社会/信息/物理相互依存的超大规模复合网络,与传统电网相比,能源互联网具有更广阔的开放性和更大的系统复杂性,呈现出复杂的、不同尺度的动态特性。

## 1.1.4　基本架构

能源互联网的基本架构如图1-1所示[4],主要由"能源系统的类互联网化"和"互联网＋"组成。"能源系统的类互联网化"指基于互联网思维,对现有能源系统的改造升级;"互联网＋"则指信息互联网在能源互联系统的融入。

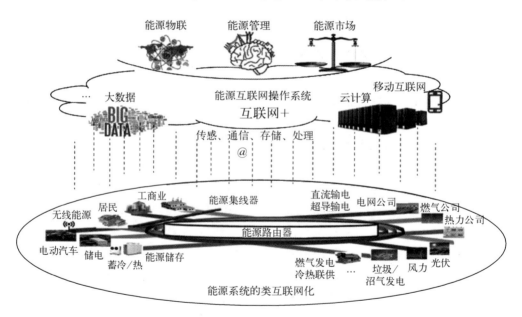

**图1-1　能源互联网基本架构**

能源互联网概念架构如图1-2所示[4],其包括多能源层、能源路由器、主动负荷和多能源市场部分:多能源层在跨国广域能源互联网、国家级骨干能源互联网、智慧城市能源互联网、用户域能源互联网、市场域能源互联网等不同层次的能源互联网中耦合程度不同;能源路由器可实现电力、天然气、冷/热气等多能源连接、转换、存储,是一种全新的能源转换和存储装置,其规划设计、能量协调与优化、运行控制等技术还有待进一步研究;主动负荷既包括冷、热、电负荷,也包括分布式发电、电动汽车和储能装置;多能源市场则在互联开放平台支持下,实现电能交易、新能源配额交易、分布式电源及电动汽车充电设施监测等功能。

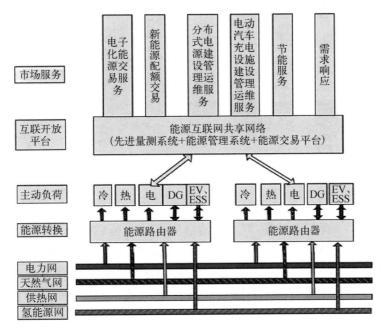

**图 1－2　能源互联网概念架构**

在传统能源中,电/热/冷/气等各能源行业和产业较封闭,并且互联耦合程度有限,基本实行孤立规划和运行的方式,因此在能源利用方面不利于能源效率的提高以及可再生能源的消纳。能源互联网的提出可实现电/热/冷/气/油多能的综合利用,且在太阳能、潮汐能等新能源处有较好的接口,形成开放互联的能源管理系统,如图 1－3 所示[4]。

能源互联网被认为是未来能源基础平台,分布式能源、生产-消费一体的能源主体将成为其主要组成部分,满足它们的接入和定制化需求面临诸多挑战,如间歇性能源的调节与接入、生产和存储的合理调配、定制化需求的响应等。因此,在区域能源网(regional energy internet system, REIS)的建设中,按照能源互联网的理念,采用先进的互联网及信息技术,实现能源生产和使用的智能化匹配及协同运行,以新业态方式参与电力市场,可以形成高效清洁的能源利用新载体[5]。区域能源网一般涵盖区域集成的供电、供气、供暖、供冷、供氢和电气化交通等能源系统,

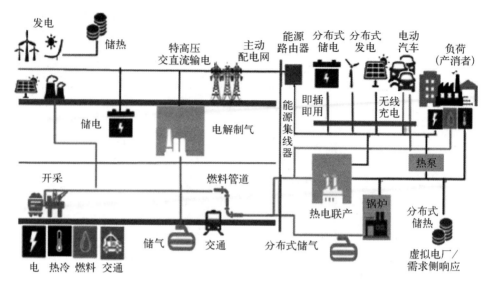

**图 1 - 3  多能源开放互联**

以及相关的通信和信息基础设施,可以通过能量存储和多能互补减弱分布式能源的波动性,在单一能源系统源/网/荷/储纵向优化的基础上,利用风机、光伏、光热、冷热电三联供、吸收式制冷、热泵、电解制氢、电动汽车等技术,实现多能源开放互联,促进多系统间的耦合[4]。通过能源耦合关系对多种供能系统进行横向的协调优化,实现能源的梯级利用和协同调度,因此,能源互联网得到了广泛的研究和应用。

随着多种能源系统向着分布式和互补式的方向发展,区域能源系统呈现出范围广、集群分布和个体自治的特点。每个在一定区域内具有一定自治特性的能源系统均可与相邻的能源系统交互,组成大的能源互联网。同时,一些区域能源系统在利益驱动下可自主聚合为集生产、传输、交易为一体的综合能源系统,更深层次地实现多能互补,平抑新能源波动,并由此获得合作收益,同时通过构建综合能源系统,能够有针对性地满足用户多品位的能量需求。

## 1.1.5  相关示范项目

美国和欧洲各国很早就有能源互联网的研究计划。2008 年美国就在北卡罗来纳州立大学建立了研究中心,希望将电力电子技术和信息技术引入电力系统,在未来配电网层面实现能源互联网理念。效仿网络技术的核心路由器,科学家们提出了能源路由器的概念,并且进行了原型实现,利用电力电子技术实现对变压器的控制,路由器之间则利用通信技术实现对等交互。随着能量需求呈现多样化和分布化趋势,以区域能源互联网为对象的理论研究和工程实践也在国外率先展开。

欧洲电力匹配城市(Power Matching City)项目基于多智能体技术以智能方式实现供能和热电需求的协调互联、分布式新能源发电集群与需求响应协调。英国FENIX项目将分布式电源整合成虚拟大型电厂进行分级管理,优化分布式电源在电网中灵活运行。美国电力公司和美国电力可靠性技术协会(Consortium for Electric Reliability Technology Solution, CERTS)在俄亥俄州首府哥伦布建造了含分布式电源的区域电网示范平台,实现了多种电源的自治管理。英国曼彻斯特大学最先于当地区域能源互联网中开发了电/热/气系统与用户交互平台,该平台整合了用能模式、节能策略和需求响应3个功能。德国亚琛大学和德国联邦经济和环境部通过需求管理实现了智能电表"Smart Watts"项目[6]和"E-Energy"项目,旨在通过能量流、信息流与资金流的高度融合,推动能源服务的电子商务化,其成果在德国朗根费尔德成功落地。欧盟确立了其2050年电力生产无碳化的发展目标,并发布了欧盟电网计划(EEGI)新版路线图,该路线致力于融合各国能源系统以构建跨欧洲的高效能源系统[7]。日本早在2010年就成立了日本智能社区联盟(JSCA),致力于智能社区技术的研究与覆盖全国的综合能源系统示范。

我国在区域能源互联网工程实践方面已取得一定成果,例如多时空尺度的互补协调机制、结合动态的多智能体系统、构建适合多设备多能源接入的分层控制策略等。天津中新生态城实施的智能电网创新示范区工程,成功地把分层分区的智能调控管理技术应用在多源协同优化控制中,示范区采用分层控制的方式设计,实现"就地控制—分层控制—全局控制"的多级控制模式。北京延庆区域能源互联网示范区建立了基于四层架构的模型[8],支持高比例分布式新能源发电的充分消纳和综合利用,实现了能源产销"区域自治,全局优化"。雄安新区多能互补工程的特点在于对地热能的梯级利用,以中深层地热为主,以浅层地热、再生水余热、垃圾发电余热为辅,提出了考虑燃气等能源为补充的"地热+"区域能源互补方案[9]。张家口张北风光热储输多能互补示范是国家电网公司建设坚强智能电网首批重点工程[10],综合运用多种储能和光热发电技术,开创了规模化新能源接入的先例。2017年7月,国家能源局正式公布包括北京延庆能源互联网综合示范区、崇明能源互联网综合示范项目等在内的首批55个"互联网+"智慧能源(能源互联网)示范项目,并要求首批示范项目原则上应于2017年8月底前开工,并于2018年底前建成。其中城市能源互联网综合示范项目12个、园区能源互联网综合示范项目12个、其他及跨地区多能协同示范项目5个、基于电动汽车的能源互联网示范项目6个、基于灵活性资源的能源互联网示范项目2个、基于绿色能源灵活交易的能源互联网示范项目3个、基于行业融合的能源互联网示范项目4个、能源大数据与第三方服务示范项目8个、智能化能源基础设施示范项目3个[11]。能源互联网从概念走向实现,已在我国取得了长足的发展。

## 1.2 能源细胞-组织架构

### 1.2.1 能源细胞-组织架构的提出

随着高比例新能源并网、电力电子装置和新负荷接入与多种能源种类、网络结构、主体[12]的智能电网不断发展,电网的复杂性和不确定性与日俱增。满足智能电网实时供需平衡需求,不仅要依靠发电侧的支撑配合,更需要通过需求侧实现削峰填谷,实现间歇性新能源消纳。需求响应(demand response,DR)指电力用户根据市场的价格信号或激励机制做出响应,并改变固有电力消费模式的市场参与行为,它对提高能源效率、平衡供需关系、延缓电力基础设施的扩张、增加系统灵活性及能源互联网的建设具有重要意义[13-15]。DR 项目包括激励机制和价格机制,前者包括直接负荷控制、可中断负荷、需求竞价等,后者包括分时电价(time of use,TOU)、尖峰电价(critical peak pricing,CPP)、实时电价(real time pricing,RTP)等。区域能源网以优化配置各种能源资源为目的,通过余热利用、储能、热泵等技术手段,实现区域内发展冷、热、电、气的生产和供应之间的协同作用[16],具有源荷多元化、结构多样化的特点,使需求响应的机理和规划方式愈加复杂。

区域能源网中需求响应的多时空复杂性和信息-能源维度的高要求增加了需求响应规划配置和能源市场交易的难度。需求侧源荷一体化的特征随着分布式能源比例的上升愈加明显,用户由单一时段响应过渡到多时段响应,导致用户侧的不确定性加大,增加了需求侧多时间尺度的复杂性;此外,区域能源网中电/气/冷/热系统耦合和时间、地点、天气加之用户需求差异性则加大了需求响应的广义空间尺度复杂性[13, 16-17]。区域能源网的形式之一是集分布式能源、可控负荷、储能设备、控制管理等为一体的微网(microgrid,MG)[18]。微网规模扩大、数目增多,可形成微网集群互联互动协调管理系统,称为多微网,在城市配电网末端具有广阔的应用前景[19-20]。对于区域能源网中微网的研究已从原来的需求侧简单能效系数模型和被动的"负荷"模型转变为供需两侧同等地位研究,需求侧也能主动参与电网规划与运行[21]。随着微网发展,在冷/热/电/气和源网荷储的双重耦合下,需求侧与供应侧不再有明确的界限,为能源市场交易中电力市场能量、信息(电量电价、政策等)、交易层面的积极互动加大了难度。

为了应对上述挑战,具备更强的交流互动性和分层可控性的能源细胞-组织的架构应运而生,该架构集多种能源的生产、输送和利用为一体,成为区域能源网中需求响应资源规划和市场调节的具有前瞻性的互动机制。为了实现分布式设备有效并网、协调控制和源荷紧密联系的需求响应规划,将区域能源网依照一定标准(如位置等)分为多个能源细胞,每个细胞集分布式发电机组、储能设备、负荷、能源管理的产消一体化,其主要体现形式是微网。各个细胞结构、能源特性随着能源细胞内源荷及环境的不同而互异,用能源细胞的表示既可充分尊重结构各异的系统,又以生物体最小单元的细胞作为类比,保证了细胞内系统的独立性和可操作性。这些细胞又可以集成先进的通信调度规划技术,通过物理和信息方式连接,形成细胞群的更高级形态——组织。以组织方式互联细胞的形式可以克服空间联系不紧密的问题,实现信息互通、设施互联、优势互补,追溯细胞内变化的本质因素。同时,能源细胞在组织中会时刻受到组织大环境的影响,该影响是相互、实时、动态的,如图1-4所示。能源细胞-组织架构以极强的互动渗透模式对需求侧管理作出局部最优和全局最优的智能决策,提高了互联异构的能源细胞之间的协调能力,为区域能源网内整体需求响应的有效实施提供了支持。

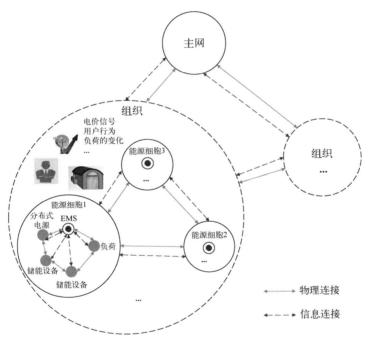

**图1-4 能源细胞-组织架构示意图**

## 1.2.2 能源细胞-组织物理信息分层架构

区域能源互联网通过应用先进的通信技术、电力电子技术、智能控制技术等,使得规模化的分布式能源和多能负荷具有可观性和可控性、网络拓扑灵活调节,且具备进行协调优化和管理的能力。区域能源互联网系统框架应符合分层调控、互动和市场交易的运行要求,在物理和信息对应关系上都应遵循一定的设计准则。

未来区域能源网将发展成为纵向上源网荷协同优化,横向上多能互补的新型智能化系统,其典型形式如图1-5所示。

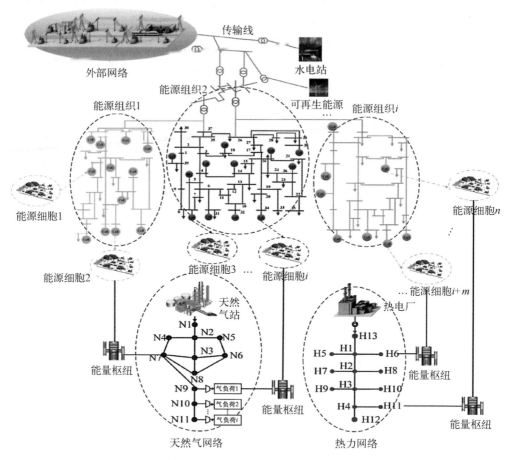

图1-5 未来区域能源网(能源细胞-组织)物理构架

### 1.2.2.1 能源细胞-组织划分

根据区域能源互联网物理系统的发展趋势,未来区域级能源互联的物理系统将形成如图1-6所示的多级分层系统,其划分原则具体如下。

1)供能单元

包括风光等可再生能源、小型水电站和储能等基础发电单元,燃气锅炉和天然气站等供热供气单元,以及冷/热/电三联产、热电厂等联供单元。

2)能源细胞

能源细胞不仅包含供能单元,还包括该区域内所有的灵活和刚性负荷、局部配用电网、天然气热力管道以及相应的多能管理系统,是具备自治调控能力的小型区

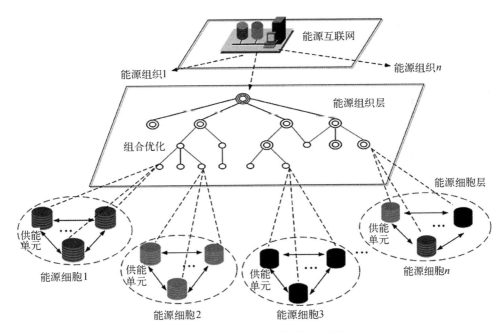

**图 1-6　区域能源互联网物理分层**

域能源系统。能源细胞对所在区域内所有供能单元和负荷进行统一管理,对内进行协同控制,对外则作为集群互动和交易的基本单元。

3) 能源组织

含多个能源细胞的网格化集群会根据合作博弈的原则组合多个能源细胞进行市场交易并合理均摊收益,聚合多个能源细胞的灵活资源参与大系统的需求响应。

4) 能源互联网

拥有较高电压等级和能源传输容量的能源互联系统,是区域能源网的上级机构,与能源组织通过需求响应调整能源交互。

能量细胞的基本特征:① 具有统一的监控和能量管理系统;② 与大系统的电能、热能双向可控;③ 可自由聚合成为能源组织,组合运行交易;④ 具有独立参与市场行为的能力。

在能源组织划分方面:能源组织区域划分如果过大,其通信量和处理信息量将无异于集中控制体系,其简洁性优势将无法体现;而能源组织划分如果过小,其解决内部功率平衡问题的能力就会变弱,需要邻近集群的协助增多,必然加重通信负担并丧失快速性。因此要充分发挥能量细胞形成组织的优势,需合理地进行集群物理区域划分。能源组织划分应参考以下原则:

(1) 按照物理能源互联网实际情况进行划分。将与能源互联网资产所属关系的匹配放在第一位,充分考虑经济、政治、地理位置等因素。

（2）考虑能源站运行模型，按照电压、管道等级进行划分。实现管辖权的一致，符合区域自治调控和区间互动的模式。

（3）划分时应使能源组织内部具有足够的发电侧备用和用户侧灵活负荷，保证能源组织拥有一定的自治调控能力和新能源内部消纳能力。

（4）参考集群运营商的监控管理能力，综合集群间的功率传输成本和安全性等诸多其他因素。

#### 1.2.2.2　能源细胞-组织物理信息架构

能源细胞-组织信息架构应与其物理架构和设计相对应，两者关系如图 1-7 所示。相比于传统的集中控制体系，新体系对分布式新能源接入的信息系统的可靠性、稳定性以及市场交易的实时性等要求更高。由于分布式分层调控的要求，传统的点对点通信方式及控制体系将无法适应能源互联系统集群运行的场景。因此，新的信息系统应具有以下特性。

1）交互规则简单且交互信息量少

全局结构模型是通过能源细胞间的交互而呈现出来的，交互规则仅依赖于局部信息，故应最大程度地压缩交互信息，减少传输延时和信道堵塞。

2）分布式通信中个体的地位对等，不存在中央控制器的直接控制

各集群状态不直接影响体系整体，仅与邻近集群间存在信息分享和能量交互，通过能源细胞间的合作和非合作关系确定交互信息的性质。本书将尝试利用块链式区块链技术来分布式存储数据，利用分布式节点共识算法来生成和更新数据，实现"去中心化"的分布式信息交互。

图 1-7　能源细胞-组织物理信息关系

3）具有自主学习能力

能源细胞内部代理运用强大的智能处理技术,通过历史数据反馈达到适应性和自趋优能力,可实时感知新能源、负荷以及对手的经济博弈行为态势,从而提前对可能出现的功率波动和市场波动做出合理反应。

分层架构将能源系统正交地划分为若干层,每一层只解决问题的一部分,通过各层的协作提供整体解决方案。大的问题被分解为一系列相对独立的子问题,局部化在每一层中,这样就有效降低了单个问题的规模和复杂度,实现了处理复杂系统的第一步也是最为关键的一步,即分解。

区域能源互联网信息系统可根据功能和时间尺度两个方面实现分层。在功能分层方面,设置区域管理者(distributed management operator,DMO)用于全局信息的预处理和反馈,克服全局状态量和全局约束无法应用在分布式决策的弊端,而能源细胞的内部代理则完全负责所在区域的多时间尺度能源调度。该方式的优点是对于控制中心的运算要求较低,便于实现即插即用,但是其信息交互关系较为复杂,调控精度较差。如按时间尺度分层,则设置独立调度者(isolate schedule operator,ISO),并根据日前全局预测信息进行日前和滚动等长时间尺度的调度,而能源细胞内部代理则根据自身信息进行实时调度。该种方式的优点是信息交互关系清晰、精度较高,但是要求控制中心具有一定的运算处理能力,且可扩展性较差,新细胞接入时必须升级控制中心的调度应用模块。上述两种方式都不同程度的结合了集中式和分布式架构的优点,本书所述研究拟根据以上两种分层思想分别提出两种完整的分层信息架构。

## 1.2.3　能源细胞-组织模型

现有的电/热/气综合系统分析模型尚无法有效反映三种能源系统间相互影响,本书在电/气/热能量耦合关键设备研究的基础上,有效分析天然气系统、电力系统和热力系统之间的相互动态影响,并进一步揭示由微型燃气轮机耦合的天然气系统和电力系统之间、电锅炉耦合的电力系统和热力系统之间动态相互作用的机理,建立包含微网、电力网及天然气管网三部分的综合能源系统多用途模型。

能源细胞-组织的统一建模研究主要包括三个部分:基于能量枢纽的能源细胞的统一转化机理模型、能源细胞-组织的灵敏度在线感知模型和在线竞价预测和经济行为偏好模型。基于能源枢纽的能源细胞的统一转化机理模型描述了能源细胞内部的转化关系,为能源细胞内部优化调度提供基础;能源细胞-组织的灵敏度在线感知模型在量化多种不确定性对于新能源出力、多种能源负荷和系统联络线能量的影响,以及深度感知区域能源互联网的实时运行状态方面发挥了作用;在线竞价预测和经济行为偏好模型通过学习算法自主地调整竞价策略以获取最大收益,并结合区域能源市场信息不完全、不确定的特性,采用 Q-learning 算法来优化竞价策略。

### 1.2.3.1 基于能量枢纽的能源细胞的统一转化机理模型

能量枢纽描述了能源细胞内部的转化关系,其模型为一次能源和负荷的统一接口,它为能源细胞内部优化调度提供基础,如图 1-8 所示。能源细胞的内部优化调度能量枢纽可等效为其 区域的能源多输入多输出的转化结构,输入变量一般为能源向量 $\boldsymbol{P} = [P_a, P_b, \cdots, P_n]^T$,表示所有输入该区域能源;输出变量一般为负荷向量 $\boldsymbol{L} = [L_a, L_b, \cdots, L_n]^T$ 表示该区域所有终端的负荷,设其多输入多输出功率转换公式为

$$\boldsymbol{L} = \boldsymbol{CP} \tag{1-1}$$

式中,$\boldsymbol{C}$ 为能量转换矩阵,其中每一个耦合系数代表某种能源与负荷对应的转化关系。

$$\boldsymbol{C} = \begin{bmatrix} C_{aa} & C_{ba} & \cdots & C_{na} \\ C_{ab} & C_{bb} & \cdots & C_{nb} \\ \vdots & \vdots & & \vdots \\ C_{an} & C_{bn} & \cdots & C_{nn} \end{bmatrix} \tag{1-2}$$

$C_{ij}$ 表示 $i$ 种能源与 $j$ 类负荷的耦合系数,它由转化机组特性和调度参数决定,可统一为如下表达式:

$$C_{ij} = \sum_{n=1}^{N} \left[ v_{i,n}(t) \prod_{m=1}^{M} \eta_{n,m}^{j}(\Theta, t) \right] \tag{1-3}$$

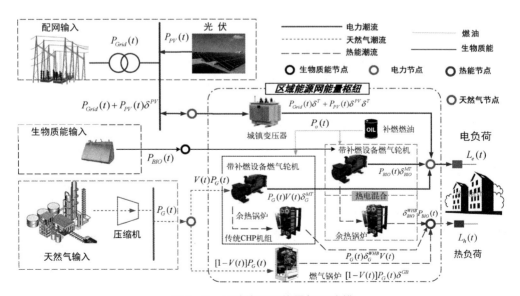

**图 1-8 区域能源网能量枢纽建模**

式中，$v_{i,n}(t)$ 为调度参数，表示 $i$ 能源在 $n$ 机组的分配系数；$\eta_{n,m}^{j}(\Theta,t)$ 为能源转化机组 $n$ 在 $m$ 环节生产负荷 $j$ 的转化效率，其与机组运行参数集合 $\Theta$ 和时间 $t$ 有关。

　　能量枢纽为不同能流载体之间的功率转换关系建立了相应的耦合矩阵，从协同理论的角度看，冗余的能流路径为协同优化提供了空间，系统优化的目的是在系统约束下搜索最优的耦合矩阵。

#### 1.2.3.2　能源细胞-组织的灵敏度在线感知模型

　　由于区域能源互联系统的强不确定性，难以量化多种不确定性对于新能源出力、多种能源负荷和系统联络线能量的影响，因此需要通过研究基于时间序列-神经网络算法，建立黑箱模型（见图 1-9）来感知外部环境摄动下分布式新能源出力、多能负荷和联络线功率在工作点的灵敏度，深度感知区域能源互联网的实时运行状态。

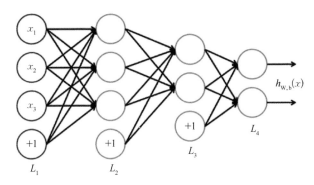

**图 1-9　基于神经网络的在线灵敏度黑箱模型**

　　灵敏度感知模型的输入量为不确定性的摄动量，如天气、温度、光照、电价、气价等外部环境变化，输出量为分布式新能源出力、多能负荷和联络线功率，并根据历史数据队列实时在线更新神经网络，在线灵敏度黑箱模型如图 1-9 所示。该灵敏度模型可用于识别影响柔性负荷的敏感因素，挖掘柔性负荷参与系统调控潜力，实现多时间尺度的新能源和负荷的超短期综合预测，实时感知区域能源网运行态势，为滚动修正提供参考依据。

　　以基于径向基函数（radial basis function，RBF）神经网络为例，其构成函数可用下式表示：

$$f_{nn}(\boldsymbol{Z}) = \sum_{i=1}^{N} w_i s_i(\boldsymbol{Z}) = \boldsymbol{W}^{\mathrm{T}} \boldsymbol{S}(\boldsymbol{Z}) \tag{1-4}$$

式中，$f_{nn}(\boldsymbol{Z})$ 为神经网络函数；$\boldsymbol{Z}$ 为输入向量；$\boldsymbol{W}=[w_1, w_2, \cdots, w_n]^{\mathrm{T}}$ 为神经网络权值向量；$s_i(\bullet)$ 为径向基函数，此处取 $s_i(\boldsymbol{Z}-\xi_i)=\exp\left(-\dfrac{\parallel \boldsymbol{Z}-\xi_i \parallel^2}{\eta_i^2}\right)$；$\xi_i$ 为中心点；$\eta_i$ 为中心宽度；$\boldsymbol{S}(\boldsymbol{Z})$ 为径向基函数向量，$\boldsymbol{S}(\boldsymbol{Z})=[s_1(\boldsymbol{Z}-\xi_1), s_2(\boldsymbol{Z}-$

$\xi_2$），$\cdots$，$s_N(\boldsymbol{Z}-\xi_N)]$。

RBF 神经网络在有足够的神经元与适当神经元中心点及中心宽度情况下，能够无限逼近任意连续函数 $f(\boldsymbol{Z})$，即

$$f(\boldsymbol{Z})=\boldsymbol{W}^{*\mathrm{T}}\boldsymbol{S}(\boldsymbol{Z})+\varepsilon \tag{1-5}$$

式中，$\boldsymbol{W}^*$ 是最优神经网络权值向量；$\varepsilon$ 为逼近精度。

### 1.2.3.3　在线的竞价预测和经济行为偏好模型

在整个能源市场中，全部类型的能源供应商，只要处于运行阶段都可以竞价上网。各供能商代理（Agent）可以依据自身发电成本通过学习算法自主地调整每个周期内的竞价策略以获取最大收益。结合区域能源市场信息不完全、不确定的特性，各供能 Agent 用 Q-learning 算法来优化竞价策略。在线竞价过程中，每个主体都需要预测对手的出价以及上级系统的调度要求。然而，在多能多主体竞价博弈中，能源市场的相互耦合使得参与主体难以准确掌握全部信息而做出最佳反应动态（best-response dynamic，BRD），难以建立确定性模型来预测对手下一时刻的出价行为和上级系统的调度要求。因此通过深度学习算法学习各个主体的历史经济行为，实时获取下一时刻的经济行为偏好，知己知彼，进而计算得到自身较优的出价价格和出价策略。

考虑竞价-调度的在线经济行为偏好预测和 Q-learning 学习的建模思路如图 1-10

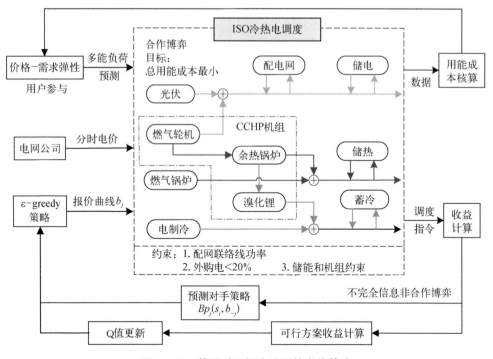

**图 1-10　基于对手行为预测的竞价策略**

所示。供能商依据历史竞价和中标信息制定出价策略并上传独立调度中心,调度中心撮合供能和负荷,并将日前调度结果下发给供能商执行,如此循环。

## 1.3　能源互联网典型成员及诉求

### 1.3.1　微电网

随着近年来可再生能源利用和分布式发电的快速发展,以可再生能源替代传统化石能源、以分布式发电作为传统集中发电的补充,已成为能源及电力行业发展的重要转型方向[22-25]。根据国家发改委能源研究所发布的《中国 2050 高比例可再生能源发展情景暨途径研究》报告,我国将在 2050 年形成以可再生能源为主体的能源供应体系,可再生能源占比将达到整个能源消费量的 60% 以上,可再生能源发电量将占总发电量的 85% 以上[26]。然而,风机、光伏等可再生能源发电,其出力受自然资源分布影响,往往具有较大的波动性和不确定性,可再生资源直接接入电力系统运行时,会给系统的运行稳定性造成较大的冲击[27-28]。因此如何提高电网对可再生能源和分布式电源的消纳能力,降低分布式电源接入对电网的冲击,成为限制新能源和分布式电源发展的重要问题。为解决这一问题,微电网应运而生。

#### 1.3.1.1　微电网及微电网群研究现状

作为有效消纳分布式电源和解决偏远地区供电问题的主要方式之一,微电网是指由分布式电源、储能装置、能量转换装置、负荷以及相关监控和保护装置组成的小型发配电系统,通过对区域分布式电源、储能等资源进行整合,采用先进的控制技术和管理策略,能够有效减少新能源和分布式电源接入对电力系统的冲击。微电网凭借其运行方式灵活、能源利用率高、运行可靠性高等特点,近年来获得了广泛的关注和较大的发展[29-31]。

微电网的提出旨在实现分布式电源的灵活、高效应用,解决数量庞大、形式多样的分布式电源并网问题。开发和延伸微电网能够充分促进分布式电源与可再生能源的大规模接入,实现对负荷多种能源形式的高可靠供给,它是实现主动式配电网的一种有效方式,使传统电网向智能电网顺利过渡。

尽管微电网具有诸多优势,然而受发电和储能容量限制,其运行呈现低惯性,且抗干扰能力较弱,单一微电网运行往往难以实现预期的效果。随着分布式能源的不断增长和微电网数量规模的增加,可将区域内地理位置相近的多个微电网相互连接构成微电网群系统[32]。通过各微电网的网内自治和网间互相协调,实现较大区域内的能源协调调度,降低系统运行成本,提高能源利用率,提升电网运行的稳定性和可靠性。因此,如何对微电网群系统进行能量管理和运行控制,在保证各微电网自身运行信息隐私性的同时,以最小的信息交换量达到各微电网自身及整个微电网群体的经济稳定运行,成为解决微电网规模化应用的关键。

### 1.3.1.2 微电网及微电网群优化运行

与传统电力系统相同,微电网优化运行也是微电网最为重要的研究内容之一。微电网优化运行要求微电网能量管理系统(energy management system,EMS)根据系统的负荷需求和可再生能源发电量、天气等环境因素,以及电价等外部信息,达到电源和负荷的协调优化调度平衡点,实现微电网安全、稳定、可靠、高效、经济的运行。然而,与传统电力系统相比,微电网优化运行更为复杂。微电网优化运行与传统电网运行的区别主要如下:

(1)微电网中可再生能源占比高。风、光等可再生能源发电量极易受天气影响,发电功率波动性远大于传统电网。

(2)微电网内部分布式电源容量小,微电网总体发电和用电量均低,单一的负荷变化也可能对微电网运行产生显著影响。

(3)微电网在供给电能之外,还能为地区供给冷/热负荷。故它需要同时保证电功率平衡和冷/热功率平衡。

(4)微电网调度方式更为灵活,可能存在储能、可控机组、可控负荷等多种可控资源。

(5)微电网的运行方式十分灵活,运行可以分为孤岛和并网两种不同的模式。不同的运行情况下电网优化调度的目标和约束可能不同。

因此,合理高效的微电网系统优化能量管理和优化运行策略是完善微电网智能化运行技术的关键,更是微电网发展的关键技术。目前,国内外学者已在微电网运行优化方面开展了大量相关研究工作。由于微电网设备丰富多样,运行模式不单一,不同专家学者考虑的目标函数和约束条件也会有所不同,使得优化模型存在较大差异。微电网通常可分为单一目标模型和多目标模型:单一目标多以微电网运行的经济效益最优为目标,多目标则同时兼顾微电网运行的经济、安全、稳定、环保等不同方面的需求。

微电网群系统中,包含多个微电网之间的能量和信息的交互运行,各微电网内部整合区域内多种分布式能源设备,同时微电网还需要与上层配电网进行交互和协调。分布式电源的高渗透率接入和电网结构复杂程度的提高,使得传统的自上而下集中式的调度控制策略的施行较为困难。由于多智能体系统具有分布性、智能性等特点,对于复杂的控制问题的处理具有效率高、灵活可靠等特点,因此多智能体系统在含多种分布式能源设备的微电网群协调优化运行问题中具有突出优势。微电网群运行基本框架自上而下可大致划分为三个层次,分别为配网层、微电网协调层以及设备单元层。根据微电网各层级的运行需要构建各层的功能和逻辑,各层级在保证自身运行安全稳定及运行收益最大的同时也与系统内其他智能体之间进行互补协同,从而实现微电网群系统的广域协同优化,通过多层级的能量管理模式,提高可再生能源消纳能力和系统运行效益。微电网各层组成、特点、运行目标如下:

(1)配网层。在多微电网并网运行系统中,以配电网作为最上层,主要负责综合考虑配电系统的运行安全和经济性,对系统进行全局优化,从而协调配电网与各微电网之间的交互。通过接收下层各微电网提供的信息,根据全网运行目标,对区域之间的交互电量进行决策,并监视全网的运行情况。

(2)微电网协调层。作为整个系统的中间层,由各微电网的能量管理系统担任微电网协调层中的各智能体。每个智能体通过与上级配电网智能体及相邻微电网智能体进行信息交互,根据交易电价、电量需求等信号,实现微电网内各分布式设备的运行调度、控制和状态监测;响应配电网层的激励信号,协调同层级的运行交互,并综合下层各分布式设备的运行状态信息,根据自身的运行目标,确定微电网内各分布式设备的最优运行出力及与配电网、相邻微电网的交互功率,并将需求信息反馈给配电网和相邻微电网智能体。

(3)设备单元层。作为系统运行的最底层,主要包括各类分布式发电设备、储能装置及负荷单元等。该层具备最佳发电/需求控制、信息存储、与上级微电网智能体进行通信等能力,可接收上级微电网智能体下发的运行控制指令,实现设备运行状态的控制和采集反馈。

对微电网及微电网群系统采取行之有效的优化能量管理策略是实现微电网规模化应用,提高微电网运行效益的关键。目前对于微电网的优化运行已有较多研究,研究重点多集中于如何协调运行方式灵活多样的分布式电源、充分消纳利用可再生能源,以及考虑冷热电联供的多能协同优化等。

## 1.3.2 虚拟电厂

能源互联网的目的是实现现代电力系统中的大规模可再生能源的稳定、可靠和经济性利用。在能源互联网中,由于需要协调大量的分布式设备,将协调优化问题抽象为高维数的非线性问题,采用传统的集中式优化方法将很难进行求解,需要考虑分层优化及分布式优化策略,即能源互联网可以看成多个区域的协调,每个区域内由一个代理机构负责协调区域内的分布式设备。由此提出了这种负责解决大电网与内部分布式设备协调运行的中间机构,即虚拟电厂的概念。

### 1.3.2.1 虚拟电厂概念

"虚拟电厂"(virtual power plant,VPP)的概念源自 1997 年 Shimon Awerbuch 对于虚拟公共设施的定义:虚拟公共设施是独立且以市场为驱动的实体之间的一种灵活合作形式,这些实体不必拥有相应的资产而能够为消费者提供其所需的电能服务。与之对应的,虚拟电厂也无须改变每个分布式能源的并网方式,而是通过先进通信技术和高层软件架构实现各种类型的分布式能源的聚合,使多个分布式能源能够协调互助、共同参与电力系统运行[33-34]。

尽管虚拟电厂的概念已提出二十余年,且虚拟电厂在全世界的研究已日益广泛,但学界仍没有对虚拟电厂进行统一的定义。在文献[35]中,虚拟电厂被定义为通过软件系统实现分布式电源、需求响应和储能资源的远程控制、自动分配和优化发电的能源互联网。在文献[34]中,虚拟电厂被定义为各种类型的分布式能源的聚合体,整体作为与传统发电厂相同的角色参与电力系统的运行。在文献[36]中,虚拟电厂的定义更加广泛,将能效电厂作为虚拟电厂中的一种类型,通过节电计划或能效对分布式能源的出力进行引导和改造,从而减少需求侧的用电需求,并将可减少的需求侧用电量当作其能够提供的发电电量,等同于实现了电力系统容量扩建的效果。除此之外,虚拟电厂还被定义为广义的、动态聚合的包含除电能以外的多种能源的能源互联网。

但各类对于虚拟电厂的定义都有其共同点:虚拟电厂可实现传统发电机组、分布式电源、储能设备、可中断负荷、电动汽车、供冷装置、供热装置等多种类型的能源的可靠聚合,使其作为一个整体参与电力系统运行;不仅如此,虚拟电厂可通过通信技术与电力交易中心进行信息的交互,从而实现其整体参与电力市场竞争。综上所述,虚拟电厂被认为是一种可实现多种类型能源聚合且参与电网整体运行的新的能源聚合形式。

虚拟电厂与微电网的区别如下:微电网主要以分布式发电(DG)的就地应用为控制目标,有一定的地域局限性,与之相比,VPP则更加灵活。VPP通过先进的信息技术,能够聚合分布式电源、可控负荷和储能单元等分布式能源,实现广域范围的能源互联与共享。相比于受地理和固定资源限制的微电网,VPP不改变分布式电源的并网方式,而是通过先进的控制、测量、通信等技术将具有不同地理位置、不同种类、不同容量的分布式电源(可控分布式电源、储能系统、可控负荷、电动汽车等)整合起来,利用多个成员之间的时空互补性实现对间歇性分布式能源(DER)随机性的消纳,从而提高网络的整体稳定性和参与电力市场时的竞争力。基于VPP的疏松性,VPP中各种DER比传统发电系统更加自由,VPP的结构或成员不是静态的,而是动态变化的,无需对电网进行改造就能聚合DER对外稳定输电,并提供快速响应的辅助服务,是可再生能源发电的理想选择。

### 1.3.2.2 虚拟电厂研究现状

VPP技术可以看作能源互联网中的一部分,包含能量流、信息流,而没有计及交通系统。VPP技术借助先进的信息与通信技术,将配电网中的分布式电源、受控负荷和储能系统相结合并作为一个特别的电厂参与电网运行。考虑经济效益，VPP 运行时可以根据不同的环境和内部资源情况灵活改变参与的成员，体现各成员的主动性。VPP 技术打破了传统电力系统中各发电设备间以及发电侧和用户侧之间的物理限制，而更广泛地使用先进的网络通信、智能量测、智能决策等技术，理论上可以实现大量分散 DFR 的有效管理。

VPP 成为整合各种分布式资源的新的解决方案，正得到国内外学者越来越多的关注。从全球范围看，目前 VPP 的研究和应用实例主要集中在欧洲和北美[37-38]。欧洲的 VPP 项目，其主要目标是实现分布式电源可靠并网和参与电力市场运营，美国的 VPP 项目，则兼顾了需求响应和可再生能源利用，其可控负荷在各 DER 中有较大比例。欧盟 FENIX 项目是由欧盟 8 国共 19 个研究机构和组织共同开展的一个整合多种供能资源的灵活的电网项目，其目的在于实现大型虚拟电厂（large scale virtual power plant，LSVPP）对 DER 的整合并进行分层控制管理，从而实现电力系统中 DER 的优化运行。丹麦 EDISON 项目是由丹麦在 2009 年启动的 VPP 试点项目，将 VPP 用于协调电动汽车群（electric vehicles，EV）行为，实现对 EV 的管理。项目中采用集中控制方式监控和优化 EV 蓄电池，为 EV 开发系统解决方案和技术。

在我国，国家能源局已开始启动能源互联网试点工作。上海崇明的高比例可再生能源利用项目是国内先进的区域性示范项目，其考虑在三个层面提高可再生能源的接入比例，实现多分布式资源的多能互补、分层接入和就地消纳。在输电层面，考虑风电的大规模接入（根据崇明当地的实际情况考虑周边海上风电接入），以及风力发电与燃气发电协调示范。在配网层面，考虑计及分布式发电和多微电网的灵活配电网示范以及风储联合接入示范。在用户层面，考虑开展工业微网、社区微网、建筑光伏、用户互动示范等。上述工程实践为我国其他地区发展能源互联网积累了经验。虚拟电厂项目的环保效益和对大量分散的 DER 的管理方式符合我国电力发展的需求，将有广阔的应用前景。

VPP 技术借助先进的信息和通信技术（information communication technology，ICT），整合分布式电源、受控负荷和储能资源，并作为一个产消者参与电网运行。在 VPP 运行时，可以根据环境的变化和 VPP 内部的负荷需求情况灵活自由地选择参与的成员，能够反映参与成员的主动性。下面将从 VPP 内部优化运行和 VPP 参与电力市场两方面，介绍 VPP 相关的研究热点问题及应用。

1）虚拟电厂内部优化运行

在 VPP 内部调度控制中，从优化目标来看，主要以单目标优化为主，也有综合考虑用户满意度，建立 VPP 基于优先级满意度的多目标优化调度模型。在单目标优化中，主要以 VPP 最小成本或最大化利益为目标，或以用户用电需求最小或内部资源利用率最大为目标。考虑约束条件,通过优化 VPP 内各发电机组出力,实现对用户的安全可靠供电。

在对风力、光伏发电等不可控分布式电源的管理中,通常引入至少一个储能系统或可控发电单元、可控负荷等可以辅助调节的单元,用来平抑出力波动,降低不确定性的影响。其中,可控发电单元可以是微型热电联产单元、燃料电池、小型火电厂等;储能装置为蓄电池、抽水蓄能单元、电动汽车等。考虑需求侧的调节方面,可以通过柔性负荷的调整,对间歇性能源的不确定性进行补偿。另外,由于 DER 可能属于不同的参与者,因此有必要将博弈论思想及多智能体技术应用到 VPP 内机组出力分配中,从而使得 VPP 内部 DER 均衡收益。

2)虚拟电厂参与电力市场

在 VPP 参与电力市场时,将每个 VPP 作为电力市场中的独立个体,研究 VPP 在市场环境下的优化运行和控制策略。VPP 代表其管辖范围内的 DER,可相当于常规发电厂参与电网优化调度,而电网公司不参与 VPP 内部 DER 的功率管理,只需按报价购买 VPP 提供的电能,并对 VPP 购买的电量收取费用。

在多个 VPP 协同运行方面,通常考虑多个 VPP 以合作的形式参与电力市场,通过联合竞标获得收益,并对收益的分配分摊与奖惩机制进行探讨和分析。市场参与过程中 VPP 的协同运行与竞价问题也受到关注,以实现 VPP 内部最小成本为目标进行优化,多个 VPP 之间采用重复博弈策略,最终实现 VPP 之间的利益均衡。

在 VPP 与配电网协调运行方面,考虑 VPP 日前调度优化策略,用可控的分布式电源来平衡风、光等新能源的波动性,并考虑蓄电池作为 VPP 的缓冲电源,在不同峰谷电价时段,通过调度蓄电池使系统可以在峰值负荷时放电、谷值负荷时充电。同时,综合考虑 VPP 与外部的电能交易和内部能量分配,合理安排蓄电池的充放电及可控负荷的投切,这考虑了 VPP 的生产者和消费者的双重特性。建立 VPP 经济调度模型,以最大化经济效益为目标,利用机会约束规划处理多随机变量,将风险指标量化,探讨 VPP 在与配电网协调运行中的经济性和风险性之间的平衡关系。

在 VPP 双层优化调度方面,通常建立电力市场环境下 VPP 的经济调度、安全调度双层优化调度模型,并考虑电价和风机出力的不确定性。以 Stackelberg 动态博弈模型,考虑 VPP 电价竞标和电量竞标两个阶段的主从关系,协调 VPP 内部分布式电源,确定 VPP 交易电价和制订调度计划。针对需求侧管理的电力运营商以及负荷用户的双层博弈模型(上层为多运营商之间的非合作博弈,下层为运营商与用户之间的演化博弈),通过分布式算法实现模型优化,但博弈参与者均为有电量剩余的微网,且作为价格接受者参与竞价。

虚拟电厂和微电网都是实现分布式能源接入电网的有效形式,但是两者在以下方面具有明显区别：

（1）两者对分布式能源聚合的有效区域不同。微电网在进行分布式能源聚合时对地理位置的要求比较高，一般要求分布式能源处于同一区域内，就近组合。而虚拟电厂在进行分布式能源聚合时可以跨区域聚合。与此同时，虚拟电厂可包含微电网作为内部管理成员之一，而微电网则通常无法包括虚拟电厂。

（2）两者与配网的连接点不同。由于虚拟电厂是跨区域的能源聚合，所以与配网可能有多个公共连接点（point of common coupling，PCC）。而微电网是局部能源的聚合，一般只在某一公共连接点接入配网。由于虚拟电厂与配网的公共连接点较多，在同样的交互功率情况下，虚拟电厂更能够平滑联络线的功率波动。

（3）两者与电网的连接方式不同。虚拟电厂不改变聚合的分布式能源的并网形式，更侧重于通过量测、通信等技术聚合来实现连接。而微电网在聚合分布式能源时需要对电网进行拓展，改变电网的物理结构。

（4）两者的运行方式不同。微电网可以孤岛运行，也可以并网运行。虚拟电厂通常只在并网模式下运行。

（5）两者侧重的功能不同。微电网侧重于分布式能源和负荷就地平衡，实现自治功能。虚拟电厂侧重于实现供应主体利益最大化，具有电力市场经营能力，它以一个整体参与电力市场和辅助服务市场。

（6）两者内部源荷主体关系不同。微电网内部分布式电源和负荷主要是生产者和消费者之间的关系，分布式电源发电主要用于供应内部负荷需求。而虚拟电厂内部的分布式电源和负荷更侧重于合作联盟关系，负荷的有效协调互动可进一步消纳可再生能源并帮助降低虚拟电厂上网运行风险。

（7）两者的结构形态变化特征不同。微网侧重于对隶属于同一产权、同一地理区域的分布式电源进行绝对控制，其所管辖的分布式电源种类和数量通常呈现稳定不变性。而虚拟电厂表征不同类型分布式电源的动态组合，其优化目标的多样性导致其所选择的联盟伙伴不尽相同，且随着时间和外界环境的变化，其联盟结构也发生着动态变化。

### 1.3.3 负荷聚合商

随着能源互联网的不断发展，人们开始关注需求侧资源的利用与管理。中小型负荷由于弹性水平低、分布较分散，系统统一管理存在困难。为解决这一问题，可以有效整合并利用中小型负荷的负荷聚合商引入到电力市场中，参与市场调节[39]。负荷聚合商（load aggregator，LA）可以为具有潜在产品价值的需求响应资源提供参与市场调节的机会，还可以通过专业的技术手段充分发掘负荷资源，提供市场需要的辅助服务产品。LA通过相关专业技术评估中小型负荷响应潜力，制定相应的需求侧响应管理(demand response management，DSM)机制。它不仅是面向中小型负荷实施需求侧管理的新主体，也是系统与用户之间交流的中介，LA通过向系统提供辅助服务与赚取购售电差价盈利[40]。

### 1.3.3.1 负荷聚合商组成及特点

目前LA已经应用于发达国家的电力市场中[41]，但我国对此的相关研究较少。文献[38]综述了国外LA的运营模式。文献[42]中电动汽车通过LA参与电力市场，并提出了考虑电动汽车放电竞价的充放电优化调度模型，通过LA进行放电竞价能有效起到削峰填谷的作用。文献[43]提出了基于LA的空调服务运作模式，包含了分档控制策略与"失负荷"违约定价赔偿机制，实现负荷聚合商与用户的效益分享。文献[44]将温控负荷作为调控对象，提出了计及用户舒适性与公平性的负荷调控策略，并且在负荷控制期间限制控制频次对调控策略修正。

由于多能互补技术的发展，单一的需求侧管理正逐步转化为考虑多种负荷类型的综合需求侧管理。文献[45]对冷、热、电负荷分析分类建模，考虑需求侧及能量枢纽约束，建立了居民小区能量枢纽优化配置模型。文献[46]考虑电热负荷的可控性，考虑可再生能源出力与负荷的不确定性，建立电热联合鲁棒调度模型。文献[47]建立了考虑需求响应资源的综合电、热负荷的日前、日内两阶段调度模型，可提高系统风电消纳水平。

LA可以管理的需求侧资源包括电负荷、热负荷以及用户的储能与分布式电源，通过有效整合利用需求侧资源参与电力市场竞价获利。但是LA并不拥有需求侧资源，而是获取资源控制权[48]。为获取资源控制权，一般LA为其用户提供比电网更优惠的购电电价，并对参与响应的资源给予相应补贴。

LA可以通过DSM引导用户改变其负荷曲线为系统运营商提供辅助服务，系统运营商通过与LA协商制定交易合同购买服务(见图1-11)。LA可以通过电价或者经济激励手段实施DSM，以引导需求侧用户做出响应，改变其用电方式，削峰填谷。LA实施DSM的方式：制定相应的电价机制、进行直接负荷管理和与用户签订削减负荷合同。LA根据对用户的负荷预测、可再生能源预测情况制定峰谷平时间段及其电价，使用户自发调整用电结构[49]。为了更好地使中小型负荷参与市场，LA对于可转移负荷进行直接负荷管理，对于可削减负荷根据负荷特性与用户签订削减负荷合同。用户向LA上报可转移负荷的负荷曲线、工作时间段和必需工作时间，LA可以通过无线开关进行远程控制。LA根据参与可削减负荷项目用户的用电特点，给予参与响应的用户一定补贴。

LA执行需求侧管理的策略是分时电价、直接负荷控制和签订削减负荷合同。分时电价即LA根据用户上报的负荷曲线制定峰谷平时段及其对应电价，使用户自发调整用电情况。本节主要讨论直接负荷管理与签订削减负荷合同。

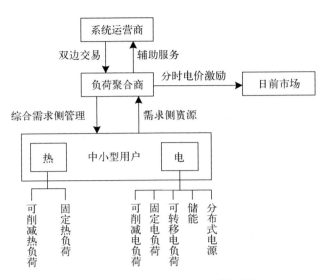

**图 1-11 基于 LA 的 DSM 运营架构图**

### 1.3.3.2 负荷聚合商参与市场方式

#### 1) 直接负荷管理

LA 能对可转移电负荷通过无线开关进行直接负荷管理。可转移电负荷的特点是每天必须执行完成工作任务,它具有固定的功率,但是工作时间相对自由(在指定的工作时间段即可),常见可转移电负荷为洗衣机、烘干机等家庭电器。对于第 $i$ 个可转移电负荷可以用如下式表示:

$$\sum_{t=t_{\text{s},i}}^{t=t_{\text{end},i}} f_{i,t} = E_i \tag{1-6}$$

$$f_{i,t} = 0, \ t < t_{\text{s},i} \ \text{或} \ t > t_{\text{end},i} \tag{1-7}$$

式中,$f_{i,t}$ 为第 $i$ 个用户可转移电负荷在时间 $t$ 的工作状态,其值为 1 时工作,其值为 0 时不工作;$E_i$ 为其每天完成工作任务需要工作的总时间段;$t_{\text{s},i}$ 和 $t_{\text{end},i}$ 分别为指定的可工作起始时间和结束时间。

#### 2) 削减负荷合同

用户可以与 LA 提前签订削减负荷合同参与市场。削减合同包括削减负荷量、削减负荷约束、用户所获补偿、削减信号提前通知时间和违约惩罚。由于电热耦合系统的电热负荷均具有可调度性,因此对于电热负荷需分开讨论。

对于第 $i$ 个可削减电负荷,设定其所获得补偿为

$$C_{\text{ppay},i,t} = \alpha_{1,i} P_{\text{curt},i,t}^2 + \alpha_{2,i} P_{\text{curt},i,t} \tag{1-8}$$

式中,$C_{\text{ppay},i,t}$ 为第 $i$ 个用户可削减电负荷在时间 $t$ 所获补偿;$P_{\text{curt},i,t}$ 为其削减功

率；$\alpha_{1,i}$ 和 $\alpha_{2,i}$ 分别为二次项和项常量系数。

由于削减负荷需要考虑用户的满意度，因此削减负荷的比例不应超过一定限制，存在如下约束：

$$P_{\text{curt},i,t} \leqslant \beta_i P_{\text{max},i,t} \tag{1-9}$$

式中，$P_{\text{max},i,t}$ 为第 $i$ 个用户在时间 $t$ 原有负荷；$\beta_i$ 为比例系数。

热负荷可以分为生活型与供暖型两种。生活型热负荷一般不参与调度，供暖型热负荷可根据温度舒适度进行削减。供暖型热负荷不进行削减时一般使室内温度保持在理想温度，进行削减之后室内温度会有所降低。

根据建筑物热力学模型可得到室内温度变化、供暖型热负荷、室外温度之间的关系为[50]

$$T_{\text{in},t+1} = T_{\text{in},t} \, \text{e}^{-\Delta t/\tau} + (RQ_t + T_{\text{out},t})(1 - \text{e}^{-\Delta t/\tau}) \tag{1-10}$$

$$\tau = RC_{\text{air}} \tag{1-11}$$

式中，$T_{\text{in},t+1}$ 和 $T_{\text{in},t}$ 分别为室内 $t+1$ 时刻与 $t$ 时刻的室内温度；$R$ 为建筑物等效热阻；$C_{\text{air}}$ 为室内空气比热容；$T_{\text{out},t}$ 为 $t$ 时刻的室外温度；$Q_t$ 为 $t$ 时刻的热负荷。

可通过式（1-10）和式（1-11）得到削减后的热负荷 $Q_{\text{after},t}$ 与温度变化关系式：

$$Q_{\text{after},t} = \frac{1}{R}\left(\frac{T_{\text{in},t+1} - kT_{\text{in},t}}{1-k} - T_{\text{out},t}\right) \tag{1-12}$$

$$k = \text{e}^{-\Delta t/\tau} \tag{1-13}$$

供热型负荷按照使室内温度保持在一定限值内的原则进行削减，即

$$T_{\text{min}} \leqslant T_{\text{in},t} \tag{1-14}$$

式中，$T_{\text{min}}$ 为最低室内温度。

LA 需要对削减的热负荷进行相应的补偿：

$$C_{\text{qpay},t} = mQ_{\text{curt},t} \tag{1-15}$$

$$Q_{\text{curt},t} = Q_{\text{before},t} - Q_{\text{after},t} \tag{1-16}$$

式中，$C_{\text{qpay},t}$ 为 LA 在时间 $t$ 的支付补偿；$m$ 为补偿系数；$Q_{\text{before},t}$ 和 $Q_{\text{curt},t}$ 分别为 $t$ 时原有热负荷与削减热负荷。

LA 参与电力系统运营，可以为单纯可调负荷、储能装置、分布式电源等需求响应资源提供参与市场调节的机会，还可以通过专业的技术手段充分发掘负荷资源，提供市场需要的辅助服务产品。国内对该负荷聚合技术和业务的研究远远落后于世界先进水平，然而该领域发展潜力巨大，在国内有着较强的推广必要性，通

过负荷聚合业务的开展可以充分挖掘闲置的需求响应资源,为电力系统的运行和电力市场的发展带来巨大效益。

## 1.4　能源互联网运行关键技术

### 1.4.1　态势感知

态势感知是指在一定的时空范围内,认知、理解环境因素,并且对未来的发展趋势进行预测。态势感知主要面向不确定性强、人必须介入决策的大型动态复杂系统,态势感知技术已在航天、军事、核反应控制、空中交通监管以及医疗应急调度等领域被广泛研究应用。

态势感知分为对元素或对象的要素采集、实时态势理解以及对未来态势的预测3个等级,其应用在电网系统,可分别解决"电网正在发生什么,为什么发生,将要发生什么"等问题。

(1) 态势要素采集或者觉察(perception):获取被感知对象中的重要线索或元素是智能电网态势感知的基础,其目的是为电网态势理解与评估、预测做准备。目前能采集到的各类信息主要包括设备状态信息、电网稳态数据信息、电网动态数据信息、电网暂态故障信息、电网运行环境信息等。

(2) 实时态势理解(comprehension):整合采集或者觉察到的数据信息,对电网可靠性、灵活性、经济性、供电能力、负荷接纳能力、分布式能源消纳能力等进行态势评估,通过综合分析和判断形成对电网安全状态的综合评价。

(3) 未来态势预测(projection):基于对态势信息的感知、理解评估的结果,对电网态势的各种变化因素和发展规律进行总结和推理,进而预测未来态势的发展变化趋势,这是态势感知中最高层次的要求。预测的结果将提交给决策执行环节,实现对电网闭环控制。

态势感知技术在电力系统中的应用尚处于起步阶段。美国联邦能源管理委员会(FERC)及国家标准和技术学会(NIST)等机构已将态势感知列为智能电网优先支持的技术领域之一。主要的技术包含自动智能调度、电网运行态势感知、能源互联网态势感知等,分别从态势要素采集、实时态势理解、未来态势预测等方面为电网提供决策调度支持。

#### 1.4.1.1　自动智能调度

自动智能调度是以态势感知为手段,以全面表征电网运行轨迹的指标体系为基础,实现对现有调度技术体系的继承和发展,其主要包括感知预测、风险分析、自动控制、辅助决策4个主要环节以及运行轨迹指标计算、人机交互、调度软件后评估 3 项支撑功能。

（1）感知预测：主要是实现对电网运行态势的全景感知与预测，是掌握电网运行轨迹的重要手段。感知预测的基础是对广域时空范围内信息的综合处理与挖掘。同时，需要提升新能源发电和负荷预测的精度，建立外部因素与设备故障的关联模型，改进电网状态估计算法等。

（2）风险分析：实现精确控制电网运行的风险，并为电网运行轨迹趋势类指标计算提供数据源，包括自动生成高风险多重故障集、电网运行轨迹演变计算及分析、基于轨迹预测的在线风险评估等部分，为后续辅助决策及自动控制提供电网运行风险和预警信息。

（3）自动控制：在现有自动发电控制、自动电压控制、电网稳定实时紧急控制等闭环控制手段的基础上，结合电网运行轨迹指标信息，加强有功与无功的协调控制、多时间尺度在线优化调度控制、主网与配网的协调控制等，以实现"正常状态下的自动巡航"。

（4）辅助决策：辅助决策目的是实现"异常运行状态下的自动导航"。在电网设备发生故障等各类异常情况时，能够自动故障诊断信息并给出恢复策略；在自动控制手段不能消除异常状态或潜在风险时，主动给出操作建议，辅助调度运行人员决策控制。

（5）运行轨迹指标计算：在感知预测与风险分析 2 个环节中均需对电网运行轨迹进行实时计算，其指标信息将提供给辅助决策和自动控制环节作为参考。

（6）人机交互：采用先进的人机交互技术，以电网运行轨迹指标动态展示为核心，结合调度业务流程，在动态可视化等技术的辅助下，实现监控画面的"自动导航"，从而改善调度人员的操作体验。

（7）调度软件后评估：对调度系统各软件模块功能进行在线评估，并在此过程中滚动改进完善，提升自动智能调度系统整体性能。

### 1.4.1.2 电网运行态势感知

电网自动智能调度要求及时准确地掌握电网运行态势，而电网运行态势除了与自身设备运行状态相关外，还受到外部各种环境因素的影响。需要充分利用所能采集到的各种海量信息，进行知识挖掘，这就需要运用数据驱动方法提升对电网运行轨迹的感知能力。

（1）电网外部环境因素建模方法。影响电网安全稳定运行的外部环境因素众多，例如气象、水文、公共事件等。而各类外部环境因素对电网的影响模式和程度各不相同，需要综合考虑地理位置和时间等属性，实现外部环境要素与电力设备数据的有机融合，对数据形式进行抽象、归纳，形成可供电网分析应用的规范化外部环境要素模型。

（2）多领域数据综合处理与知识挖掘技术。对实时 SCADA 数据、动态 PMU 数据、计划数据、告警数据、设备监控数据等结构化数据和调度日志、视频监控数据、外部环境数据等非结构化数据进行统一抓取和整理，深入挖掘其内在隐含知识，实现对电力供给、需求变化、电网结构、拓扑变化、潮流转移、外部环境影响等电网态势的准确感知。

（3）大电网理想状态估计算法。经典最小二乘算法缺乏抗差能力，且实际电网中量测误差分布往往与正态分布相距甚远，从而导致最小二乘法失去其优良特性。更为严重的是，由于估计算法不具备抗扰性，单个大误差点就可能导致估计结果面目全非。为此需要研究新的理想状态估计算法，实现电网拓扑结构及参数的准确辨识、状态估计抗差能力的提升及计算速度的大幅提高。

（4）状态估计新考核指标体系。现有状态估计考核评估指标主要包括遥测估计合格率、电压残差平均值、状态估计可用率等。这些考核指标并不能全面合理地对状态估计结果进行评估，这导致后续分析及仿真决策软件缺乏准确的模型和断面基础，影响了这些软件的实用性，甚至可能导致某些辅助决策措施错误，给电网安全稳定运行带来较大隐患。因此需要研究计及各应用对象以及目标的状态估计新评价考核方法，从电网模型完备性、电网参数准确性、遥信以及遥测的准确性等方面出发，研究状态估计新考核指标体系。

### 1.4.1.3 能源互联网态势感知

能源互联网态势感知可实时感知各种不确定性因素的变化，如负荷随机需求响应、多能流转换关系、分布式电源间歇性出力、外部灾害因素等，短期预测下一时段可能出现的系统运行状态，可视化地呈现态势信息并辅助调度、营销等部门的决策和工作。模型驱动和数据驱动相结合的能源互联网态势感知总体研究框架如图 1-12 所示，具体研究路线如下。

能源互联网中以综合能源为代表的态势感知研究以多能互补建模为基础，多能互补建模研究包括能源集线器、机组能量转化以及混合潮流模型。其中能量集线器模型和机组能量转化模型描述了系统热、电、气能量耦合关系，其建模目的是为多能流状态估计扩大量测冗余。混合潮流模型描述热、电、气能源网络运行特性，是多能流状态估计的基础。在态势感知的功能实现上，多能流状态估计实现了对当前网络状态的理解，是信息采集中从生数据到熟数据的过程，考虑热电负荷相关性，对新能源和负荷等不确定性因素应用数据驱动方法进行超短期预测，并再次执行多能流状态估计，实现对未来状态，即"势"的感知；基于随机矩阵的量测异常辨识，应用高阶统计量感知异常量测以及由于异常量测可能造成的量测异常；可交换容量感知评估系统与外界能量的交互范围。

根据上述当前和预测状态结果以及异常量测的辨识的结果，得到系统总体的

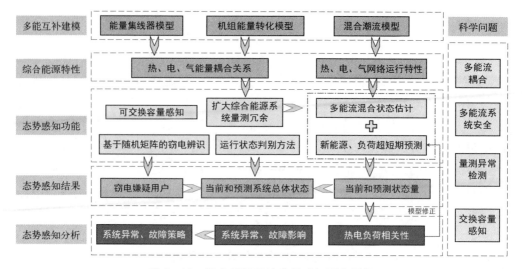

图 1-12 综合能源系统态势感知研究框架

当前和未来预测的状态。根据系统异常、故障的影响范围和严重程度分析,制定不同态势感知异常、故障结果的处理方案。

## 1.4.2 数据驱动

数据驱动是利用互联网或者其他软件为手段采集海量的数据,将数据进行组织形成信息,之后对相关的信息进行整合和提炼,在数据的基础上经过训练和拟合形成自动化的决策模型。针对能源互联网建设带来的多样化数据类型、对海量扰动数据进行评估等处理要求,数据驱动提出的支撑技术包括数据融合技术、大数据分布式计算技术和物理信息系统技术,分别解决对多源数据统一建模、海量扰动数据分析与计算、物理信息融合等问题。

### 1.4.2.1 数据融合技术

数据融合技术是针对来自多个传感器的数据进行自动检测、关联、相关、估计及组合等处理,以获得比对单一数据源进行处理更为可靠的结论[51]。由于不同数据监测系统(SCADA① 系统、WAMS② 等)具有不同的采样频率和标准,其收集的大量结构化和非结构化数据往往具有异构性,需要进行统一的信息建模。此外,同一事件可能由来自不同监测系统的数据加以表述,对冗余的数据进行信息融合可以加强决策的鲁棒性。同时,电网的运行还受到各种非电气因素的影响,包括温度、湿度、风速等气候因素和社会经济因素等。将监测数据与经济、气象、社会、地理等多

---

① SCADA,即 supervisory control and data acquisition 的缩写,表示数据采集与监视控制。
② WAMS,即 wide area measurement system 的缩写,表示电网动态监测和控制系统。

方面数据进行融合,可以反映事件之间的关联特性[52]。文献[53]研究了 WAMS 与 SCADA 系统之间数据的融合问题,SCADA 系统是迄今为止电力系统中应用最广泛、技术也最为成熟的一种监测系统;WAMS 则可以获得系统更为准确的动态信息,但是由于 WAMS 部署不完全,因此需要与 SCADA 系相融合以提高电网量测估计的可靠性。

### 1.4.2.2  大规模分布式计算技术

能源互联网数据遍布全网,且数据量巨大,需要对海量数据进行分布式存储与计算。传统集中式计算平台难以满足对大规模能源互联网扰动数据进行处理的要求,大规模分布式计算技术(云计算等)是解决海量扰动数据计算分析的有效途径。云计算技术是一种新型超级计算方式,融合了并行计算与分布式计算方式,以实现海量数据的分布式采集、存储、检索和并行处理[54-55]。目前,围绕云计算的研究主要集中在云计算平台建设[56-57]、海量数据的存储与管理[58]等方面。针对能源互联网中扰动数据,采用云计算技术分布式处理,并结合专家系统、人工智能、机器学习、数理统计和数据可视化[59]等对扰动蕴含的信息进行挖掘,可以实现对能源互联网中扰动的有效感知评估。

### 1.4.2.3  物理信息系统

电力物理信息系统(cyber-physical system,CPS)的体系结构如图 1-13 所示,其主要由大量智能终端设备[传感器、广域同步相量测量单元(phasor measurement

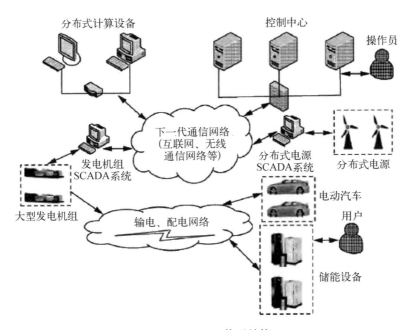

**图 1-13  CPS 体系结构**

unit，PMU)、嵌入式计算设备等]、计算设备、通信网络以及物理设备(发电机组、分布式电源、负荷等)组成。信息设备通过通信网络连接，物理设备通过输配电网络相互连接，同时信息网络与物理网络紧密结合并相互影响[60]。一个复杂庞大的CPS，涵盖了电能质量扰动的实时感知(PMU)、信息传输(电力载波/光纤网、各种规约形式)、数据深度融合计算、协调控制等方面，由区域电能质量监测系统融合大数据与分布式存储、计算技术共同构成，具有以下特点：① 能够实时、准确和全面地感知能源互联网状态信息；② 通过计算、分析和评估监测数据，得到电网各项指标的综合评价，实现对电网的深刻认知；③ 根据认知，形成电网控制策略；④ 融合信息世界和物理世界的节点单元，通过数据采集、计算分析、协调控制循环反馈，实现能源互联网的自主协调控制。

### 1.4.3　人工智能

人工智能是研究、开发用于模拟、延伸和扩展人的智能的理论、方法、技术及应用系统的一门新的技术科学。人工智能是计算机科学的一个分支，它企图了解智能的实质，并生产出一种新的能与人类智能相似的方式做出反应的智能机器，该领域的研究包括机器人、语言识别、图像识别、自然语言处理和专家系统等。人工智能从诞生以来，理论和技术日益成熟，应用领域也不断扩大。人工智能关键技术包括大数据智能、群体智能、深度学习、迁移学习等，可应用于解决能源互联网能量、信息流动、智能决策的各个环节。

#### 1.4.3.1　人工智能技术发展

人工智能技术始于20世纪60年代。近年来，随着AlphaGo击败围棋高手、无人驾驶汽车上路、医疗机器人Watson诊断出世界稀有病例等新闻的报道，人工智能备受各行各业的关注。目前，以机器学习、深度学习为主流的人工智能技术在一些分类和预测问题上取得了较好的效果，在数据处理方面有较大的应用前景：文献[61]通过深度置信网络将原始暂态数据映射到二元可分的表达空间，降低了暂态稳定评估的难度；文献[62]通过构造窃电目标函数和约束条件，产生了大量窃电数据，通过对深度学习网络进行训练，可以有效判断是否发生了窃电；文献[63]对机器学习的输入数据变量进行改进，从光伏电池模型中挖掘影响光伏电池输出功率的重要因素，获得了光伏电池输出功率较好的预测。将人工智能技术与能源互联网领域相结合，可以帮助解决CPS的信息安全[62]、预测分布式电源出力[63]以及采用预测算法对电池储能系统进行实时运行状态诊断与分析等问题，从而辅助提高电能质量。

#### 1.4.3.2　人工智能关键技术

目前，围绕能源互联网领域的人工智能技术主要有以下几个关键方面。

（1）大数据智能。该智能旨在充分利用大量实时和历史的数据，以支持能源互联网能量、信息流动的方方面面，从而发现问题，挖掘规律，辅助决策。

（2）群体智能。在能源互联网中，不同设备的所有者和用户的利益需求不同，例如，对于电动汽车而言，只能引导用户采用特定的方法充电，而无法对其进行控制。因此，有必要研究如何在能源互联网中调动不同的参与者，使得它们的行为符合整体目标，这是围绕能源互联网需要考虑的问题。

（3）深度学习。深度神经网络具有很强的学习非线性映射能力，并且由于参数多、层数深从而具有很强的特征挖掘能力。由于能源互联网中参与主体众多、数据资源庞大，不同类型的数据会造成不同的信息扰动，因此利用深度学习对能源互联网运行数据、气象数据、电力市场数据等进行数据挖掘、预测趋势，优化分析整合能源互联网中涉及的能源生产、转化和消费等过程，可以感知系统变化，从而进行动态应对调整。

（4）迁移学习。迁移学习试图将从处理源任务获取的知识迁移至相似的任务/场景中，其实质则是将学到的知识进行数学化的封装，是解决小样本问题的一种方案。

目前，深度学习在大样本情况下表现较好，但在实际工程领域难以获得大量有效的标记样本或者数据标注代价昂贵，而且，即使样本数据规模充足，也难以保证能覆盖各种实际情况。将获得的知识进行数学化的表示与封装，并将其运用至数据量较少的情景，如何使其更适应实际工程需求，这是对机器学习有益的创新与扩展。在人工智能兴起的大背景下，未来能源互联网应是能源调控方式与人类行为紧密耦合的信息—物理—社会融合系统，如何利用调度机器人群体的平行机器学习[64]以实现能源互联网的实时感知与分布调控将是具有前瞻性和开创性的研究课题。

### 1.4.4 区块链

区块链是一个信息技术领域的术语。从本质上讲，它是一个共享数据库，存储于其中的数据或信息，具有"不可伪造""全程留痕""可以追溯""公开透明""集体维护"等特征。

区块链技术可以为数据存储或者交易提供安全可信赖的环境，主要是通过将不同区块按时间有序连接，进而形成数据结构[65-66]，其主要特点[67]如下：① 去中心化，区块链技术没有中心管理机构，各个区块实现信息的自我管理；② 开放透明，任何人都可以查询除私有数据以外的区块链数据；③ 安全可靠，非对称加密技术保证了数据的真实性，对分叉的避免有效阻止了对数据的恶意篡改。区块链技术的去中心化和电能质量数据分布式存储与处理有一定的相似性，并且由于区块链安全机制的制约，利用区块链即可以构建一个安全、可信的数据管理交易环境。

在能源互联网中，为实现终端的统一物联管理及数据共享、数据运营，需要在现有电网边缘终端系统上进行升级改造，使得所有数据与产生该数据的边缘终端绑定并具备唯一标识信息，具有唯一标识信息的数据在相关业务系统时，可以在数据传输、交换过程中有效地对数据进行确权，最终实现"能源流、业务流、资金流"三流合一。同时，基于电力设备中传感器获取数据的安全性和实时性，区块链可以实现对电力行业基础设施的有效监控和维护。在检测到异常时，设备的维护和相关费用的支付可以通过智能终端快捷地完成，响应时间大大缩短。并且由于数据仅可用于区块链网络中的节点，数据的安全性得到了保障。

### 1.4.4.1 基于区块链的边缘终端互联系统

基于区块链的边缘终端互联系统将以分布式条件下的区块链数字身份技术、可信数据交换技术为基础，其核心思路是给每一个边缘终端建立区块链数字身份，并对边缘终端产生的数据进行基于其数字签名的确权。基于区块链的智能终端管理如图 1-14 所示。

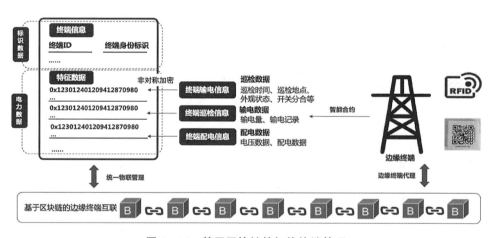

**图 1-14　基于区块链的智能终端管理**

（1）每一个边缘终端投入使用前，都将配备唯一的 RFID 码或二维码，该唯一标识码将与边缘终端私钥生成的公钥进行绑定，并作为其在数字世界的数字身份，该身份唯一且不可篡改。

（2）当边缘终端具有本地储存能力时，运行所产生的数据将储存在本地，管理机构可以通过智能合约预先设定数据的处理方式，并通过基于区块链的安全多方计算技术对数据进行处理，以实现"实时感知，实时处理"的边缘终端代理。

（3）边缘终端的各种数据会在经过私钥签名后传输至区块链上，管理机构可以通过该边缘终端的公钥查看该终端的数据，确保边缘终端运转正常，并且当出现问题时，可以凭借公钥对故障的边缘终端进行快速定位。

（4）建设边缘终端的可信数据传输网络，在保证所有终端数据不可篡改的同时，通过智能合约与安全多方计算技术提高边缘终端的利用率，发挥边缘终端数据存储、处理和应用灵活性，形成智能化、统一化、平台化的能源互联网。

基于区块链技术的边缘终端互联系统共包含以下两个方面的主要功能点：

（1）统一物联管理。建立带有 RFID、二维码等的边缘终端统一身份识别系统，确保每个边缘终端都有唯一与其对应的标识码，各边缘终端产生的数据通过私钥加密并实时上链，实现"边缘终端—唯一标识码—数据"的一一对应。此外，通过智能合约为各边缘终端创造标准化的"数字身份"，可以使管理机构存储标准化的终端数据，大大减少管理系统存储空间的消耗，在需要时通过哈希指针调用数据即可，实现了高效、低成本的统一物联管理系统。

（2）边缘终端代理。边缘终端的数据量大、数据类型多，难以直接对数据进行分析。边缘终端代理功能将边缘终端所产生的数据储存在本地，管理机构可以通过智能合约预先设定数据的处理方式，并通过基于区块链的安全多方计算技术处理数据，运算结果会传输至区块链上，管理机构可以调用接口查看数据的处理结果。基于区块链的边缘终端代理不仅节省了管理机构运算资源，还保证了相关电力运算结果的真实性，实现了数据的"可用不可见"。

### 1.4.4.2　区块链建设价值

区块链建设在能源互联网中有广阔的前景价值，具体包括如下内容：

（1）赋能物联管理。边缘终端数据经由标准化处理，形成边缘终端的"数字身份"，实现对边缘终端的统一接入、统一运营、统一管控，赋能边缘终端的统一物联管理。

（2）数据记录不可篡改。边缘终端产生的所有数据与记录都被保存在区块链中，保证了数据的不可篡改性与时效性，增强了电网机构管理效率，降低了产生风险的可能性。

（3）赋能边缘代理。通过基于区块链的安全多方计算技术，提高了边缘终端的利用率，实现了边缘终端本地存储、灵活处理、数据处理结果可信的高效边缘代理模式。

（4）电力数据标准化。通过对关键电力数据进行非对称加密，使原本结构不同的数据格式标准化，并且与边缘终端的数字身份绑定，方便后续的业务流通。

## 1.5　细胞-组织架构下的能源互联网前景展望

能源互联网是以互联网理念构建的新型信息能源融合"广域网"，它以大电网为"主干网"，以微网、虚拟电厂、区域能源网等为"局域网"，以开放对等的信息能源一体化架构，真正实现能源的双向按需传输和动态平衡使用，因此可以最大限度地适应新能源的接入。

但能源互联网的多时空复杂性和信息-能源维度的高要求给电网规划配置和能源市场交易带来了挑战,因此本书提出了具备更强的交流互动性和分层可控性的能源细胞-组织的架构。能源细胞是集多种能源的生产、输送和利用为一体的区域能源系统。为了实现分布式设备有效并网、协调控制和源荷紧密联系的需求响应规划,将区域能源网内依照一定标准(如位置等)分为集分布式发电机组、储能设备、负荷、能源管理的产消一体化的多个能源细胞。各个细胞结构、能源特性随着能源细胞内源荷及环境的不同而互异,用能源细胞表示既可充分尊重结构各异的系统,又保证了能源细胞内系统的独立性和可操作性。能源细胞-组织架构以信息互通、设施互联、优势互补的方式支撑能源互联网的运行。

在能源互联网运行中,微电网、虚拟电厂、负荷聚合商等是常见的典型成员。由分布式电源、储能装置、能量转换装置、负荷以及相关监控和保护装置组成的小型发配电系统组成的微电网是有效消纳分布式电源和解决偏远地区供电问题的主要方式之一,通过对区域分布式电源、储能等资源进行整合,采用先进的控制技术和管理策略,能够有效减少新能源和分布式电源接入对电力系统的冲击。虚拟电厂则是一种可实现多种类型能源聚合且参与电网整体运行的新的能源聚合形式,VPP可实现传统发电机组、分布式电源、储能设备、可中断负荷、电动汽车、供冷装置、供热装置等多种类型的能源的可靠聚合,使其作为一个整体参与电力系统运行,同时通过其通信技术与电力交易中心进行信息的交互,从而实现其整体参与电力市场竞争。负荷聚合商可以为具有潜在产品价值的需求响应资源提供参与市场调节的机会,还可以通过专业的技术手段充分发掘负荷资源,提供市场需要的辅助服务产品。微电网、虚拟电厂、负荷聚合商共同作为能源互联网中的典型成员服务于能源互联网的运行。

在能源互联网的发展中,新技术的应用带来了巨大的便利。例如态势感知技术、数据驱动技术、人工智能技术和区块链技术等,是实现能源互联网的实时感知与分布调控的有力工具。在数据相关业务方面,利用新技术在数据传输、交换过程中有效对数据进行确权,有效实现"能源流、业务流、资金流"三流合一;同时,基于电力设备中传感器获取数据的安全性和实时性,实现对电力行业基础设施的有效监控和维护。新技术的引入为能源互联网运行和发展提供具有前瞻性和开创性的光明前景。

## 参 考 文 献

[1] Rifkin J. The third industrial revolution: how lateral power is transforming energy, economy, and the world[M]. New York: Palgrave MacMilan, 2011.

［2］查亚兵,张涛,谭树人,等.关于能源互联网的认识与思考[J].国防科技,2012,33(5)：1-6.

［3］查亚兵,张涛,黄卓,等.能源互联网关键技术分析[J].中国科学：信息科学,2014,44(6)：702-713.

［4］孙宏斌,郭庆来,潘昭光.能源互联网：理念、架构与前沿展望[J].电力系统自动化,2015,39(19)：1  8.

［5］艾芊,郝然.多能互补、集成优化能源系统关键技术及挑战[J].电力系统自动化,2018,42(4)：2-10,46.

［6］Liu X, Wu J, Jenkins N, et al. Combined analysis of electricity and heat networks[J]. Applied Energy, 2016, 162：1238-1250.

［7］张毅威,丁超杰,闵勇,等.欧洲智能电网项目的发展与经验[J].电网技术,2014,38(7)：1717-1723.

［8］黄仁乐,蒲天骄,刘克文,等.城市能源互联网功能体系及应用方案设计[J].电力系统自动化,2015,39(9)：26-33,40.

［9］庞忠和,孔彦龙,庞菊梅,等.雄安新区地热资源与开发利用研究[J].中国科学院院刊,2017,32(11)：1224-1230.

［10］张涛,王成,王凌云,等.考虑虚拟电厂参与的售电公司双层优化调度模型[J].电网技术,2019,43(3)：952-961.

［11］国家能源局公布首批"互联网+"智慧能源(能源互联网)示范项目[J].中国电力企业管理,2017(19)：7.

［12］鞠平,周孝信,陈维江,等."智能电网+"研究综述[J].电力自动化设备,2018,38(5)：2-11.

［13］Dai W, Dai C, Choo K R, et al. SDTE：A secure blockchain-based data trading ecosystem [J]. IEEE Transactions on Information Forensics and Security, 2020(15)：725-737.

［14］高志远,曹阳,田伟,等.需求响应概念模型及其实现架构研究[J].电力信息与通信技术,2016(11)：8-13.

［15］Albadi M H, El-Saadany E F. A summary of demand response in electricity markets[J]. Electric Power Systems Research, 2008, 78(11)：1989-1996.

［16］Prete C L, Guo N, Shanbhag U V. Virtual bidding and financial transmission rights：An equilibrium model for cross-product manipulation in electricity markets[J]. IEEE Transactions on Power Systems, 2019, 34(2)：953-967.

［17］Bitaraf H, Rahman S. Reducing curtailed wind energy through energy storage and demand response[J]. IEEE Transactions on Sustainable Energy, 2018, 9(1)：228-236.

［18］Ma J, Ma X. State-of-the-art forecasting algorithms for microgrids[C]. Huddersfield：23rd International Conference on Automation and Computing(ICAC), 2017：1-6.

［19］茆美琴,丁勇,王杨洋,等.微网——未来能源互联网系统中的"有机细胞"[J].电力系统自动化,2017,41(19)：1-11,45.

［20］陈昊宇,黄顺杰,樊志华,等.基于博弈的多微网需求响应[J].南方电网技术,2017(2)：34-40.

［21］朱兰,严正,杨秀,等.计及需求侧响应的微网综合资源规划方法[J].中国电机工程学报,2014(16)：2621-2628.

［22］Atwa Y M, El-Saadany E F, Salama M M A, et al. Optimal renewable resources Mix for distribution system energy loss minimization[J]. IEEE Transactions on Power Systems, 2010, 25(1): 360 - 370.

[23] Heydt G T. Future renewable electrical energy delivery and management systems: Energy reliability assessment of FREEDM systems[C]. San Diego. CA: IEEE PES General Meeting, 2010: 1 - 4.

[24] Liserre M, Sauter T, Hung J Y. Future energy systems: Integrating renewable energy sources into the smart power grid through industrial electronics[J]. IEEE Industrial Electronics Magazine, 2010, 4(1): 18 - 37.

[25] 韩芳.我国可再生能源发展现状和前景展望[J].可再生能源,2010,28(4): 137 - 140.

[26] 白建华,辛颂旭,刘俊,等.中国实现高比例可再生能源发展路径研究[J].中国电机工程学报,2015,35(14): 3699 - 3705.

[27] Walling R A, Saint R, Dugan R C, et al. Summary of distributed resources impact on power delivery systems[J]. IEEE Transactions on Power Delivery, 2008, 23(3): 1636 - 1644.

[28] 薛禹胜,雷兴,薛峰,等.关于风电不确定性对电力系统影响的评述[J].中国电机工程学报,2014,34(29): 5029 - 5040.

[29] Parhizi S, Lotfi H, Khodaei A, et al. State of the art in research on microgrids: A review [J]. IEEE Access, 2015(3): 890 - 925.

[30] 王成山,武震,李鹏.微电网关键技术研究[J].电工技术学报,2014,29(2): 1 - 12.

[31] 杨新法,苏剑,吕志鹏,等.微电网技术综述[J].中国电机工程学报,2014,34(1): 57 - 70.

[32] 熊雄,王江波,井天军,等.微电网群功率优化控制[J].电力自动化设备,2017,37(9): 10 - 17.

[33] You S. Developing virtual power plant for optimized distributed energy resources operation and integration[R]. Kongens Lyngby: Technical University of Denmark, 2010.

[34] Schulz C, Roder G, Kurrat M. Virtual power plants with combined heat and power micro-units[C]. Amsterdam: International Conference on Future Power Systems, 2005.

[35] Asmus P. Microgrids, Virtual power plants and our distributed energy future[J]. Electricity Journal, 23(10): 72 - 82.

[36] 姜海洋,谭忠富,胡庆辉,等.用户侧虚拟电厂对发电产业节能减排影响分析[J].中国电力,2010(6): 42 - 45.

[37] 卫志农,余爽,孙国强,等.虚拟电厂欧洲研究项目述评[J].电力系统自动化,2013,37(21): 196 - 202.

[38] 陈春武,李娜,钟朋园,等.虚拟电厂发展的国际经验及启示[J].电网技术,2013(8): 2258 - 2263.

[39] 张开宇.智能电网环境下负荷聚合商的市场化交易策略研究[D].上海:上海交通大学,2015.

[40] 高赐威,李倩玉,李慧星,等.基于负荷聚合商业务的需求响应资源整合方法与运营机制[J].电力系统自动化,2013,37(17): 78 - 86.

[41] Driesen, Johan, Weckx, et al. Primary and secondary frequency support by a multi-agent demand control system[J]. IEEE Transactions on Power Systems A Publication of the Power Engineering Society, 2015.

[42] 潘樟惠,高赐威,刘顺桂.基于需求侧放电竞价的电动汽车充放电调度研究[J].电网技术,2016,40(4)：165 - 171.

[43] 程林,万宇翔,张放,等.基于负荷聚合商业务的空调服务运作模式及控制策略[J].电力系统自动化,2018(18)：8 - 16.

[44] 孙毅,陈一童,李彬,等.计及用户舒适性与公平性的热泵负荷集群控制策略[J].电力自动化设备,2019,39(5)：122 - 128.

[45] 崔鹏程,史俊祎,文福拴,等.计及综合需求侧响应的能量枢纽优化配置[J].电力自动化设备,2017,37(6)：101 - 109.

[46] 郭帅,刘鲁嘉,杨萌,等.计及可控负荷的微网自治调度模型[J].电网技术,2017,41(1)：54 - 62.

[47] 崔雪,邹晨露,王恒,等.考虑风电消纳的电热联合系统源荷协调优化调度[J].电力自动化设备,2018,38(7)：74 - 81.

[48] 姬源,黄育松.基于负荷聚集商的多家庭能量管理系统建模[J].现代电力,2018,35(2)：20 - 25.

[49] 吴玮,周建中,杨俊杰,等.分时电价下三峡梯级电站在日前电力市场中的优化运营[J].电网技术,2005,29(13)：13 - 17,22.

[50] 何蕾.基于需求侧综合响应的热电联供型微网运行优化[J].电测与仪表,2018,55(7)：47 - 52,61.

[51] 陈科文,张祖平,龙军.多源信息融合关键问题、研究进展与新动向[J].计算机科学,2013(8)：6 - 13.

[52] 莫文雄,许中,肖斐,等.基于随机矩阵理论的电力扰动事件时空关联[J].高电压技术,2017(7)：296 - 303.

[53] 魏大千,王波,刘涤尘,等.基于时序数据相关性挖掘的 WAMS/SCADA 数据融合方法[J].高电压技术,2016,042(1)：315 - 320.

[54] 王意洁,孙伟东,周松,等.云计算环境下分布存储关键技术[J].软件学报,2012,23(4)：962 - 986.

[55] 刘兰.关于云计算环境下的分布式存储关键技术分析[J].信息通信,2017(3)：168 - 169.

[56] 王德文,宋亚奇,朱永利.基于云计算的智能电网信息平台[J].电力系统自动化,2010,34(22)：7 - 12.

[57] 沐连顺,崔立忠,安宁.电力系统云计算中心的研究与实践[J].电网技术,2011(6)：177 - 181.

[58] 朱征,顾中坚,吴金龙,等.云计算在电力系统数据灾备业务中的应用研究[J].电网技术,2012,36(9)：43 - 50.

[59] 丁建光.智能电网海量信息处理关键问题的研究[D].上海：上海交通大学,2014.

[60] 赵俊华,文福拴,薛禹胜,等.电力 CPS 的架构及其实现技术与挑战[J].电力系统自动化,2010,34(16)：1 - 7.

[61] 胡伟,郑乐,闵勇,等.基于深度学习的电力系统故障后暂态稳定评估研究[J].电网技术,2017,41(10)：3140 - 3146.

[62] He Y, Mendis G J, Jin W. Real-time detection of false data injection attacks in smart grid: A deep learning-based intelligent mechanism[J]. IEEE Transactions on Smart Grid, 2017,

8(5)：2505 - 2516.

[63] Wang J，Zhong H，Lai X，et al. Exploring key weather factors from analytical modeling toward improved solar power forecasting[J]. Smart Grid，IEEE Transactions on，2019，10(2)：1417 - 1427.

[64] 陈来军,陈颖,许寅,等.基于 GPU 的电磁暂态仿真可行性研究[J].电力系统保护与控制，2013(2)：107 - 112.

[65] 张宁,王毅,康重庆,等.能源互联网中的区块链技术：研究框架与典型应用初探[J].中国电机工程学报,2016,36(15)：4011 - 4022.

[66] 袁勇,王飞跃.区块链技术发展现状与展望[J].自动化学报,2016,42(4)：481 - 494.

[67] 何奇琳,艾芊.区块链技术在虚拟电厂中的应用前景[J].电器与能效管理技术,2017(3)：14 - 18.

# 2 灵活资源建模与量化分析

随着"互联网＋"概念的不断推广,通信信息基础设施的全面覆盖为深度融合能源网络与信息网络,提高能源利用率,实现能源互济互补,推动能源利用模式变革,促进社会可持续发展提供了新思路。电力系统作为复杂的人工信息物理系统,其稳定运行离不开人们的监视和控制。近年来,世界各国在电力系统的运行控制过程中,因建模分析不足而发生的大规模停电事故日益增多,电力系统建模分析得到越来越多的关注。通过采集广域电网稳态和动态、电量和非电量信息(包括设备状态信息、电网稳态数据信息、电网动态数据信息、电网暂态故障信息、电网运行环境信息等),应用广域动态安全监测、数据挖掘、动态参数辨识、超实时仿真、可视化等手段,进行电网分析、理解和评估,进而对电网发展态势进行预测。

能源细胞-组织作为能源互联网中的关键成分,也是直接面向用户的重要一环,其重要性不言而喻。相较于传统电网,能源供给与负荷间耦合更紧密,能源供应端和能源消费端具有双向不确定性,且负荷种类多样化,同时能涵盖电能、热能等多种能源,其耦合更为复杂[1, 2]。另一方面,在能源互联网发展趋势下,系统采集和处理的数据呈海量增长,并且受用户随机需求响应、客户多样化需求、应急减灾等因素影响,能源细胞-组织运行趋于复杂多样化,故对电网管理的要求日趋提高。现有的配电运行在计算速度、安全性评估、可视化、通信网络等诸多环节上均难以满足智能配电网的发展需求。

因此,本章将对分布式发电、冷热电联产系统、可调控负荷、储能、电动汽车[3-7]、智能楼宇、热泵等灵活资源进行建模和外特性分析。

## 2.1 分布式发电

### 2.1.1 风电出力不确定性模型

在过去的十多年,全球风电装机容量快速增长,预计到 2030 年,我国在基本情景下风电装机将达到 4 亿千瓦、积极情景下风电 12 亿千瓦。且风电在发电总量中的比重也不断提高。相比常规能源,风电清洁无污染,但也有随机性、间歇性和难预测性的不足。

风电出力受风速变化的影响,呈现出明显的随机性,并表现出持续性高幅度扰动的特征,这给系统可靠性带来了隐患。从可调度性上看,常认为风电是非可调度资源。需要依赖大量常规机组来平抑风电的不确定性。但研究表明[6],在一定的区域内,地域分散的分布式风能资源在时空尺度下具有良好的互补性。因此从广域上看,可以利用多种分布式资源的互补性消纳风电。

一般通过模拟风速符合的概率分布从而对风电出力进行模拟,并分析其中两参数的 Weibull 分布模型。这是目前研究中常用的方法。

Weibull 分布的概率密度函数可表达为

$$f(v) = \frac{k}{c} \cdot \left(\frac{v}{c}\right)^{k-1} \cdot \exp\left[-\left(\frac{v}{c}\right)^k\right] \tag{2-1}$$

式中:$v$ 为风速,$k$、$c$ 为 Weibull 分布的形状参数和尺度参数。$k$、$c$ 均可由平均风速 $\mu$ 和标准差 $\sigma$ 近似算出:

$$\begin{cases} k = \left(\dfrac{\sigma}{\mu}\right)^{-1.086} \\ c = \dfrac{\mu}{\Gamma(1 + 1/k)} \end{cases} \tag{2-2}$$

式中,$\Gamma$ 是 Gamma 函数。

风能经过风力发电机(wind turbines,WT)后将部分动能转换成机械能并接着转化为电能,其输出功率随风速变化而改变。风速的 Weibull 分布模型可参见相关文献。当已知风速分布后,根据风力发电运行原理,可知 WT 输出有功功率和风速间有如下函数关系:

$$P_{wt} = \begin{cases} 0, & v \leqslant v_{ci}, v \geqslant v_{c0} \\ k_1 v + k_2, & v_{ci} \leqslant v \leqslant v_r \\ P_r, & v_r \leqslant v \leqslant v_{co} \end{cases}$$

$$k_1 = \frac{P_r}{v_r - v_{ci}}$$

$$k_2 = -k_1 v_{ci} \tag{2-3}$$

式中,$P_r$ 是风力发电机的额定功率,$v_{ci}$、$v_{co}$、$v_r$、$v$ 分别为切入风速、切出风速、额定风速和实际风速。

假定风力发电预测误差由均值为零的正态分布刻画,即

$$\delta_{wt}^{t} \sim N(0, \sigma_{wt,t}^{2}) \tag{2-4}$$

式中，$\delta_{wt}^{t}$ 为 $t$ 时刻风力波动。

分布函数可以表示为

$$F(\delta_{wt}^{t}) = \frac{1}{\sigma_{wt,t}\sqrt{2\pi}} \int_{-\infty}^{\delta_{L}^{t}} \exp\left(-\frac{\delta_{wt}^{t}}{2\sigma_{wt,t}^{2}}\right) d\delta_{wt}^{t} \tag{2-5}$$

## 2.1.2　光伏发电不确定性模型

太阳能是最容易得到的清洁能源。太阳能发电可以分为热发电和光伏发电（photovoltaic cell，PV）两大类，其中光伏发电的研究更为成熟，应用也更多。然而，考虑到光照强度、摄氏温度以及湿度变化等因素的影响，光伏发电不可避免地会具有很大的随机性与间断性。

与风力发电相比，光伏发电在晴天、正午时段出现功率输出的顶峰，夜间不具备发电能力，表现在日功率变化曲线上，即光伏发电只有白天时段的功率值大于0。研究发现，将光伏发电与风力发电进行互补可以平抑波动性。

与风力发电相似，光伏发电的输出功率由于受到光照强度以及温度等因素的影响，也具有随机性的特点。其不确定性使得在确定光伏发电功率之前，需要先研究光照强度的随机分布情况。光照强度的概率密度函数如下：

$$f(G(t)) = \frac{\Gamma(\alpha+\beta)}{\Gamma(\alpha)\Gamma(\beta)} \cdot \left(\frac{G(t)}{G_{max}}\right)^{\alpha-1} \cdot \left(1-\frac{G(t)}{G_{max}}\right)^{\beta-1} \tag{2-6}$$

式中，$G(t)$、$G_{max}$ 分别为该时段光照强度的实际值以及最大值（W/m²），$\alpha$ 和 $\beta$ 为确定 Beta 分布的参数，$\Gamma$ 是 Gamma 函数。其中 $\alpha$ 和 $\beta$ 可由某时段的光照强度均值 $\mu$ 和方差 $\sigma$ 得到：

$$\alpha = \mu \cdot \left[\frac{\mu \cdot (1-\mu)}{\sigma^{2}} - 1\right]$$
$$\beta = (1-\mu) \cdot \left[\frac{\mu \cdot (1-\mu)}{\sigma^{2}} - 1\right] \tag{2-7}$$

由于太阳能电池的物理机理，其输出为直流电，辐射强度以及温度的变化会影响光伏阵列输出的电压以及电流，光伏阵列的输出功率计算如下：

$$P_{pv}^{t} = P_{STC} \cdot \frac{G(T)}{G_{STC}}[1 + k \cdot (T(t) - T_{STC})] \tag{2-8}$$

式中，$P_{pv}^{t}$ 为光伏阵列在光照强度 $G(t)$ 时的输出功率；$G_{STC}$、$T_{STC}$、$P_{STC}$ 分别为标准测试环境 1 000（W/m²）、25℃下的光照强度、光伏阵列温度和最大输出功率；

$k$ 为温度系数,一般 $k$ 取值为 $-0.45$;$T(t)$ 为 $t$ 时刻光伏阵列的表面温度。

假定风力发电预测误差由均值为零的正态分布刻画,即

$$\delta_{pv}^{t} \sim N(0, \sigma_{pv, t}^2) \tag{2-9}$$

式中,$\delta_{pv}^{t}$ 为 $t$ 时刻光伏出力波动。

分布函数可以表示为

$$F(\delta_{pv}^{t}) = \frac{1}{\sigma_{pv, t}\sqrt{2\pi}} \int_{-\infty}^{\delta_{pv}^{t}} \exp\left(-\frac{\delta_{pv}^{t}}{2\sigma_{pv, t}^2}\right) d\delta_{pv}^{t} \tag{2-10}$$

## 2.2 冷热电联产系统

冷热电联产系统(CCHP)是冷热电联合网络中最主要的耦合元件。冷热电三联供系统通常以天然气等燃气为主要燃料,通过燃气轮机或内燃机发电,并利用余热锅炉等余热回收设备向用户供热,通过溴化锂吸收热能制冷或通过电制冷方式实现供冷,满足用户电、热、冷三方面的需求。通过这种方式,CCHP 系统的能源利用率可以达到 $80\%\sim90\%$,相比能源利用率仅为 $45\%$ 的传统发电厂,CCHP 系统的能源利用率显著提升,可实现能源的梯级利用,达到节能高效的目标,其与电力系统的耦合模式如图 2-1 所示,典型热电出力曲线图如图 2-2 所示。

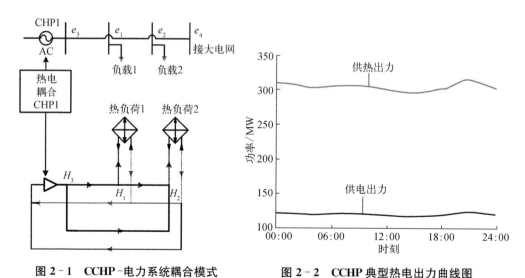

图 2-1  CCHP-电力系统耦合模式          图 2-2  CCHP 典型热电出力曲线图

CCHP 机组实际应用中的组成结构复杂多样,常用的供热装置有余热锅炉、燃气锅炉等,余热锅炉获取燃烧产生的烟气中的热量,不足的热量通过天然气补燃或

燃气锅炉提供。制冷装置主要分为电制冷机组和溴化锂吸收式制冷机组两种。过去我国电力较为紧张,耗电少的溴化锂吸收式制冷机组利用较为广泛,但其投资、费用和转换效率均低于电力制冷,在目前电力充足的背景下,经济效益更高的电制冷机组的使用率正稳步提升。CCHP 的主要组成部分如下。

(1)燃气轮机。燃气轮机的发电功率如下:

$$P_{GT}(t) = P_{gas}(t)\eta_{GT} \tag{2-11}$$

式中,$P_{GT,t}(t)$ 为 $t$ 时段燃气轮机的输出功率;$P_{gas}(t)$ 为微型燃气轮机消耗的天然气功率;$\eta_{GT}$ 为微型燃气轮机的发电效率。

(2)吸收式制冷机。吸收式制冷机将热能转换成冷能,其输出功率如下:

$$Q_{AC}(t) = P_{GT}(t)\gamma_{GT}\eta_{WH}\eta_{cooling}COP_{AC} \tag{2-12}$$

式中,$Q_{AC}(t)$ 为吸收式制冷机的输出制冷功率;$\gamma_{GT}$ 为燃气轮机的热电比;$\eta_{WH}$ 为余热锅炉的效率;$\eta_{cooling}$ 为燃气轮机余热用于制冷的比例;$COP_{AC}$ 为吸收式制冷机的能效比。

(3)电制冷机。电制冷机利用电能进行制冷,输出功率如下:

$$Q_{EC}(t) = P_{EC}(t)COP_{EC} \tag{2-13}$$

式中,$Q_{EC}(t)$ 为电制冷机的输出制冷功率;$P_{EC}(t)$ 为消耗的电功率;$COP_{EC}$ 为电制冷机的能效比。

(4)换热装置。换热装置将余热锅炉中的蒸汽热能转换成热水热能,其输出功率如下:

$$P_{HX}(t) = P_{GT}(t)\gamma_{GT}\eta_{WH}\eta_{heating}\eta_{HX} \tag{2-14}$$

式中,$P_{HX}(t)$ 为换热装置的输出制热功率;$\eta_{heating}$ 为燃气轮机余热用于制热的比例;$\eta_{HX}$ 为换热装置的效率。

(5)燃气锅炉。燃气锅炉通过燃烧天然气进行制热,其输出功率如下:

$$Q_{GB}(t) = F_{GB}(t)L_{NG}\eta_{GB} \tag{2-15}$$

式中,$Q_{GB}(t)$ 为燃气锅炉在 $t$ 时段的输出热量;$F_{GB}(t)$ 为燃气锅炉在 $t$ 时段的消耗燃气量;$L_{NG}$ 为燃气热值,取 $9.7\ kWh/m^3$;$\eta_{GB}$ 为燃气锅炉的效率。

## 2.3  可调控负荷

### 2.3.1  热电耦合系统模型的数学描述

#### 2.3.1.1  系统能量转换方程构建

典型的热电耦合系统由能源耦合供给、能量相互转换、负荷配置管理和信息交互四部分组成。小区户外热电耦合系统用能转换场景如图 2-3 所示,选用热电联产机组(CHP)和热泵分别实现气能向热能与电能的转换和电能向热能的转换,共同实现用户热负荷供给;信息交互设备则选用能源管理系统(energy management system,EMS)和家庭能源控制系统(home energy management controls,HEMCs)。

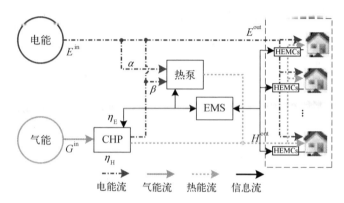

电能流　气能流　热能流　信息流

**图 2-3　热电耦合系统用能转换场景图**

参考能量枢纽(energy hub,EH)建模思想,构建了含热电耦合系统的能源供给侧与用能负荷侧的能量枢纽方程(以下简称 EH 方程),如式(2-16)所示。

设热电耦合系统的输出电负荷功率和热负荷功率分别为 $E^{\text{out}}$ 和 $H^{\text{out}}$;输入电能功率和燃气功率分别为 $E^{\text{in}}$ 和 $G^{\text{in}}$;则能量枢纽方程的输入与输出端口之间的能量转换关系可表示如下:

$$\begin{bmatrix} E^{\text{out}} \\ H^{\text{out}} \end{bmatrix} = \begin{bmatrix} 1-\alpha & \eta_{\text{E}} \cdot (1-\beta) \\ \alpha \cdot \eta & \eta_{\text{E}} \cdot \beta \cdot \eta + \eta_{\text{H}} \end{bmatrix} \begin{bmatrix} E^{\text{in}} \\ G^{\text{in}} \end{bmatrix} \qquad (2-16)$$

式中,热泵的效能系数为 $\eta$;CHP 输出电能和热能的效能系数分别为 $\eta_{\text{E}}$ 和 $\eta_{\text{H}}$;输入电能以及 CHP 输出电能供给热泵的电能比例系数分别为 $\alpha$ 和 $\beta$。

#### 2.3.1.2　用能负荷侧电力需求响应模型量化描述

考虑文献[1]提出的模型,热电耦合系统用能负荷侧需求响应机制如图 2-4 所示,负荷侧可调度负荷按照用能响应特性划分为可转移负荷和可转换负荷,可转移负荷主要响应方式为用能横向时间转移,可转换负荷主要响应方式为能源种类替代转换。

能量转换矩阵方程实现了热电耦合系统各部分能量之间的转换度量,但是未对用能负荷侧居民用户参与电力需求响应(demand response,DR)时负荷需求响应方式和响应程度实现量化分析。本节借鉴 EH 建模思想,搭建用户需求响应前后负荷特性量化矩阵方程,实现对用能负荷侧的负荷用能需求响应精细化建模。

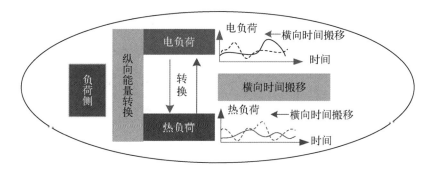

**图 2-4　热电耦合系统用能负荷侧需求响应机制**

本节按照国际电工委员会(IEC)居民用户负荷特性进行分类,建立用户参与 DR 前后负荷响应矩阵方程(以下简称 DR 响应方程),实现用能负荷 DR 的量化描述。具体用能场景如图 2-5 所示。用能负荷侧的居民用户家庭负荷主要来源各种家用电器负荷、日常负荷等,负荷能量来源为热电耦合系统的输出。用户户内热负荷既可通过户外供给,也可以通过电器户内自供给产热。所有参与 DR 的电器设备都可以与 HEMCs 实现信息交互,通过 HEMCs 完成管控。

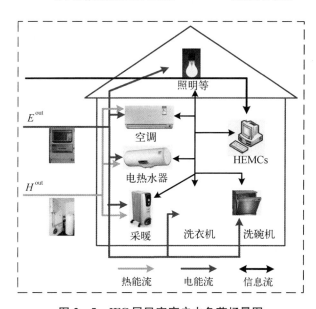

**图 2-5　IEC 居民家庭户内负荷场景图**

在 IEC 居民家庭负荷场景的基础上,按照负荷种类不同,本节将负荷分为电负荷 $L_E$ 和热负荷 $L_H$,将用户负荷标识为 $L_{set} = \{L_E, L_H\}$,用户的电负荷和热负荷通常由置于负荷侧的电能表和气能表上传的历史负荷预测得到;按照参与 DR 的负荷响应方式分类,本节将负荷分为基本负荷 $L^b$,可转移负荷 $L^s$ 和可转换负荷 $L^{tf}$,

即用户负荷标识为 $L_{\text{set}}=\{L^{\text{b}},\ L^{\text{s}},\ L^{\text{tf}}\}$，用户的基本、可转移和可转换负荷可以通过负荷分解以及负荷响应方式分类得到。具体负荷分类以及响应方式数学描述如下所示。

（1）基本负荷 $L^{\text{b}}$：基本负荷的典型代表包括居民日常照明负荷、采暖负荷等，设 $t$ 时刻用户参与 DR 策略后负荷功率为 $otL^{\text{b}}(t)$，则用户参与 DR 前后基本负荷的负荷功率之间的关系为

$$otL^{\text{b}}(t)=C^{\text{b}}(t)\cdot L^{\text{b}}(t) \tag{2-17}$$

式中，$C^{\text{b}}(t)$ 为 $t$ 时刻用户参与 DR 前后基本负荷的负荷功率的关联系数；$L^{\text{b}}(t)$ 为 $t$ 时刻用户参与 DR 前基本负荷的负荷功率。

（2）可转移负荷 $L^{\text{s}}$：可转移负荷的典型代表包括洗衣机负荷、洗碗机负荷、热水器负荷等，设 $t$ 时刻用户参与 DR 后负荷功率为 $otL^{\text{s}}(t)$，则存在用户参与 DR 前后可转移负荷的负荷功率之间的关系方程，考虑部分负荷具有典型的时间和空间的二维可控性，故这类负荷既属于可转移负荷又属于可转换负荷，即可转换负荷与可转移负荷存在重合部分[8]。

$$otL^{\text{s}}(t)=\begin{bmatrix}C_t^{\text{s}}(1)\\C_t^{\text{s}}(2)\\\vdots\\\vdots\\C^{\text{s}}(24)\end{bmatrix}_{24\times1}^{\text{T}}\cdot\left(\begin{bmatrix}L^{\text{s}}(1)\\\vdots\\L^{\text{s}}(t)\\\vdots\\L^{\text{s}}(24)\end{bmatrix}_{24\times1}+\rho(t)\cdot\begin{bmatrix}otL^{\text{tf}}(1)\\\vdots\\otL^{\text{tf}}(t)\\\vdots\\otL^{\text{tf}}(24)\end{bmatrix}_{24\times1}\right) \tag{2-18}$$

式中，$C_t^{\text{s}}(\nu)$ 为 $t$ 时刻用户参与 DR 后可转移负荷与参与 DR 前 $\nu$ 时刻负荷功率之间的关联系数，其中 $\forall\nu\in[1,24]$ 且 $\nu$ 为正整数；$L^{\text{s}}(t)$ 为 $t$ 时刻用户参与 DR 前可转移负荷的负荷功率，$otL^{\text{tf}}(t)$ 为 $t$ 时刻用户参与 DR 后可转移负荷的负荷功率；$\rho(t)$ 为可移换负荷与可转换负荷的重合比例系数。

在用能优化过程中考虑到关联系数参数过多导致计算复杂度提高，将式（2-18）简化如下：

$$otL^{\text{s}}(t)=C^{\text{s}}(t)\cdot(L^{\text{s}}(t)+otL^{\text{tf}}(t)) \tag{2-19}$$

式中，$C^{\text{s}}(t)$ 为 $t$ 时刻用户参与 DR 前后可转移负荷的负荷功率的关联系数。

（3）可转换负荷 $L^{\text{tf}}$：可转换负荷的典型代表是热水器负荷、空调负荷等，由于空调热泵、电锅炉等新型电转热设备的出现，使用能负荷侧负荷分类界限趋于模糊，用户通过选择不同形式的能源达成同样的目标，这部分负荷称为可转换负荷。设 $t$ 时刻参与 DR 后的可转换负荷的负荷功率为 $otL^{\text{tf}}(t)$，则用户参与 DR 前后可

转换负荷之间负荷功率如下：

$$otL^{\mathrm{tf}}(t) = C^{\mathrm{tf}}(t) \cdot (L^{\mathrm{tf}}(t) + \sigma(t) \cdot otL^{\mathrm{s}}(t)) \tag{2-20}$$

式中，$C^{\mathrm{tf}}(t)$ 为 $t$ 时刻用户参与 DR 前后可转换负荷的负荷功率关联系数；$L^{\mathrm{tf}}(t)$ 为 $t$ 时刻用户参与 DR 前可转换负荷功率；$\sigma(t)$ 为可转换负荷与可转移负荷的重合比例系数。

重合比例系数可通过负荷信息采集结果统计计算得到，存在一定的参数优化空间，但是在本节算例中为简化优化过程，取重合比例系数的最大值作为已知参数输入目标函数。

以负荷响应方式分类，整理得到 DR 响应方程如下：

$$
\begin{bmatrix} otL^{\mathrm{b}}(t) \\ otL^{\mathrm{s}}(t) \\ otL^{\mathrm{tf}}(t) \end{bmatrix} =
\begin{bmatrix} 1 & 0 & 0 \\ 0 & 1 & -\rho(t) \cdot C^{\mathrm{s}}(t) \\ 0 & -\sigma(t) \cdot C^{\mathrm{tf}}(t) & 1 \end{bmatrix}^{-1}
$$
$$
\cdot \mathrm{diag}(C^{\mathrm{b}}(t),\ C^{\mathrm{s}}(t),\ C^{\mathrm{tf}}(t)) \cdot
\begin{bmatrix} L^{\mathrm{b}}(t) \\ L^{\mathrm{s}}(t) \\ L^{\mathrm{tf}}(t) \end{bmatrix}
\tag{2-21}
$$

以负荷响应方式分类得到的 DR 响应方程，在考虑响应方式的基础上，含关联系数和重合比例系数的耦合矩阵同时表示了 DR 响应的灵活度。如果以负荷类型分类，可继续整理得到新的 DR 响应方程如下：

$$
\begin{bmatrix} E^{\mathrm{out}}(t) \\ H^{\mathrm{out}}(t) \end{bmatrix} =
\begin{bmatrix} C_{\mathrm{E}}^{\mathrm{b}}(t) & B_1 & 0 & 0 & 0 & B_2 \\ 0 & 0 & B_3 & C_{\mathrm{H}}^{\mathrm{b}}(t) & B_4 & 0 \end{bmatrix}
$$
$$
\cdot (L_{\mathrm{E}}^{\mathrm{b}}(t) \quad L_{\mathrm{E}}^{\mathrm{s}}(t) \quad L_{\mathrm{E}}^{\mathrm{tf}}(t) \quad L_{\mathrm{H}}^{\mathrm{b}}(t) \quad L_{\mathrm{H}}^{\mathrm{s}}(t) \quad L_{\mathrm{H}}^{\mathrm{tf}}(t))^{\mathrm{T}}
\tag{2-22}
$$

式中，$B_1$、$B_2$、$B_3$ 和 $B_4$ 具体定义如下所示：

$$B_1 = \frac{C_{\mathrm{E}}^{\mathrm{s}}(t)}{1 - C_{\mathrm{E}}^{\mathrm{s}}(t) \cdot \rho(t)} \tag{2-23a}$$

$$B_2 = \frac{C_{\mathrm{E}}^{\mathrm{tf}}(t)}{1 - C_{\mathrm{E}}^{\mathrm{tf}}(t) \cdot \sigma(t)} \tag{2-23b}$$

$$B_3 = \frac{C_{\mathrm{H}}^{\mathrm{tf}}(t)}{1 - C_{\mathrm{H}}^{\mathrm{tf}}(t) \cdot (1 - \sigma(t))} \tag{2-23c}$$

$$B_4 = \frac{C_{\mathrm{H}}^{\mathrm{s}}(t)}{1 - C_{\mathrm{H}}^{\mathrm{s}}(t) \cdot (1 - \rho(t))} \tag{2-23d}$$

式中，$C_E^b(t)$、$C_E^s(t)$、$C_E^{tf}(t)$、$C_H^b(t)$、$C_H^s(t)$ 和 $C_H^{tf}(t)$ 分别表示三类电负荷（基本电负荷、可转移电负荷、可转换电负荷）和三类热负荷参与 DR 前后的关联系数。

DR 响应方程基于用能负荷侧负荷的精细化建模，实现了对热电耦合系统用户需求响应中负荷响应方式和负荷响应类型的量化描述，建立含 DR 响应机制的矩阵方程。在式（2-23）基础上，结合式（2-22）就可以建立 $t$ 时刻热电耦合系统输入与用户参与 DR 后用能负荷侧负荷功率之间的改进的 EH 方程：

$$\begin{bmatrix} E^{in}(t) \\ G^{in}(t) \end{bmatrix} = \begin{pmatrix} 1-\alpha & \eta_E \cdot (1-\beta) \\ \alpha \cdot \eta & \eta_E \cdot \beta \cdot \eta + \eta_H \end{pmatrix}^{-1}$$

$$\cdot \begin{bmatrix} C_E^b(t) & B_1 & 0 & 0 & 0 & B_2 \\ 0 & 0 & B_3 & C_H^b(t) & B_4 & 0 \end{bmatrix} \qquad (2-24)$$

$$\cdot \begin{pmatrix} L_E^b(t) & L_E^s(t) & L_E^{tf}(t) & L_H^b(t) & L_H^s(t) & L_H^{tf}(t) \end{pmatrix}^T$$

在改进的 EH 方程中，同时考虑了热电耦合系统能量转换设备耦合系数、用户负荷 DR 响应方式以及 DR 响应灵活度，进而实现用能负荷侧含热电耦合系统的 DR 模型的量化描述。

### 2.3.2 热电耦合系统约束模型求解

#### 2.3.2.1 模型数学描述

本节在考虑用能负荷侧负荷的 DR 模型量化描述基础上，提出了热电耦合系统用能负荷侧需求以及能量转换设备约束条件的数学描述；在已有 CHP 模型约束和热泵模型约束基础上，进一步扩展增加用能负荷侧建模约束，建立了热电耦合系统运行成本最小目标函数的用能优化模型。本节所涉的数学模型中不考虑智慧能源小区公共部分供用能情况。

设模型中参与用能优化的 IEC 用户由一家电力公司和一家燃气公司联合供能，定义参与用能优化用户集标识为 $N_{set} = \{1, 2, \cdots, k, \cdots, N\}$，每天以小时为单位均等地划分为 24 个时间段，将时间集标识为 $T_{set} = \{1, 2, \cdots, t, \cdots, 24\}$。用能优化模型具体如下。

1）CHP 约束和热泵约束

设 $E^{CHP}(t)$ 和 $H^{CHP}(t)$ 为 $t$ 时刻 CHP 系统的发电功率和产热功率，则 CHP 发电功率和产热功率模型为

$$E^{CHP}(t) = G^{in}(t) \cdot \eta_E \qquad (2-25)$$

$$H^{CHP}(t) = G^{in}(t) \cdot \eta_H \qquad (2-26)$$

式中，$G^{in}(t)$ 为天然气输入功率；$\eta_E$ 和 $\eta_H$ 为CHP系统的发电效能系数和产热效能系数。

设 $H^{rb}(t)$ 表示热泵在 $t$ 时刻的产热功率，$E^{rb}(t)$ 表示热泵在 $t$ 时刻输入电功率，则热泵的产热功率如下：

$$H^{rb}(t) = E^{rb}(t) \cdot \eta \qquad (2-27)$$

式中，$\eta$ 为热泵产热效能系数。

2）用能负荷侧约束

用能负荷侧约束依据负荷响应方式不同分为基本负荷约束、可转移负荷约束和可转换负荷约束。

基本负荷 $L^b$ 约束：$t$ 时刻用户 $k$ 的基本负荷 $L^b(k, t)$ 是不受调控影响或者无法调度的负荷。本节中基本负荷 $L^b(k, t)$ 等于用户保证日常生活的最小负荷 $L^{min}(k, t)$，即

$$L^b(k, t) = L_{min}(k, t) \qquad (2-28)$$

可转移负荷 $L^s$ 约束：$t$ 时刻由于用户 $k$ 自身参与度以及供给侧的经济补偿度的不同，实际工作中参与调度的可转移负荷量 $L^s(k, t)$ 会随之改变。定义用户 $k$ 的负荷参与转移比是日实际参与 DR 负荷的转移变化量总量与用户可转移负荷总量的比值，如式（2-29）所示。

$$\phi(k, d) = \frac{\sum_{t=1}^{24} |L^{sed}(k, t)| / 2}{\sum_{t=1}^{24} L^s(k, t)} \qquad (2-29)$$

$$\phi_{min}(k, d) \leqslant \phi(k, d) \leqslant \phi_{max}(k, d) \qquad (2-30)$$

式中，$\phi(k, d)$ 为可转移负荷的转移比，$\phi_{min}(k, d)$ 和 $\phi_{max}(k, d)$ 为转移比的两个极限，$L^{sed}(k, t)$ 为 $t$ 时刻用户 $k$ 的实际参与 DR 负荷的转移变化量。

可转换负荷 $L^{tf}$ 约束：$t$ 时刻用户 $k$ 的参与 DR 后的可转换电负荷 $otL_E^{tf}(k, t)$ 和可转换热负荷 $otL_H^{tf}(k, t)$ 与可转换负荷 $L^{tf}(k, t)$ 的关系如式（2-31）所示，定义用户 $k$ 的负荷参与转换比是实际参与 DR 后可转换热负荷功率与用户可转换负荷总量的比值。

$$\begin{cases} L^{tf}(k, t) = L_E^{tf}(k, t) + L_H^{tf}(k, t) \\ otL_H^{tf}(k, t) = \lambda(k, t) \cdot L^{tf}(k, t) \\ otL_E^{tf}(k, t) = (1 - \lambda(k, t)) \cdot L^{tf}(k, t) \end{cases} \qquad (2-31)$$

$$\lambda_{min}(k, t) \leqslant \lambda(k, t) \leqslant \lambda_{max}(k, t) \qquad (2-32)$$

式中，$\lambda(k, t)$ 为 $t$ 时刻用户 $k$ 的可转换负荷的负荷转换比，$\lambda^{\min}(k, t)$ 和 $\lambda_{\max}(k, t)$ 为负荷转换比的两个极限。

功率平衡约束，即用户 $k$ 在参与 DR 前的总负荷 $L_{in}$ 和参与 DR 后负荷功率总量 $L_{out}$ 相等：

$$L_{in} = L_{out}$$

$$L_{in} = \sum_{t=1}^{24} (L^b(k, t) + L^s(k, t) + L^{tf}(k, t))$$

$$(2-33)$$

$$L_{out} = \sum_{t=1}^{24} (otL^b(k, t) + (1 - \sigma(k, t)) \cdot otL^s(k, t)$$

$$+ (1 - \rho(k, t)) \cdot otL^{tf}(k, t))$$

**3）目标函数**

本模型以系统日综合运行成本最小为优化目标，包括电能购买成本和天然气购买成本，不考虑设备维修成本和折旧成本，其描述如下：

$$F = \min(F_i + F_j - \widetilde{F})$$

$$(2-34)$$

$$F_i = \sum_{t=1}^{24} c_i(t) \cdot E^{in}(t)$$

$$(2-34a)$$

$$F_j = \sum_{t=1}^{24} c_j(t) \cdot G^{in}(t)$$

$$(2-34b)$$

$$\widetilde{F} = \sum_{k=1}^{N} \sum_{t=18}^{22} \omega(t) \cdot (L(k, t) - otL(k, t))$$

$$(2-34c)$$

式中，电能购买成本和天然气购买成本分别为 $F_i$ 和 $F_j$，$t$ 时刻电能供给商电价和燃气供给商气价分别为 $c_i(t)$ 和 $c_j(t)$，$t$ 时刻电网输入系统电能功率和燃气公司输入系统气能功率分别为 $E^{in}(t)$ 和 $G^{in}(t)$，电力公司和燃气公司对用户在晚高峰时段 $t \in [18, 22]$ 的 DR 进行经济补偿为 $\widetilde{F}$，$\omega(t)$ 为 DR 经济补偿相关系数。

### 2.3.2.2 模型求解策略

本节在包含转移比、转换比的负荷参与比的灵活尺度约束建模的基础上，通过提出了热电耦合系统灵活尺度多次参与的 DR 策略，可实现需求响应的热电耦合系统用能最优化模型求解。其求解策略的基本思想：通过优化用户用能负荷侧需求响应用能负荷的优化配置，实现供给侧与用能负荷侧供需平衡，通过改变含转移比、转换比的负荷参与比来实现系统成本最小优化运行；用户在参与需求响应策略时，通过可转移负荷调度、可转换负荷调度，以及通过多次参与实现系统最优经济化运行。

### 2.3.3 实验设置

本节按照上节所述的热电耦合系统模型,设计仿真算例,展示所提热电耦合系统灵活尺度多次参与的 DR 策略的优越性。本算例利用搭载在 MATLAB 仿真平台下的 CPLEX 引擎实现模型的最优化求解。

#### 2.3.3.1 负荷参与比性能案例分析

本节首先讨论不同负荷参与比对系统成本的影响,本节算例中转移比和转换比从 0 到 100% 以 10% 为单位依次递增(初始转移比和转换比分别为 0 和 50%,转换比为 0 表示此时用户的可转换负荷都为电负荷,转换比为 100% 表示此时用户的可转换负荷都为热负荷)。不同转移比和转换比情况下的系统成本的影响如图 2-6 所示,图中 $x$ 轴表示转移比(%),$y$ 轴为转换比(%),$z$ 轴为系统总成本(元)。

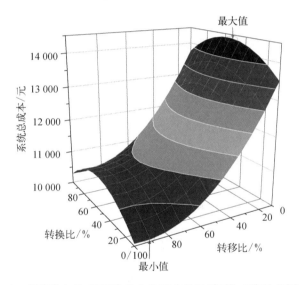

**图 2-6  负荷参与比对系统成本的影响结果**(扫描二维码查阅彩图)

由图 2-6 中可以得到:① 当负荷转移比为 90%、负荷转换比为 0 时,系统成本达到最小,系统总成本为 10 052.86 元;当负荷转移比为 0、负荷转换比为 50% 时,系统成本达到最大,系统总成本为 14 401.87 元,说明用户以不同负荷参与比参与调度会影响系统的成本,在高转移比、低转换比时系统成本存在最小值。② 当转换比为 50%、转移比逐渐增大时,系统成本逐渐增加,系统成本的极差和标准方差分比为 3 467.56 元和 1 203.90 元;当转移比保持不变为 100% 时,转换比逐渐增大时,系统成本先增大后减小,系统成本的极差和标准方差分比为 881.46 元和 294.3 元,对比之前的系统状态分别降低了 74.6% 和 75.6%。说明转换比对系统成本的影响程度较小,负荷转移比对系统成本的影响程度较大。

讨论转移比对购电成本以及购气成本的影响。本节算例选取转换比为50%，具体计算结果如图2-7所示，图中 $x$ 轴表示可转移负荷比(%)，$y$ 轴为系统成本(元)。

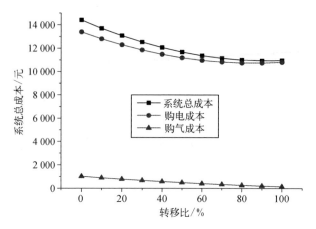

**图2-7　可转移负荷比对系统成本的影响**

从图2-7中可以得到：随着转移比的增加，系统总成本、购电成本和购气成本逐渐减小，系统成本与转移比在系统成本未达到最小值前成负相关，在达到最小值后系统成本变化程度较小，几乎保持不变。

### 2.3.3.2　经济性能案例分析

本节将讨论不同系统调度方法对总成本的影响，为了验证本节方法的合理性，所选取的对比方法设置如下。

对比方法1：用能负荷侧无热电耦合系统，无需求响应策略。

对比方法2：用能负荷侧含热电耦合系统，无需求响应策略。

通过改变系统调度方法得到不同方法对应的系统总成本对比结果如图2-8和表2-1所示，其中 $x$ 轴为不同方法，$y$ 轴为系统总成本(元)。

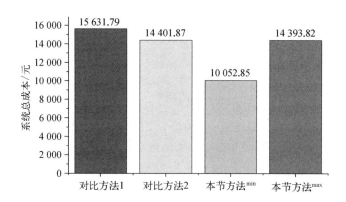

**图2-8　系统调度方法的系统成本对比分析**

表 2-1　系统调度方法的成本对比分析

|  | 对比方法 1 | 对比方法 2 | 本节方法$^{min}$ | 本节方法$^{max}$ |
|---|---|---|---|---|
| 系统总成本/元 | 15 631.80 | 14 401.87 | 10 052.86 | 14 393.82 |
| 购电成本/元 | 13 903.98 | 13 384.59 | 9 676.744 | 13 378.38 |
| 购气成本/元 | 1 727.82 | 1 017.285 | 21.97 | 1 419.294 |

由图 2-8 中可以得到：① 对比方法 2 相比于对比方法 1,系统总成本降低了 7.9%,这是由于用能负荷侧的热电耦合系统含电转热以及 CHP 等能量转换设备,优化供给能量配置,进而降低系统成本。② 本节方法相较于对比方法 1 和对比方法 2,可以降低总成本,其中最小降低比例为 8% 和 0.06%,最大降低比例为 35.7% 和 30.2%,说明本节方法,即通过改变转移比和转换比可以降低系统成本,实现系统的最优经济运行。

从表 2-1 中可以得到：本节方法中,购电成本和购气成本相较于对比方法 1 最高分别降低了 30.4% 和 98.7%。说明在高转移比、高转换比和高转移比、低转换比时系统的成本最小,因此在电负荷容量较高或者电价较高的地区,可以采取高转移比、高转换比的策略实现系统成本的最优配置,在热负荷容量较高或者气价较高的地区则可以采取高转移比、低转换比的需求响应策略,最大限度地降低系统成本。

## 2.4　储能

储能技术是指将能量通过某种装置转换成其他便于存储的能量并高效存储起来,在有用能需要时,可以将存储的能量方便地转换成所需要形式能量的一种技术。目前主要的储能方式包括物理储能和化学储能。物理储能方式主要有飞轮储能、抽水蓄能、超导磁储能和压缩空气储能;化学储能方式主要有蓄电池储能、超级电容器储能和氢储能。

### 2.4.1　用户侧储能电站服务模式

现有的用户侧储能一般安装于工商业用户内部或园区,在电价低谷时段充电、高峰时段放电,从而降低用户用电成本。当前用户侧储能投资成本大、成本回收周期长,限制了储能参与微网综合能源服务。为解决这一问题,可考虑文献[2]提出的模型,即在传统的微网与电网运行模式下,提出用户侧储能电站服务模式,在同一配电区域内多个子系统间建立大型公共储能电站为多微网提供电能存取服务,如图 2-9 所示。

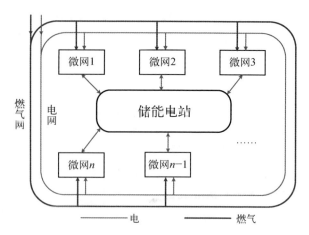

**图 2-9   含公共储能电站的多微网拓扑结构图**

公共储能电站与各个微网间电能可以相互流动,当微网电能过剩时将多余电能输入储能电站进行存储,微网电能不足时储能电站输出电能供给微网。为方便结算,每个微网与储能电站间安装电表,微网与储能电站间存取电能以购售电的形式进行结算,微网以售电的形式向储能电站存储电能,以购电的形式从储能电站取回电能,同时按传输电量向储能电站支付服务费用。储能电站的收益来自两部分:① 微网存储电能到储能电站与微网从储能电站取回电能的结算价格差;② 储能电站提供存储、传输电能的线路、测量表计等的服务费,按照电能传输量进行收费。具体地,当多个微网同时与储能电站发生存取电时,储能电站先协调各微网与储能电站的交互功率,若多微网系统总体呈现缺电,则储能电站放电供给多微网系统电负荷需求;若多微网系统总体呈现多电,则储能电站充电来吸收多微网系统多余电量;若各微网与储能电站间总存电和总取电功率相同时,则储能电站不进行充放电。

## 2.4.2   冷热电联供型微网结构与数学模型

冷热电联供型微网主要包含分布式电源装置、燃气机组、储能装置、能量转换装置及各种类型负荷,根据微网的实际需求,冷热电联供型微网的组成方式众多且结构关系复杂。本节采用冷热电联供型微网,如图 2-10 所示,用户负荷分为冷负荷、热负荷和电负荷 3 种类型。该微网主要设备:燃气轮机、燃气锅炉、余热锅炉、吸收式制冷机、电制冷机、蒸汽热水换热装置、蓄电池、储能电站、风电和光伏装置等。

微网内分布式电源为燃气轮机、风电和光伏,微网自带小容量的蓄电池装置,当蓄电池装置不能满足微网电负荷平衡要求时,利用储能电站吸收或释放电能平衡微网电负荷。燃气轮机产生的余热经余热锅炉,通过换热装置转换成热能供给系统热负荷,或经吸收式制冷机转换为冷能供给系统冷负荷。当燃气轮机的余热

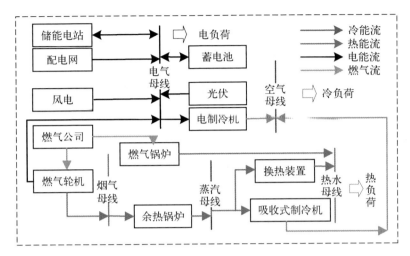

**图 2－10　冷、热、电联供型微网供能结构图**

不足以供给微网热负荷和冷负荷时,燃气锅炉和电制冷机对微网进行补热和补冷。

考虑用户侧储能不能向电网倒送电的政策限制,要求在关口处安装逆功率保护装置,设定含蓄电池的微网不能倒送电给电网。

下面对微网中典型设备进行建模。

储能装置(蓄电池和储能电站)的充放电功率如下式所示:

$$S_{stor}(t) = (1-u)S_{stor}(t-1) + \left[\eta^{abs}P_{abs}(t) - \frac{1}{\eta^{relea}}P_{relea}(t)\right]\Delta t \quad (2-35)$$

式中, $S_{stor}(t)$ 为 $t$ 时段的储能装置存储的能量; $u$ 为储能装置自放电率,一般可以忽略; $\eta^{abs}$ 和 $\eta^{relea}$ 为储能装置充电效率和放电效率; $P_{abs}(t)$ 和 $P_{relea}(t)$ 为储能装置充电功率和放电功率; $\Delta t$ 为调度时段的时长。

此外,微网中还包含 CCHP,相关具体模型参考本书 2.2 节。

## 2.4.3　多微网系统经济优化调度模型

### 2.4.3.1　目标函数

考虑储能电站服务的冷热电联供型多微网系统运行优化目标函数,其包括从电网购电费用、燃气费用、从储能电站购电费用、向储能电站售电收益和储能电站服务费 5 部分,即

$$\min C = C_{grid} + C_{fuel} + C_{ess,b} - C_{ess,s} + C_{serve} \quad (2-36)$$

式中, $C_{grid}$ 为从电网购电费用; $C_{fuel}$ 为燃气轮机和燃气锅炉的燃气费用; $C_{ess,b}$ 为从储能电站购电的费用; $C_{ess,s}$ 为向储能电站售电的费用; $C_{serve}$ 为储能电站服务费。

（1）从电网购电的费用为

$$C_{\text{grid}} = \sum_{i=1}^{N} \sum_{t=1}^{N_T} (\tau(t) \cdot P_{\text{grid}}(t) \cdot \Delta t) \qquad (2-37)$$

式中，$N$ 为微网的个数；$N_T$ 为调度周期时段数；$\tau(t)$ 为 $t$ 时段的购电电价；$P_{\text{grid}}(t)$ 为 $t$ 时段微网 $i$ 从电网购电功率。

（2）燃气费用为

$$C_{\text{fuel}} = \sum_{i=1}^{N} \sum_{t=1}^{N_T} \left[ \frac{c_{\text{gas}} P_{\text{GT}}(t)}{\eta_{\text{GT}} L_{\text{NG}}} + c_{\text{gas}} F_{\text{GB}}(t) \right] \cdot \Delta t \qquad (2-38)$$

式中，$c_{\text{gas}}$ 为购买燃气的单位体积价格；$P_{\text{GT}}(t)$ 为 $t$ 时段微网 $i$ 从燃气轮机购电功率。

（3）从储能电站购电费用为

$$C_{\text{ess, b}} = \sum_{i=1}^{N} \sum_{t=1}^{N_T} (\lambda(t) \cdot P_{\text{ess, b}}(t) \cdot \Delta t) \qquad (2-39)$$

式中，$\lambda(t)$ 为 $t$ 时段微网从储能电站购电的电价；$P_{\text{ess, b}}(t)$ 为 $t$ 时段微网 $i$ 从储能电站购电功率。

（4）向储能电站售电收益为

$$C_{\text{ess, s}} = \sum_{i=1}^{N} \sum_{t=1}^{N_T} (\delta(t) \cdot P_{\text{ess, s}}(t) \cdot \Delta t) \qquad (2-40)$$

式中，$\delta(t)$ 为 $t$ 时段微网向储能电站售电的电价；$P_{\text{ess, s}}(t)$ 为 $t$ 时段微网 $i$ 向储能电站售电功率。

（5）向储能电站缴纳的服务费为

$$C_{\text{serve}} = \sum_{i=1}^{N} \sum_{t=1}^{N_T} \theta(t) \cdot [P_{\text{ess, b}}(t) + P_{\text{ess, s}}(t)] \cdot \Delta t \qquad (2-41)$$

式中，$\theta(t)$ 为 $t$ 时段微网向储能电站缴纳服务费用。

2.4.3.2 约束条件

图 2-10 所示的冷热电联供型微网运行需要满足冷负荷平衡约束、热负荷平衡约束和电负荷平衡约束，同时多微网系统与储能电站交互电功率之和需满足储能电站的充放电功率平衡约束，具体如下。

（1）电负荷平衡约束：

$$\begin{aligned} P_{\text{GT}}(t) + P_{\text{WT}}(t) + P_{\text{PV}}(t) + P_{\text{BT, relea}}(t) + P_{\text{grid}}(t) \\ + P_{\text{ess, b}}(t) - P_{\text{ess, s}}(t) - P_{\text{BT, abs}}(t) - P_{\text{EC}}(t) - P_{\text{load}}(t) = 0 \end{aligned} \qquad (2-42)$$

式中，$P_{\mathrm{WT}}(t)$ 为 $t$ 时段微网风电发电功率；$P_{\mathrm{PV}}(t)$ 为微网光伏发电功率；$P_{\mathrm{load}}(t)$ 为微网电负荷功率；$P_{\mathrm{BT,\,abs}}(t)$ 和 $P_{\mathrm{BT,\,relea}}(t)$ 为蓄电池充电和放电功率。

（2）冷负荷平衡约束：

$$Q_{\mathrm{EC}}(t)+Q_{\mathrm{AC}}(t)-P_{\mathrm{cool}}(t)=0 \qquad (2-43)$$

（3）热负荷平衡约束：

$$Q_{\mathrm{GB}}(t)+[P_{\mathrm{HX}}(t)-P_{\mathrm{heat}}(t)]\cdot \Delta t=0 \qquad (2-44)$$

式中，$P_{\mathrm{cool}}(t)$ 和 $P_{\mathrm{heat}}(t)$ 分别为微网冷、热负荷功率。

（4）微网与储能电站交互功率平衡约束：

$$\sum_{i=1}^{N}[P_{\mathrm{ess,\,b}}(t)-P_{\mathrm{ess,\,s}}(t)]=P_{\mathrm{ess,\,relea}}(t)-P_{\mathrm{ess,\,abs}}(t) \qquad (2-45)$$

式中，$P_{\mathrm{ess,\,abs}}(t)$ 和 $P_{\mathrm{ess,\,relea}}(t)$ 为储能电站充电功率和放电功率。

除了上述等式约束外，还包括设备的出力上下限约束、电网交互功率约束、储能电站交互功率约束、储能充放电功率和储存能量约束等，具体如下。

（5）设备出力上下限约束：

$$
\begin{aligned}
P_{\mathrm{GT}}^{\min}\leqslant P_{\mathrm{GT}}(t)\leqslant P_{\mathrm{GT}}^{\max}\\
Q_{\mathrm{AC}}^{\min}\leqslant Q_{\mathrm{AC}}(t)\leqslant Q_{\mathrm{AC}}^{\max}\\
P_{\mathrm{EC}}^{\min}\leqslant P_{\mathrm{EC}}(t)\leqslant P_{\mathrm{EC}}^{\max}\\
P_{\mathrm{HX}}^{\min}\leqslant P_{\mathrm{HX}}(t)\leqslant P_{\mathrm{HX}}^{\max}\\
Q_{\mathrm{GB}}^{\min}\leqslant Q_{\mathrm{GB}}(t)\leqslant Q_{\mathrm{GB}}^{\max}
\end{aligned}
\qquad (2-46)
$$

式中，$P_{\mathrm{GT}}^{\min}$ 和 $P_{\mathrm{GT}}^{\max}$ 为燃气轮机出力的最小和最大值；$Q_{\mathrm{AC}}^{\min}$ 和 $Q_{\mathrm{AC}}^{\max}$ 为吸收式制冷机出力的最小和最大值；$P_{\mathrm{EC}}^{\min}$ 和 $P_{\mathrm{EC}}^{\max}$ 为电制冷机出力的最小和最大值；$P_{\mathrm{HX}}^{\min}$ 和 $P_{\mathrm{HX}}^{\max}$ 为换热装置出力的最小和最大值；$Q_{\mathrm{GB}}^{\min}$ 和 $Q_{\mathrm{GB}}^{\max}$ 为燃气锅炉出力的最小和最大值。

（6）储能装置充放电功率及存储能量约束：

$$
\begin{aligned}
S_{\mathrm{stor}}(\mathrm{end})=S_{\mathrm{stor}}(0)=20\%S_{\mathrm{stor}}^{\max}\\
S_{\mathrm{stor}}^{\min}\leqslant S_{\mathrm{stor}}(t)\leqslant S_{\mathrm{stor}}^{\max}\\
U_{\mathrm{abs}}(t)P_{\mathrm{ess}}^{\min}\leqslant P_{\mathrm{abs}}(t)\leqslant U_{\mathrm{abs}}(t)P_{\mathrm{ess}}^{\max}\\
U_{\mathrm{relea}}(t)P_{\mathrm{ess}}^{\min}\leqslant P_{\mathrm{relea}}(t)\leqslant U_{\mathrm{relea}}(t)P_{\mathrm{ess}}^{\max}\\
U_{\mathrm{abs}}(t)+U_{\mathrm{relea}}(t)\leqslant 1\\
U_{\mathrm{abs}}(t)\in\{0,1\},\ U_{\mathrm{relea}}(t)\in\{0,1\}
\end{aligned}
\qquad (2-47)
$$

式中，$S_{\text{stor}}(0)$ 和 $S_{\text{stor}}(\text{end})$ 为储能装置的初始和最终存储能量,考虑储能运行的周期性,一个周期后储能回到初始存储能量状态;$U_{\text{abs}}(t)$ 和 $U_{\text{relea}}(t)$ 为储能的充放电状态位,为 0 - 1 变量,且充放电状态互斥;$P_{\text{ess}}^{\max}$ 和 $P_{\text{ess}}^{\min}$ 为储能的最大和最小充放电功率;$S_{\text{stor}}^{\max}$ 和 $S_{\text{stor}}^{\min}$ 为储能的最大和最小存储能量。

（7）与电网交互功率约束：

$$0 \leqslant P_{\text{grid}}(t) \leqslant P_{\text{grid, mg}}^{\max} \qquad (2-48)$$

式中，$P_{\text{grid, mg}}^{\max}$ 为微网和电网间最大交互功率。

（8）与储能电站交互功率约束：

$$0 \leqslant P_{\text{ess, s}}(t) \leqslant P_{\text{ess, mg}}^{\max}$$
$$0 \leqslant P_{\text{ess, b}}(t) \leqslant P_{\text{ess, mg}}^{\max} \qquad (2-49)$$

式中，$P_{\text{ess, mg}}^{\max}$ 为微网和储能电站间最大交互功率。

### 2.4.3.3 算例

#### 1）算例系统

算例系统选取冷热电联供型多微网系统,如图 2 - 11 所示。其中 MG1 和 MG3

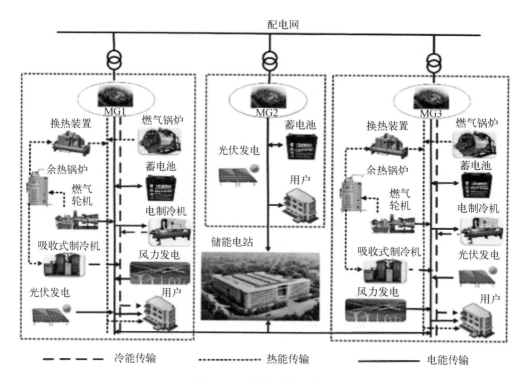

**图 2 - 11 算例系统示意图**

均为 CCHP 型微网,MG2 为光储型微网,微网间接有公共储能电站。蓄电池为铅酸电池,天然气取江苏地区气价(2.2 元/m³),电网购电电价采用江苏省不满 1 kV 普通工业用户的分时电价。微网与储能电站间购售电电价如表 2-2 所示,购售电价差为 0.2 元/(kW·h)。微网支付储能电站服务费为 0.05 元/(kW·h),微网与电网和储能电站交互电功率的上下限为 ±2 000 kW。储能电站采用江苏镇江某储能电站的参数,规模为 5 MW/10(MW·h),充放电效率取 0.95,存储能量运行范围取 10%～90%,初始储存能量取 20%。

表 2-2　电价参数

| 时　段 | | 从电网购电电价/元 | 从储能电站购电电价/元 | 向储能电站售电电价/元 |
|---|---|---|---|---|
| 峰 | 8:00—12:00<br>17:00—21:00 | 1.36 | 1.15 | 0.95 |
| 平 | 12:00—17:00<br>21:00—24:00 | 0.82 | 0.75 | 0.55 |
| 谷 | 0:00—8:00 | 0.37 | 0.40 | 0.20 |

2) 优化结果

为验证本节提出的考虑储能电站服务的冷热电联供型多微网系统优化调度模型的有效性和经济性,针对算例系统,在各微网独立运行方式、Y 型连接运行方式和接入储能电站运行方式这三种运行方式下,分析和比较多微网系统的优化调度结果。

在冷热电联供型多微网系统采取各微网独立运行方式、Y 型连接运行方式和接入储能电站运行方式时,多微网系统总运行成本如表 2-3 所示,冷热电联供型多微网系统接入储能电站运行方式的总成本最低,比各微网 Y 型连接运行方式降低 9.39%,比各微网独立运行方式降低 26.3%。储能电站的收益包括与微网间发生购售电的价差和微网缴纳的储能电站服务费,计算结果为 2 445.6 元。

表 2-3　三种运行方式下的多微网总成本

| 运 行 方 式 | 多微网总成本/元 |
|---|---|
| 接入储能电站 | 24 482.3 |
| 各微网 Y 型连接运行 | 27 019.3 |
| 各微网独立运行 | 33 230.8 |

## 2.5 电动汽车

### 2.5.1 EV智能充电优化调度系统框架

车辆导航系统按照管理架构和优化目标,可以分为集中式和分布式两种。集中式导航系统以整个交通系统的优化运行为目标,常用的优化目标包括车辆总体的出行延误最小和出行时间最短,在最优路径规划下可以使路网交通流均衡,避免交通拥挤。但是,集中式导航可能会导致部分用户出行时间和出行成本增加,使用户难以接受。并且,由于控制中心承担所有计算任务,计算效率比较低;分布式导航系统以用户出行成本最小化为优化目标,根据用户的个性需求进行路径优化,计算任务被分散到每辆电动汽车(electric vehicle,EV),因此计算效率比较高。分布式导航系统虽然无法实现整个系统的最优化运行,但在一定程度上可以改善系统的运行水平。本节采用分布式导航的管理架构[3],利用带有地理信息系统(geographic information system,GIS)和全球定位系统(global positioning system,GPS)的车载导航设备或智能手机作为信息交互终端,根据EV用户的出行需求和选择偏好为用户提供最优的导航路径,基本框架如图2-12所示。

EV的车载导航系统与电力控制中心、交通控制中心联网,电力控制中心实时更新充电站的负荷信息并对其进行短期预测,交通控制中心实时更新道路的车流信息并对其进行短期预测。实时信息更新和预测周期为15 min,车载导航系统接收控制中心的负荷信息和交通信息后,结合EV的出行需求、电池剩余容量、平均能耗等进行路径优化计算,向EV用户提供最优的路径导航,同时向充电站进行充电预约,并将EV的规划路径和预约信息发送到控制中心,作为负荷和路况短期预测的依据。

### 2.5.2 基于出行链的EV出行特征

现有对EV充电负荷的研究大多仅考虑EV出行的时间特性,忽视了交通特性的影响。事实上,EV的充电需求与出行需求密切相关,基于EV活动的出行链特征可以很好地描述用户的出行需求。出行链是指为完成一项或几项活动(多目的出行),在一定时间顺序上不同出行目的的连接形式。基于活动的出行链包括出行时间、出行目的、活动数量以及发生的顺序等特征,能够较好地模拟EV的出行过程以及EV充电需求的时空分布。

按照活动类型可以将出行目的划分为回家(home,H)、工作(work,W)、购物吃饭(shopping and eating,SE)、社交休闲(social and recreational,SR)和其他事务(other family/personal errands,O)5大类,典型的出行链[4]结构如图2-13所示。

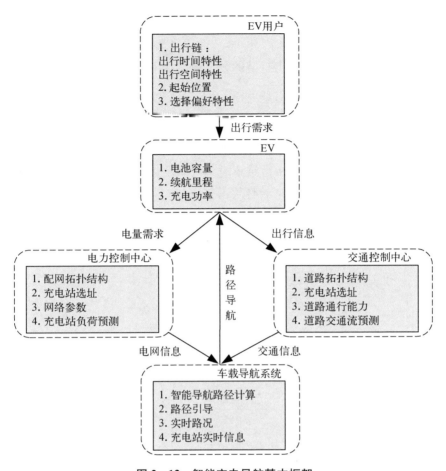

图 2-12 智能充电导航基本框架

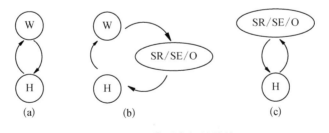

图 2-13 典型出行链结构

下文以家为 EV 一天活动的起点和终点,考虑如下 3 种主要的活动行程:

(1) 典型的两点一线式,如图 2-13(a)所示。

(2) 在下班途中进行 SR/SE/O 活动,活动结束后启程回家,如图 2-13(b)所示。

(3) 下班后先回家,再从家里出发去进行 SR/SE/O 活动,活动结束后启程回家,行程如图 2-13(a)、(c)所示。

对美国波士顿城中工作者的调查显示：下班途中停留 1 次的人约占 24.1%，回家后出行 1 次的约占 23.1%，因此，本节假设 3 种主要活动行程的概率分别为 52.8%、24.1%、23.1%。每种出行链的数据结构如下：

$$CH = [SL, EL, ST] \tag{2-50}$$

式中，SL 为出发地点，EL 为目的地，ST 为出发时间。

2009 年，美国交通部对全美家用车辆的出行进行统计[5]，该统计结果显示：车辆第一次出行时刻和最后一次出行结束时刻均满足正态分布。因此，本节假设 EV 用户的第一次出行时刻和下班时刻服从正态分布。

第一次出行时刻的概率密度函数如下：

$$f_e(x) = \begin{cases} \dfrac{1}{\sqrt{2\pi}\sigma_e} \exp\left[-\dfrac{(x-\mu_e)^2}{2\sigma_e^2}\right], & 0 < x \leqslant \mu_e + 12 \\[3mm] \dfrac{1}{\sqrt{2\pi}\sigma_e} \exp\left[-\dfrac{(x+24-\mu_e)^2}{2\sigma_e^2}\right], & \mu_e + 12 < x \leqslant 24 \end{cases} \tag{2-51}$$

式中，$\mu_e = 7.92$；$\sigma_e = 1.24$。

下班时刻的概率密度函数如下：

$$f_s(x) = \begin{cases} \dfrac{1}{\sqrt{2\pi}\sigma_s} \exp\left[-\dfrac{(x+24-\mu_s)^2}{2\sigma_s^2}\right], & 0 < x \leqslant \mu_s - 12 \\[3mm] \dfrac{1}{\sqrt{2\pi}\sigma_s} \exp\left[-\dfrac{(x-\mu_s)^2}{2\sigma_s^2}\right], & \mu_s - 12 < x \leqslant 24 \end{cases} \tag{2-52}$$

式中，$\mu_s = 17$；$\sigma_s = 1.8$。

### 2.5.3 EV 智能充电导航系统模型

#### 2.5.3.1 道路交通特性

EV 智能充电导航系统为 EV 用户提供便捷、舒适的路径导航和充电导航，道路交通特性是影响路径选择的重要因素，主要包括道路的拓扑、距离、通行能力和交通流分布等。EV 的能耗与路径选择和实时路况密切相关。当道路处于拥堵状况时，EV 会由于慢速行驶和车内空调等设备的使用而加大能耗和增加行驶时间。以行驶距离最短为优化目标不能满足 EV 用户对能耗和行驶时间的要求。

通过交通阻抗综合距离、交通流量、实际通行能力等方面对道路进行评价，能够更加合理地表示 EV 的能耗与行驶时间[6]。路阻函数是把交通阻抗定量化的数学表达式，通常以行程时间为表征。美国联邦公路局的路阻函数模型如下：

$$t(q) = t_0 [1 + \alpha(q/c)^{\beta}] \qquad (2-53)$$

式中，$t(q)$ 为交通流 $q$ 下的行程时间；$t_0$ 为道路的自由流行程时间；$c$ 为道路的实际通行能力，此处取值为 80；$\alpha$、$\beta$ 为回归系数，典型值为 $\alpha = 0.15$、$\beta = 4$。

本节参照路阻函数模型，对道路的路径距离进行如下修正，路径优化时采用交通阻抗对路径距离进行表示：

$$L(q) = L_0 [1 + \alpha(q/c)^{\beta}] \qquad (2-54)$$

式中，$L(q)$ 为交通流 $q$ 下的交通阻抗；$L_0$ 为道路的实际距离。

### 2.5.3.2　EV 电池特性

目前，应用在 EV 上的主要有铅酸、镍氢、锂离子、钠硫等类型的电池，综合电池比能量、效率、比功率等方面的分析，锂电池具有较大的优势，在 EV 上的应用最广泛。EV 电池的充电方式分为慢充和快充两种，慢充主要用于停车场或家庭式充电桩，可以为停留的 EV 充电，充电时长为 6~8 h；现实中，道路上行驶的 EV 充电需求比较急切，慢充所需的时间太长，因此充电站的充电方式主要为快充[7]，充电时长为 15 min~2 h。

快充的功率一般为慢充的几倍到几十倍，如果同一充电站中存在多辆 EV 同时进行充电，容易造成充电容量越限。因此，有必要通过 EV 智能导航系统对 EV 群体进行合理的引导，实现充电负荷在空间上的均衡分布，避免充电站负荷越限。

### 2.5.3.3　最优充电路径规划模型

车载导航系统利用 GPS 进行定位，根据用户输入的目的地，结合道路的实时交通信息，运用 Dijkstra 算法进行交通阻抗最小化的路径规划，规划结果为 $L_{\min}$，EV 的剩余行驶里程 $L_s$ 如下：

$$L_s = \frac{\mathrm{SOC_L} - \mathrm{SOC_{min}}}{E_a} \qquad (2-55)$$

式中，$\mathrm{SOC_L}$ 为 EV 出行时的电池剩余容量；$\mathrm{SOC_{min}}$ 为蓄电池的放电容量下限；$E_a$ 为 EV 每公里平均能耗。

如果 $L_s$ 大于 $L_{\min}$，则 EV 无须充电，可以直接根据最优规划路径前往目的地；否则，EV 需要在行驶半径 $L_s$ 内选取一个充电站进行快速充电[8]，再前往目的地。本节主要针对一个城区进行仿真，假设 EV 通过一次充电后均可以到达目的地，暂不考虑 EV 长途行驶的情况。EV 对充电站的选择策略主要有以下 4 种。

1）总交通阻抗最小

车载导航系统运用 Dijkstra 算法计算 EV 出发地点到可达范围内充电站的交

通阻抗 $L_{L-C}$,以及从充电站出发到目的地的交通阻抗 $L_{C-D}$,并选择总交通阻抗最小的快速充电站,目标函数如下：

$$\min L_{L-D} = \min_{i \in S_{CS}}(L_{L-C}^i + L_{C-D}^i) \tag{2-56}$$

式中,$S_{CS}$ 为 EV 剩余电量可达的快速充电站集合。

2) 充电费用最小

快速充电站采用工业分时电价的形式收取充电费用。根据式(2-57),车载导航系统可以估计 EV 到达各个充电站的时间,并选择充电费用最小的快速充电站,目标函数如式(2-58)所示。

$$t_A^i = \frac{L_{L-C}^i}{v_a} \tag{2-57}$$

$$\min C_S = \min_{i \in S_{CS}} f_p(ST + t_A^i) \tag{2-58}$$

式中,$t_A^i$ 为 EV 到达快速充电站 $i$ 所需的时间;$v_a$ 为 EV 的平均行驶速度;$ST$ 为 EV 的出发时间;$f_p(t)$ 为充电价格函数。

3) 充电满意度最大

EV 用户的充电满意度主要与充电站内的车辆数量相关[9,10],当充电站内车辆过多时,容易造成站内拥堵,增加 EV 的充电时间,影响 EV 用户充电的满意度。车载导航系统可以估计 EV 到达各个充电站的时间,并选择到达时站内车辆最少的快速充电站,目标函数如下：

$$\min N_S = \min_{i \in S_{CS}} f_N^i(T_L + t_A^i) \tag{2-59}$$

式中,$f_N^i(t)$ 为向充电站 $i$ 预约 $t$ 时间段充电的 EV 数量函数。

4) 综合最优

综合交通阻抗最小、充电费用最小和充电满意度最大的充电站最优选择策略,其目标函数如下：

$$\min T_{CS} = \min_{i \in S_{CS}}\left(a\,\frac{L_{L-D}^i}{L_{L-D}^{\max}} + b\,\frac{C_S^i}{C_S^{\max}} + c\,\frac{N_S^i}{N_S^{\max}}\right) \tag{2-60}$$

式中,$a$、$b$、$c$ 为权重系数,由用户对三种选择策略的偏好所决定;$L_{L-D}^{\max}$ 为 EV 行驶距离的最大值;$C_S^{\max}$ 为单位充电电价的最大值;$N_S^{\max}$ 为充电站同时充电的 EV 数量最大值。

当 EV 选定好充电站后,车载导航系统将规划行驶路径和充电站预约信息分别上传到交通控制中心和电网控制中心,以作为道路交通流预测和充电站负荷预测的依据。

### 2.5.4 智能充电导航控制流程

车载导航系统结合电力控制中心和交通控制中心的预测信息,对管辖区域内的所有 EV 进行智能充电导航[11, 12]。利用蒙特卡罗法模拟 EV 的出行需求,EV群体的智能充电导航控制流程如图 2-14 所示。

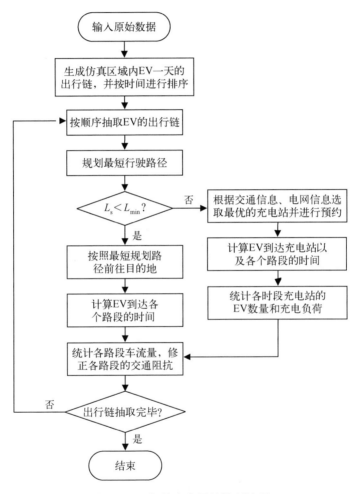

**图 2-14 智能充电导航控制流程**

### 2.5.5 算例分析

#### 2.5.5.1 仿真条件设置

为了验证智能充电导航系统的有效性,本节对 IEEE33 节点配电网络与交通图进行改进,将整个仿真区域划分为居民区、商业区和工业区。具体如图 2-15 所示,黑实线为交通连接线,黑虚线为电力连接线,线路中间的值为两节点间道路的距离,单位为 km,连接节点的道路共有 53 段,快速充电站分布在节点 6、8、19、20、21、23、27,其他节点的停车场均设有充电桩,充电方式为慢充,EV 可以在停车时进行充电。

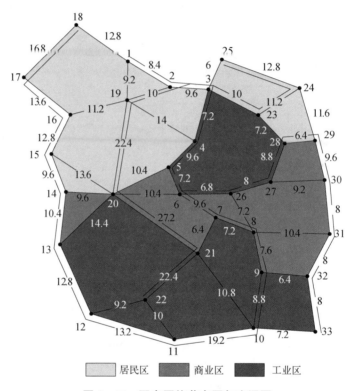

**图 2‑15　配电网络节点图与交通图**

根据 EV 的实际发展状况,对仿真环境做出如下假设。

(1) 参照日产 Leaf 的技术参数,EV 的锂电池容量为 24 kW·h,行驶 100 km 耗电量 $E_{100}$ 为 15 kW·h,续航里程为 160 km,快充时间为 15 min,充电功率为 96 kW,EV 的平均行驶速度 $v_a$ 为 40 km/h。

(2) 各种活动类型中,H 的地点为居民区;W 的地点为工业区或商业区,工业区占 80%;SR/SE/O 的地点为商业区,EV 用户出行时,根据出行活动的类型在不同的区域中随机选择目的地,EV 出行时电池的剩余容量 $SOC_L$ 满足[0.5, 0.9]的均匀分布。

(3) EV 用户进行 SR/SE/O 活动的持续时间满足[1 h, 2 h]的均匀分布。

(4) 过度的充放电均会减少蓄电池的使用寿命,因此,将蓄电池的容量下限 $SOC_{min}$ 设置为 0.1,容量上限 $SOC_{max}$ 设置为 0.9。

(5) 快速充电站的容量为 1.5 MW。

(6) 快速充电电价采用国内工业分时电价,具体参数见表 2-4。

(7) 充电站的综合最优选择策略中,各分量的最大值为 $L_{L-D}^{max} = 35.2$,$C_S^{max} = 0.869$,$N_S^{max} = 15$。

表 2-4　充电峰谷分时电价

| 时　段 | 电价/(元/kW·h) |
| --- | --- |
| 谷时段(00:00—08:00) | 0.365 |
| 峰时段(08:00—12:00,17:00—21:00) | 0.869 |
| 平时段(12:00—17:00,21:00—24:00) | 0.687 |

#### 2.5.5.2　仿真结果分析

按照图 2-14 的流程,运用蒙特卡罗法模拟 4 000 辆 EV 一天的出行链和充电过程,在不同仿真情景下,EV 群体的出行链数据和初始状态相同,各仿真情景的参数设置如表 2-5 所示。

表 2-5　仿真情景参数设置

| 仿真情景 | 路径选择策略 | 充电站选择权重系数 | | |
| --- | --- | --- | --- | --- |
| | | $a$ | $b$ | $c$ |
| 1 | 交通阻抗最小 | 0.5 | 0.2 | 0.3 |
| 2 | 距离最小 | 0.5 | 0.2 | 0.3 |
| 3 | 交通阻抗最小 | 0.5 | 0.2 | 0 |
| 4 | 交通阻抗最小 | 0.5 | 0 | 0.3 |

1) 道路交通流分析

在情景 2 中,车载导航系统采用交通距离最小化的策略对路径进行选择。情景 1 和情景 2 中早晚高峰 53 段道路的车流统计结果如表 2-6 所示,统计时间间隔为 15 min。

表 2-6　高峰时段道路车流分布

| 车流区间/辆 | 状　态 | 情景 1/路段 | 情景 2/路段 |
| --- | --- | --- | --- |
| [0 60] | 畅　通 | 966 | 977 |
| [61 80] | 正　常 | 146 | 142 |

（续　表）

| 车流区间/辆 | 状　态 | 情景1/路段 | 情景2/路段 |
|---|---|---|---|
| [81 120] | 拥　挤 | 127 | 109 |
| [121 160] | 拥　堵 | 31 | 35 |
| [161 ∞) | 严重拥堵 | 2 | 9 |

在情景1中道路交通流的最大值为171辆,情景2则为191辆;从表2-6可以看出,情景1中道路的交通流分配较为均匀,超过道路通行能力的路段主要集中在拥挤状态,仅有2个路段处于严重拥堵状态,而情景2中则有9个路段处于严重拥堵状态。可见,采用交通阻抗模型对路径距离进行修正,既可以准确衡量EV的行驶时间和能耗,又能实现道路交通流的合理分配,减少道路出现拥堵和严重拥堵的情况,降低道路交通流的峰值。

2）充电站负荷分析

在情景3中,车载导航系统对充电站的选择仅考虑交通阻抗和充电费用,不考虑EV充电的满意度,情景1和情景3中各充电站一天的车流量如图2-16所示。

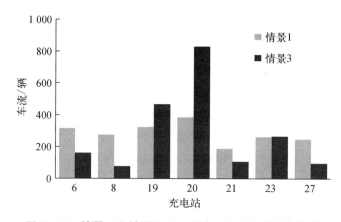

图2-16　情景1和情景3中一天内充电站的车流量分布

从图2-16可以看出,在两个仿真情景中,节点20的充电车流最大。情景1中充电车流在各个充电站的分配较为均匀,最大值为385辆,各充电站车流的标准差为63辆;情景3中车流最大值为831辆,各充电站车流的标准差为276辆。可见,考虑EV用户充电的满意度可以实现充电车流在各个充电站之间的合理分配,平衡充电负荷在空间上的分布,提高各个充电站资源的利用率。

如图2-17所示为情景1和情景3中节点20充电站一天的充电负荷分布。可以看出,情景1中充电站一天的充电负荷均小于1.5 MW,在容量约束范围内;

情景 3 中,在早晚高峰期间都会出现充电负荷越限的情况,最严重时,充电功率为额定容量的两倍以上。因此,考虑 EV 用户充电的满意度,不仅可以减少 EV 用户的充电排队时间,同时能够避免单个充电站的充电需求过于集中,防止充电容量越限,提高配网和充电站运行的安全性。

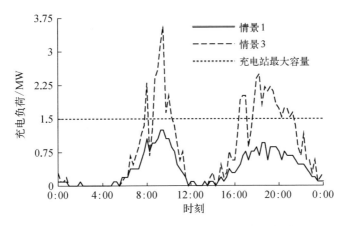

图 2 - 17　节点 20 充电站负荷随时间变化曲线

3）节点电压分析

情景 4 中,车载导航系统选择充电站时不考虑充电费用,等效于充电站采用统一电价进行收费的情况。情景 1 和情景 4 中所有充电站的总负荷如图 2 - 18 所示,配网末端节点 33 的电压如图 2 - 19 所示。可以看出,在分时电价和统一电价下,各时段 EV 的充电负荷和节点 33 的电压水平基本一致,分时电价不能有效地改善充电负荷在时间上的分布和节点电压的运行水平。这是因为行驶中的 EV 充电需求比较急切,需要在短时间内补充电量,并且充电站的充电方式为快充,EV 仅需 15 min 就可以完成充电。因此,EV 对分时电价响应的灵敏度不高。

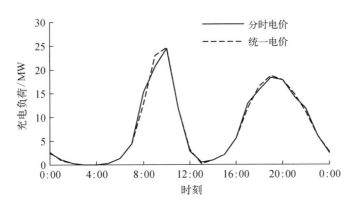

图 2 - 18　充电站总负荷随时间变化曲线

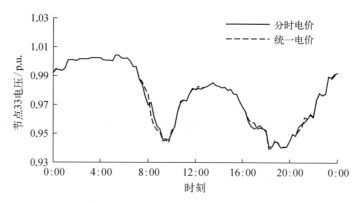

**图 2-19 节点 33 电压随时间变化曲线**

## 2.6 智能楼宇

智能楼宇系统采用先进的计算机控制技术、管理软件和节能系统程序,使建筑物机电或建筑群内的设备综合协调地运行,从而实现节能,节省维护管理工作量和运行费用的目的。

### 2.6.1 居民能源集线器结构

本节研究的居民能源集线器(resident energy hub, REH)基本结构如图 2-20 所示,主要由 3 部分组成:供给侧,即 REH 能量输入端,由电力网络、屋顶光伏和天然气网络 3 部分组成;需求侧,即 REH 能量输出端,包括电力负荷、热负荷、冷负

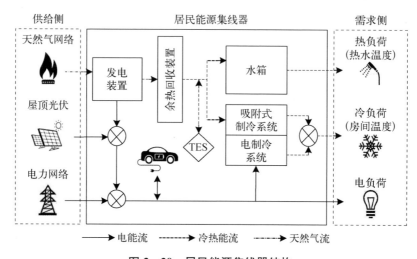

**图 2-20 居民能源集线器结构**

荷 3 部分,其中热负荷主要为维持合适的热水温度所需要的能量,而冷负荷为在外界气温较高时,使房间温度在适宜的范围内所需能量。REH 由冷热电联产系统、储热装置以及插电式混合动力汽车组成,并且认为 REH 含有充电桩以及智能电表以提供用电量、温度、太阳辐射等信息[13, 14]。

## 2.6.2　REH 经济调度模型

### 2.6.2.1　目标函数

本节设置的目标函数是使 REH 系统运行费用最低,运行费用包括购电成本和购气成本,即 CCHP 系统运行燃料成本。其中对于备用的付费方案采用按备用分配容量付费的方式,即使备用没有被真正调用,依然需要支付一部分容量费用[15, 16]。

$$\sum_{t=1}^{24} \left[ TOU(t) \cdot P_t^{net}(t) + G_p \cdot F_t^{cchp}(t) + C_p \cdot R_{net, t}^P(t) \right] \tag{2-61}$$

式中,$TOU(t)$ 为时段 $t$ 对应的市场电价;REH 向市场买、卖电的价格相同;当 $P_t^{net}(t)$ 为正时,表示从市场买电,当其为负时,表示向市场卖电。$C_p$ 为备用容量价格,天然气的价格认为一天之内保持恒定。

### 2.6.2.2　约束条件

#### 1) 灵活冷热负荷

本节对冷热负荷模型进行建模[17],其中热负荷考虑维持合适的热水温度所需要的能量,而冷负荷考虑在外界气温较高时,使房间温度保持在适宜的范围内所需能量。

针对热负荷,储水系统假设一直处于充满的状态,即消耗的热水很快被进来的冷水所补充,而忽略水流动的动态过程。式(2-62)描述了处于平衡状态下冷水温度与储水系统中热水温度之间的关系,$V_t^{cold}$ 为时段 $t$ 进入的冷水体积,$T_t^{ws}$ 为对应的热水温度,$H_t^{ws}$ 为加热冷水对应的热负荷,$T_{cw}$ 为冷水温度,$V$ 为储水体积,$C_w$ 为水的比热容,即 $11.61 \times 10^{-4}$ kW·h/℃:

$$T_{t+1}^{ws} = \frac{\left[ V_t^{cold}(T_{cw} - T_t^{ws}) + VT_t^{ws} \right]}{V} + \frac{H_t^{ws}}{VC_w} \tag{2-62}$$

针对冷负荷,式(2-63)描述了房间温度与室外温度之间的关系,$H_t^{air}$ 为时段 $t$ 降低房间温度所需要吸收的热量,即冷负荷,$T_t^{in}$, $T_t^{out}$ 为对应的室内室外温度,$R$ 为房间外壁对应的热阻,$C_{air}$ 为空气的比热容,即 $0.525$ kW·h/℃:

$$T_{t+1}^{in} = T_t^{in} e^{-1/R \cdot C_{air}} + (-RH_t^{air} + T_t^{out})(1 - e^{-1/R \cdot C_{air}}) \tag{2-63}$$

针对灵活冷热负荷,可以使热水温度与室温在消费者允许的范围内,与参考值之间存在一定的偏差,而不是完全按照固定的参考值,因此关于温度的相应约束如下式所示,其中 $T_{max}^{ws}$,$T_{min}^{ws}$ 为允许的最高、最低水温,$T_{max}^{in}$,$T_{min}^{in}$ 为允许的最高、最低室温:

$$T_{max}^{ws} \leqslant T_t^{ws} \leqslant T_{min}^{ws} \tag{2-64}$$

$$T_{max}^{in} \leqslant T_t^{in} \leqslant T_{min}^{in} \tag{2-65}$$

2) 储热装置约束

储热装置(TES)需要满足以下约束条件:

$$0 \leqslant H_t^{in} \leqslant \frac{1}{\eta_{in}} H_{max}^{in} u_t^{in} \tag{2-66}$$

$$0 \leqslant H_t^{dr} \leqslant \eta_{dr} H_{max}^{dr} u_t^{dr} \tag{2-67}$$

$$u_t^{in} + u_t^{dr} \leqslant 1 \tag{2-68}$$

$$Q_{t+1}^{tes} = Q_t^{tes} + \left( H_t^{in}\eta_{in} - \frac{H_t^{dr}}{\eta_{dr}} \right) \tag{2-69}$$

$$Q_{min}^{tes} \leqslant Q_t^{tes} \leqslant Q_{max}^{tes} \tag{2-70}$$

$$Q_1^{tes} = Q_{24}^{tes} \tag{2-71}$$

式中,$Q_t^{tes}$ 为对应时段 $t$ 的 TES 储热状态,$u_t^{in}$,$u_t^{dr}$ 为 0-1 变量,当 TES 蓄热的时候 $u_t^{in}$ 为 1 反之 $u_t^{dr}$ 为 1,$H_{max}^{in}$,$H_{max}^{dr}$ 为 TES 最大蓄、放热容量,$\eta_{in}$,$\eta_{dr}$ 分别为 TES 蓄、放热效率。

为延长 TES 寿命,式(2-66)使 TES 的蓄热状态始终保持在一定的范围之内,避免 TES 的过充或者过放。式(2-69)为 TES 连续两个时段内容量需要满足的约束条件,式(2-67)保证 TES 蓄放热量满足技术条件约束,式(2-68)的存在保证 TES 的状态只能是蓄热或者放热。式(2-71)保证了经过一天的运行 TES 容量能够恢复到初始状态[18]。

3) 电动汽车约束

电动汽车(PHEV)可作为主动负荷,在电价低谷时充电并把储存的能量在电价较高时释放。有关电动汽车的约束如下:

$$0 \leqslant P_{ch,t}^{phev} \leqslant P_{max}^{charger} u_{ch,t}^{phev} \tag{2-72}$$

$$0 \leqslant P_{dis,t}^{phev} \leqslant P_{max}^{charger} u_{dis,t}^{phev} \tag{2-73}$$

$$SOC_{t+1} = SOC_t + \frac{\eta_{G2V}P_{ch,t}^{phev}u_{ch,t}^{phev} - \frac{1}{\eta_{V2G}}P_{dis,t}^{phev}u_{dis,t}^{phev}}{Cap} \tag{2-74}$$

$$\text{SOC}_{\min} \leqslant \text{SOC}_t \leqslant \text{SOC}_{\max} \tag{2-75}$$

$$u_{\text{dis},\,t}^{\text{phev}} + u_{\text{ch},\,t}^{\text{phev}} \leqslant 1 \tag{2-76}$$

$$\text{SOC}_1 = \text{SOC}_{24} \tag{2-77}$$

式中，$P_{\max}^{\text{charger}}$ 是 PHEV 最大充放电容量，$\eta_{\text{G2V}}$ 和 $\eta_{\text{V2G}}$ 为电池充放电效率，$Cap$ 为 PHEV 总容量，$\text{SOC}_{\min}$ 和 $\text{SOC}_{\max}$ 为最小、最大荷电容量状态，$u_{\text{ch},\,t}^{\text{phev}}$ 和 $u_{\text{dis},\,t}^{\text{phev}}$ 是 0-1 变量，当 PHEV 充电时 $u_{\text{ch},\,t}^{\text{phev}}$ 为 1，反之 $u_{\text{dis},\,t}^{\text{phev}}$ 为 1。$\text{SOC}_t$ 是时段 $t$ 对应的 PHEV 荷电容量状态，$P_{\text{ch},\,t}^{\text{phev}}$ 和 $P_{\text{dis},\,t}^{\text{phev}}$ 为对应的充放电功率。

上述公式保证 PHEV 电池在一个时段内的充放电量满足技术约束，式(2-74) 为连续两个时段内荷电容量所需满足的约束，式(2-75)是出于 PHEV 电池寿命考虑，使得其荷电容量始终保持在一个范围内，避免过充或者过放。式(2-76)的存在使得任一时段内电池的状态只能是充电或者放电。式(2-77)保证经过一天的运行，PHEV 电池 SOC 能恢复到初始状态[19]。

4) 屋顶光伏出力约束

屋顶光伏系统是为终端用户提供电能的主要清洁能源之一，其出力的大小与外界温度以及太阳辐射情况都有一定的关系。本节采用描述光伏出力的机理模型，通过对太阳辐射情况以及外界温度的预测值得到光伏出力的大小。

$$P_t^{\text{pv}} = \eta_{\text{pv}} \cdot S \cdot I \cdot (1 - 0.005(T_t^{\text{out}} - 25)) \tag{2-78}$$

式中，$\eta_{\text{pv}}$ 是光伏电池阵列的转换效率(%)，$S$ 是光伏电池阵列的面积($\text{m}^2$)，$I$ 是太阳辐射强度($\text{kW/m}^2$)，$T_t^{\text{out}}$ 是室外环境温度(℃)。

5) 能量平衡约束

在 REH 经济调度中，每个时段都需要满足电能平衡与热能平衡。其中电能平衡约束如下：

$$P_t^{\text{net}} - \left(P_{\text{ch},\,t}^{\text{phev}} \cdot \eta_{\text{G2V}} - \frac{P_{\text{dis},\,t}^{\text{phev}}}{\eta_{\text{V2G}}}\right) + P_t^{\text{cchp}} + P_t^{\text{pv}} = L_t^{\text{E}} + P_t^{\text{EC}} \tag{2-79}$$

式中，$L_t^{\text{E}}$ 为时段 $t$ 对应的电负荷，$P_t^{\text{net}}$ 为从电网购电功率，$P_t^{\text{EC}}$ 为电制冷系统消耗的电功率。电负荷由电网购电、屋顶光伏系统、冷热电联产系统、电动汽车放电 4 部分供应，其中，电动汽车可以根据电价信号做出最优反应，从而有利于降低调度成本[20]。

热平衡约束为

$$H_t^{\text{cchp}} - \left(H_t^{\text{in}} \cdot \eta_{\text{in}} - \frac{H_t^{\text{dr}}}{\eta_{\text{dr}}}\right) = H_t^{\text{ws}} + H_t^{\text{AC}} \tag{2-80}$$

式中，$H_t^{\text{AC}}$ 为吸附式制冷系统对应的热负荷，其与维持水温的热负荷一起，由 CCHP、

TES 的放热两部分供应。

维持室内恒定温度的冷负荷由吸附式制冷系统,以及电制冷系统两部分供应,其需要满足的约束如下:

$$H_t^{AC} \cdot COP_{AC} + E_t^{EC} \cdot COP_{EC} = H_t^{air} \qquad (2-81)$$

式中,$COP_{AC}$ 和 $COP_{EC}$ 分别为吸附式制冷系统、电制冷系统的性能系数。

## 2.7 热泵

热泵是一种使用外部电源将低位热源转移到高位热源的装置。主要部件包括冷凝器、膨胀阀、蒸发器和压缩机。其性能系数(coefficient of performance,COP)随着热源和目标之间的温差的减小而增大,如图 2-21 所示。

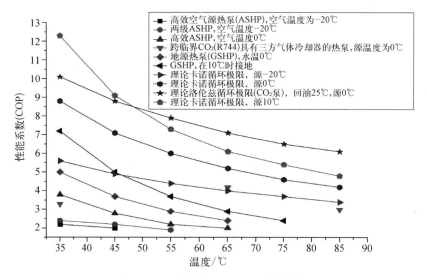

**图 2-21 输出温度对 COP 的影响**

热网管道中液体流动需要热泵的推动,热泵消耗电网中的电能,在水管网络中各节点间产生压强差,推动液体在水管网络中的循环。热泵推动液体循环所需电能为

$$P_p = \frac{m_p g H_p}{10^6 \eta_p} \qquad (2-82)$$

式中,$P_p$ 表示热泵消耗电能(MW);$m_p$ 为热泵送水量(kg/s);$H_p$ 为热泵扬程(m),$\eta_p$ 为热泵效率。

综合各种元件,构建适用于综合能源系统的混合潮流模型[21, 22],由于在实际工程中冷系统配置在负荷终端,没有权限也没有需要感知用户内部的空调系统,因

此本研究主要考虑热电气混合模型。根据对各个系统和系统耦合关系的分析:

$$F(x) = \begin{pmatrix} \Delta P \\ \Delta Q \\ \Delta \Phi \\ \Delta p \\ \Delta T_s \\ \Delta T_r \\ \Delta f \end{pmatrix} = \begin{cases} P^{SP} - \text{Re}\{\dot{U}(Y\dot{U})^*\} = 0 \\ Q^{SP} - \text{Im}\{\dot{U}(Y\dot{U})^*\} = 0 \\ C_p A_{sl} m (T_s - T_o) - \Phi^{SP} = 0 \\ \boldsymbol{B}_h \boldsymbol{K} m \mid m \mid = 0 \\ C_s T_{s,\,load} - b_s = 0 \\ C_r T_{r,\,load} - b_r = 0 \\ A_{gl} \boldsymbol{\phi}(-A_g^T \Pi) - L^{SP} = 0 \end{cases} \tag{2-83}$$

式中,第 1～2 行分别表示电力系统的有功偏差和无功偏差,第 3～6 行分别表示热力系统的节点热功率偏差、供热网络回路压力降偏差、供热温度偏差和回热温度偏差,第 7 行表示天然气系统节点流量偏差;$P^{SP}$、$Q^{SP}$、$\Phi^{SP}$ 和 $L^{SP}$ 分别为系统给定的有功功率、无功功率、热功率和天然气负荷;$A_{sl}$、$A_{gl}$ 分别为供热网络和天然气网络去掉压缩机支路后形成的降阶的关联矩阵;$C_s$、$C_r$ 为分别与供热网络、回热网络的结构和流量有关的矩阵,$b_s$、$b_r$ 为分别与供热温度[23]、输出温度有关的列向量;$x = [\theta, U, m, T_{s,\,load}, T_{r,\,load}, \Pi]^T$ 为系统状态量。

令 $\Delta \boldsymbol{F}_e = [\Delta P, \Delta Q]^T$、$\Delta \boldsymbol{F}_h = [(\Delta \Phi, \Delta h), (\Delta T_s, \Delta T_r)]^T$、$\Delta \boldsymbol{F}_g = \Delta f$ 分别表示与电、热、气有关的偏差量,$\boldsymbol{x}_e = [\theta, U]^T$、$\boldsymbol{x}_h = [m, (T_{s,\,load}, T_{r,\,load})]^T$、$\boldsymbol{x}_g = \Pi$ 分别表示与电、热、气有关的状态量,则雅可比矩阵 $\boldsymbol{H}$ 可表示为

$$\boldsymbol{H} = \begin{pmatrix} H_{ee} & H_{eh} & H_{eg} \\ H_{he} & H_{hh} & H_{hg} \\ H_{ge} & H_{gh} & H_{gg} \end{pmatrix} = \begin{pmatrix} \dfrac{\partial \Delta F_e}{\partial x_e^T} & \dfrac{\partial \Delta F_e}{\partial x_h^T} & \dfrac{\partial \Delta F_e}{\partial x_g^T} \\[2mm] \dfrac{\partial \Delta F_h}{\partial x_e^T} & \dfrac{\partial \Delta F_h}{\partial x_h^T} & \dfrac{\partial \Delta F_h}{\partial x_g^T} \\[2mm] \dfrac{\partial \Delta F_g}{\partial x_e^T} & \dfrac{\partial \Delta F_g}{\partial x_h^T} & \dfrac{\partial \Delta F_g}{\partial x_g^T} \end{pmatrix} \tag{2-84}$$

式中,对角块 $H_{ee}$、$H_{hh}$、$H_{gg}$ 分别表示单独的电、热、气系统自身潮流与自身状态量[24]之间的关系,其具体表达式与传统的电力潮流、热力流和天然气流的计算所用的表达式相同;非对角块表示不同能源之间的耦合关系。电力系统雅可比矩阵的计算公式已有若干文献介绍,雅可比矩阵热力系统子块的计算方法如下:

$$\boldsymbol{H}_{hh} = \begin{pmatrix} \dfrac{\partial \Delta [\Phi, P]^T}{\partial m^T} & \dfrac{\partial \Delta [\Phi, P]^T}{\partial [T_{s,\,load}^T, T_{r,\,load}^T]^T} \\[2mm] \dfrac{\partial \Delta [T_s, T_r]^T}{\partial m^T} & \dfrac{\partial \Delta [T_s, T_r]^T}{\partial [T_{s,\,load}^T, T_{r,\,load}^T]^T} \end{pmatrix} = \begin{pmatrix} \boldsymbol{H}_{h11} & \boldsymbol{H}_{h12} \\ \boldsymbol{H}_{h21} & \boldsymbol{H}_{h22} \end{pmatrix} \tag{2-85}$$

对各子块的推导结果如下：

$$H_{h11} = \begin{pmatrix} \dfrac{\partial \Delta \Phi}{\partial m^{\mathrm{T}}} \\[3mm] \dfrac{\partial \Delta p}{\partial m^{\mathrm{T}}} \end{pmatrix} = \begin{pmatrix} C_p diag\{(T_s - T_0)\} A_{sl} \\[2mm] 2BK \mid m \mid \end{pmatrix} \qquad (2-86)$$

$$H_{h12} = \begin{pmatrix} \dfrac{\partial \Delta \Phi}{\partial T_{s,\,load}^{\mathrm{T}}} & \dfrac{\partial \Delta \Phi}{\partial T_{r,\,load}^{\mathrm{T}}} \\[3mm] \dfrac{\partial \Delta p}{\partial T_{s,\,load}^{\mathrm{T}}} & \dfrac{\partial \Delta p}{\partial T_{r,\,load}^{\mathrm{T}}} \end{pmatrix} = \begin{pmatrix} C_p diag\{A_{sl}m\} & 0 \\[2mm] 0 & 0 \end{pmatrix} \qquad (2-87)$$

$$H_{h21} = \begin{pmatrix} \dfrac{\partial \Delta T_s}{\partial m^{\mathrm{T}}} \\[3mm] \dfrac{\partial \Delta T_r}{\partial m^{\mathrm{T}}} \end{pmatrix} = - \begin{pmatrix} \dfrac{\partial b_s}{\partial m^{\mathrm{T}}} \\[3mm] \dfrac{\partial b_r}{\partial m^{\mathrm{T}}} \end{pmatrix} \qquad (2-88)$$

$$H_{h22} = \begin{pmatrix} \dfrac{\partial \Delta T_s}{\partial T_{s,\,load}^{\mathrm{T}}} & \dfrac{\partial \Delta T_s}{\partial T_{r,\,load}^{\mathrm{T}}} \\[3mm] \dfrac{\partial \Delta T_r}{\partial T_{s,\,load}^{\mathrm{T}}} & \dfrac{\partial \Delta T_r}{\partial T_{r,\,load}^{\mathrm{T}}} \end{pmatrix} \qquad (2-89)$$

式中，$H_{h21}$ 表示供热管网和回热管网的节点处混合温度对管道水流量的偏导数，一般情况下比其他雅可比子块元素的值小得多，故计算时可认为 $H_{h21}=0$。雅可比矩阵天然气系统子块 $H_{gg}$ 的计算方法如下。

根据推导方法得：

$$H_{gg} = A_{gl} D A_{gl}^{\mathrm{T}} \qquad (2-90)$$

式中，$D$ 为对角阵，其对角元的计算方法如下：

$$d_{ii} = \frac{f_i}{2\Delta \Pi_i}, \ i = 1,\ 2,\ \cdots,\ n_{gpipe} \qquad (2-91)$$

其中 $n_{gpipe}$ 表示天然气网络的管道数量。

天然气网络中，由于平衡节点连接气源，当天然气系统内部的状态发生变化时，其供需波动会由平衡节点供气量的变化来承担，不会对热力系统和电力系统产生影响，故式中 $H_{eg}$、$H_{hg}$ 均为 0。

热力系统平衡节点处的热功率由工作在以热定电（following the thermal load，FTL）模式的 CHP 机组提供，当热力系统中的状态量发生变化时，平衡节点处热功率的波动会同时使该机组所发出的电功率和天然气消耗量发生变化[25]，故式中

$H_{eh}$、$H_{gh}$ 均为非零项。该 CHP 机组的热功率 $\Phi_{source, i}$、电功率 $P_{source, i}$ 和燃气消耗量 $F_{source, i}$ 表示为

$$
\begin{cases}
\Phi_{source, i} = C_p A_{source, i} m (T_s - T_o) \\
P_{source, i} = \dfrac{\Phi_{source, i}}{c_m} \\
F_{source, i} = \dfrac{\Phi_{source, i}}{c_m \eta_e}
\end{cases}
\tag{2-92}
$$

式中，$A_{source, i}$ 为热力系统的节点 $i$ 关联矩阵中与该热源有关的行。

考虑两种运行模式：① 并网模式，当电力系统与外部大电网相连时，系统内电功率的波动由大电网来平衡，此时 $H_{he}$、$H_{ge}$ 均为 0；② 孤岛模式，当电力系统工作于孤岛模式时，考虑将电力系统平衡节点设在某一工作在以电定热（FEL）模式的 CHP 机组处，此时电力系统状态变化所导致的平衡节点处功率的波动会使该 CHP 的热功率和天然气消耗量均发生变化，故 $H_{he}$、$H_{ge}$ 均不为 0。孤岛模式电力系统平衡节点处的 CHP 出力和燃气耗量表示式为

$$
\begin{cases}
P_{source, p} = \mathrm{Re} \left\{ \dot{U}_{source, p} \displaystyle\sum_{k=1}^{n} (Y_{pk} \dot{U}_k)^* \right\} \\
\Phi_{source, p} = c_m P_{source, p} \\
F_{source, p} = \dfrac{P_{source, p}}{\eta_e}
\end{cases}
\tag{2-93}
$$

## 参 考 文 献

［1］胡泽升,陆俊,黄瑞,等.计及需求响应的智慧能源小区热电耦合系统用能优化方法[J].电力系统自动化,2020(12):22-30.

［2］吴盛军,刘建坤,周前,等.考虑储能电站服务的冷热电多微网系统优化经济调度[J].电力系统自动化,2019(10):2.

［3］梅杰,高赐威.交通特性在电动汽车并网研究中的考虑[J].电网技术,2015,39(12):3549-3555.

［4］胡泽春,宋永华,徐智威,等.电动汽车接入电网的影响与利用[J].中国电机工程学报,2012,32(4):1-10.

［5］王锡凡,邵成成,王秀丽,等.电动汽车充电负荷与调度控制策略综述[J].中国电机工程学报,2013,33(1):1-10.

［6］田立亭,史双龙,贾卓.电动汽车充电功率需求的统计学建模方法[J].电网技术,2010,4(11):126-130

［7］徐智威,胡泽春,宋永华,等.基于动态分时电价的电动汽车充电站有序充电策略[J].中国电

机工程学报,2014,34(22):3638-3646.

[8] 苗世洪,徐浩,钱甜甜,等.扩展时间尺度下的电动汽车有序充电策略[J].中国电机工程学报,2015,35(23):5959-5967.

[9] 刘柏良,黄学良,李军,等.含分布式电源及电动汽车充电站的配电网多目标规划研究[J].电网技术,2015,39(2):450-456.

[10] 艾圣芳,林湘宁,万云飞,等.考虑 V2G 模式的含多个电动汽车充电站有源配电网规划研究[J].中国电机工程学报,2013,33(34):122-129.

[11] Kobayashi Y, Kiyama N. A route search method for electric vehicles in consideration of range and locations of charging stations[C]. Baden-Baden, Germany: IEEE Intelligent Vehicles Symposium, 2011:920-925.

[12] Guo Q L, Wang Y. Research on architecture of ITS based smart charging guide system[C]. San Diego, CA: General Meeting of the IEEE Power and Energy Society, 2011:1-5.

[13] 郝然,艾芊,朱宇超,等.基于能源集线器的区域综合能源系统分层优化调度[J].电力自动化设备,2017,37(6):171-178.

[14] 刘怀东,冯志强,王锦桥,等.计及条件风险价值的综合能源系统经济调度[J].电网技术,2018,42(5):1385-1392.

[15] Pazouki S, Mahmoud-Reza H, Moser A. Uncertainty modeling in optimal operation of energy hub in presence of wind, storage and demand response[J]. Electrical Power and Energy Systems, 2014(61):335-345.

[16] Sun X R, Luh P, Cheung K, et, al. An efficient approach to short-term load forecasting at the distribution level[J]. IEEE Transactions on Power System, 2016,31(4):2526-2537.

[17] Hong Y Y, Lin J K, Wu C P, et al. Multi-objective airconditioning control considering fuzzy parameters using immune clonal selection programming[J]. IEEE Transactions on Smart Grid, 2012, 3(4):1603-1610.

[18] 张彦,张涛,刘亚杰,等.基于模型预测控制的家庭能源局域网最优能量管理研究[J].中国电机工程学报,2015,35(14):3656-3666.

[19] Chen C, Wang J, Heo Y, et al. MPC-based appliance scheduling for residential building energy management controller[J]. IEEE Transactions on Smart Grid, 2013, 4(3):1401-1410.

[20] Wang C, Zhou Y, Wu J, et al. Robust index method for household load scheduling considering uncertainties of customer behavior[J]. IEEE Transactions on Smart Grid, 2015, 6(4):1806-1818.

[21] 曾博,蒋雯倩,杨舟,等.基于机会约束规划的家庭用电设备负荷优化调度方法[J].电力自动化设备,2018,38(9):27-33.

[22] Mohammadi M, Noorollahi Y, Mohammadi-Ivatloo B, et al. Energy hub: From a model to a concept — A review[J]. Renewable & Sustainable Energy Reviews, 2017(80):1512-1527.

[23] Tasdighi M, Ghasemi H, Rahimi-Kian A. Residential microgrid scheduling based on smart meters data and temperature dependent thermal load modeling[J]. IEEE Transactions on Smart Grid, 2014, 5(1):349-357.

［24］Attaviriyanupap P，Kita H，Tanaka E，et al. A fuzzy-optimization approach to dynamic economic dispatch considering uncertainties［J］. IEEE Transactions on Power Systems，2004，19(3)：1299－1307.

［25］范松丽,艾芊,贺兴.基于机会约束规划的虚拟电厂调度风险分析[J].中国电机工程学报,2015,35(16)：4025－4034.

# 3 能源细胞主体的运营模式

在市场环境下,存在能源消费者、能源生产者以及通过投建分布式电源而从消费者转变成的能源产消者等多类型经济实体。同时还存在能源零售商、负荷聚合商、多微网运营商等第三方代理机构。在新型电力系统中,利用虚拟电厂技术可以将多种功率外特性互补的分布式资源聚合成为满足市场准入条件的虚拟主体。同样,在能源互联网中,利益驱动下的多个位置邻近的能源细胞可自发形成能源组织,从而将虚拟电厂的概念扩展至综合能源系统,形成多能虚拟电厂或虚拟能源站。

本章主要介绍能源互联与市场化改革背景下的能源细胞-组织运营模式。针对能源细胞/组织归属于单一利益主体的情况,首先分析了主体内部分布式资源的利益函数,进而给出了能源细胞中两种典型产消者的优化运行策略与整体效益分析。其次,从分层调度及互动架构的角度,介绍了基于多智能体系统的分层调控架构与通信模式,并以虚拟电厂为例阐述了多类型分布式资源的分层互动场景和面向市场的互动响应流程。最后,基于分布式资源的市场参与模式,提出了虚拟电厂单独参与能量市场和同时参与能量与辅助服务市场两种模式下的市场竞标与调度模型。

## 3.1 内部成员利益/成本分析

### 3.1.1 分布式资源的利益函数

为了分析能源细胞-组织架构下的内部成员利益/成本,首先需明确成员所包含的基本分布式资源的利益函数。下文将具体给出可控分布式电源、分布式可再生电源、柔性负荷、储能设备等典型分布式资源的常用利益函数。需要注意的是,本小节中的分布式资源利益函数均只考虑参与常规电能量交易的情况,暂不涉及可控资源参与辅助服务的额外收益。

1) 可控分布式电源

可控分布式电源一般为中、小型或微型燃气轮机,其利益分析包括售电收益与发电成本,效益函数可表示为

$$F_{g} = \sum_{t=1}^{T} (\lambda_{g,t} (\bar{P}_{g,t} - \Delta P_{g,t}) - f(\bar{P}_{g,t})) \qquad (3-1)$$

$$\bar{P}_{g,t} = P_{g,t} + \xi_{g,t} \qquad (3-2)$$

$$f(\bar{P}_{g,t}) = A_{g} U_{g,t} + B_{g} \bar{P}_{g,t} + C_{SU} U_{g,t}^{SU} + C_{SD} U_{g,t}^{SD} \qquad (3-3)$$

其中，$T$ 为调度周期；$\lambda_{g,t}$ 为可控分布式电源的售电价格；$\bar{P}_{g,t}$ 为 $t$ 时段机组的实时出力；$P_{g,t}$ 为 $t$ 时段机组的日前预测出力；$\xi_{g,t}$ 为 $t$ 时段机组的出力偏差；$\Delta P_{g,t}$ 为 $t$ 时段机组的弃电量。$t$ 时段机组的发电成本 $f(\bar{P}_{g,t})$ 由运行成本和启停成本构成，$A_{g}$、$B_{g}$ 分别为机组基础运行成本与单位发电成本；$C_{SU}$、$C_{SD}$ 分别为单次启、停机成本；$U_{g,t}$ 为 $0-1$ 变量，代表机组的运行状态，取值为 $1$ 说明机组开机运行，取值 $0$ 则表示机组处于关停状态；$U_{g,t}^{SU}$、$U_{g,t}^{SD}$ 分别代表 $t$ 时段机组的启、停机标志位。

对于规模稍大的燃气轮机，大多采用二次函数的形式描述其单位发电成本，并可通过分段线性的方式转化为线性模型。

此外，由于冷热电联供型机组的基本构成单元也为燃气轮机，其运行成本计算方式与上述类似，只需将 $B_{g} \bar{P}_{g,t}$ 用购气成本代替即可。

对于风、光等分布式可再生电源，可认为其发电成本为 $0$，但需要考虑其运行维护费用。

2）柔性负荷

对于柔性负荷，其利益分析主要涉及购电成本、需求响应补偿、用电效用或用户舒适度，利益函数记为

$$F_{d} = \sum_{t=1}^{T} (-\lambda_{d,t} (\bar{P}_{d,t} - \Delta P_{d,t}) + C_{d,t} \Delta P_{d,t} + U(\bar{P}_{d,t} - \Delta P_{d,t})) \qquad (3-4)$$

$$\bar{P}_{d,t} = P_{d,t} + \xi_{d,t} \qquad (3-5)$$

$$U(\bar{P}_{d,t} - \Delta P_{d,t}) = k_{d} \ln(1 + \bar{P}_{d,t} - \Delta P_{d,t}) \text{ or } U(\bar{P}_{d,t} - \Delta P_{d,t}) = (\Delta P_{d,t})^{2} \qquad (3-6)$$

其中，$\lambda_{d,t}$ 为负荷电价；$\bar{P}_{d,t}$ 为 $t$ 时段负荷的实时需求量；$P_{d,t}$ 为 $t$ 时段负荷的日前预测需求量；$\xi_{d,t}$ 是 $t$ 时段负荷的偏差；$\Delta P_{d,t}$ 为 $t$ 时段负荷的调整量，以削减负荷为正。柔性负荷的效用函数 $U(\bar{P}_{d,t} - \Delta P_{d,t})$ 可从用电效用或用户使用舒适度中任一角度进行考量，用电效用表示为对数函数形式[1]，而用户使用舒适度可采用负荷调整量的二次函数进行计算[2]。

3）储能设备

储能设备在"低储高发"套利模式下的利益函数取决于其购、售电净利润和运行成本，具体表述如下：

$$F_{es} = \sum_{t=1}^{T}(\lambda_{s,t}P_{es,t}^{dis} - \lambda_{b,t}P_{es,t}^{ch} - f_{es,t}) \tag{3-7}$$

$$f_{es,t} = \lambda_{es}(P_{es,t}^{ch} + P_{es,t}^{dis}) \tag{3-8}$$

其中,$\lambda_{b,t}$、$\lambda_{s,t}$分别为储能设备在$t$时段的购、售电价格;$P_{es,t}^{ch}$、$P_{es,t}^{dis}$分别为$t$时段储能的充、放电功率,均大于等于零,且满足互斥条件。常用的储能设备运行成本 $f_{es,t}$可用式(3-8)中的线性关系描述。若需要精细刻画储能充、放电深度对元件寿命的影响,则可参考文献[3]。

### 3.1.2　能源细胞的利益分析

本小节主要分析能源细胞整体的利益或成本,研究对象包含拥有所有分布式资源所属权的微电网、虚拟电厂、综合能源系统等。而对于由所属不同利益主体的分布式资源聚合而成的虚拟电厂及虚拟能源站,我们仅考虑其聚合后的整体效益,而不涉及内部具体的利益分配与成本分担。也就是说,这里只关注在合作博弈"做大蛋糕"理念中"蛋糕"有多大的问题,而"蛋糕"怎么分的问题将在下一章进行详细讨论。

能源细胞的整体利益取决于其在市场环境下的功率外特性与内部资源的调控情况。一般来讲,能源细胞因其规模限制不具备市场力,而是以价格接受者的身份参与日前和实时市场交易,其利益最大化问题即转变为最优能量管理问题。为简化分析过程,我们选取两类典型产消者作为研究对象,建立其参与日前电力市场的最优决策模型[4]。其中,A类产消者拥有固定负荷、可中断负荷与分布式可控机组;B类产消者包含固定负荷、可转移负荷与间歇性可再生能源发电装置。

1) A类产消者优化策略

我们假定日前市场(DA)和实时市场(RT)均为双价格市场,即同一时段的购、售电价格不一致。在该机制下建立的模型经简单转化即可应用于单一价格市场。对于日前市场,采用鲁棒优化的思想,利用历史数据确定产消者各时段购入价格 $\lambda_{b,t}^{DA}$的预测值$\lambda_{b,t}^{DA,e}$和取值范围$[\underline{\lambda}_{b,t}^{DA}, \overline{\lambda}_{b,t}^{DA}]$,并引入鲁棒因子$\Gamma_T^{DA}$来调整鲁棒优化模型的保守型。文献[5]中指出,当不确定数据的取值范围关于预测值对称时,即$[\underline{\lambda}_{b,t}^{DA}, \overline{\lambda}_{b,t}^{DA}] = [\lambda_{b,t}^{DA,e} - \lambda_{b,t}^{DA,h}, \lambda_{b,t}^{DA,e} + \lambda_{b,t}^{DA,h}]$,$\Gamma_T^{DA}$的取值范围为$[0, |J_T^{DA}|]$,其中$J_T^{DA}$是包含所有未知日前市场购电价格的集合,集合的势$|J_T^{DA}|$等于24。当$\Gamma_T^{DA}=0$时,说明所有时段购电价格的不确定性均未考虑,对应决策的风险性最大。而当$\Gamma_T^{DA}=24$时,即考虑了所有时段购电价格偏离均值的最坏情况,对应决策的保守性最大。

考虑到电力调度成本,我们采用取值小于1的售电价格系数 $\alpha_s^{DA}$ 来简单表述日前市场中购售电价的关系,即 $\lambda_{s,t}^{DA} = \alpha_s^{DA}\lambda_{b,t}^{DA}$。 虽然在产消者制定次日能量管理策略时实时市场价格也是未知的,且与日前市场价格存在相关性,但考虑到产消者的最优运行策略需要与平抑联络线功率波动的控制目标相符,可以引入实时市场价格系数 $\beta_b^{RT}$、$\beta_s^{RT}$ 将实时市场价格确定化处理,即 $\lambda_{b,t}^{RT} = \beta_b^{RT}\bar{\lambda}_{b,t}^{DA}$,$\lambda_{s,t}^{RT} = \beta_s^{RT}\underline{\lambda}_{s,t}^{DA}$。其中 $\beta_b^{RT} \geqslant 1$,$0 \leqslant \beta_s^{RT} < 1$。

此外,在高精度负荷预测技术的支持下,负荷预测误差相比于其他不确定因素可忽略不计。则不包含间歇性可再生能源的 A 类产消者仅面临市场价格的不确定性,相应的鲁棒优化模型表述如下:

$$\min_{\{\Delta d_t, P_{g,t}, U_{g,t}, U_{g,t}^{SU}, U_{g,t}^{SD}, P_t^{DA}, P_t^{RT}\} \in \boldsymbol{X}_1} \max_{\lambda_t^{DA} \in \boldsymbol{Y}_1} \sum_{t \in S_T}(c_{d,t}\Delta d_t + A_g U_{g,t} + B_g P_{g,t} + C_{SU}U_{g,t}^{SU} + C_{SD}U_{g,t}^{SD})$$
$$+ \sum_{t \in S_T}(\lambda_{b,t}^{DA}P_{b,t}^{DA} - \lambda_{s,t}^{DA}P_{s,t}^{DA} + \lambda_{b,t}^{RT}P_{b,t}^{RT} - \lambda_{s,t}^{RT}P_{s,t}^{RT})$$

$$(3-9)$$

其中:

$$\boldsymbol{X}_1 = \{(\Delta d_t, P_{g,t}, U_{g,t}, U_{g,t}^{SU}, U_{g,t}^{SD}, P_t^{DA}, P_t^{RT}) \mid \qquad (3-10)$$
$$P_{b,t}^{DA} - P_{s,t}^{DA} + P_{b,t}^{RT} - P_{s,t}^{RT} + P_{g,t} = d_{0,t} - \Delta d_t, \ \forall t$$

$$0 \leqslant \Delta d_t \leqslant \Delta \bar{d}_t, \ \forall t \qquad (3-11)$$

$$U_{g,t}P_{gmin} \leqslant P_{g,t} \leqslant U_{g,t}P_{gmax}, \ \forall t \qquad (3-12)$$

$$-\Delta P_g^{dn} \leqslant P_{g,t} - P_{g,t-1} \leqslant \Delta P_g^{up}, \ \forall t \qquad (3-13)$$

$$\sum_{\tau=t}^{t+UT-1} U_{g,t} \geqslant UT \cdot U_{g,t}^{SU}, \ \forall t \qquad (3-14)$$

$$\sum_{\tau=t}^{t+DT-1}(1-U_{g,t}) \geqslant DT \cdot U_{g,t}^{SD}, \ \forall t \qquad (3-15)$$

$$U_{g,t} - U_{g,t-1} = U_{g,t}^{SU} - U_{g,t}^{SD}, \ \forall t \qquad (3-16)$$

$$U_{g,t}^{SU} + U_{g,t}^{SD} \leqslant 1, \ \forall t \qquad (3-17)$$

$$P_{b,t}^{DA}, P_{s,t}^{DA}, P_{b,t}^{RT}, P_{s,t}^{RT} \geqslant 0, \ \forall t\} \qquad (3-18)$$

$$\boldsymbol{Y}_1 = \{\lambda_{b,t}^{DA} \mid \underline{\lambda}_{b,t}^{DA} \leqslant \lambda_{b,t}^{DA} \leqslant \bar{\lambda}_{b,t}^{DA}, \ \forall t \qquad (3-19)$$

$$\sum_{t \in S_T} \mid (\lambda_{b,t}^{DA} - \lambda_{b,t}^{DA,e})/\lambda_{b,t}^{DA,h} \mid \leqslant \Gamma_T^{DA}\} \qquad (3-20)$$

目标函数(3-9)是 A 类产消者运行商在考虑日前市场价格可能出现的最坏情况下,可通过调度热力机组与可中断负荷来制定最优的日前市场申报策略以规避潜在风险。运行成本包括给中断负荷的补偿成本、热力机组运行成本与启停机成本和参与日前与实时市场交易净成本。

约束[式(3-10)]保证了产消者内部能量的供需平衡。各时段可中断负荷大小限制由式(3-11)定义。约束[式(3-12)~式(3-17)]为热力机组运行约束,其中约束(3-12)定义了热力机组出力上下限,式(3-13)为机组的爬坡功率约束。式(3-14)和式(3-15)定义了机组的开停机时间约束。式(3-16)和式(3-17)为机组的运行状态约束。产消者市场交易量的非负性由约束[式(3-18)]限制。由于在日前和实时市场中购电价格总是高于售电价格,故优化结果中同一时刻产消者在日前市场或实时市场中的购电量和售电量必有一个为0[6]。约束[式(3-19)和式(3-20)]定义了日前市场价格的波动范围,即鲁棒优化问题中的不确定集合。

显然,A类产消者在实时运行中无需面临不确定因素,考虑到日前市场价格与实时市场价格的差异,上述模型的优化结果中产消者在实时市场的交易量必然为0。

2) B类产消者优化策略

B类产消者由于发电资源为间歇性可再生能源,故需要面临可再生能源出力与市场价格的双重不确定性。采用与日前市场价格类似的方式定义可再生能源的不确定性集合,引入 $\Gamma_T^{\text{ren}}$ 限制可再生能源出力在工作时段内的最大变化范围。$\Gamma_T^{\text{ren}}$ 的取值范围为 $[0, |J_T^{\text{ren}}|]$,其中,$J_T^{\text{ren}}$ 是包含整个调度周期内所有时段的可再生能源未知出力的集合,它的势 $|J_T^{\text{ren}}|$ 就是可再生能源出力的时段数。

由于B类产消者包含的负荷类型为固定负荷与可转移负荷。可转移负荷虽然具有一定的调节能力,但具有调度周期内的时间耦合特性。故B类产消者在实时调度阶段没有多余的调控空间,在实时市场上的交易只是为了满足自身的功率平衡。产消者的日前鲁棒优化模型如下:

$$\min_{(P_t^{\text{DA}}, d_t) \in \boldsymbol{X}_2} \max_{(\lambda_t^{\text{DA}}, P_{\text{ren}, t}) \in \boldsymbol{Y}_2} \max_{(P_t^{\text{RT}}) \in \boldsymbol{Z}_2} \sum_{t \in S_T} (\lambda_{\text{b}, t}^{\text{DA}} P_{\text{b}, t}^{\text{DA}} - \lambda_{\text{s}, t}^{\text{DA}} P_{\text{s}, t}^{\text{DA}} + \lambda_{\text{b}, t}^{\text{RT}} P_{\text{b}, t}^{\text{RT}} - \lambda_{\text{s}, t}^{\text{RT}} P_{\text{s}, t}^{\text{RT}})$$

$$(3-21)$$

其中,

$$\boldsymbol{X}_2 = \left\{ (P_t^{\text{DA}}, d_t) \mid P_{\text{b}, t}^{\text{DA}}, P_{\text{s}, t}^{\text{DA}} \geqslant 0, \ \forall t \right. \tag{3-22}$$

$$\underline{d_t} \leqslant d_t \leqslant \overline{d}_t, \ t \in T_\text{d}, \ d_t = d_t^\text{e} \ t \notin T_\text{d} \tag{3-23}$$

$$\left. \sum_{t \in S_T} d_t = D \right\} \tag{3-24}$$

$$\boldsymbol{Y}_2 = \left\{ (\lambda_{\text{b}, t}^{\text{DA}}, P_{\text{ren}, t}) \mid \underline{\lambda}_{\text{b}, t}^{\text{DA}} \leqslant \lambda_{\text{b}, t}^{\text{DA}} \leqslant \overline{\lambda}_{\text{b}, t}^{\text{DA}}, \ \forall t \right. \tag{3-25}$$

$$\underline{P}_{\text{ren},t} \leqslant P_{\text{ren},t} \leqslant \bar{P}_{\text{ren},t}, \ t \in S_T^{\text{ren}} \qquad (3-26)$$

$$\sum_{t \in S_T} | (\lambda_{\text{b},t}^{\text{DA}} - \lambda_{\text{b},t}^{\text{DA,e}})/\lambda_{\text{b},t}^{\text{DA,h}} | \leqslant \Gamma_T^{\text{DA}} \qquad (3-27)$$

$$\sum_{t \in S_T^{\text{ren}}} | (P_{\text{ren},t} - P_{\text{ren},t}^{\text{e}})/P_{\text{ren},t}^{\text{h}} | \leqslant \Gamma_T^{\text{ren}} \} \qquad (3-28)$$

$$\boldsymbol{Z}_2 = \{ (P_{\text{b},t}^{\text{RT}}, P_{\text{s},t}^{\text{RT}}) \, | \, 0 \leqslant P_{\text{b},t}^{\text{RT}} \leqslant U_{\text{b},t}^{\text{RT}} \cdot \bar{P}_{\text{b}}^{\text{RT}}, \ \forall t \qquad (3-29)$$

$$0 \leqslant P_{\text{s},t}^{\text{RT}} \leqslant (1 - U_{\text{b},t}^{\text{RT}}) \cdot \bar{P}_{\text{b}}^{\text{RT}}, \ \forall t \} \qquad (3-30)$$

目标函数(3-21)还需满足

$$P_{\text{b},t}^{\text{DA}} - P_{\text{s},t}^{\text{DA}} + P_{\text{b},t}^{\text{RT}} - P_{\text{s},t}^{\text{RT}} + P_{\text{ren},t} = d_t, \ \forall t \qquad (3-31)$$

目标函数(3-21)是 B 类产消者运营商同时考虑可再生能源出力与日前市场价格两类不确定因素可能出现的最坏情况,通过合理分配调度周期内的可转移负荷,寻求最优的市场交易策略使运行成本维持在较低水平。为应对可再生能源的出力波动,运营商需要参与实时市场交易来保证自身供需平衡,也就是说上述模型对应的是两阶段鲁棒优化问题。在第一阶段,在日前市场价格与可再生能源出力已知之前,产消者制定次日的负荷分配计划与日前市场竞标策略。第二阶段,在运行日当天,日前市场价格已知且可再生能源的实际出力可在实时市场竞标前获得,产消者在实时市场中交易不平衡功率。但由于实时市场交易电量的大小完全取决于可再生能源的出力偏差,故第二阶段中无需进行优化决策,采用简易的截平面算法,如列约束生成(column-and-constraint generation,C&CG)算法即可求解。

约束[式(3-23)~式(3-24)]分别代表了负荷在可转移时间段内每小时转移功率限制和全周期内的负荷总需求。约束[式(3-25)~式(3-28)]定义了日前市场价格与可再生能源出力的不确定集合。与 A 类产消者优化模型不同,B 类产消者为两阶段决策模型,各时段实时市场竞标决策在可再生能源出力已知后进行。虽然无需再进行优化,但由于和不确定参数最坏场景问题(也就是日前决策后的最大成本问题)同时求解,故需要利用式(3-29)和式(3-30)中的强制性 0-1 约束来避免出现问题无界的情况。下级产消者内部的能量平衡由约束[式(3-31)]保证。

## 3.2  分层调控及互动架构

### 3.2.1  基于多智能体系统的分层调控架构与通信模式

能源细胞-组织架构下分布式能源系统调控的主要目的是通过充分利用能源

细胞/组织内交互的信息,对分布式资源进行协调优化调节,以实现分布式可再生能源的高效利用。目前对于能源细胞调控策略的研究,重点关注含分布式电源的系统频率、电压、功率控制和稳定性等问题,以实现系统内的功率平衡。随着可再生能源分布式发电的渗透率的不断提高,能源细胞内的可调节的分布式资源不断增加。为了解决可再生能源的随机性和间歇性,需要在能源细胞中使用更多的分布式储能设备。同时,随着分布式电源应用过程中开放、互联、即插即用等影响的不断深入,在电力市场逐步放开的需求下,会有更多的柔性负荷参与能源细胞的调节。众多分布式资源丰富了系统的控制手段,同时也对系统安全、可靠和稳定运行提出了巨大的技术挑战,与传统智能电网相比,能源细胞-组织的调度控制具有显著的特点和优势,但也面临着以下几方面的问题。

① 控制对象多且角色多变:能源细胞为不同类型、不同规模的分布式电源、储能系统、负荷等分布式资源的集合,其控制对象繁多,且具有很强的不确定性;在角色上,传统的能源生产者和消费者的界限不复存在,各类分布式资源的运行方式变化十分频繁。

② 控制规模较大:接入能源细胞的分布式资源较多,且分布式资源的任意改动均需做相应调整,传统集中建模和优化很难满实时控制需求;此外,分布式电源运行特性复杂,响应速度快,实际通信系统中的时延问题也会使得大规模优化调控问题更加复杂。

③ 网络不确定性较强:在分布式发电与能源互联网技术的推广下,传统的能源消费者通过信息共享和平等互联更深入地参与能源细胞-组织的能量和信息互动;能源细胞内部分布式可再生能源发电的渗透率高,功率交换灵活复杂。

④ 多时间尺度的协调配合要求高:分布式资源的调节特性各异,能源系统调控中需同时兼顾分布式资源在毫米级超短期响应、秒级快速响应、分钟甚至小时级等不同时间尺度上多种能源协同管理的配合。

⑤ 控制要求高:能源细胞运行调控需要在保证系统稳定性的条件下解决分布式资源单体接入导致的间歇性和波动性等问题,保证用户的供电质量;同时需对外部网络呈现友好的并网特性和调控能力;其次,能源细胞的控制需满足不同运行模式的要求,同时对运行策略实现自适应调整。

分析能源细胞-组织的调控特点可知,集成大规模分布式电源、储能系统与柔性负荷的分布式能源系统在运行中需要满足分布式资源的快速调控要求,保证系统具有灵活可靠的特点。针对参与资源多样、运行模式多变的问题,能源系统调控应满足以下几方面的要求。

① 安全可靠。需考虑不同投资主体的信息安全问题;同时需为快速波动的分布式电源留有足够的备用容量,保证系统运行安全;能够平抑系统内的频率和电压

波动,对突发的变化和故障有一定的应对能力。

② 灵活稳定。能够适应分布式资源在运行中的角色切换,对分布式资源运行状态的切换具有较好的兼容性,同时能较好地应对能源细胞运行模式的切换,保证系统在不同时间尺度、不同运行模式中的稳定运行;对二次系统中的通信带宽限制、时延和扰动等问题具有较好的鲁棒性。

③ 可扩展性强。控制策略可适应分布式电源、储能系统和负荷在能源细胞中的接入或退出,即分布式资源的"即插即用"。

④ 经济性好:能够有效降低能源系统的运行成本、功率损耗和一次能源的消耗。

### 3.2.1.1 MAS 分层调控架构

智能体(Agent,也称代理)通常被定义为一种具有知识、目标和决策能力的能动实体,可以独立或稍经指导后进行推理决策行动,能够利用数学计算或规则推理完成特定的操作任务,并通过消息机制与其他 Agent 交互,完成信息的传递和协调。Agent 具有自主性、社会性、反应性和主动性等特征。通过定义它们的主要驱动力、反应、记忆、状态等行为,并将其放到一个主环境中,就可以建立社会网络。多智能体系统(multi-agent system,MAS)也称多代理系统,包含两个或以上的智能体,在 MAS 中,通过智能体与环境、智能体之间的交互行为,能够实现分布式控制和复杂系统的协调运行。

鉴于 MAS 在复杂问题处理中具有效率高、速度快等优点,本节构建如图 3-1 所示的基于 MAS 的能源细胞-组织分层控制结构图,该系统由三个层次组成,包括系统层、节点层和设备层。各层次之间通过信息和能量交换实现能量的优化协调,每个层级的控制器都作为完成相应任务的 Agent。

(1) 设备层。该层包括各类分布式电源以及各类负荷单元等,根据 DER 自身特点,将发、用电利益主体作为 Agent 并对其控制策略进行制定。各 Agent 可以充分发挥自身的自治性,根据被控对象的特点实现运行状态和出力动态调整,并将自身的电量信息等及时反馈给上级能源细胞 Agent,或接收来自上层的调度信息。在每个时段内,分布式电源 Agent 将发电单元的信息反馈给能源细胞 Agent,明确自身所能够发出的电量。负荷 Agent 则对区域内的负荷进行管理,同时根据负荷的重要程度对负荷进行优先级划分,将不同种类的负荷信息发送给能源细胞 Agent,并请求发起能量协调,接收上层传来的调度指令,在有需要的情况下进行负荷的切除。单元层可以采用对等控制方式,方便实现系统的扩展和新加入单元的注册。

(2) 节点层。该层中每个 Agent 即为一个能源细胞,负责对区域内部 Agent 进行能量管理。以虚拟电厂为例(VPP),能源细胞 Agent 可以处理由各个分布式电源和负荷单元传来的电量信息,并接收系统层传来的电价信息或调度指令,确定本区域内各个单元的最优出力,以及向相邻虚拟电厂出售或购买的电量,并将需求

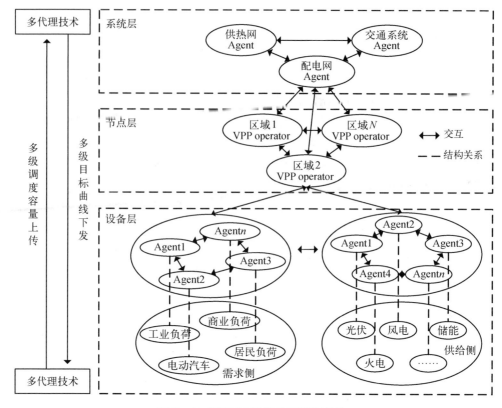

**图 3-1 基于 MAS 的分层控制结构**

信息及时反馈给上级的系统层 Agent。

（3）系统层。该层的能源组织 Agent 负责多个能源细胞之间的宏观调控，以实现全局优化，并对网络安全约束进行校验。在电力系统中，配电网 Agent 接收各能源细胞/VPP Agent 传来的电量信息，来进行电价和电量决策的计算，根据当前电价进行节点层各能源细胞之间的电量交易，并监视各能源细胞的电量情况。在能源互联网中，系统层还可能包括供热网 Agent、交通系统 Agent 等，通过各Agent 的对等互联，实现广域范围的能源共享。

为了进一步阐述能源细胞的分层调控架构及特点，本节以微电网这种特殊形式的能源细胞为例进行分析。

从分布式资源的角度分析，微电网系统有利于就地满足其对冷/热/电等多种能源形式的供应需求，改善供能可靠性，降低能量传输损耗，提高用户侧的供能质量。从环境的角度分析，微电网多智能体控制通过利用可再生能源发电和低碳技术，降低了发电过程中的污染气体排放，提升了能量利用效率，对降低环境污染和减缓全球气候变暖有着重要意义。

　　微电网的多智能体系统在空间尺度上由三个功能层组成：中央管理层、中间协调层和底部执行层，如图3-2所示。中央管理层的主要任务是获得目标定义以及相关约束条件，包括执行计划、功能评估和学习；协调层的任务是根据来自管理和组织层的基本过程定义和动作步骤激活动作的执行，可以对动作进行扩展，从而进行事件响应，执行层则是完成一系列动作执行，并跟随对动作结果的检查。在多智能体系统中，通过自上而下将信息和指令层层发布，自下而上将执行情况层层反馈，实现分布式资源的协调互动，提高综合能源利用率。与一般的网络控制系统相比，多智能体系统具有以下优点：① 拥有广泛的任务领域；② 高效率；③ 良好的系统性能；④ 容错性强；⑤ 鲁棒性强；⑥ 低廉的经济成本；⑦ 易于开发；⑧ 具有分布式的感知与作用。

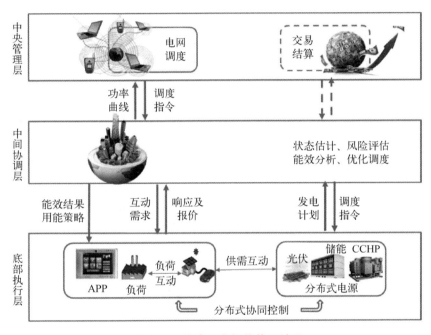

**图3-2　微电网多智能体系统图**

1) 中央管理层

该层主要由配电网管理系统（distributed management system，DMS）构成。负责整个配电网络的潮流监控和调度，交易结算，以及计划维护工作等，协调微电网与配电网间的信息交互及功率交换，实现配电网与微电网的协调运行、配电网的潮流及电压控制和能量优化等高级应用。配电网中心根据电力供需平衡状况和运行指标等，确定微电网运行状态，并连同负荷量信息、电力缺额等信息下发给中间协调层，接收中间协调层对于指令执行情况的反馈，实时动态调整调度策略。

2）中间协调层

该部分负责配电网调度和底层用户之间信息流和能量流的协调工作,监督监测运行过程中的突发情况并做出应对;在系统运行过程中,中间协调层根据实时电价,并结合微电网新能源的出力情况、负荷预测等计算,通过一定的决策过程将总体指标进行优化分解,并调节底层执行单元的分布式电源的出力情况及运行模式,保证全网的功率平衡和电压稳定,实现微电网的电压和频率稳定、资源分配,并网/离网运行方式的制定、运行方式切换控制等各项功能。中间协调层的功能如图 3-3 所示。

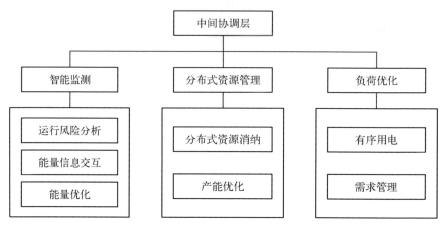

图 3-3　中间协调层的功能

中间协调层是每个工业园区的管理控制中心,用于协调管理层和自治层的信息交互,确保所有参与主体信息的互联互通;同时,中间协调层负责微电网互动调度计划的具体制定,协调用户之间、用户与电网之间能量流和信息流的互动。中间协调层根据各分布自治层上传的用户信息,对其用能偏好、用电成本等行为进行分析;结合用户生产计划给出用户的建议性生产调整计划,并通过 APP 等形式向所有用户开放和共享,实现各层级信息的对等,提高用户参与互动的积极性。在实际运行时,中间协调层接收到来自中央管理层的公共连接点功率和负荷量等各类信息,结合微电网内用户的生产状态、可调容量、响应时间、用能偏好等,综合利用包括用户可平移/中断符合、储能、电动汽车等在内的各类分布式资源,合理制定运行策略,将管理层的负荷削减指标进行分解。在信息开放和共享的基础上,中间协调层平等对待所有互动主体,以微电网和底层参与者的利益均衡为目标进行优化,决定各参与者的具体执行任务,并发布给底层执行单元,实现微电网整体利益的最大化。

3）底部执行层

该层主要包括各工商业用户和居民用户,以及可调度的分布式资源,如电动汽车、光伏、储能等。底部执行层拥有自己的分布自治系统，负责自身系统的能量管理和生产优化，并与中间协调层进行信息交流和能量交流。执行层接收到中间协调层传来的运行指令，根据自身设备使用情况、生产流程、可调容量等，以自身利益最大化为目标，按照要求迅速做出响应，如中断部分负荷、调整生产顺序或启用自备发电等；若不能完全响应负荷削减指令或有突发情况（如馈线故障等）时，则应及时反馈给上级并等待下一步指令。各底层用户参与互动的主要手段主要包括可中断负荷、直接负荷控制、工序优化、多能互补替代、储能动态充放电、电动汽车充电优化调度等。

多代理系统（或多智能体系统）内的互动性以及整体系统封装性，可通过全网的交互与协调达到系统整体优化的目标，最终实现局部自治与全局优化，提高整体控制效率。基于互动的多智能体系统控制具有以下特点。

① 可靠性高：多代理系统控制的可靠性显著提高。该系统将传统集中控制器中的许多功能下放至中间协调层和底部执行层，避免了集中控制器出现故障导致调控系统崩溃问题；同时，由于各层智能体具有较强的自治性且分工明确，因而对二次系统的通信带宽等方面的要求降低。

② 响应灵活：底部执行层在自治运行的基础上，可响应频繁的分布式发电和负荷投切等方面的波动；同时，协调层可根据系统状态对执行层智能体进行适当调整，使得系统优化运行，满足微电网在不同时间尺度上的要求。

③ 可扩展性强：能够实现分布式资源的"即插即用"，在分布式电源、储能系统和负荷随时接入和退出运行的情况下保证微电网的正常运行，且控制方法可以应用于不同规模和组成的微电网系统。

④ 成本较低：无需集中处理大规模数据并进行复杂计算，避免了复杂通信网络的建设，能够显著降低二次系统的成本，提高经济性。

⑤ 信息隐私性好：智能体间只需交互少量的外特性信息，而无需所有监控资源的内部模型参数与运行数据，可满足不同利益主体参与系统运行的需求。

多代理系统支持分布式应用，与分布式电源有着形式上的相似性：基于动态多智能体的智能分层调控框架设计原则，建立分布式电源分层控制框架，在空间尺度上采用优化调度层、二次控制层、一次控制层3级联动分层控制策略，根据分布式资源特性设计每个层级的相关功能模块，如图3-4所示。自上而下将多级目标曲线层层下发，自下而上将多级调度容量层层上传，以实现全网多级能源协调优化控制，解决分布式电源出力不稳定导致的系统运行控制困难。

基于动态多智能体技术的智能分层调控设计原则，构建包含初级控制层、次级控制层、优化决策层的分布式能源系统分层调控架构。

（1）初级感知层包括各类分布式能源智能体以及工商业多元负荷智能体，分

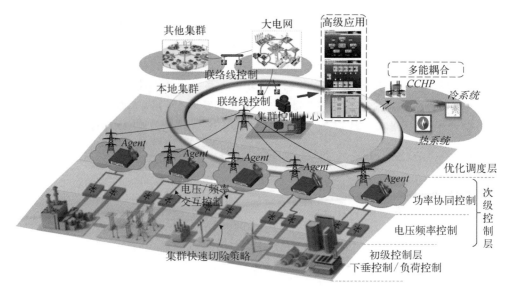

**图 3 - 4 基于 MAS 的分层控制结构**

布式电源智能体具有态势感知、控制执行等功能模块,能够根据系统调控中心的指令以及自身运行约束进行能量交互,感知外部环境变化和实现智能体之间的实时信息交互来自动切换控制模式并执行指令;负荷智能体具备判断、预测和通信功能,能够实时上传负荷信息和反馈负荷状态,并执行负荷切除的操作。

(2) 次级控制层包括各区域分布式能源系统智能体,该层具有电压频率控制、区域协同调控及实时通信等功能模块,能够接收上级的优化调度和智能控制指令,并按照负荷和分布式能源的优先级进行指令的下发;基于多智能体一致性控制算法,通过区域分布式能源系统智能体对区域内各就地感知层智能体进行"集中管理,分布控制",保证系统各区域的电压、频率稳定;同时,考虑系统运行的能效评估约束,对分布式能源系统各个区域之间进行协同调控,满足分布式能源系统实时动态调整的要求。

(3) 优化决策层包含一个分布式能源系统调控中心智能体,包括调度决策功能模块,通过整合各下层智能体的运行信息和多主体的运行状态,进行各层级多能源类型、多元用户的互补协调和优化调度,将分布式能源系统的分层优化调度分解为日前计划、日内滚动、实时校正三个时间尺度,协调不同控制响应速率的可调控资源,并逐级消除预测误差和扰动的影响,提出针对冷热电等多能源类型、多元用户的分层优化调度策略,实现示范园区和多元用户的优化互动。

#### 3.2.1.2 基于主从博弈的分层交互策略

区域能源网中包含多个能源组织,其优化调度方案的制定较单个能源组织更加复杂,需要考虑和协调的因素更多。同时,由于各个能源组织的拥有者、调度目标和任务需求有所不同,以及追求自身利益最大化的特性,使得难以设计出一个满足各方利益的集中式优化调度方案。为此,本节提出一种含主-从博弈的区域能源网分布式能量管理模型,使能源组织内不同的能源细胞相互协调,最大化其供能收益;使区域能源网内的各能源组织相互协调,最小化能源组织的运行成本。将这一分布式能量管理模型融入模型预测控制架构中,可以有效应对可再生能源输出间歇性、波动性和负载需求不确定性带来的不利影响。

1)构建区域能源网的博弈决策模型

在区域能源网能量管理系统中包含多个决策主体,这些决策主体的地位不尽相同,其中部分策略需要提前给出以作为其余决策问题的已知条件的这类博弈问题称为主从博弈。区域能源网博弈决策模型包括 3 个子决策,即用户侧内部博弈模型、电/气/热供能侧内部博弈模型和电/气/热供能侧与用户侧的博弈模型。由于对供能企业如大型发电厂、天然气站及燃煤电厂的博弈优化研究已较为丰富,故暂时不考虑电/气/热站内部的博弈问题,而是考虑电/气/热站等供能企业和储能系统间的联合运行问题。因此,区域能源网系统博弈决策模型包括两个子决策模型,即用户侧内部博弈模型及电/气/热供能侧与用户侧的博弈模型。下面将对这两个博弈模型分别进行描述:

(1)用户侧内部博弈模型。

① 参与者:如图 3-5 所示,参与者主要由用户侧的 $N$ 个能源组织构成。

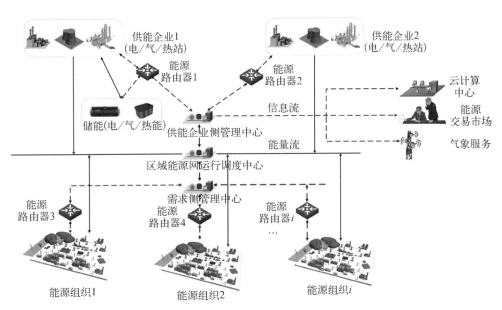

图 3-5　区域能源网主从博弈框架

② 策略：各能源组织在各个时段 $t$ 购买的能量为 $P_{i,gI}(t)$ 或销售的能量为 $P_{i,gO}(t)$。购/卖能量的行为 $\delta_{i,gI}(t)/\delta_{i,gO}(t)$ 及其功率受各能源组织内所有可控能源细胞的影响。

③ 收益：能源组织 $i$ 在第 $k$ 次系统博弈迭代的 $t$ 时段收益可以用其运行成本 $C_i^k(t)$ 表示。成本越小，可以理解为收益越大。

（2）电/气/热供能侧与用户侧的博弈模型。

① 参与者：如图 3-5 所示，参与者主要有两个，电/气/热供能侧的能量管理中心和需求侧能量管理中心。

② 策略：电/气/热供能侧的能量管理中心策略为电/气/热站的供能量 $P_u(t)$，包含电/气/热站发出的功率 $P_{u,G}(t)$、储能系统运行功率[包含充能功率 $P_{ES}(t)$ 与放电功率 $P_{ESd}(t)$]两部分。需求侧管理中心的策略为总的购能量，即各个能源组织的购/卖能之和。根据系统供需平衡要求，任何时刻电、气、热站的供能量都应等于需求侧总的购能量。

③ 收益：电/气/热供能站在第 $k$ 次系统博弈迭代的 $t$ 时段的收益可表示为其供能净利润 $C_u^k(t)$；与用户侧内部博弈模型同理，需求侧在第 $k$ 次系统博弈迭代的 $t$ 时段的收益可表示为总的运行成本 $\sum_{i=1}^{N} C_i^k(t)$。

需要说明的是，第 $k$ 次系统博弈迭代是指第 $k$ 次供能站侧与用户侧的博弈，而系统博弈建立在用户侧内部博弈完成的情况下。

2）能源组织的能量管理模型

由于能源互联网系统能量管理博弈模型中无论是用户侧内部博弈模型还是电/气/热站供能侧与用户侧博弈模型都涉及能源组织的能量管理模型，因此有必要先建立各能源组织的能量管理模型。为了使所建立的能源组织能量管理模型更具普适性，选择对一典型的能源组织 $i$ 进行能量管理建模。此能源组织中包含各种不同种类的能源细胞如负载、储能设备及可再生能源发电设备，并且同一时刻的能源局域网购能价格、售能价格有所差异。

（1）负载细胞模型。

能源组织中的细胞负载主要包括以下 4 类：关键负载、功率可调负载、运行时间可调负载和运行时间与功率皆可调负载。

（2）能源组织与外部电/气/热网功率交互模型。

开放的能源市场中，为了激励需求侧用户更高效地实现本地能源的本地利用，对用户在同一时刻的购能与售能价格进行差异化处理。而能源组织用户间的购能、售能价格会与系统价格保持一致。因此，为了充分描述差异化能量价格模式下能源组织 $i$ 在第 $k$ 次系统博弈迭代的 $t$ 时段购买能量 $P_{i,gI}^k(t)$、销售能量 $P_{i,gO}^k(t)$

的变化,有必要建立单独的能源组织与外部电/气/热网的功率交互模型。

（3）储能细胞系统模型。

储能模型需要既适合于能源组织 $i$ 内的储能系统,又适合于电/气/热站供能企业的储能系统。

（4）可再生能源细胞输出约束模型。

在优化调度模型中要求能源组织 $i$ 在 $t$ 时段的光伏输出 $P_{i,\text{pv}}(t)$、风机输出 $P_{i,\text{wind}}(t)$ 都应在其额定运行范围之内。

（5）能源组织供需平衡约束模型。

能源组织 $i$ 优化运行的前提是其内部的供需平衡时刻得到满足。

（6）电/气/热站供能企业能量管理模型。

作为能源组织的主电源,发电机组、天然气站、热电厂在 $t$ 时段的出力能力 $P_{u,G}(t)$ 需要满足供能侧用户的用能需求。

（7）系统供需平衡约束。

在区域能源网优化调度模型中,在任意时段 $t$ 都需要满足需求侧与电/气/热供能侧的供需平衡。

（8）系统博弈收益及均衡。

设计博弈模型时最关注的是各决策者的收益以及博弈模型是否能够达到均衡,此处包括两方面:第 $k$ 次系统博弈迭代时需求侧能源组织用户 $i$ 在 $t$ 时段的收益和电/气/站供能企业的收益。根据博弈均衡的定义,当各参与者都无法单独改变自身策略以获取更高收益时,博弈模型达到均衡。

### 3.2.1.3　通信模式

能源细胞可成为分布式电源和主动配电网之间的沟通纽带,使得主动配电网不必直接面对大规模、种类不同的分布式设备并网。然而,由于单个能源细胞的容量较小、调节能力受到限制,当高渗透率的分布式设备分散接入配电网时,一旦发生大规模负荷突变或线路故障等情形,会大大降低能源细胞的可靠性。为了实现分布式设备友好可靠接入,同一区域的主动配电网可包含多个能源细胞,形成含多能源细胞的能源组织。同时,多个能源细胞之间可通过分散协同的管理手段,基于分布式稀疏通信网络,实现广域互联和区域自治。这对能源细胞的通信模式提出了更高的要求。

1）基于 MAS 的分层通信框架

在多智能体系统中,每个代理分为两层控制结构,如图 3－6 所示。在上层控制中,智能体通过感知器接收运行环境信息,通过事件处理分发器及时处理感知到的原始数据并映射到一个场景。在该场景下,智能体通过通信系统与其他智能体进行协商与合作以实现最优目标,并在决策器中选择最优目标时的决策,相应的,在功能模块已有知识或规则支持下智能体制定适合的行动反应,最后通过效应器作用于环境。下层控制包含电压控制、频率控制等功能,以保证供需平衡和安全稳定运行,实现代理的就地控制。

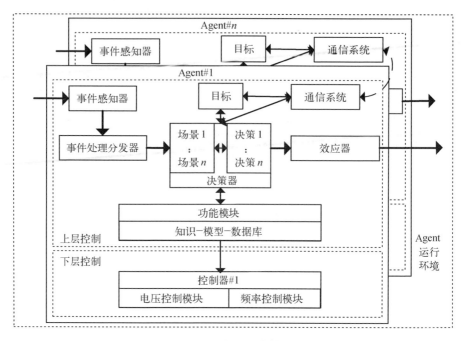

图 3-6　两层代理通信控制结构

利用合作博弈的方法可以实现能源细胞内部和多个能源细胞之间的协调优化,通过一致性控制方法可以实现园区内机组和园区间联络线功率的精确控制,有利于能源细胞-组织以及扩展之后的区域能源互联网优化调度策略的落地实现。这些将在后面的章节重点讲述,下面着重介绍它们之间的通信模式。

区域能源网是一种融合先进信息通信系统、能源转换系统和自动控制系统的区域性能源接入模式,在每个采用下垂控制的分布式设备、储能系统、负荷、能源路由器及主网侧都安装智能体,用于区域能源网的分层智能调控,如图 3-7 所示。

根据系统内各设备的功能特性,将各智能体分类如下。

(1) 发电单元智能体:稳定运行时,该类智能体控制发电单元按照上层优化调度指令,进行功率合理分配;故障发生时,该类智能体收集各发电单元的电压、频率等状态信息,进行自主决策,也可与其他邻接智能体间进行通信,控制各发电单元协调合作,消除故障或平抑负荷波动。

(2) 负荷智能体:实时监测负荷的运行状态,并将电能需求信息反馈给上级智能体,在发生故障时,可控制切除负荷。

(3) 储能单元智能体:实时监测储能单元的荷电状态,在区域能源网内部发生

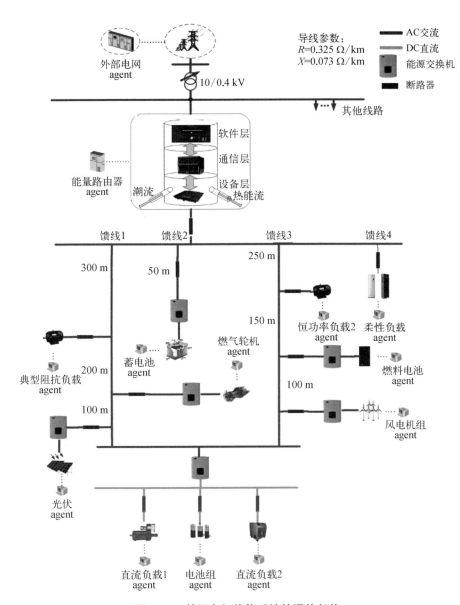

图3-7 基于多智能体系统的通信架构

负荷波动时,可以快速调节储能装置进行充放电,满足系统能量需求,平抑联络线功率波动。

（4）能源路由器智能体:大多设置在主网和区域能源网之间的公共连接点处,具有电压频率控制、区域协同控制及实时通信等功能模块。当稳定运行时,该类智能体可以接收主网侧的调度管理目标,按照区域能源网内负荷及各分布式设备的优先级,对区域内各就地感知层智能体发送控制指令,进行"集中管理,分布控制";

当发生故障或负荷波动时,该类智能体收集区域能源网内各分布式智能体的状态信息,控制储能、变换器等相关设备实现分布式的网络化协同控制,平抑联络线上的功率波动。

(5) 主网侧智能体:设置在主电网侧上,具有调度决策功能模块,协调不同控制响应速率的可调控资源,与能源路由器智能体进行信息交互。

2) 基于能源细胞-组织架构的区域能源网通信模式

分层调控中的能源组织相关概念定义如下。

(1) 能源组织:类似于粒子群算法中的定义,将整个粒子群分成若干个子群,即"组织",其中每个"组织"由若干个细胞组成。与之对应,整个区域能源网可划分成若干个能源组织,是一种分散自治的形态,组织内包括大型发电厂、主动配电网、微电网及负荷调控系统构成的发电机组群,其中能源组织主要是以区域能源网内高压联络线进行边界划分。能源组织之间采用领导者-跟随者模式进行通信协作:领导者即区域能源网的调度中心,主要负责各个能源组织之间的协同运行;跟随者即普通能源组织的调度端,主要负责与领导者进行交互协同。

(2) 首领:与"部落"中的告密者类似,负责每个能源组织内部和外部的信息交流。定义每个能源组织内有且只有一个首领,首领是能源组织中各类发电机组群的调度中心,负责与能源组织内各个家庭的家长进行通信协作。

(3) 家庭:在能源组织中的一个具有类似发电调节特性的发电机组群,如火电机组群、燃气机组群等。家庭中具有一定调度领导能力的模范发电控制单元选为家长。

(4) 家庭成员:与粒子群算法中的普通粒子相对应,每个家庭成员都是一个独立的发电控制单元,主要与家长进行通信协作。一般来说,电厂中的一个机组就是一个家庭成员。

图 3-8 中展示了基于能源细胞-组织架构的区域能源网功率分散框架模型。区域能源网调度中心下达统一的功率调度指令,能源组织领导者负责进行功率分配,采用传统 PI 控制。其中,功率分配主要分为两个过程:① 在各个能源组织执行通信协议后,采用"领导者-跟随者"模式把总指令分配到各个能源组织;② 在各个能源细胞路由器执行通信协议之后,采用"领导者-跟随者"模式把能源组织的功率指令分配到各个能源细胞。

根据地理位置,将区域能源网划分成若干个能源组织,在各个邻近的能源组织间及各个能源细胞机组间增加通信网络。在一个功率分配周期内,每个能源细胞只跟相邻的能源细胞进行通信交流,并获知所在层级调度中心(能源组织领导者或首领)计算得到的总功率指令,通过执行一定的协议后,每个细胞机组即可得到自己的发电功率指令。能源组织间的通信拓扑示意图如图 3-9 所示。

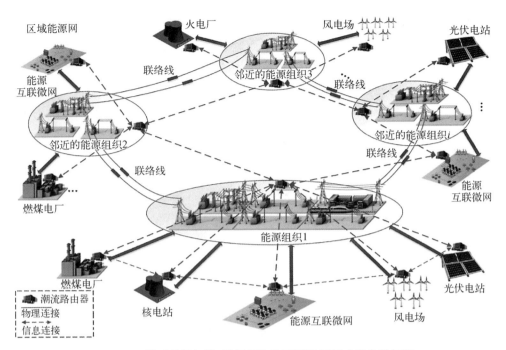

图 3-8 基于能源细胞-组织架构的区域能源网功率分散框架

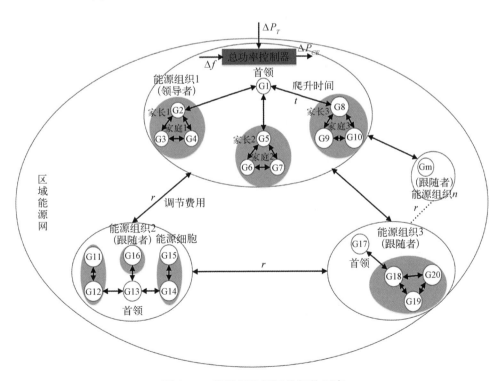

图 3-9 能源组织间通信拓扑示意

3）基于一致性协同的通信模式

多智能体系统由一组物理和信息层面紧密联系的代理构成，每个智能体都具有主动性和自适应性，均可采集自身的环境信息进行自治，解决自治域内由内部和外部引起的各种问题。通过多个智能体所组成的多智能体系统来完成超出单个智能体能力范围的复杂任务，其核心思想是通过个体之间的相互作用来产生大规模的群体运动。多智能体系统，是分布式控制实现的基础，在分布式控制方法中普遍得到应用。

在当前市场环境下，传统集中式优化控制方法在通信响应时间和计算能力上都面临着前所未有的压力和挑战，而单纯的分布式求解又存在执行效率低、仅能得到局部最优解的问题，分布式协同控制可较好解决这一问题。区别于传统的分层控制，多智能体系统的主要特点在于利用多智能体系统之间的协作来完成单个智能体能力范围外的复杂任务。在多智能体系统的分布式协同控制中，由于智能体间的信息交互在局部进行，因而对控制系统间通信的要求不高，通信线路持续工作的可靠性要求降低；事实上，只要保证系统间的通信拓扑是连通的，调控效果就可以得到保证，因此某两点之间通信的暂时中断一般不会影响系统的稳定，系统可靠性较高。由于分布式协同控制不需要复杂的模型维护和集中通信，因此能够满足数量庞大的分布式资源的优化计算，并充分考虑通信时延等工程中的实际问题。

在多智能体系统中，分布式一致性协同控制是多智能体系统的根本问题，是分布式计算理论的基础。一致性协同控制是指多智能体系统中各智能体通过局部通信相互传递信息，按照某种控制规则相互影响，随着时间的演化使所有智能体的某些关键状态趋于一致。一致性协同控制的研究起源于管理科学及统计学的研究。Bendediktsson 等将统计学中的一致性思想运用到传感器网络的信息融合上，揭开了系统与控制理论中的一致性研究的序幕。

在 Vicsek 模型中，粒子以数值相同但方向不同的速度在同一个平面上运动，通过设置每个粒子根据临近粒子的速度平均值更新自身的运动方向，使得所有粒子保持相同速度运动，即在没有集中控制器的方式下，通过"邻居规则"使所有粒子最终朝同一个方向运动。应用代数图论和矩阵理论等数学工具，文献[7]给出了 Vicsek 简化模型的理论解释。目前，一致性协同的思想及成果已经被广泛应用于复杂网络的同步、传感器网络的信息估计与融合、资源的分配调度与负载均衡、多个体的聚集、移动小车、无人航行器的编队和网络时钟的同步等问题的探索中。

一致性协同控制在电力系统中的研究通常是假设多智能体系统有固定的通信网络，即任一智能体都能获得周围所有智能体的精确信息。然而，在实际运行中，通信信息在发送、传输和接受等过程中不可避免地会受到各种随机噪声的影响,因此需要研究有噪声的多智能体系统一致性控制问题。文献[8]应用图论方法分析了是否存在通信时延等情况下多智能体系统的一致性控制,并给出了有向网络和任意切换网络环境下一致性收敛的最小收敛速率,同时通过矩阵不等式分析,给出了多智能体系统一致性的充分条件。

### 3.2.2 分布式资源互动机制

#### 3.2.2.1 多资源主体分层互动场景

能源细胞-组织在电力系统中的互动场景主要包括缓解电力缺额、削峰填谷、降低用能成本等;以虚拟电厂为例,其具体的互动场景及其作用与效益详见表3-1。

表 3-1 虚拟电厂互动场景及其作用与效益

| 场　景 | 作　用　与　效　益 |
| --- | --- |
| 缓解电力缺额 | 对于用电量大,且负荷增长迅速的虚拟电厂,需要通过用户、储能、电动汽车、CCHP 等的良性互动,保证电力供应,缓解电力缺额,延缓变电站和线路扩容。 |
| 削峰填谷 | 工业负荷特性有较强的行业特征,且存在许多冲击性负荷如轧钢机等,会造成虚拟电厂整体功率曲线波动剧烈、频率不稳等情况。因此需要一定的互动来使不同的负荷特性相互补充,使总体负荷曲线趋于平滑,从而削减用电成本和运行成本。 |
| 促进新能源消纳 | 在用户侧安装分布式光伏,采取"自发自用,余电上网"的模式,能够承担一部分的电能供应,降低虚拟电厂的外购电和购电成本;提高可再生能源的消纳能力,有助于能源的可持续发展和再生利用。 |
| 降低综合用能成本 | 虚拟电厂中,用户的用能需求包括冷、热、电、气等多种能源类型,以往各类需求互相独立,耦合性差,缺乏用能统一优化,用能成本高;通过对虚拟电厂多能源的产能/用能进行统一优化和调度,激励用户改变其对多种能源的需求量和调整用能计划,能够使得用户的综合用能成本得到有效的降低。 |
| 参与电力市场 | 虚拟电厂包含多种参与主体,负荷量大,自动化程度高,具有较大的互动潜力;虚拟电厂的负荷可以在保证自身生产效益的基础上,以负荷聚集体的形式,参与电力市场辅助服务的竞价,通过可控负荷、储能等为系统提供备用、调峰服务等,同时赚取一定的收益。 |

运营商是整个虚拟电厂多方互动的协调者和决策中枢,其负责虚拟电厂的发电/负荷预测、优化决策,保证供需匹配和促进多能互补。运营商通过产能控制、储能控制和用户激励等手段对虚拟电厂的分散式资源进行整合,促进产能侧、储能侧和用户侧的多方互动,实现削峰填谷、能效优化等宏观目标,互动机制的运营模式如图3-10所示。

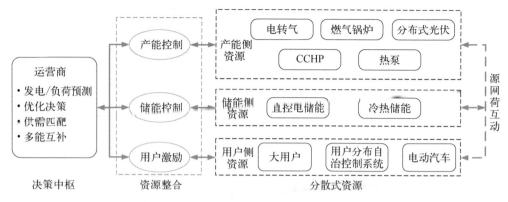

图 3-10 互动机制的运营模式

虚拟电厂互动的参与主体包括电网公司、虚拟电厂运营商、各类工商业和居民用户、电动汽车用户、CCHP 等。各类主体在互动机制中扮演着不同的角色,根据自身的用电特性、风险偏好和响应潜力,响应电价信息和管理中心发布的负荷削减需求,调整自身负荷计划,从而达到柔性互动。各参与主体的职责、运营范围、软硬件载体与效益分析详见表 3-2。

表 3-2 互动主体职责、运营范围与效益分析

| 主 体 | 职责与运营范围 | 效 益 分 析 |
| --- | --- | --- |
| 电网公司 | ① 根据各虚拟电厂实际的负荷、发电情况等制定虚拟电厂的削峰指标;<br>② 协调配电网各虚拟电厂之间的互动;<br>③ 向运营商支付相应的削峰补偿费用。 | 电网公司的支出为向运营商支付的削峰补偿费用,所获收益为由于峰荷减少而节约的变压器、线路等的投资建设费用。 |
| 电力交易中心 | 电力能量和辅助服务交易、出清。 | |
| 虚拟电厂运营商 | ① 代理用户参与需求响应;<br>② 对互动机制的启动条件进行判定;<br>③ 发布削峰需求,组织和撮合用户报价,发布需求响应邀约;<br>④ 将负荷削减计划等发布给底层用户,监督用户响应;<br>⑤ 管理虚拟电厂碳交易、削减权交易平台;<br>⑥ 对用户的响应进行有效性判定和结算。 | 运营商获得的收入为支付的削峰补偿费用;而其总支出包括对用户削减电负荷的补偿费用,以及对用户增加热负荷的补偿费用。引入热电耦合后,虚拟电厂可以优先选择补偿价格较低、性价比高的资源类型(电或热)进行调度,其调度成本与传统模式下可中断负荷调度相比将有明显降低。 |

（续　表）

| 主　体 | 职责与运营范围 | 效　益　分　析 |
|---|---|---|
| 主要大用户 | ① 自动向虚拟电厂运营商报价,中标则获得补贴;<br>② 约定需求响应;<br>③ 热电耦合互动;<br>④ 投资安装分布式光伏;<br>⑤ 用户间碳配额交易。 | 用户的互动收益包括通过削减电负荷而直接获得的补偿,以及通过增加热负荷而获取热补偿,从而能够降低其综合用能成本。 |
| 普通工业、商业与居民用户 | ① 约定需求响应;<br>② 投资安装分布式光伏;<br>③ 用户间碳配额交易。 | |
| 独立储能站 | ① 运营商可在虚拟电厂投资建设直控储能装置,包括电储能和冰蓄冷等,根据虚拟电厂调度系统的指令进行充放电;<br>② 电储能可在电价较低是或负荷谷期充电,在相反的时刻放电,在削峰填谷的同时,赚取一定的电价差收益。 | 用户投资建设的储能,获得的收益为削峰填谷带来的电价差收益,以及参与需求响应获得的运营商补贴。 |
| CCHP | ① 虚拟电厂的综合能源供应商,负责虚拟电厂的热能供应和部分电能供应;<br>② CCHP 将所发电量出售给电力公司或其他售电公司,再由后者转手出售给虚拟电厂用户;或者直接通过双边合同直接卖给用户;<br>③ 配合运营商进行热电耦合互动。 | 在传统的可中断负荷调度模式下,用户的互动仅涉及削减电负荷,CCHP 并不能获得收益。在多能互补的机制下,用户接受激励而增加用热量,CCHP 可以售出更多的热能;产热量增加的同时发电量也将增加,增发的电量以统一收购价格卖出,或者以合同价格直接向大用户供电。 |
| 电动汽车 | ① 虚拟电厂根据虚拟电厂负荷情况和次日削峰需求,制定次日的分时充电电价,并通过手机 app 发布;<br>② 电动汽车用户根据充电电价自由选择充电时间。 | 电动汽车用户选择充电电价低的时刻充电可以减少电费支出;运营商通过制定分时充电电价可以实现削峰填谷。 |

### 3.2.2.2　面向市场的互动响应流程

如上文所述,虚拟电厂的互动包括多种模式和场景,其中以参与市场竞价的模式最为复杂,本节以虚拟电厂参与市场竞价的场景为例,介绍虚拟电厂内部资源的互动响应流程。

电力现货和辅助服务市场对于虚拟电厂的影响,主要体现在批发和零售侧市场出清价格的实时变化。在电力市场中,电力出清价格(包括日前和实时价格)将随时间不断变化,时变电价能够引导用户调整其用电计划。电价由发电侧和用户侧的报价共同决定,过高的电价反映了系统处于负荷高峰时期;用户在价格尖峰时期为了降低用电成本,会根据自身需求调整用电计划,减少该时刻的用电量或者将用电量转移到其他时刻。

现货市场是批发侧市场,而用户是从零售侧市场(即该用户选定的售电公司)中购得电量。传统情况下,售电公司从批发市场购电后,会以一个较为确定的价格(即使是分时电价,也是在一个较长周期内时段划分的,各时段价格不变)将电能卖给用户,以减少价格的波动性。在市场模式下,虚拟电厂的运营商可以有针对性地将批发侧的价格波动传递到其辖区内的用户,以实现优化运行和需求响应。例如采用"动态分时电价+价格尖峰"的机制,即每一天的时段划分和各时段价格均不相同,根据日前市场的出清结果制定,并提前一天发布;在现货市场中,若某时刻价格过高,运营商可在日前分时电价的基础上叠加尖峰,以引导用户自主避峰。

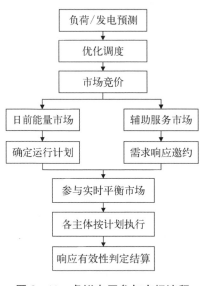

图3-11 虚拟电厂参与市场流程

虚拟电厂包含用户可调负荷、储能等可控资源,运营商将整个系统的用户和其他可控资源集成起来,根据虚拟电厂自身发电量与用电量的关系,该虚拟电厂在市场中的角色将不断在发电商和购电商之间切换,因此拥有更大的灵活性。其盈利手段包括能量管理、售电服务、需求响应以及其他增值服务,可以参与的市场类型包括日前电力能量市场、辅助服务市场和实时平衡市场,如图3-11所示。具体的互动盈利模式如下。

(1)参与日前电力能量市场。

运营商预先预测次日的发电量和负荷量,并根据净发电/负荷量参与日前能量市场的竞价,同时根据市场出清结果以及各分布式资源的运行特性,以运行总成本最低为目标制定最优调度计划,以最大化净盈利。虚拟电厂参与日前电力能量市场的成本包括各分布式资源的发电成本和用电成本,收益为市场竞价所得收益。

(2)提供辅助服务。

运营商作为内部用户的售电商,通过制定分时电价、尖峰电价等零售价格机制,并以向用户提供需求响应补贴等方式,挖掘并聚集用户的柔性可调负荷,以实现需求响应,结合系统内部其他可调资源如储能等的调节能力,在市场中提供调峰调频等辅助服务,并获取收益。该模式下虚拟电厂的成本主要为向用户提供的需求响应补贴。

虚拟电厂运营商可以通过竞价和约定两种方式来实现需求响应。竞价需求响应主要以可中断负荷的形式进行削峰,并采取日前集中竞价、择低成交的方式来确定负荷削减计划。约定需求响应是指运营商与用户提前约定好一定量的响应能力,在日前或日内无需进行报价,而是由运营商直接进行需求响应邀约,用户按照规定要求进行反馈和响应,以实现快速响应。

(3) 参与实时平衡市场。

当日内的实际运行情况,如光伏发电量和用户用电负荷,与日前制定的运行计划不符时,此时虚拟电厂运营商需要参与实时平衡市场的竞价,以购买或卖出偏差部分的电量。当现货价格过高(例如远高于用户的失负荷成本)时,运营商可以通过实时需求响应和优化调度,削减自身的净负荷或增加自身的净发电量,并参与实时市场的竞价,以获取现货价格的超额收益。由于现货价格一般高于日前价格,因此需求响应参与现货市场获得的利润更大。据PJM公司2011年度电力市场运行报告,参与经济负荷响应计划的需求响应资源中,98.6%的响应电量在实时运行市场中结算,仅有1.4%的响应电量是在日前市场中结算。

基于上述模式,完整的虚拟电厂参与市场包括以下阶段:日前决策阶段、日内交互阶段、响应量判定与结算阶段。具体市场参与策略将在下一节中介绍。

## 3.3　市场参与模式

### 3.3.1　分布式资源参与市场模式

分布式资源包括分布式电源、储能、电动汽车等。从单个主体看,其调节容量大部分比较小,无法达到参与市场交易或者参与大电网灵活性调度的要求。但是,将众多灵活性资源聚合起来,其调节潜力是十分可观的。由此,现有文献提出了多种聚合灵活资源的聚合市场主体,如虚拟电厂、负荷聚合商(load aggregator,LA)、灵活性资源代理商,作为市场独立主体参与。虚拟电厂是一种常见的聚合分布式资源的手段,以更高效的方式让分布式资源参与市场竞价、协调优化。

虚拟电厂能够通过高效的通信技术整合分散的不同容量等级的分布式能源,利用各分布式能源的时空互补性,有效削弱可再生能源出力的间歇性,提升市场交易的稳定性和竞争力。虚拟电厂作为整体协调调度内部资源参与市场运行,可以将富余的电量出售给电力市场,也可以选择从市场购电满足负荷需求,实现经济性最优。考虑到电力现货市场的发展趋势,下面首先概述现货市场的相关概念,随后介绍分布式资源参与市场模式的四个发展阶段。

1）现货市场及相关概念

首先，我们理清现货市场、市场主体类型两大概念。

电力现货市场包括日前、实时的电能量市场和备用、调频等辅助服务交易：

① 日前电能市场；

② 日前辅助服务市场（30 min 备用）；

③ 实时电能市场；

④ 实时辅助服务市场（10 min 备用、调频）。

电力市场主体包括发电企业、电力用户、售电公司、独立辅助服务提供商：

① 发电企业，包括统调煤电、水电、气电、核电机组。市场初期，新能源机组不参与。

② 电力用户，批发用户和零售用户。市场初期，批发市场用户为 110 kV 及以上电压等级用户。

③ 售电公司，包括拥有配电网运营权的售电公司（承担保底供电服务）和独立的售电公司（不拥有配电网运营权，不承担保底供电服务）。

④ 独立辅助服务提供商，符合一定标准的前提下，拥有独立参与辅助服务电储能设施的发电企业或电力用户。

2）分布式资源以虚拟电厂形式参与现货市场的四个阶段

（1）第一阶段：需求响应参与日前能量及辅助服务市场（备用）。

综合考虑现货市场发展现状、可调节负荷调节性能等情况，可调节负荷可先行参与辅助服务市场，为电力系统提供备用容量。备用是为了保证可靠供电，发电机组所提供的电量必须满足在规定时间内调用的预留向上发电容量服务。

备用分为 10 min 备用和 30 min 备用，10 min 备用是 10 min 内能够全部调出且能至少持续 1 h 的预留发电容量；30 min 备用是 30 min 内能够全部调出能至少持续 2 h 的预留发电容量。

在备用市场中，可调节负荷同其他备用提供者共同报价，电力调度机构根据电能量和备用联合优化程序确定出清结果。考虑到需求响应提供商和发电商在不同时间能够提供的辅助服务容量不同，可以根据调度时段分别出清。

用户申请条件：需要（集成）运行容量在 315 kVA 及以上，（集成）负荷调节能力原则上不低于 200 kW。

（2）第二阶段：需求响应参与日前和实时平衡能量市场（限定 110 kV 以上电压等级用户）。

日前和实时电能市场中，需求响应提供商（限定 110 kV 以上电压等级用户）可以提供随用电递减的电力报价曲线，机组组合、机组出力和辅助服务（即含第一阶段的需求响应辅助服务）联合优化出清，优化目标为总社会成本最小，出清发电容量、发电价格和辅助服务价格。

此时的电能市场和辅助服务市场的竞价均属于批发市场,只有发电企业和电力用户(限定 110 kV 以上电压等级用户)可以参与,小规模终端用户不能参与。

(3)第三阶段:虚拟电厂聚合并代理多个产消者及小用户参与日前和实时平衡能量市场。

基于第二阶段的批发市场,第三阶段的目标是让所有用户(含小规模电力用户)与分布式发电单元参与能量市场,即实现小规模终端产消者可以在零售市场中选择虚拟电厂(也称为聚合商、零售商或综合能源公司)参与。

现货市场的电力价格可以在短时间波动,虚拟电厂可参与现货市场中的电能市场,并赚取批发市场与零售市场间的差价;虚拟电厂在具备一定调节能力后同样可以参与辅助服务市场,并由小规模终端用户聚合,实现辅助服务需求。例如,帮助用户安装远程控制设备并与用户签订远程控制合同;帮助用户安装自动控制装置并与用户签订可中断合同;发送短信提示用户手动关闭家电设备等。

小规模终端产消者可以在零售市场中选择虚拟电厂(即综合能源公司)购电和参与需求响应,且在一定期限后可以选择更换综合能源公司。

(4)第四阶段:虚拟电厂聚合并代理多个产消者及小用户参与调频等技术需求较高的辅助服务市场。

基于以上三个阶段,大用户和小用户(包括产消者形式)可以分别通过"批发市场直接"或"零售市场间接"参与电能量市场和辅助服务市场。第四阶段通过技术升级(软硬件)实现分布式资源参与调频市场,主要是指"独立辅助服务提供商"参与调频市场。独立辅助服务提供商是指拥有独立参与辅助服务电储能设施的发电企业、电力用户或产消者。

考虑需求侧管理后,虚拟电厂可以通过多种方式提供辅助服务并进行考核与解散,如负荷削减报价。负荷削减响应是一种简单形式的需求响应,使调度中心在供电紧张时可以通过削减负荷以平衡供需。负荷削减与备用不同,能够快速响应的负荷单元若满足备用要求则应参与备用市场,而负荷削减是一种较慢的需求侧响应,可以在接到指令后的一些时段内停用。负荷削减报价包含在滚动预调度流程中,可以在单个交易时段中进行单独报价和计划安排。一旦调用负荷削减,意味着可以增加经济性或提高系统安全性。针对不同的负荷削减方案,提前通知时间与削减持续时间各有不同,因此调度中心应针对是否调用负荷削减进行评估。如果调度中心调用了负荷削减服务,那么将根据负荷削减报价进行结算,费用则纳入辅助服务费用统一支付。对于如何提供、考核及调用负荷削减服务,应具备足够的灵活性。这些细节由调度中心和负荷削减服务提供商共同商讨解决。

### 3.3.2 虚拟电厂参与能量市场的竞标模型

虚拟电厂参与能量市场的竞价框架如图3-12所示。能量流向由箭头所示。虚拟电厂内分布式能源考虑可再生能源机组、可控机组、需求侧灵活资源与储能装置。总体而言,虚拟电厂可以协调和调度内部资源以参与电力市场。虚拟电厂可以将其剩余电力出售给电网,并从电网购买电力以满足负荷需求,从而实现经济优化。虚拟电厂可同时参与日前市场和平衡市场。由于虚拟电厂所聚合的容量比电力市场上的其他主体小,因此虚拟电厂作为价格接受者处理,不具备影响电力市场出清电价的能力。

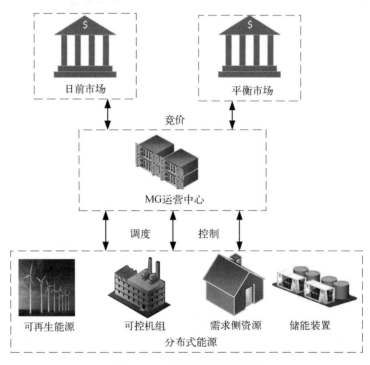

**图 3-12 虚拟电厂竞价框架**

虚拟电厂参加具体的竞价过程可以分为两个阶段。阶段一:根据电价和可再生能源的日前预测,虚拟电厂确定日前市场中的投标策略和内部分布式资源的运行计划。阶段二:在实时运行时,虚拟电厂的实际输出与投标计划之间存在偏差。因此,应在平衡市场中清算其任何赤字/多余的投标。特别地,如果其实际输出多于投标量,则以比日前市场出清电价更低的价格来结算超出部分。同时,如果其投标量多于实际输出,则以比日前市场出清电价更高的价格来结算不足部分。显然,虚拟电厂应降低预测偏差对竞价策略带来的经济风险。

随着我国售电侧的放开,电力市场竞争日益激烈,市场电价也存在一定的不确定性,综合虚拟电厂内部可再生能源机组出力的不确定性因素,展开在多重不确定性因素下,虚拟电厂参与市场竞价策略以及内部优化运行的研究尤为迫切。以下提出基于信息间隙决策理论处理虚拟电厂分布式资源聚合时的不确定性。

### 3.3.2.1 信息间隙决策理论

采用常规方法(概率方法、模糊规划方法等)处理不确定变量的随机性时,需要获取该不确定变量的大量历史数据,并对该不确定变量的预测值和实际值之间的误差概率分布进行建模,从而根据误差概率模型确定此不确定变量的误差随机分布。

信息间隙决策理论是一种处理不确定性的非概率方法,它与其他概率决策理论之间的一个关键性差异在于,此方法通过建模实际数据和预测数据之间的间隔误差而不是通过概率来获得高效、高优先级和风险规避的解决方案。信息间隙决策理论常用来解决难以准确描述的不确定场景,采用信息间隙决策模型可以在数据的概率分布以及波动范围均未知的情况下量化数据的不确定性。其基本思想:在保证所设目标值处于基准目标值上下波动的可接受范围内的同时,尽可能地使不确定变量的波动区间最大化,以获取满足条件的目标值的更大可能性。

信息间隙决策模型通常包含以下三个部分:系统模型、不确定性模型以及性能要求。

(1)系统模型是针对具体的不确定性问题及所需求解的决策变量而建立的数学模型,通常用 $B(P,v)$ 表示。其中,$P = \{P_t^{DA}, P_t^m, P_t^{curt}, P_t^{dis}, P_t^{ch}\}$ 为决策变量,是微电网日前运行计划,$v$ 和 $\tilde{v}$ 分别代表为不确定变量的实际值与预测值,系统模型表示微电网在日前市场和平衡市场的联合竞价所获利益。

(2)不确定性模型是对不确定量的数学表述,用来描述实际数据 $v$ 和预测数据 $\tilde{v}$ 之间的间隙,其中,$v_t = \{\rho_t^{DA}, P_t^{wind}\}$ 说明不确定因素考虑了日前市场电价与风电出力,通常表示如下:

$$\omega(\alpha, \tilde{v}) = \left\{ v: \frac{|v - \tilde{v}|}{\tilde{v}} \leqslant \alpha \right\} \quad \alpha \geqslant 0 \qquad (3-32)$$

式中,$\alpha$ 为不确定量的波动范围。

(3)根据不同的风险管理策略,可在信息间隙决策模型中根据实际情况所需的性能要求选择其对应的决策策略,常见策略包括鲁棒模型决策策略和机会模型决策策略。

鲁棒模型决策策略属于风险规避型的决策策略,其基本原则是尽可能地规避不确定变量对整个系统模型优化结果的影响。当采用风险规避型策略时,决策者需预先设定好一个低于基准目标值的目标函数阈值,在保证优化结果不低于目标

函数阈值的情况下最大化不确定变量的波动范围,其优化目标为最大化不确定变量的偏差系数,具体表达式如下:

$$\hat{\alpha}(P, B_R) = \max_{P}\{\alpha: \min_{v \in \omega(\alpha, \bar{v})} B(P, v) \geqslant B_R\} \tag{3-33}$$

式中,$B_R$ 为目标函数阈值。

机会模型决策策略则属于风险偏好型的决策策略,其基本原则是在不确定性的风险中尽可能地寻找有望获取的最大收益。当采用风险偏好型策略时,决策者可预先设定好一个高于基准目标值的目标函数阈值,在保证优化结果不低于目标函数阈值的基础上最小化不确定变量的波动范围,其优化目标为最小化不确定变量的偏差系数,具体表达式如下:

$$\hat{\beta}(P, B_O) = \min_{P}\{\beta: \max_{v \in \omega(\alpha, \bar{v})} B(P, v) \geqslant B_O\} \tag{3-34}$$

式中,$B_O$ 为目标函数阈值。

### 3.3.2.2 确定型虚拟电厂竞价模型

首先,假设不考虑不确定性,建立确定型模型。

(1) 目标函数。虚拟电厂竞价目标为使运营商在电力市场中收益最大:

$$
\begin{aligned}
B_0 = \max & \sum_{t=1}^{T}[P_t^{\mathrm{DA}}\rho_t^{\mathrm{DA}} + P_t^{+}\rho_t^{+} - P_t^{-}\rho_t^{-}] \\
& - \sum_{t=1}^{T}\sum_{g=1}^{N_g}[k_1 P_{1,t,g}^{\mathrm{m}} + k_2 P_{2,t,g}^{\mathrm{m}} + k_3 P_{3,t,g}^{\mathrm{m}}] \\
& + \sum_{t=1}^{T}[P_t^{\mathrm{LOAD}}\rho_t^{\mathrm{LOAD}} - a(P_t^{\mathrm{curt}})^2 - bP_t^{\mathrm{curt}}]
\end{aligned} \tag{3-35}
$$

式中,等号右边第一项为虚拟电厂在日前市场与平衡市场中的收益,$P_t^{\mathrm{DA}}$、$\rho_t^{\mathrm{DA}}$ 分别代表日前市场中的投标量与电价,$P_t^{+}(P_t^{-})$、$\rho_t^{+}(\rho_t^{-})$ 分别代表平衡市场中的正(负)投标量和电价。第二项代表燃气轮机的二次成本,利用分段线性化表示,$N_g$ 表示燃气轮机的数量。第三项代表微电网的需求侧收益,$P_t^{\mathrm{LOAD}}$、$\rho_t^{\mathrm{LOAD}}$ 分别代表负荷功率与负荷电价,$P_t^{\mathrm{curt}}$ 代表需求侧参与可中断负荷项目功率;$a$ 和 $b$ 为需求响应项目补偿系数,微电网对参与需求响应项目的负荷给予补偿。

(2) 约束条件。

虚拟电厂内部需保证功率平衡:

$$P_t^{\mathrm{DA}} + P_t^{+} - P_t^{-} + P_t^{\mathrm{LOAD}} = \sum_{g=1}^{N_g}P_{t,g}^{\mathrm{m}} + P_t^{\mathrm{curt}} + P_t^{\mathrm{wind}} + P_t^{\mathrm{dis}} - P_t^{\mathrm{ch}}, \ \forall t \tag{3-36}$$

式中，$P_t^{\text{wind}}$ 和 $P_t^{\text{dis}}(P_t^{\text{ch}})$ 分别代表风电出力与储能出力。

燃气轮机约束：

$$0 \leqslant P_{t, g}^{\text{m}} \leqslant P_g^{\text{m, MAX}}, \ \forall t, \ \forall g \tag{3-37}$$

$$0 \leqslant P_{r, t, g}^{\text{m}} \leqslant P_{r, g}^{\text{m, MAX}}, \ r = 1, 2, 3, \ \forall t, \ \forall g \tag{3-38}$$

$$P_{t, g}^{\text{m}} = P_{1, t, g}^{\text{m}} + P_{2, t, g}^{\text{m}} + P_{3, t, g}^{\text{m}}, \ \forall t, \ \forall g \tag{3-39}$$

$$-R_g^{\text{D}} \leqslant P_{t+1, g}^{\text{m}} - P_{t, g}^{\text{m}} \leqslant R_g^{\text{U}}, \ \forall t \leqslant T-1, \ \forall g \tag{3-40}$$

式中，$P_{t, g}^{\text{m}}$ 和 $P_g^{\text{m, MAX}}$ 分别为燃气轮机出力与其最大出力，$P_{r, g}^{\text{m, MAX}}$ 为燃气轮机分段最大出力。

储能约束：

$$\text{SOC}_{\min} \leqslant \text{SOC}_t \leqslant \text{SOC}_{\max}, \ \forall t \tag{3-41}$$

$$\text{SOC}_{t+1} = \text{SOC}_t + \eta^{\text{ch}} P_t^{\text{ch}} \Delta t - \frac{P_t^{\text{dis}} \Delta t}{\eta^{\text{dis}}}, \ \forall t \leqslant T-1 \tag{3-42}$$

$$\text{SOC}_1 = \text{SOC}_{T+1} \tag{3-43}$$

$$0 \leqslant P_t^{\text{ch}} \leqslant P^{\text{ch, MAX}} \tag{3-44}$$

$$0 \leqslant P_t^{\text{dis}} \leqslant P^{\text{dis, MAX}} \tag{3-45}$$

式中，$\text{SOC}_{\min}$、$\text{SOC}_{\max}$ 分别代表储能最小、最大荷电量；$\eta^{\text{ch}}(\eta^{\text{dis}})$ 为储能装置充放电效率；$P^{\text{ch, MAX}}(P^{\text{dis, MAX}})$ 为储能装置最大充放电功率。

需求响应约束：

$$0 \leqslant P_t^{\text{curt}} \leqslant \upsilon P_t^{\text{LOAD}} \tag{3-46}$$

式中，$\upsilon$ 代表负荷参加可中断负荷项目的最大比例。

应当指出，不同电力市场的价格之间存在某些关系。$\rho_t^+$ 的值低于 $\rho_t^{\text{DA}}$，而 $\rho_t^-$ 的值高于 $\rho_t^{\text{DA}}$。由于虚拟电厂运营商有权管理需求侧资源，故 VPP 应向负荷提供比日前市场与平衡市场更低的电价作为回报。因此，不同类型价格的关系可以得出以下结论：

$$\rho_t^{\text{LOAD}} < \rho_t^+ < \rho_t^{\text{DA}} < \rho_t^- \tag{3-47}$$

### 3.3.2.3 基于信息间隙决策理论的竞价模型

信息间隙决策理论用于应对电力市场中的经济风险，决策者的目标是在满足关键利润的同时最大化不确定性因素的范围。本部分考虑两个不确定的参数，包括日前市场的出清电价和风电出力。根据预测的电价与风力，虚拟电厂运营商确定日前的投标量与分布式能源的运行计划,之后应在平衡市场中消除预测风电出力与实际风电出力的差异,同时通过信息间隙决策理论考虑其经济风险。

如前所述,需要在平衡市场中平复风电出力波动。因此,存在以下两个情况:缺电和余电。

(1) 缺电。这种情况发生在风电的预测值大于实际值的条件下。此时,微电网运营商需要在平衡市场中购买能源,其数学公式如下:

$$(1-\alpha)\widetilde{P}_t^{\text{Wind}} \leqslant P_t^{\text{Wind}} \leqslant \widetilde{P}_t^{\text{Wind}} \tag{3-48}$$

$$P_t^- = \widetilde{P}_t^{\text{Wind}} - P_t^{\text{Wind}} \tag{3-49}$$

因此,虚拟电厂运营商的收益可以写成

$$B_t = \max P_t^{\text{DA}}\rho_t^{\text{DA}} - (\widetilde{P}_t^{\text{Wind}} - P_t^{\text{Wind}})\rho_t^- + \sum_{g=1}^{N_g} \left[k_1 P_{1,t,g}^{\text{m}} + k_2 P_{2,t,g}^{\text{m}} + k_3 P_{3,t,g}^{\text{m}}\right]$$
$$+ P_t^{\text{LOAD}}\rho_t^{\text{LOAD}} - a(P_t^{\text{curt}})^2 - bP_t^{\text{curt}} \tag{3-50}$$

(2) 余电。这种情况发生在风电的预测值小于实际值的条件下。此时,微电网运营商需要在平衡市场中出售能源,其数学公式如下:

$$\widetilde{P}_t^{\text{Wind}} \leqslant P_t^{\text{Wind}} \leqslant (1+\alpha)\widetilde{P}_t^{\text{Wind}} \tag{3-51}$$

$$P_t^+ = P_t^{\text{Wind}} - \widetilde{P}_t^{\text{Wind}} \tag{3-52}$$

因此,虚拟电厂运营商的收益可以写成

$$B_t = \max P_t^{\text{DA}}\rho_t^{\text{DA}} + (P_t^{\text{Wind}} - \widetilde{P}_t^{\text{Wind}})\rho_t^+ + \sum_{g=1}^{N_g} \left[k_1 P_{1,t,g}^{\text{m}} + k_2 P_{2,t,g}^{\text{m}} + k_3 P_{3,t,g}^{\text{m}}\right]$$
$$+ P_t^{\text{LOAD}}\rho_t^{\text{LOAD}} - a(P_t^{\text{curt}})^2 - bP_t^{\text{curt}} \tag{3-53}$$

基于信息间隙决策理论提出了鲁棒模型决策策略与机会模型决策策略。

(1) 鲁棒模型决策策略。在鲁棒模型决策策略中,目标是最大化不确定参数的范围,同时应保证最低指定利润。因此,双层鲁棒优化模型表示如下:

$$\max_P \alpha \tag{3-54}$$

约束条件:

$$B = \min_v B(P, v) \geqslant B_R = B_0(1-\sigma) \tag{3-55}$$

$$(1-\alpha)\widetilde{P}_t^{\text{Wind}} \leqslant P_t^{\text{Wind}} \leqslant (1+\alpha)\widetilde{P}_t^{\text{Wind}} \tag{3-56}$$

$$(1-\alpha)\widetilde{\rho}_t^{\text{DA}} \leqslant \rho_t^{\text{DA}} \leqslant (1+\alpha)\widetilde{\rho}_t^{\text{DA}}, \ \forall t \tag{3-57}$$

式中,$\sigma$ 为鲁棒因子。

（2）机会模型决策策略。在机会模型决策策略中,目标是最小化不确定参数的范围,同时运营商追求更高的利润。因此,双层鲁棒优化模型表示如下:

$$\min_{P} \alpha \tag{3-58}$$

约束条件:

$$B = \max_{v} B(P, v) \geqslant B_O = B_0(1+\sigma) \tag{3-59}$$

$$(1-\alpha)\widetilde{P}_t^{\text{Wind}} \leqslant P_t^{\text{Wind}} \leqslant (1+\alpha)\widetilde{P}_t^{\text{Wind}} \tag{3-60}$$

$$(1-\alpha)\widetilde{\rho}_t^{\text{DA}} \leqslant \rho_t^{\text{DA}} \leqslant (1+\alpha)\widetilde{\rho}_t^{\text{DA}}, \ \forall t \tag{3-61}$$

式中,$\sigma$ 为机会因子。

### 3.3.3 虚拟电厂同时参与能量与辅助服务市场的竞标模型

#### 3.3.3.1 决策流程与互动模型

在 3.2.2 节中已介绍了分布式资源参与能量与辅助服务市场的互动流程,本小节具体分析日前决策阶段和日内互动阶段虚拟电厂中各单元职责与模型。

1）日前决策阶段

虚拟电厂运营商提前一天通过负荷预测、用能分析等手段,对次日是否启动互动机制、次日具体互动计划等进行最优决策。日前决策阶段主要包括负荷预测、市场竞价、发布需求响应邀约和竞价撮合等环节。

（1）负荷/发电预测。

虚拟电厂首先进行次日负荷量和发电量的预测,预测内容应包括用电量、分布式光伏/风电发电量等,以及运营商各的负荷、发电预测量汇总,计算得到系统净负荷或净发电量。

（2）市场竞价。

运营商基于预测得到的净负荷/发电量,对次日内部各主体的运行计划进行优化调度。优化目标为总运行成本最小化:

$$\min \sum_{m=1}^{M} \lambda_t L_{m,t} - \sum_{t=1}^{T} \rho_t \left( \sum_{n=1}^{N} G_{n,t} + R_t + S_t \right) \tag{3-62}$$

其中,$\rho_t$ 为批发侧市场出清价格,$G_{n,t}$ 为可控发电机组 $n$ 在时刻 $t$ 的发电量,$R_t$ 为不可控新能源在时刻 $t$ 的发电量,$S_t$ 为储能设备在时刻 $t$ 的充放电量,$\lambda_t$ 为用户侧零售电价。

根据优化后的运行计划,运营商确定各时段的最佳发电量或负荷量,参与日前电力能量市场的竞价;同时根据系统内的柔性负荷可调容量、储能调节能力,参与辅助服务市场的竞价,提供调峰或调频服务。

(3) 制定响应计划。

运营商根据市场出清后的中标结果,确定其需提供的辅助服务类型及削减电量,并向各用户发布。

在竞价模式下,用户根据自身条件,评估其在不同时段的负荷可调能力,并计算实施可中断负荷的成本(即改变生产计划所遭受的损失)。用户结合自身失负荷成本、负荷削减能力,递交可调负荷的投标(包括削减量、削减时刻、价格),用户报价格式如表 3-3 所示。用户申报价格不能超过运营商制定的日前价格的最高上限。

表 3-3 用户报价表单

| 时 刻 | 可 调 负 荷 | | | |
| --- | --- | --- | --- | --- |
| | 削减量/MW | 平移量/MW | 平移后时刻 | 价格/¥ |
| 时刻 1 | | | | |
| 时刻 2 | | | | |
| ... | | | | |

竞价完成后,运营商按照择低成交的原则,并考虑相应运行约束条件,确定次日的需求响应计划,并通知用户。

在约定模式下,由运营商根据各用户签订合同中规定的容量和用户的负荷水平,直接对用户进行邀约,用户对于是否能完成响应任务,向运营商进行反馈。

2) 日内交互阶段

在日内互动过程中,运营商对日前调度计划中存在的偏差或紧急情况进行修正和再调度。

(1) 实时修正。

日内,运营商实时监测系统负荷状态,并进行超短期负荷预测,预测其后四个小时内的负荷量,以及分布式新能源发电量。若预测结果与日前调度计划出现较大偏差,那么运营商将参与实时平衡市场,消除偏差量。

若实时现货价格过高,远高于用户的失负荷成本,则运营商可通过实施需求响应,削减用电量,以降低系统净负荷或增加系统净发电量,同时赚取实时市场的超额收益。

（2）实际执行。

虚拟电厂内部各主体依据运营商下达的调度指令（包括日前调度指令和日内修正指令），保证各自的产能用能按计划进行。

上述交互流程及模型具体表述如下。

上层管理层发布调整指标信息，虚拟电厂根据所发布的需求制定调整计划。当虚拟电厂制定日内调整策略时，以虚拟电厂调整成本 $C$ 最小为目标函数，调整成本包括分布式电源的调整成本 $C_{DG}$ 和负荷用户的调整成本 $C_{DR}$，约束条件包括调整量约束、调整速率约束，优化变量为虚拟电厂内部各分布式电源的调整计划。具体可表示如下：

$$\min C = C_{DG} + C_{DR} \tag{3-63}$$

$$C_{DG} = \sum_{t \in T} \sum_{i \in N_{DG}} \lambda_{i,t} \Delta P_{i,t} \tag{3-64}$$

$$C_{DR} = \begin{cases} \sum_{t \in T} \sum_{j \in N_d} a_{dj,t} \Delta P_{dj,t}^2 + b_{dj,t} \Delta P_{dj,t} + c_{dj,t}, & PBDR^① \\ \sum_{t \in T} \sum_{j \in N_d} k_1 \Delta P_{dj,t}^2 + k_2 \Delta P_{dj,t}, & IBDR^② \end{cases} \tag{3-65}$$

其中：

$$a_{dj,t} = \frac{\lambda_{dj,t} \Delta P_{dj,t}}{\varepsilon P_{dj,t}} \tag{3-66}$$

$$b_{dj,t} = R\lambda_{dj,t}\left(1 - \frac{1}{\varepsilon}\right) \tag{3-67}$$

$$c_{dj,t} = (1-R)\lambda_{dj,t} P_{dj,t} \tag{3-68}$$

式中，$T$ 为调度周期，$N_{DG}$ 为虚拟电厂内分布式电源的集合，$N_d$ 为虚拟电厂内负荷用户的集合，$\lambda_{i,t}$ 为 $t$ 时段分布式电源 $i$ 的单位调整价格，$\Delta P_{i,t}$ 为 $t$ 时段分布式电源 $i$ 的调整量，$\lambda_{dj,t}$ 为 $t$ 时段负荷用户 $j$ 的负荷电价，$P_{dj,t}$ 为 $t$ 时段负荷用户 $j$ 未参与需求响应前的负荷需求量，$\Delta P_{dj,t}$ 为 $t$ 时段负荷用户 $j$ 的负荷削减量，$k_1$、$k_2$ 为补偿系数，$R$ 为优惠电价比例，$\varepsilon$ 代表需求价格自弹性。

模型约束条件如下。

① 分布式电源调整量约束：

$$\Delta P_{i,t}^{\min} \leqslant \Delta P_{i,t} \leqslant \Delta P_{i,t}^{\max} \tag{3-69}$$

---

① PBDR，price-based demand response 的缩写，表示基于价格的需求响应。

② IBDR，incentive-based demand response 的缩写，表示基于激励的需求响应。

式中，$\Delta P_{i,t}^{\max}$、$\Delta P_{i,t}^{\min}$ 分别为 $t$ 时段分布式电源 $i$ 的最大、最小调整量。

② 可控电源调整速率约束：

$$-R_{iD}\Delta t \leqslant \Delta P_{i,t+1} - \Delta P_{i,t} \leqslant R_{iU}\Delta t \qquad (3-70)$$

式中，$R_{iD}$、$R_{iU}$ 分别为机组 $i$ 的下坡率和上坡率，$\Delta t$ 为时段长度，在本模型中取为 5 min。

③ 负荷用户调整量约束：

$$\Delta P_{jd,t}^{\min} \leqslant \Delta P_{jd,t} \leqslant \Delta P_{jd,t}^{\max} \qquad (3-71)$$

式中，$\Delta P_{jd,t}^{\max}$、$\Delta P_{jd,t}^{\min}$ 分别为 $t$ 时段负荷用户 $j$ 的最大、最小调整量。

④ 虚拟电厂总调整量平衡约束：

$$\sum_{i \in N_{DG}} \Delta P_{i,t} + \sum_{j \in N_d} \Delta P_{jd,t} = P_t^*, \quad \forall t \qquad (3-72)$$

式中，$P_t^*$ 为 $t$ 时段上层管理者向虚拟电厂发布的调整需求。

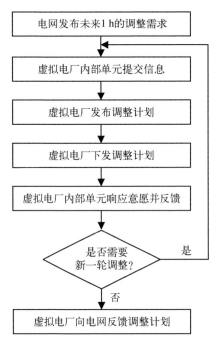

**图 3-13 VPP 及其内部分布式单元的互动流程图**

电网、虚拟电厂及其内部的分布式单元进行日内调整的互动流程如图 3-13 所示。

① 上层管理层（电网）提前 1 h 向虚拟电厂（中间协调层）发布未来 1 h 的调整需求，以 5 min 为间隔。

② 虚拟电厂内部的分布式单元（下层执行层）向虚拟电厂（中间协调层）提交可调整时段、可调整容量、调整成本等相关信息。

③ 基于电网发布的调整需求，虚拟电厂（中间协调层）根据下层提交的信息，按照设定的目标函数，向内部的分布式单元（下层执行层）发布调整计划。

④ 虚拟电厂内部的分布式单元（下层执行层）根据虚拟电厂（中间协调层）下发的计划，按照设定的目标函数，给出自身响应意愿，并向虚拟电厂（中间协调层）进行反馈。

⑤ 虚拟电厂（中间协调层）根据内部的分布式单元（下层执行层）的反馈，确定是否需要进行新一轮的调整。若需要进行新一轮的调整计划发布，则跳转至步骤②；若不需要，则向上层管理层（电网）反馈总体调整计划。

⑥ 若虚拟电厂最终反馈的总体调整计划满足电网原先的调整需求,则电网向虚拟电厂支付费用;若虚拟电厂由于内部单元无法按日前计划执行,则按现货市场的交易价格对电力缺额进行结算。

### 3.3.3.2　智能楼宇型虚拟电厂参与能量-调频市场的日前竞标策略

1) 市场机制

本小节参考德克萨斯州电力可靠性委员会(Electric Reliability Council of Texas, ERCOT)的市场机制,即在能量市场和调频市场联合出清。这里主要研究虚拟电厂参与能量—调频市场的日前竞标策略。由于智能楼宇型虚拟电厂的容量较小,可暂不考虑其在调频市场的报价策略,而将其视为价格接受者优化决策竞标容量。考虑虚拟电厂同时参与能量市场和上、下调频辅助服务市场的情况,建立其市场竞标模型。

2) 目标函数

以包含屋顶光伏、空调以及其他电负荷的智能楼宇为研究对象,为使其日运行成本最小,基于随机规划建立如下目标函数:

$$f_{VPP} = \min \sum_{i=1}^{I} \omega_i (f_i^{mk} + f_i^{pen}) + f_{PV} + f_{VES} \tag{3-73}$$

式中,$I$ 为随机规划选取的总场景数;$\omega_i$ 为场景 $i$ 的概率;$f_i^{mk}$ 为场景 $i$ 下虚拟电厂参与能量和调频市场的总交易成本;$f_i^{pen}$ 为场景 $i$ 下虚拟电厂未能响应市场调度信号的惩罚成本;$f_{PV}$ 和 $f_{VES}$ 分别为光伏和虚拟储能因参与虚拟电厂而产生的预期调控成本。各项成本的具体表述如下:

$$f_i^{mk} = \sum_{t=1}^{T} (\lambda_{i,t}^e P_t^e \Delta T - \pi_{i,t}^{ru} \lambda_{i,t}^{ru} P_t^{ru} - \pi_{i,t}^{rd} \lambda_{i,t}^{rd} P_t^{rd}) \tag{3-74}$$

$$f_i^{pen} = f_i^{pe} + f_i^{pru} + f_i^{prd} \tag{3-75}$$

$$f_{PV} = \sum_{t=1}^{T} \left[ C_{PV}^r (P_{PV,t}^{ru} + P_{PV,t}^{rd}) + C_{PV}^e P_{PV,t}^e \right] \tag{3-76}$$

$$f_{VES} = \sum_{t=1}^{T} C_{VES}^r (P_{VES,t}^{ru} + P_{VES,t}^{rd}) \tag{3-77}$$

式中,$\lambda_{i,t}^e$ 为场景 $i$ 中能量市场在 $t$ 时段的价格;$\lambda_{i,t}^{ru}$、$\lambda_{i,t}^{rd}$ 分别为场景 $i$ 中 $t$ 时段上调频和下调频市场的容量价格;$P_t^e \Delta T$ 为 $t$ 时段虚拟电厂在能量市场的竞标量;$P_t^{ru}$、$P_t^{rd}$ 分别为 $t$ 时段虚拟电厂在调频市场竞标的上、下调容量;$\pi_{i,t}^{ru}$、$\pi_{i,t}^{rd}$ 分别为场景 $i$ 中 $t$ 时段虚拟电厂在上、下调频市场的中标概率。式(3-75)中"="右侧的三项分别代表虚拟电厂在能量市场、上调频市场和下调频市场可能的惩罚成本。$C_{PV}^r$、$C_{PV}^e$ 分别为光伏设备提供调频服务和供能的边际成本;$P_{PV,t}^{ru}$、$P_{PV,t}^{rd}$ 和 $P_{PV,t}^e$

分别为虚拟电厂决策的光伏参与调频与能量市场容量。式(3-77)中各符号含义与式(3-76)类似，$C_{\mathrm{VES}}^{\mathrm{r}}$ 和 $P_{\mathrm{VES},t}^{\mathrm{ru}}$ 及 $P_{\mathrm{VES},t}^{\mathrm{rd}}$ 分别对应空调负荷虚拟储能参与调频的成本参数与决策变量。

虚拟电厂参与能量市场的预期响应惩罚成本为

$$f_i^{\mathrm{pe}} = \sum_{t=1}^{T} (C_t^{\mathrm{e+}} \Delta E_{i,t}^{+} + C_t^{\mathrm{e-}} \Delta E_{i,t}^{-}) \tag{3-78}$$

式中，$C_t^{\mathrm{e+}}$、$C_t^{\mathrm{e-}}$ 分别为实际需电量高于、低于能量市场中标量的惩罚单价。

虚拟电厂参与上调频市场的调用量不足惩罚成本可表示为

$$f_i^{\mathrm{pru}} = \sum_{t=1}^{T} \pi_{i,t}^{\mathrm{ru}} \varphi_{i,t}^{\mathrm{ru}} (1-\varphi_{i,t}^{\mathrm{ru}}) C_t^{\mathrm{ru}} \Delta P_{i,t}^{\mathrm{ru}} /2 \tag{3-79}$$

其中，$\varphi_{i,t}^{\mathrm{ru}}$ 为场景 $i$ 中上调频容量在 $t$ 时段的调用率；$C_t^{\mathrm{ru}} \Delta P_{i,t}^{\mathrm{ru}}/2$ 为实际调用容量不满足时的惩罚价格均值（假设实际调用容量在中标量范围内均匀分布）。

同理，虚拟电厂参与下调频市场的预期惩罚为

$$f_i^{\mathrm{prd}} = \sum_{t=1}^{T} \pi_{i,t}^{\mathrm{rd}} \varphi_{i,t}^{\mathrm{rd}} (1-\varphi_{i,t}^{\mathrm{rd}}) C_t^{\mathrm{rd}} \Delta P_{i,t}^{\mathrm{rd}} /2 \tag{3-80}$$

3）约束条件

考虑光伏出力的不确定性，引入辅助决策变量 $P_{\mathrm{PV},t}^{\mathrm{fo}} \in \left[ P_{\mathrm{PV},t}^{\min}, P_{\mathrm{PV},t}^{\max} \right]$，其中 $P_{\mathrm{PV},t}^{\max}$、$P_{\mathrm{PV},t}^{\min}$ 分别为光伏出力预测的上下限，则光伏在能量市场和调频辅助服务市场的竞标量约束如下：

$$0 \leqslant P_{\mathrm{PV},t}^{\mathrm{e}} \leqslant P_{\mathrm{PV},t}^{\mathrm{fo}}, \quad \forall t \tag{3-81}$$

$$0 \leqslant P_{\mathrm{PV},t}^{\mathrm{ru}} \leqslant P_{\mathrm{PV},t}^{\mathrm{fo}} - P_{\mathrm{PV},t}^{\mathrm{e}}, \quad \forall t \tag{3-82}$$

$$0 \leqslant P_{\mathrm{PV},t}^{\mathrm{rd}} \leqslant P_{\mathrm{PV},t}^{\mathrm{e}}, \quad \forall t \tag{3-83}$$

空调负荷虚拟储能特性下可贡献的上、下调频容量取值范围为

$$0 \leqslant P_{\mathrm{VES},t}^{\mathrm{ru}} \leqslant \alpha_{\mathrm{VES}} Q_{\mathrm{VES},t}^{\mathrm{dis}}/\Delta T, \quad \forall t \tag{3-84}$$

$$0 \leqslant P_{\mathrm{VES},t}^{\mathrm{rd}} \leqslant \alpha_{\mathrm{VES}} Q_{\mathrm{VES},t}^{\mathrm{ch}}/\Delta T, \quad \forall t \tag{3-85}$$

式中，$\alpha_{\mathrm{VES}}$ 为虚拟储能调频信号的响应概率，$Q_{\mathrm{VES},t}^{\mathrm{dis}}$ 表示 $t$ 时段虚拟储能可提供的最大放电量，$Q_{\mathrm{VES},t}^{\mathrm{ch}}$ 表示 $t$ 时段虚拟储能可提供的最大充电量。

虚拟电厂的总调频容量为屋顶光伏和空调负荷虚拟储能[9]提供的调频容量之和：

$$P_t^{\mathrm{ru}} = P_{\mathrm{PV},t}^{\mathrm{ru}} + P_{\mathrm{VES},t}^{\mathrm{ru}}, \quad \forall t \tag{3-86}$$

$$P_t^{rd} = P_{PV,t}^{rd} + P_{VES,t}^{rd}, \ \forall t \tag{3-87}$$

考虑调频市场的调用率,虚拟电厂参与能量市场的预期响应偏差 $\Delta E_{i,t}^+$ 和 $\Delta E_{i,t}^-$ 在优化模型中可线性化表示为

$$\begin{cases} \Delta E_{i,t}^+ \geqslant \left[ (L_t - P_{PV,i,t} - \pi_{i,t}^{ru}\varphi_{i,t}^{ru}P_t^{ru} + \pi_{i,t}^{rd}\varphi_{i,t}^{rd}P_t^{rd}) - P_t^e \right]\Delta T \\ \Delta E_{i,t}^+ \geqslant 0 \end{cases} \tag{3-88}$$

$$\begin{cases} \Delta E_{i,t}^- \geqslant \left[ P_t^e - (L_t - P_{PV,i,t} - \pi_{i,t}^{ru}\varphi_{i,t}^{ru}P_t^{ru} + \pi_{i,t}^{rd}\varphi_{i,t}^{rd}P_t^{rd}) \right]\Delta T \\ \Delta E_{i,t}^- \geqslant 0 \end{cases} \tag{3-89}$$

式中,$L_t$ 为 $t$ 时段虚拟电厂的负荷基值;$P_{PV,i,t}$ 为场景 $i$ 中光伏在 $t$ 时段的实际功率。

虚拟电厂参与调频市场无法满足的最大调频容量偏差可表示为如下约束:

$$\begin{cases} \Delta P_{i,t}^{ru} \geqslant P_{PV,t}^{ru} - P_{PV,i,t} + P_{PV,t}^e \\ \Delta P_{i,t}^{ru} \geqslant 0 \end{cases} \tag{3-90}$$

$$\begin{cases} \Delta P_{i,t}^{rd} \geqslant P_{PV,t}^{rd} - P_{PV,t}^e \\ \Delta P_{i,t}^{ru} \geqslant 0 \end{cases} \tag{3-91}$$

值得注意的是,由于负荷预测的精度高于光伏出力预测的精度,故本节将负荷预测的误差纳入光伏预测误差,不再单独考量。

至此,虚拟电厂的市场竞标模型由目标函数式(3-73)和约束条件[式(3-81)～式(3-91)]组成。模型可以采用随机优化中的齐次时间的马尔科夫链[10]来获取日前市场价格与预测光伏出力的不同场景及其概率 $\omega_i$,并采用现成的商业求解器 Gurobi 进行求解。

## 参 考 文 献

[1] Liu N, Yu X, Wang C, et al. Energy sharing management for microgrids with PV prosumers: A Stackelberg game approach[J]. IEEE Transactions on Industrial Informatics, 2017, 13(3): 1088-1098.

[2] Cui S, Wang Y, Xiao J, et al. A two-stage robust energy sharing management for prosumer microgrid[J]. IEEE Transactions on Industrial Informatics, 2019, 15(5): 2741-2752.

[3] He G, Chen Q, Kang C, et al. Optimal bidding strategy of battery storage in power markets considering performance-based regulation and battery cycle life[J]. IEEE Transactions on Smart Grid, 2016, 7(5): 2359-2367.

[4] Yin S, Ai Q, Li Z, et al. Energy management for aggregate prosumers in a virtual power

plant: A robust Stackelberg game approach[J]. International Journal of Electrical Power and Energy Systems, 2020(117): 105605.

[ 5 ] Bertsimas D, Sim M. The price of robustness[J]. Operations Research, 2004, 52(1): 35 - 53.

[ 6 ] Wei W, Liu F, Mei S. Energy pricing and dispatch for smart grid retailers under demand response and market price uncertainty[J]. IEEE Transactions on Smart Grid, 2015, 6(3): 1364 - 1374.

[ 7 ] Nutkani I U, Loh P C, Wang P, et al. Autonomous droop scheme with reduced generation cost[J]. IEEE Transactions on Industrial Electronics, 2014, 61(12): 6803 - 6811.

[ 8 ] Zhang Z, Ying X, Chow M Y. Decentralizing the economic dispatch problem using a two-level incremental cost consensus algorithm in a smart grid environment [C]//North American Power Symposium. IEEE, 2011.

[ 9 ] 殷爽睿,艾芊,王大鹏,等.考虑空调负荷虚拟储能的产消者鲁棒日前申报策略[J].电力系统自动化,2020,44(4): 24 - 34.

[10] Silani A, Yazdanpanah M J. Distributed optimal microgrid energy management with considering stochastic load[J]. IEEE Transactions on Sustainable Energy, 2019, 10(2): 729 - 737.

# 4 联盟的形成

能源互联对电网的安全、可靠、经济运行提出了挑战,虚拟电厂、综合能源系统等联盟是整合"源-网-荷-储"清洁发展的新一代智能控制技术和互动模式,能够聚合分布式发电、储能、负荷等分散在电网的各类资源,从而进行协同优化运行控制和市场交易[1-3]。联盟是分布式能源加入电力市场的有效手段,它整合多种分布式能源,从而最大限度实现不同类型能源间的互补,降低了分布式能源在市场中单独运行的失衡风险,同时获得一定的收益[4]。此外,联盟与上层及联盟内部的互动机制也一直是研究重点。

基于以上背景,本节以虚拟电厂、综合能源系统等典型联盟为研究对象,详细地介绍了联盟的形成、联盟与上层的互动、联盟内部管理与奖惩机制及联盟内部利润分配方法与结算机制。

## 4.1 典型联盟形式

### 4.1.1 联盟博弈理论

#### 4.1.1.1 合作博弈理论

由于联盟内部的产、用能主体常以互补合作的方式运行,可以将其等效为一个合作博弈,其理论基础如下。

**定义 4-1 联盟:** 设博弈局中参与人集合为 $N=\{1, 2, \cdots, n\}$,则对于任意 $S \subseteq N$,称 $S$ 为一个联盟,$v(S)$ 成为联盟 $S$ 的特征函数。$|S|$ 为联盟 $S$ 的势,等于其内部成员的个数。特征函数满足 $v(\varnothing)=0$,而对于满足 $S \bigcap T = \varnothing$ 的联盟,若 $v(S \bigcup T) \geqslant v(S)+v(T)$ 成立,则称 $v$ 是超可加的。

**定义 4-2 核心:** 考虑到一个联盟博弈 $(N, v)$,其分配方案表示为向量 $\boldsymbol{x}$,向量中元素值表示联盟中每一个成员的利润分配值。核心定义为全部不可优超的分配方案的集合,即任何参与人或参与人组合都无意愿脱离联盟,因为组成一个新联盟并不能使该参与人或参与人组合获得更大的收益,核心的表达式如下:

$$C_: = \left\{ \boldsymbol{x} \in R^N \,\middle|\, x_i \geqslant v(\{i\}),\ \sum_{i \in N} x_i = v(N),\ \sum_{i \in S} x_i \geqslant v(S),\ \forall S \subseteq N \right\}$$

$$(4-1)$$

如果某个分配方案在核心中,那么它将满足如下三个条件。

① 个体理性：$x_i \geqslant v(\{i\})$，$\forall i \in N$。

② 整体理性：$x^{\mathrm{T}} 1 = \sum_{i \in N} x_i = v(N)$。

③ 联盟理性：$\sum_{i \in S} x_i \geqslant v(S)$，$\forall S \subseteq N$。

#### 4.1.1.2 Shapley 值方法的改进

**定义 4-3 Shapley 值：**在合作博弈 $(N, v)$ 中,参与人 $i \in N$ 的 Shapley 值定义如下：

$$x_i = \sum_{S \subset N,\, i \in S} \frac{(\mid S \mid - 1)!(n - \mid S \mid)!}{n!} [v(S) - v(S \backslash i)] \qquad (4-2)$$

由于联盟 $S$ 在参与人 $i$ 未进入前共有$(\mid S \mid - 1)!$种组成方法,而联盟 $N \backslash S$ 的 $n - \mid S \mid$ 位参与者有$(n - \mid S \mid)!$ 种组成方法。假定每种方法出现概率相同,则 $\dfrac{(\mid S \mid - 1)!(n - \mid S \mid)!}{n!}$ 为有关某个参与人加入联盟 $S$ 的特定概率。

Shapley 值可理解为参与人在博弈中的所有可能联盟的边际贡献平均值,Shapley 值具有个体理性、整体理性和唯一存在性的特点。因此,Shapley 是一种较为公平的解,用 Shapley 值作为分配向量,从公平方面看每个参与人都没有意见,故在实际当中有广泛的应用。然而,基于 Shapley 值的分配方案可能并不处于核心中,无法保证联盟内成员不会背离联盟。与此同时,Shapley 假定所有成员的特性相同,忽略了联盟中成员个体可能具有不同的属性这一特点。

由于 Shapley 值并不一定满足联盟理性条件,即 $\sum_{i \in S} x_i \geqslant v(S)$，$\forall S \subseteq N$，需对其进行适当改进,主要思路：首先按照 Shapley 值法进行利益分配,之后从收益大的博弈者手中收回一部分利益,并在全部成员中重新进行微调,使每个成员的收益均满足个体理性、联盟理性和整体理性。具体实现方法如下。

令博弈者 $i$ 的收益微调系数为 $\Delta \lambda_i$，满足：

$$\sum_{i=1}^{n} \Delta \lambda_i = 0 \qquad (4-3)$$

用 $\Delta \lambda_i$ 修正博弈者 $i$ 的分配 $x_i$，得到改进后的分配值为

$$x_i^* = x_i + \Delta \lambda_i \sum_{i=1}^{n} x_i \qquad (4-4)$$

显然有 $\sum_{i \in N} x(i)^* = \sum_{i \in N} x(i) = v(N)$，这保证了修正前后整体联盟分配之后不会发生变化。为了求得满足要求的收益微调系数 $\Delta\lambda_i$，对经过改进 Shapley 值分配后博弈者 $i$ 的收益增长情况进行量化处理，定义稳定指标 $\mathrm{SI}_i$ 为

$$\mathrm{SI}_i = \frac{x_i^*}{v(\{i\})} \tag{4-5}$$

显然，只有当 $\mathrm{SI}_i \geqslant 1$ 时，博弈者 $i$ 才愿意参与合作，且稳定指标值越大，联盟结果越稳定。然而考虑到联盟中每个参与者的贡献不尽相同，需要对贡献较大的成员稳定指标赋予较大的权重，从而保证分配的合理性。建立如下模型：

$$\max \sum_{i=1}^{n} w_i \mathrm{SI}_i \tag{4-6}$$

$$\mathrm{s.\,t.} \begin{cases} \mathrm{SI}_i \geqslant 1 \\ \sum_{i=1}^{n} \Delta\lambda_i = 0 \\ \sum_{i \in S} x_i^* \geqslant v(S) \end{cases} \tag{4-7}$$

在式（4-7）中，第一个约束保证个体理性条件的满足，第二个约束保证了有效性条件，第三个约束则保证了联盟理性。

### 4.1.1.3 评分机制

合作博弈中，分配方案不仅取决于参与成员的边际贡献，还受其他因素如地位效益、潜在风险、可信程度等的影响。因此需要建立合理的评分机制，对联盟中贡献较大的成员赋予较大的权重，本节主要从以下三方面进行考量。

1) 边际贡献

成员的地位效用可以通过其参与联盟前后联盟效益的变化来反映。成员 $i$ 的边际贡献定义如下：

$$\mathrm{MC}_i = \frac{v(N) - v(N \backslash i)}{v(N)} \tag{4-8}$$

式中，边际贡献值 $\mathrm{MC}_i$ 是一个介于 0 到 1 之间的数值，其值越大，表征成员 $i$ 的地位越重要。

2) 可靠性能

成员 DER 的可靠性（包括可控性和可信性）越高，联盟控制中心可以为其设计更为合理的交易策略，降低惩罚风险，因此需要对成员的可控性和可信性进行有效评估。本章引入 CPRS 函数，通过相对预测误差 $N(0, \sigma_i^2)$ 和观察到的实际误差 $e_i$ 来度量成员的可信性：

$$\text{CRPS}_i = \sigma_i \left[ \frac{1}{\sqrt{\pi}} - 2\varphi\left(\frac{e_i}{\sigma_i}\right) - \frac{e_i}{\sigma_i}\left(2\Phi\left(\frac{e_i}{\sigma_i}\right) - 1\right) \right] \qquad (4-9)$$

$$e_i = \frac{P_i - \bar{P}_i}{\bar{P}_i} \qquad (4-10)$$

式中，$P_i$ 是成员的实际发申量，$\bar{P}_i$ 是平均预测值，$\varphi$ 和 $\Phi$ 分别表示一个高斯变量的概率密度函数和累积分布函数；标准差 $\sigma_i$ 反映了成员 $i$ 对其预测值的确信程度。相对于仅仅量度实际误差，CPRS 函数更为合理，在鼓励可再生能源机组加入的同时，也刺激它们如实申报自己的不确定性，并努力提高自己的预测精度。

3）综合得分

将上述两个评判因素结合在一起，每个成员将获得一个反映其地位作用和可控可信性能的综合得分指标：

$$\text{Score}_i = \alpha \text{MC}_i + (1-\alpha)\text{CRPS}_i \qquad (4-11)$$

式中，$\alpha$ 是给定的边际贡献指标和预测精度指标之间的权重，反映了决策者对两个指标的偏好程度。一旦得到各成员的综合得分，可以将其标准化，从而计算出目标函数中每个决策者对应的优化权重。标准化过程表达如下：

$$w_i = \frac{\text{Score}_i}{\sum\limits_{i \in N} \text{Score}_i}, \ i = 1, 2, \cdots, N \qquad (4-12)$$

#### 4.1.1.4  内部成员对结算机制的满意度

为了定量描述联盟内各参与者对分配策略的接受程度，判断上述分配策略的合理程度，可采用 MDP(modified disruption propensity)指标来表征联盟内各单元对分配策略的满意程度：

$$D(i) = \frac{1}{n-1} \frac{\sum\limits_{j \in \{N \backslash i\}} x(j) - v(N \backslash i)}{x(i) - v(i)} \qquad (4-13)$$

该指标表征参与者拒绝合作时，其他参与者人均损失与参与者的损失之比。

当 $D(i) \geqslant 1$ 时，表明参与者 $i$ 的非合作行为将会导致其他参与者的损失大于等于自身损失。此时，参与者 $i$ 将有很强的意愿拒绝接受该分配策略。

当 $D(i) < 1$ 时，参与者 $i$ 才有可能接受该分配策略；且 $D(i)$ 值越小，参与者 $i$ 的合作意愿也越强烈，其对分配策略的满意程度也越高。

### 4.1.2  典型联盟形式主体

典型联盟主体包括虚拟电厂（VPP）、微网、负荷聚集商、电动汽车聚集商等，不同形式的联盟主体具有不同的参与主体、功能特性及服务类型等,本节将从以上几方面展开,介绍几种典型联盟主体。

#### 4.1.2.1 虚拟电厂(VPP)

如图4-1所示,虚拟电厂联盟的参与主体由发电设备、储能设备、通信系统设备、电动汽车等可控负荷等几部分构成。

(1)发电设备主要包括家庭型分布式能源(domestic distributed generation,DDG)和公用型分布式能源(public distributed generation,PDG)。DDG的主要功能是满足用户自身负荷,如果电能盈余,则将多余的电能输送给电网;如果电能不足,则由电网向用户提供电能。典型的DDG系统是小型的分布式能源,为个人住宅、商业或工业分部等提供能源服务。PDG主要是将自身所生产的电能输送到电网,其运营目的就是出售所生产电能。典型的PDG系统主要包含风电、光伏等容量较大的新能源发电装置。

(2)能量存储设备可以补偿分布式能源发电出力波动性和不可控性,适应电力需求的变化,改善分布式能源波动所导致的电网薄弱性,增强系统接纳分布式能源发电的能力,提高能源利用效率。

(3)通信系统是虚拟电厂进行能量管理、数据采集与监控,以及与电力系统调度中心通信的重要环节。基于通信系统设备,通过与电网或者与其他虚拟电厂进行信息交互,使虚拟电厂的管理更加可视化,便于电网对虚拟电厂进行监控管理。

(4)随着虚拟电厂概念的发展,负荷也成为了虚拟电厂的基本参与主体之一。用户侧负荷与发电能力、电网传输能力一样,可以进行动态调度管理,有助于平抑分布式能源间歇性,维持系统功率平衡,提升分布式能源利用效率,实现电网和用户的双向互动。需求响应是负荷实现调度的有效手段。

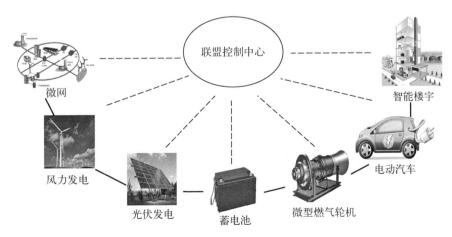

**图4-1 典型VPP联盟参与主体**

#### 4.1.2.2 微网

微网是一种典型的联盟主体,微网典型结构如图 4-2 所示,在该微网结构中,光伏电池、风力发电装置、蓄电池储能、刚性负荷(fixed load,FL)、可转移负荷(transferable load,TL)等互动主体集中连接于电力线路母线上,并通过通信线路实现与微网能源管理系统的通信连接。微网能源管理系统接收各主体的功率交换信息、配电网侧的管理信息,并对各主体下达调控信息,同时与上级电网通信上报信息。微电网的电力母线通过快速切换开关与变压器并网连接,实现能量交换;光伏电池、风力发电通过 DC/AC 逆变器与交流线路相连;电池储能通过电压源型双向逆变器连接于交流线路上,以调节系统功率和能量。

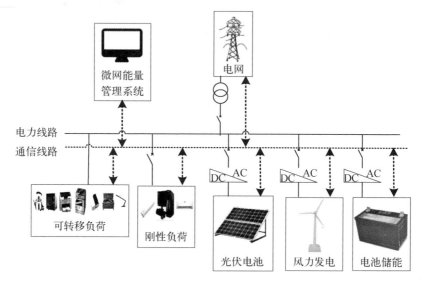

**图 4-2　微网典型结构**

#### 4.1.2.3 负荷聚集商(LA)

在电力市场改革逐步深入的背景下,负荷聚合商成为中小型用户进入电力市场的中介[5]。基于负荷聚集商的合作联盟运营架构如图 4-3 所示,其参与主体主要包括系统运营商、负荷聚合商、热负荷和电负荷。

基于负荷聚集商的运营模式,负荷聚集商可通过与中小型用户签订协议,获取其负荷(包括热负荷与电负荷)与分布式发电等需求侧资源的"代理权"。与此同时,负荷聚集商提供给用户低于主电网的用电电价,并对参与需求响应的用户提供相应的补贴[6]。负荷聚集商可以与系统运营商沟通协调签署双边交易合同,还可安排自己代理的用户参与需求响应项目,调整用电行为,为系统提供辅助服务[7]。

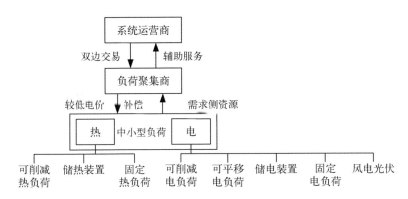

图 4-3　基于负荷聚集商的合作联盟架构

负荷聚集商向主电网的售电电价一般低于其从主电网购电电价,并且各负荷聚集商所代理的负荷类型包括居民负荷、商业负荷、工业负荷,不同负荷类型的用电行为具有互补特性,因此考虑多个负荷聚集商之间形成合作联盟,使各负荷聚集商的余电尽可能地在联盟系统内消耗,减少负荷聚集商从主电网的购电量,实现电能共享,降低整体用电成本。每个负荷聚集商所代理的负荷区域均配置双向智能电表,可通过高级量测体系与系统运营商通信,系统运营商对收集到的信息进行处理,同时发布市场信息,各负荷聚集商可根据接收到的市场信息进行交易[8]。

## 4.1.3　典型联盟服务及资源选取方式

### 4.1.3.1　联盟调频服务

影响超短期负荷预测精度因素较多,且很多负荷预测方法的使用范围有限,这极大地影响了调频精度。尤其近年来,新能源发电装机迅猛发展,而风电等间歇性能源具有波动性和随机性,大规模的接入电网显著地加重了调频压力。维持电力系统频率稳定是电力系统调度的重要职责,其主要基于自动发电控制(automatic generation control,AGC)系统。目前我国主要采用常规火电机组提供 AGC 辅助服务,维护电网安全、经济和可靠运行。但常规火电机组调频存在调节速率低、调节精确度差、响应速度慢、机组老化快等缺点。随着储能技术的日益进步以及储能成本的降低,储能系统接入电网运行已成为调频辅助服务的有效手段。对比火电机组,储能系统调频具有精确快速功率控制的特性,能够更好地匹配电力系统的调频需求。随着"两个细则"管理办法的顺利推行,AGC 不再是无偿的辅助服务,调频辅助服务的参与者均可根据调频性能和调频里程获得补偿。这一政策的实施,进一步促进了储能系统参与电力调频辅助服务的广泛应用。

已有文献研究表明,为提高调频性能,需要配置一定的储能系统。随着车电互联技术(vehicle to grid,V2G)的提出和发展,能够参与调频辅助服务的储能资源还包括电动汽车。此外,规模化电动汽车参与二次调频可以有效减少区域频率偏差以及联络线净交换功率偏差。电动汽车、储能系统等灵活性资源参与电力市场辅助服务已成为研究热点之一。但是,规模较小、分布广泛的 PEV 和储能资源无法独立参与电力市场。因此,可在虚拟电厂中选择加入储能及电动汽车,整体参与调频市场。

1)储能参与调频

储能技术特别适合开展频率调节。储能系统具有快速精确的响应能力,几乎可以瞬间追踪 AGC 信号,使得其在参与频率调节时更准确有效,调频效率大大高于传统电源。实验数据表明,储能系统的调频效率是水电机组的 1.7 倍,是火电机组的 20 倍以上。

此外,使用储能系统参与调频可减少电网总的调频容量需求,提高电网的整体调频能力。原因如下:首先,储能系统的运行方式较为灵活,可以更迅速地达到调节目标值,然后可以更加频繁地重新调度,因此可以为校正系统的区域控制偏差(area control error, ACE)做出更多贡献;其次,传统调频资源不能快速切换爬坡方向,有时甚至会出现反向调节的现象,其结果是增大了 ACE 偏差值,因此系统需要更多的调频资源来抵消送负面影响,而储能系统不存在这样的问题。根据美国 PJM 调频市场的运行经验,如果储能系统在调频电源中的比例达到 15%,则区域电网所需调频容量可以降低约 45%。

2)电动汽车参与调频

在电网频率波动的时候,具有功能的电动汽车能够做出响应,这对电力系统的频率控制和频率质量有重要意义。

电动汽车在响应频率波动时,可以在受控状态下实现上调功率和下调功率。长期来看上调功率与下调功率趋于平衡,电动汽车可以较长时间地响应频率波动而不需要特意地充放电。

此外,电动汽车可以不受限制实现上调和下调的交替。传统的调频厂在机组控制中要考虑对响应功率幅值与极性改变速度的限制,根据机组允许的响应速率计算出每个自动调频周期允许机组上升或下降的最大功率。为使机组安全运行,功率变化信号不能超过允许的最大上升或下降功率。功率变化信号可能有增有减,为了减少功率信号上升和下降的频繁交替,减轻对机组物理性能的损害,对同一方向的功率信号持续时间规定了一个限值,即在这个时间段内封锁反向功率信号,在响应频率波动过程中则不存在这样的限制。

电动汽车蓄电池在响应频率波动过程中处于浮充电状态,相对于平抑地区电网峰谷负荷需要电池深度充放电来说,其响应过程对电池的寿命影响较小,因此电动汽车参与频率响应的成本较低廉。当然,长期的频繁充放电对电池寿命影响的量化问题仍有待进一步研究。

并且,电动汽车响应功率储备裕度小。传统调频对信号的不准确响应要求电网调度有更大的响应功率储备裕度,而电动汽车对充放电命令响应快速准确,可以减少电网功率储备裕度。

3) 含储能及电动汽车联盟参与调频

含储能及电动汽车的联盟参与调频服务的步骤如下。

步骤 1,日前,电网调度中心公布次日各时段的 AGC 调频需求及调频里程报价范围,联盟及其他发电单元上报各时段调频里程报价和调频容量,电网调度中心经过安全校核后进行日前预出清。

步骤 2,在实际运行中,电网调度中心根据实际运行情况进行日内正式出清,并将市场出清电价以及各时段的 AGC 调频中标容量下发给联盟及其他发电单元,联盟及其他发电单元实时响应 AGC 调频指标。

步骤 3,在实际运行中,联盟调度各电力资源参与 AGC 调频辅助服务,其中,火电机组按常规流程响应 AGC 指令,通过 PEV[①] 及储能放电弥补火电机组的欠调量,并利用火电机组的超调量对 PEV 和储能进行充电。PEV 代理商对区域内的 PEV 调频容量、用户响应度等信息进行统计处理,并反馈到联盟调度中心,联盟调度中心则根据储能和 PEV 实时状态,实时修正发布给 PEV 代理商以及储能的调频功率指令。

步骤 4,PEV 代理商根据接收的调频功率指令数据结合 PEV 充放电参数、PEV 状态信息及用户响应度,以 5 min 为周期更新 PEV 调频补偿电价。PEV 代理商对单辆 PEV 进行直接控制和管理,借助智能量测单元对入网的 PEV 状态进行采集和分析,若该时段更新的 PEV 调频补偿电价在 PEV 用户可接受的补偿电价范围内,且 PEV 的入网状态以及荷电状态处于可调频状态时,认为 PEV 可参与 AGC 调频。根据联盟调度中心的控制指令,对满足 AGC 调频要求的 PEV 进行调频需求分配。

步骤 5,电网调度中心根据联盟的实际出力状况对联盟进行结算和补偿。PEV 代理商根据 PEV 实际出力状况对参与 AGC 调频时段的 PEV 进行结算和补偿。

### 4.1.3.2 联盟调峰服务

由于电能不能储存,每当用电高峰时,总是通过增加发电机组出力和增多开机组台数或限制负荷的办法来满足需要。而在每天后夜用电很少的时候,又总是关停一些发电机组和压低那些继续在运行的机组的出力,直至最低限度,以适应用电很少的需要,从而保持发电、输电和用电之间每时每刻的平衡,使供电的频率质量

---

① PEV,即 pluy-in electric vehicle 的缩写,表示插入式电动汽车。

在合格范围内。这种随时调节发电出力以适应用电负荷每天周期性变化的行为,称为调峰。因此,可以在虚拟电厂中利用电动汽车等用户侧负荷管理,实现调峰服务。电动汽车参与调峰服务的优势如下所述:

① 响应速度快。具有双向功率调节功能的电动车充放电时长可达到毫秒级,而传统电源由于要考虑机械元件的寿命,响应时间最快也在秒级左右。

② 综合效率高。电池的充放电效率比一般的抽水蓄能电站运行的平均综合能源效率要高。目前有测试数据表明,电动汽车蓄电池充放电效率可达80%,比抽水蓄能电站效率高5%。

③ 电能传输距离短。由于电动汽车充电站通常建在交通密集的市中心,也恰好是负荷相对密集的地方,当电动汽车作为电源向电网提供电能时,电能是从配电网末端接入的,而且是分散接入的,可以直接供给负荷。所以相比从发电厂远距离输送电能,其造成的网损非常小。

④ 具有明显的社会效益和经济效益。车辆在完成自身行驶功能的同时,不需要添加额外装置,可充分利用闲置的电动汽车储能作用,鼓励用户参与电网响应负荷等服务,一方面可以使电动车用户获得收益,另一方面也丰富了对电动汽车资源的合理应用,节省了增设固定储能装置的投资,减少了传统路径实现相应功能所需的部分电厂容量,进而提高了常规电厂运行的经济性能。

当然,含电动汽车联盟实现调峰具备可行性。

首先,电动汽车的可用容量正迅速增长。电动汽车在地区配电网实现负荷响应,可以在负荷低谷时给电动车电池充电,而在负荷高峰时电动车电池则通过逆变装置将电能反送回地区配电网。目前电动汽车规模日渐增大,已逐渐成为联盟中不可忽略的负荷响应容量。

并且,电动汽车与电网之间可实现功率双向交换功能。智能充放电机可以实现电动汽车与电网之间功率双向交换,电能双向交换是以信息双向交换为前提的,通过智能充放电机,电动汽车能够远程接收联盟控制中心发动的控制指令和上传电动汽车的状态信息。因此,电动汽车可以实现有组织、有计划地响应地区负荷。

此外,可采取合理的充放电控制策略。电网将调度综合负荷预测和来自联盟控制中心的电动汽车可用容量预测,制定充放电计划,并向联盟控制中心发送调峰命令;联盟控制中心接收调峰命令后实时查询数据库系统所有车辆信息,按照调峰命令通过相关策略及算法,分配充放电功率,并保证充放电计划合理执行。

## 4.2 基于合作博弈的联盟协同优化运行

多种微电网、分布式电源以联盟的形式进行合作博弈。以虚拟电厂为例,虚拟电厂是多种分布式电源的聚合体,是一种典型的联盟形式。虚拟电厂日前调度是一种前瞻性决策。由于存在风光机组的随机出力、负荷预测误差、机组故障停运等诸多不确定因素,虚拟电厂所制定的调度计划常常与实际运行状况存在一定的偏差。因此,在满足用电需求及分布式电源发电约束的前提下,采用合理的调度方式,尽量量化或削弱不确定因素对虚拟电厂日前调度策略的影响,进而实现虚拟电厂经济效益最大化成为联盟亟待解决的问题。

针对虚拟电厂管理范围内存在的风光波动问题,虽然通过可控机组、储能、电动汽车、可控负荷等可控单元的引入可适当平衡风光机组的随机变化;然而,单纯地完全跟踪风光出力变化通常会造成可控机组的频繁操作,导致运行成本的上升。进一步地,不少文献将风光输出波动进行了较为细致的刻画,如场景法、点估计法、最大似然估计法等;虽然通过对风光输出的建模较为具体地阐述了虚拟电厂内部可再生能源机组的随机特性,并考虑了这些不确定因素对调度结果的影响,然而它们均是将系统设置了确定的备用,故由此导出的决策方案难免保守或冒进。

自由竞争市场的参与在给分布式电源提供电能交易机会的同时,也将带来利润波动的风险。通常情况下,自由竞争市场并不存在补贴(subsidy)或固定税率(fixed tariff),虚拟电厂必须承受对日前市场的出清计划偏差带来的惩罚。当环境变量存在不确定参数且对最终决策结果有直接影响时,虚拟电厂的调度决策方案必须满足一定的置信水平要求。传统的确定性规划方法常常难以处理,而采用机会约束规划则能很好地描述由随机变量带来的不确定性。同时,通过置信度的合理选择,机会约束规划的解可以有效地体现风险与经济的折中。

基于以上考虑,本节提出一种计及失衡风险的虚拟电厂经济调度模型,将机会约束规划引入到虚拟电厂日前调度决策中,模型侧重于分析虚拟电厂调度所面临的失衡风险及风险成本量化。模型中纳入了风光发电的输出波动、负荷预测误差及机组的故障停运等不确定因素,将旋转备用约束以一定置信水平进行满足,并使用遗传算法和随机模拟的混合算法进行求解。针对机会约束规划模型中伴随的风险,建立了系统风险的量化指标。本节将重点讨论不同控制策略、不同置信水平及不同风险系数下,虚拟电厂调度决策所面临的风险水平,并探讨系统经济与风险之间的平衡关系。

## 4.2.1 随机机会约束规划

传统的确定性规划方法通常导致备用容量设置过大或过小,造成决策方案难免保守或冒进,无法有效实现经济性与风险性的平衡,机会约束规划则通过引入置信水平从一定程度上松弛系统约束,并很好地描述由随机变量带来的不确定性。

优化调度中,机会约束规划的引入可以有效地体现风险与经济的折中。机会约束规划常用于解决给定置信水平下的包含不确定因素的优化问题,必须在随机变量失信之前做出决策,为避免方案过于保守,常做出如下处理:允许所做决策在一定程度上不满足约束条件,但该决策应该使约束条件成立的概率不小于所给定置信水平[1]。

机会约束规划的一般形式如下:

$$\text{Min} \quad \bar{f}$$
$$\text{s. t.} \quad \begin{cases} P\{f(\boldsymbol{x}, \boldsymbol{\xi}) \leqslant \bar{f}\} \geqslant \partial \\ P\{g_i(\boldsymbol{x}, \boldsymbol{\xi}) \leqslant 0\} \geqslant \beta, \ i = 1, 2, \cdots, m \end{cases} \quad (4-14)$$

式中,$\boldsymbol{x}$ 为决策向量;$\boldsymbol{\xi}$ 为已知概率密度函数 $\phi(\boldsymbol{\xi})$ 的随机参数向量;$f(\boldsymbol{x}, \boldsymbol{\xi})$ 为目标函数;$g_i(\boldsymbol{x}, \boldsymbol{\xi})$ 为约束条件;$\partial$、$\beta$ 为决策者预先给定的置信水平,分别对应目标函数和约束条件;$\bar{f}$ 为目标函数 $f(\boldsymbol{x}, \boldsymbol{\xi})$ 在概率水平不低于 $\beta$ 时所取的最小值。

## 4.2.2 虚拟电厂内不确定因素的随机模型

### 4.2.2.1 风电输出不确定性

风力发电的随机性主要取决于风速的随机性。受天气情况、地形特点、风杆高度等影响,风速在短期和长期内均呈现间歇性。风速的随机性导致了风电出力的波动性。研究表明,风速近似服从两参数 Weibull 分布[9],其概率密度函数为

$$\phi(v) = \frac{k}{c} \left(\frac{v}{c}\right)^{k-1} e^{-(v/c)^k} \quad (4-15)$$

式中,$v$ 为风速,单位为 m/s;$k$,$c$ 分别为 Weibull 分布的形状参数与尺度参数,它们与某时段的平均风速存在如下关系:$\bar{v} = c\Gamma(1/k + 1)$。

风机的输出功率 $P_w$ 与实际风速 $v$ 之间具有三次方关系:

$$P_w = \begin{cases} 0 & v < v_{CI}, \ v \geqslant v_{CO} \\ \dfrac{P_R}{v_R^3 - v_{CI}^3} v^3 - \dfrac{v_{CI}^3}{v_R^3 - v_{CI}^3} P_R, & v_{CI} < v < v_R \\ P_R & v_R < v < v_{CO} \end{cases} \quad (4-16)$$

式中,$P_R$ 为风机的额定输出功率;$v_{CI}$ 为切入风速;$v_{CO}$ 为切出风速;$v_R$ 为额定风速。

为模拟风机输出功率,首先根据各时段平均风速预测值,利用蒙特卡罗随机产生风速数据,并按式(4-16)计算各风力机组的输出功率。

### 4.2.2.2 光伏发电的预测方法与随机模型

受太阳辐射强度、环境温度、光伏模块参数等因素影响,光伏发电功率输出的

随机性主要取决于天气环境。特别地，光伏发电的输出功率与太阳辐射强度密切相关。据统计研究，一段时间内的太阳辐射强度是一个服从 Beta 分布的随机变量[10]，且光伏系统的输出功率也服从 Beta 分布。其概率密度函数为

$$f(P_{pv}) = \frac{1}{\beta(a, b)} (P_{pv}/P_{pv}^{max})^{a-1} (1 - P_{pv}/P_{pv}^{max})^{b-1} \qquad (4-17)$$

式中，$P_{pv}$ 为某时段光伏系统发电功率；$P_{pv}^{max}$ 为光伏系统最大输出功率；$\beta(a, b)$ 是 Beta 函数：

$$\beta(a, b) = \frac{\Gamma(a)\Gamma(b)}{\Gamma(a) + \Gamma(b)} \qquad (4-18)$$

式中，$a$，$b$ 是 Beta 分布的形状参数。

$$a = \mu_{PV} \left[ \frac{\mu_{PV}(1 - \mu_{PV})}{\sigma_{PV}^2} - 1 \right] \qquad (4-19)$$

$$b = (1 - \mu_{PV}) \left[ \frac{\mu_{PV}(1 - \mu_{PV})}{\sigma_{PV}^2} - 1 \right] \qquad (4-20)$$

式中，$\mu_{PV}$，$\sigma_{PV}$ 是一定时段内太阳辐射强度的平均值和方差。

为了模拟光伏发电功率，先根据式（4-17）求出光伏出力的分布函数，再求其反函数，经过变换后由蒙特卡罗模拟随机产生出力数据。

### 4.2.2.3 负荷的预测方法与随机模型

电力系统中的负荷预测误差一般认为服从均值为 0 的高斯分布[11, 12]，即 $\delta_d^t \sim N(0, \sigma_d^t)$，利用蒙特卡罗模拟随机产生波动数据，加上负荷预测值即可得系统实时负荷数据，即：

$$P_d^t \sim E(P_d^t) + N(0, \sigma_d^{t2}) \qquad (4-21)$$

与此同时，风光发电的预测过程中，由于方法的经验性，也存在一定的预测误差，其相应误差水平 $\sigma_w^t$、$\sigma_{PV}^t$ 亦认为服从均值为 0 的高斯分布，确定方法同上。对应地，风电和光伏的实际值表示为

$$P_w^t \sim E(P_w^t) + N(0, \sigma_w^{t2}) \qquad (4-22)$$

$$P_{pv}^t \sim E(P_{pv}^t) + N(0, \sigma_{pv}^{t2}) \qquad (4-23)$$

### 4.2.2.4 机组强迫停运概率

考虑可控机组的故障停运情况，机组 $i$ 在时段 $t$ 的状态变量 $\partial_{it}$[12] 确定方法如下：产生[0, 1]区间内随机数 $\xi$，若 $\xi$ 小于机组的强迫停运率 $r_i$，则有 $\partial_{it} = 0$；否则 $\partial_{it} = 1$。

风电机组和光伏电池也存在故障停运,其对应状态 $\partial_{jt}^{W}$、$\partial_{kt}^{PV}$ 的确定方法同上。

### 4.2.3　计及失衡风险的虚拟电厂日前调度

虚拟电厂内部通常包含不同类型、不同容量甚至不同区域的分布式电源,包括可控机组(柴油机组、燃气轮机、混合热电联产机组等)、不可控机组(风机、光伏电池等)、储能(电动汽车、蓄电池等)、负荷(可中断负荷、可平移负荷、不可中断负荷等),由虚拟电厂协调控制中心(control coordination center,CCC)进行统一控制管理[13]。

虚拟电厂控制方式可分为集中控制和分散控制[14]。在集中控制模式下,虚拟电厂协调控制中心必须掌握其管理范围内每个分布式电源的具体参数信息,并实时监控辖域内电力元件的状态变化,根据供需变化情况调整机组出力。这种控制方式较为简单直接,但如果分布式电源数量过多,这将会给虚拟电厂调度带来极大的工作量,系统的可扩展性和兼容性也将受到极大限制。分散控制则基于多代理技术,各分布式电源的发电运行由相应区域代理进行控制,区域代理向虚拟电厂控制中心上报其所代表的分布式电源意愿参与市场类型、意愿发电量及意愿电价,虚拟电厂控制中心汇总整合辖域内代理所报信息并上报给电网调度中心,从而参与到大电网的运行。该模式适合分布式电源数量较多、位置较分散的情形[15]。

本节所设定的虚拟电厂为集中控制模式,虚拟电厂控制协调中心的目标是根据机组出力、市场电价的变化,制定合理的调度方案以实现虚拟电厂整体经济利益最大化。

#### 4.2.3.1　目标函数

根据我国《可再生能源法(修正案)》,电网企业应尽量提高吸纳可再生能源发电的能力。因此本节中虚拟电厂的目的是在最大限度地接收风光发电的基础上,优化常规能源机组和可控负荷的运行,并实现调度周期内系统经济效益最大。虚拟电厂系统运行成本主要来自常规燃料机组的能耗成本,而风光机组利用自然资源发电,能耗成本近似为零。虚拟电厂收益源于内部负荷供电及将多余电力出售给电网。其目标函数为

$$\max f = \sum_{t=1}^{T} \left\{ \lambda_{m}^{t} P_{m}^{t} + \lambda_{d}^{t} P_{d}^{t} - \lambda_{curt}^{t} P_{curt}^{t} - \sum_{i=1}^{n_{DG}} \left[ \alpha_{it} f_i(P_{it}) + \beta_{it} SUC_i + \gamma_{it} SDC_i \right] \right\}$$

$$(4-24)$$

式中,$T$ 为一个调度周期内所包含的时段数;$P_{m}^{t}$ 为 $t$ 时刻虚拟电厂向电力市场出售电量,$\lambda_{m}^{t}$ 为该时段相应售电电价($P_{m}^{t}$ 为负时,表示虚拟电厂从外部电网购电,$\lambda_{m}^{t}$

为对应购电电价);$P_d^t$ 为 $t$ 时刻虚拟电厂内部负荷需求量,$\lambda_d^t$ 为该时段相应负荷电价;$P_{curt}^t$ 为 $t$ 时刻中断负荷量,虚拟电厂在调度过程中,一旦调用可中断负荷,将给与其相应的补偿 $\lambda_{curt}^t$,为了不影响负荷舒适度,本节将中断负荷补偿价格与中断容量相挂钩,中断负荷量越大,所给予的补偿力度也就越大,具体关系表示如下:

$$\lambda_{curt}^t = (1 + P_{curt}^t / P_d^t) \cdot \lambda_d^t \qquad (4-25)$$

式(4-24)中:$\alpha_{it}$、$\beta_{it}$、$\gamma_{it}$ 分别为可控机组 $i$ 的 0-1 状态量,对应机组运行状态、启动状态、关断状态;同时,$f_i(P_{it})$、$SUC_i$、$SDC_i$ 分别对应可控机组 $i$ 的发电成本、启动成本和停机成本。其中 $f_i(P_{it})$ 表达式为

$$f_i(P_{it}) = a_i P_{it}^2 + b_i P_{it} + c_i, \quad i = 1, 2\cdots, n_{DG} \qquad (4-26)$$

式中,$P_{it}$ 为可控机组 $i$ 在 $t$ 时刻输出的有功功率,$a_i$、$b_i$、$c_i$ 为可控机组 $i$ 的燃料费用系数,$n_{DG}$ 为虚拟电厂系统内可控机组的数量。

#### 4.2.3.2 约束条件

(1) 网络潮流约束:

$$\begin{cases} P_i + P_i^{vpp} - P_i^d - U_i \sum_{j \in i} U_j (G_{ij} \cos \theta_{ij} + B_{ij} \sin \theta_{ij}) = 0 \\ Q_i + Q_i^{vpp} - Q_i^d - U_i \sum_{j \in i} U_j (G_{ij} \sin \theta_{ij} + B_{ij} \cos \theta_{ij}) = 0 \end{cases} \qquad (4-27)$$

式中,$n$ 为网络节点数,$P_i$、$Q_i$ 分别为网络向节点 $i$ 注入的有功功率和无功功率;$P_i^{vpp}$、$Q_i^{vpp}$ 分别为虚拟电厂向节点 $i$ 注入的有功功率和无功功率;$P_i^d$、$Q_i^d$ 分别为节点 $i$ 的有功负荷功率和无功负荷功率;$U_i$、$U_j$ 分别为节点 $i$、$j$ 的电压。

(2) 网络节点电压约束:

$$U_i^{min} \leqslant U_i \leqslant U_i^{max} \qquad (4-28)$$

式中,$U_i^{min}$、$U_i^{max}$ 分别为节点 $i$ 电压的最小、最大允许值。

(3) 输电线容量约束:

$$S_{ij} \leqslant S_{ij}^{max} \qquad (4-29)$$

式中,$S_{ij}$ 为支路 $ij$ 的传输容量,$S_{ij}^{max}$ 为传输线最大容量限制。

(4) 供需平衡约束:

$$\sum_{i=1}^{n_{DG}} P_{it} + \sum_{j=1}^{n_W} P_{jt} + \sum_{k=1}^{n_{PV}} P_{kt} = P_d^t - P_{curt}^t + P_m^t \qquad (4-30)$$

式中,$P_{jt}$ 为风电机组 $j$ 在 $t$ 时段的功率输出预测值,$n_W$ 为风机数量;$P_{kt}$ 为光伏机组 $k$ 在时段 $t$ 的功率输出预测值,$n_{PV}$ 为光伏机组数。此处忽略了网损。

（5）可控机组出力约束和旋转备用约束：

$$P_i^{\min} \leqslant P_{it} \leqslant P_i^{\max} \qquad (4-31)$$

$$P_i^{\min} \leqslant P_{it} + R_{it} \leqslant P_i^{\max} \qquad (4-32)$$

式中，$P_i^{\max}$、$P_i^{\min}$ 分别为可控机组 $i$ 输出功率的上下限，$R_{it}$ 为可控机组 $i$ 在时段 $t$ 所提供的旋转备用。

（6）可控机组爬坡约束：

$$-R_i^{D} \Delta t \leqslant P_{i,\,t+1} - P_{i,\,t} \leqslant R_i^{U} \Delta t \qquad (4-33)$$

式中，$\Delta t$ 为时段长度，$R_i^{U}$、$R_i^{D}$ 分别为可控机组的向上和向下爬坡速率。

（7）可中断负荷电量约束。

为不影响用户生活，本节除了将虚拟电厂调用中断负荷量与调用价格挂钩外，还考虑连续调用时间约束，以防止中断负荷持续保持高调用率[16]。

$$0 \leqslant P_{\text{curt}}^{t} \leqslant \eta_{\max} P_{\text{d}}^{t} \qquad (4-34)$$

$$0 \leqslant \frac{P_{\text{curt}}^{t}}{P_{\text{d}}^{t}} + \frac{P_{\text{curt}}^{t+1}}{P_{\text{d}}^{t+1}} \leqslant \eta_{\max}^{\text{cnt}} \qquad (4-35)$$

式中，$\eta_{\max}$ 为单时段可控负荷的最大调用率，$\eta_{\max}^{\text{cnt}}$ 为连续调用率的最大值。

（8）旋转备用约束。

虚拟电厂系统内配置备用的主要目的在于应对负荷预测误差、风光波动及机组停运带来的影响，以保证调度过程中对外的稳定输出。倘若考虑系统在所有可能发生的情况下均满足可靠性要求，系统旋转备用容量会相当大，成本也会非常高，而且造成可控机组大部分处于闲置状态。实际上，某些极端情况发生的概率很低。因此可根据实际情况，给定置信水平 $\beta$，将旋转备用以概率形式描述，从而实现对系统可靠性和经济性一定的权衡：

$$P\Big\{ \sum_{i=1}^{n_{\text{DG}}} \alpha_{it}(P_{it} + R_{it}) + \sum_{j=1}^{n_{\text{W}}} \alpha_{jt}^{\text{W}}(P_{jt} + \delta_{\text{wind}}^{t}) + P_{\text{curt}}^{t}$$

$$+ \sum_{k=1}^{n_{\text{PV}}} \alpha_{kt}^{\text{PV}}(P_{kt} + \delta_{\text{PV}}^{t}) \geqslant P_{\text{d}}^{t} + \delta_{\text{d}}^{t} + P_{\text{m}}^{t} \Big\} \geqslant \beta \qquad (4-36)$$

式中，$\alpha_{it}$、$\alpha_{jt}^{\text{W}}$、$\alpha_{kt}^{\text{PV}}$ 为 0-1 状态变量，分别对应时段 $t$ 的可控机组 DG、风力机组、光伏机组的运行状态，其取 0 的概率等于相应机组的强迫停运率；置信水平 $\beta$ 表示该旋转备用约束条件成立所满足的概率值。$\beta$ 越接近 1 则对系统备用要求越严格，当 $\beta = 1$ 时，等同于确定性备用约束。

### 4.2.3.3 系统风险成本

由于上述旋转备用约束以概率形式满足,不可避免会带来一定的失负荷风险,而量化调度中的风险水平可以更好地平衡虚拟电厂系统的经济性与风险性。

系统响应风险的度量指标一般与失负荷量、失负荷持续时间等挂钩,本节主要考虑失负荷量(expected energy not supplied,EENS),相应地,虚拟电厂在调度周期内所面临的风险成本为

$$C_{\text{risk}} = \sum_{t=1}^{m} \text{EENS}(t) \cdot \lambda_{\text{penalty}}^{t} \tag{4-37}$$

式中,$\text{EENS}(t)$ 为 $t$ 时段系统失负荷量;当系统供应电量大于需求电量时,$\text{EENS}(t) = 0$;相反,若虚拟电厂系统发电量不满足负荷及市场需求,则 $\text{EENS}(t)$ 为对应失衡量,即

$$\text{EENS}(t) = \begin{cases} 0, \ \text{若} \sum_{i=1}^{n_{\text{DG}}} \alpha_{it}(P_{it} + R_{it}) + \sum_{j=1}^{n_{\text{W}}} \alpha_{jt}^{\text{W}}(P_{jt} + \delta_{\text{wind}}^{t}) + \sum_{k=1}^{n_{\text{PV}}} \alpha_{kt}^{\text{PV}}(P_{kt} + \delta_{\text{pv}}^{t}) \\ \qquad \geqslant P_{\text{d}}^{t} - P_{\text{curt}}^{t} + \delta_{\text{d}}^{t} + P_{\text{m}}^{t} \\ P_{\text{d}}^{t} - P_{\text{curt}}^{t} + \delta_{\text{d}}^{t} + P_{\text{m}}^{t} - \left[ \sum_{i=1}^{n_{\text{DG}}} \alpha_{it}(P_{it} + R_{it}) + \sum_{j=1}^{n_{\text{w}}} \alpha_{jt}^{\text{W}}(P_{jt} + \delta_{\text{wind}}^{t}) \right. \\ \qquad \left. + \sum_{k=1}^{n_{\text{PV}}} \alpha_{kt}^{\text{PV}}(P_{kt} + \delta_{\text{pv}}^{t}) \right], \text{其他} \end{cases}$$

$$\tag{4-38}$$

$\lambda_{\text{penalty}}^{t}$ 为 $t$ 时段系统失负荷所对应的单位罚金(¥/kW·h),由于不同调度时段单位失负荷量所造成的失负荷损失可能并不相同,因此本节将失负荷罚金与实时电价相挂钩,表示为

$$\lambda_{\text{penalty}}^{t} = \pi \cdot \lambda_{\text{m}}^{t} \tag{4-39}$$

式中,$\pi$ 为风险惩罚系数,亦为实时电价的倍数,可根据实际情况确定(通常情况下,$\pi > 1$)。

将风险成本函数式(4-37)纳入虚拟电厂收益目标函数式(4-24),即为虚拟电厂系统考虑风险后的收益函数。可以预见,不同置信水平下,虚拟电厂计及风险后收益也会发生变化,其收益最大值所对应的置信水平即为虚拟电厂机会约束规划所应选择的最佳置信水平。

## 4.2.4 模型处理

### 4.2.4.1 机会约束条件的处理

一般情况下,若机会约束条件涉及随机变量较少,可将其转化为等价确定形

式,再利用传统规划方法求解[1, 17-20]。然而本节所建立的机会约束条件含随机变量较多,转化极为困难,故采用随机模拟的方式进行处理,算法步骤如下:

---

**算法 1  随机模拟算法**

---

步骤1:置计数器 $i = 0$;

步骤2:根据随机变量的概率测度,产生随机变量 $\varepsilon$;

步骤3:如果约束 $g(x,\varepsilon) \leqslant 0$ 成立,则 $i = i + 1$;

步骤4:重复步骤2和步骤3共 $N$ 次;

步骤5:若 $i/N,\beta$,则机会约束成立;否则,不成立。

---

#### 4.2.4.2  模型中小概率风险评估

由于上述旋转备用约束采用随机模拟的方式进行处理,而每次随机抽样过程中生成的随机变量并不完全相同,所对应失负荷量也并不相同。选取任何一次抽样所得失负荷量来表征该时段失负荷量都不合理。因此,本节采用期望值 $\overline{\mathrm{EENS}(t)}$ 表示 $t$ 时段内系统失负荷量:

$$\overline{\mathrm{EENS}(t)} = \frac{\sum\limits_{i=1}^{N} \mathrm{EENS}(t)_i}{N} \tag{4-40}$$

式中,$N$ 为随机抽样总次数,$\mathrm{EENS}(t)_i$ 为 $t$ 时段第 $i$ 次随机抽样所对应失负荷量。失负荷量的计算过程如下:

---

**失负荷量计算:风险评估算法**

---

步骤1:置计数器 $i = 0$;

步骤2:根据随机变量的概率测度,产生随机变量 $\varepsilon$;

步骤3:基于式(3-25)计算 $\mathrm{EENS}(t)_i$,并更新 $i = i + 1$;

步骤4:重复步骤2和步骤3共 $N$ 次;

步骤5:计算 $t$ 时段下的失负荷期望值 $\overline{\mathrm{EENS}(t)} = \sum\limits_{i=1}^{N} \mathrm{EENS}(t)_i / N$。

---

#### 4.2.4.3  机组调度中启停机的优先顺序

利用遗传算法求解时,由于算法机理并未考虑机组运行的实际特点,易出现机组备用容量过剩、小容量机组运行过多、发电成本增加等情况,从而使算法陷入局部最优。

针对这一问题,本节对机组进行优先级排序,其中第 $i$ 台机组的优先级指标为

$$Priority_i = \frac{\bar{f}_i}{P_i^{\max}} = \frac{f(P_i^{\max})/P_i^{\max}}{P_i^{\max}} = \frac{f(P_i^{\max})}{(P_i^{\max})^2} \tag{4-41}$$

式中，$\bar{f}_i$ 为第 $i$ 台机组的最大出力值下的平均运行成本；优先级指标 $Priority_i$ 定义为平均运行成本除以机组容量。

根据上述优先级指标求出机组优先顺序表（Priority 值大的机组优先权相应低），按照如下原则对机组启停计划进行调整：当系统要求启动发电机增加功率时，先启动优先权高的发电机；当系统要求减少功率时，先停止优先权低的发电机。

#### 4.2.4.4 算法求解流程

针对前文所建立的虚拟电厂经济调度模型，本节采用实数编码的遗传算法进行求解，流程如图 4-4 所示。

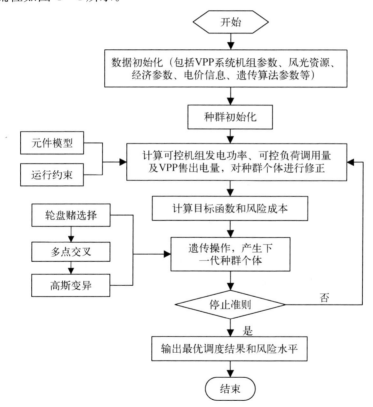

**图 4-4 基于遗传算法的虚拟电厂经济调度流程**

### 4.2.5 算例分析

#### 4.2.5.1 算例参数

为验证上述模型，本节选取 IEEE30 节点系统进行适当改进：节点 25 处接入

两台 1 MW 风机机组和一台 2 MW 柴油机组,节点 26 处接入 5 个并联的 0.2 MW
光伏机组和一台 1 MW 柴油机组,共同组成一个虚拟电厂系统,其结构如图 4-5
所示。

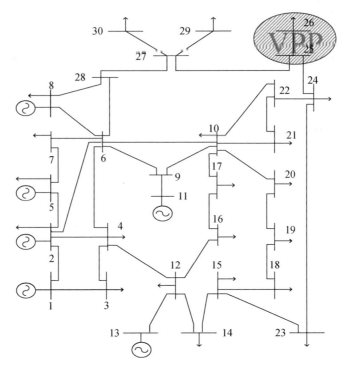

**图 4-5 含虚拟电厂的 IEEE30 节点结构图**

算例中分布式电源参数参见表 4-1。虚拟电厂经济调度周期为 1 天,共 24 个时
段。虚拟电厂售电电价为实时电价(为区分售电电价和购电电价的差异,本节将虚拟
电厂从外部购电时的电价设为售电电价的 1.2 倍),售电实时电价如图 4-6[21]所示。

**表 4-1 虚拟电厂内分布式电源参数**

| 类 型 | 功率/MW | | 爬坡速率/(kW/min) | 强迫停运率 | 数量 |
| --- | --- | --- | --- | --- | --- |
| | 下限 | 上限 | | | |
| 1 MW 柴油机 | 0 | 1 | 10 | 0.008 | 1 |
| 2 MW 柴油机 | 0 | 2 | 20 | 0.009 | 1 |
| 风电机组 | 0 | 1 | — | 0.006 | 2 |
| 光伏机组 | 0 | 0.2 | — | 0.005 | 5 |

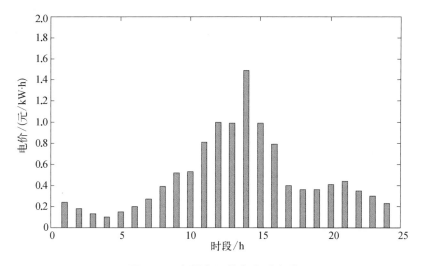

**图 4 - 6　虚拟电厂售电实时电价**

风机参数：$v_{CI}=3\,m/s$，$v_R=14\,m/s$，$v_{CO}=25\,m/s$；形状参数取 $k=2$；尺度参数 $c$ 取 $2\bar{v}/\sqrt{\pi}$。对于光伏机组，根据上海光照强度在一周内的变化曲线拟合得到光照强度参数 $a$、$b$ 分别为 0.45，9.18。将节点 26 处负荷作为可控负荷。为便于后续结果讨论，本节给出了全天风光发电输出功率及负荷预测曲线，如图 4 - 7 所示。考虑到负荷预测比风光预测更为精确，将负荷波动方差取值为 0.01 pu，风机发电和光伏发电波动方差均取为 0.1 pu。图 4 - 7 中风机、光伏电池的输出功率及日负荷预测值均采用标幺值。其中风光功率对应的基准值为各自功率上限，而负荷基准值为 IEEE - 30 节点系统中节点 26 的有功负荷值 3.5 MW。

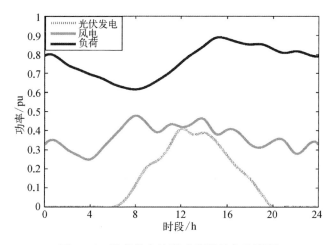

**图 4 - 7　风光发电输出功率及日负荷预测**

遗传算法参数设置：种群规模 $Np=20$，迭代次数 $G=100$；交叉概率 $P_c=0.6$，变异概率 $P_m=0.1$；蒙特卡罗模拟次数取 $N=2\,000$。由于遗传算法本身固有的随机性，每次优化的结果均会有不同，因此下面结果给出的均是 20 次重复计算得到的平均值。

#### 4.2.5.2 结果分析

1) 不同场景下虚拟电厂运行情况分析

为衡量可控负荷和参与电力市场对虚拟电厂系统经济效益及风险产生的影响，按照是否调用可控负荷和是否参与电力市场出售（购买）电力，本节构建了 4 种典型场景分别对虚拟电厂的调度情况进行研究。具体的场景划分如表 4 - 2 所示。

表 4 - 2 场景划分

| 场景编号 | 中断负荷 | 参与市场 | 场景编号 | 中断负荷 | 参与市场 |
|---|---|---|---|---|---|
| 1 | × | × | 3 | × | √ |
| 2 | √ | × | 4 | √ | √ |

注：×表示不允许中断负荷/不允许参与电力市场；√表示允许中断负荷/允许参与电力市场。

以式（4 - 24）为目标函数，设定旋转备用约束中置信水平 $\beta=0.98$，风险系数 $\pi=2$，对应不同控制场景下的虚拟电厂收益情况如表 4 - 3 所示。

表 4 - 3 不同场景下虚拟电厂调度收益

| 场景 | 不计风险时收益/万元 | 风险成本/万元 | 计及风险后收益/万元 |
|---|---|---|---|
| 1 | 2.181 | 0 | 2.181 |
| 2 | 2.213 | 0 | 2.213 |
| 3 | 3.268 | 0.194 | 3.074 |
| 4 | 3.294 | 0.197 | 3.097 |

根据表 4 - 3，无论是否考虑风险收益，随着可中断负荷和电力市场的引入，虚拟电厂的收益均有不同程度的增加。特别地，当虚拟电厂既允许中断负荷又允许参与电力市场时所获收益最大。这是因为，可中断负荷引入后，虚拟电厂可以在高电价时段切断部分内部负荷以向市场出售更多电力；而当电力市场引入后，虚拟电厂则可以根据电价变化的高低，在低电价时段购买电力或高电价时段出售电力，以避免自身内部机组的高成本运行。图 4 - 8 中在不同场景下虚拟电厂的具体运行

情况可以验证上述分析。需要特别注意的是,不计风险情况下,虚拟电厂的收益预期偏向乐观,存在较大的波动情况;而计及风险时,虚拟电厂的收益更接近于实际情况。特别地,上述现象在场景 3 与场景 4 下尤其明显,也即虚拟电厂参与市场时的场景。这是由于虚拟电厂参与电力市场申报后,必须履行市场日前契约量,否则将会受到惩罚。由此可见,虚拟电厂在参与电力市场后虽然可以提高运行收益,然而却面临一定的预期风险。不过由于参与市场的收益增加幅度大于风险成本增加幅度,根据表 4-3,虚拟电厂参与市场场景(即场景 3 和场景 4)所获得的计及风险后收益明显高于不参与市场场景(也即场景 1 和场景 2)的收益。这说明对于虚拟电厂来说参与市场仍然是值得尝试的。

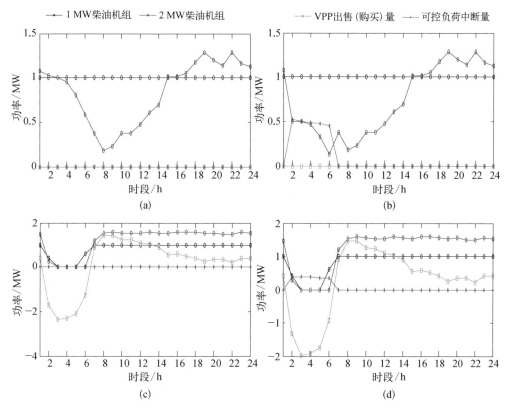

**图 4-8 不同控制场景下虚拟电厂的调度方案**

(a) 场景 1;(b) 场景 2;(c) 场景 3;(d) 场景 4

图 4-8 刻画了不同场景下虚拟电厂的具体调度计划。由图 4-8 可看出:单独依靠风光机组出力,并不能完全满足虚拟电厂系统内部负荷需求,需启动可控机组或从外部市场购买电力。在控制场景 1、2 中,由于 1 MW 柴油机组发电成本较

低,优先级高,几乎全天处于满发状态,而 2 MW 柴油机组出力情况则随着风光出力及负荷变化时有波动。然而,此时系统内存在不少闲置容量,间接造成了能源浪费。控制场景 3、4 中,由于时刻 2~6 从外部市场购电成本低于可控机组单位发电成本,虚拟电厂系统选择关断柴油机组,从外部市场购买电力来满足内部需求;而其余时段由于外部市场单位售电电价高于可控机组单位发电成本,故虚拟电厂选择在满足系统旋转备用约束的基础上向电网出售部分电能,进而实现了系统经济效益的提高(参见表 4-3)。此外,由于场景 4 中,时刻 2~6 中断部分可控负荷所做出的补偿略低于外部购电成本,因而虽然该时段中电能来源充裕(从主网购电价很低,且柴油机不发电),虚拟电厂仍选择在不影响用户舒适度的前提下,中断部分负荷,进一步提高了系统的整体经济效益。

由表 4-3 得到验证:相对于前两种控制策略,虚拟电厂在场景 3、4 中,经济收益增幅几乎达到了 40.9%;此外适时中断部分负荷,也可提高系统收益。表 4-3 还同时给出了不同场景下虚拟电厂所面临的风险成本,由于参与电力市场后虚拟电厂系统备用减少,虚拟电厂面临一定的失负荷风险。然而折算后所得收益依然远大于所支付风险水平。由此可见,虚拟电厂整合多种分布式电源参与电力市场,虽然一定程度上增加了系统的风险水平,然而却可提高系统经济收益,同时也能充分利用系统内可用机组容量,减少资源闲置。

2) 置信水平 $\beta$ 的影响

为探讨置信水平(置信度)对虚拟电厂经济收益及系统风险水平的影响,选定控制场景 4 作为标准场景,即虚拟电厂同时参与可中断负荷与市场交易。同时,设定风险惩罚系数 $\pi = 2$,将置信水平 $\beta$ 从 1 依次以 0.01 的幅度减小到 0.9,以式(4-24)和式(4-37)为目标函数,求解虚拟电厂系统在不同置信水平下的收益及风险[假定式(4-24)中收益减去式(4-37)中风险成本即为计及风险后收益],结果如表 4-4(a)所示。当风险系数 $\pi = 5,10$ 时,则虚拟电厂收益风险变化对应表 4-4(b)、表 4-4(c)。

表 4-4 不同置信水平下虚拟电厂收益及风险

| (a) 风险系数 $\pi = 2$ | | | |
| --- | --- | --- | --- |
| 置信水平 $\beta$ | 不计风险时收益/万元 | 风险成本/万元 | 计及风险后收益/万元 |
| 1 | 2.663 | 0 | 2.663 |
| 0.99 | 3.162 | 0.095 | 3.067 |
| 0.98 | 3.294 | 0.197 | 3.097 |
| 0.97 | 3.305 | 0.299 | 3.006 |

（续　表）

| （a）风险系数 $\pi = 2$ | | | |
|---|---|---|---|
| 置信水平 $\beta$ | 不计风险时收益/万元 | 风险成本/万元 | 计及风险后收益/万元 |
| 0.96 | 3.386 | 0.406 | 2.980 |
| 0.95 | 3.457 | 0.518 | 2.939 |
| 0.94 | 3.517 | 0.633 | 2.884 |
| 0.93 | 3.570 | 0.749 | 2.821 |
| 0.92 | 3.605 | 0.865 | 2.74 |
| 0.91 | 3.639 | 0.983 | 2.656 |
| 0.90 | 3.668 | 1.101 | 2.567 |

| （b）风险系数 $\pi = 5$ | | | |
|---|---|---|---|
| 置信水平 $\beta$ | 不计风险时收益/万元 | 风险成本/万元 | 计及风险后收益/万元 |
| 1 | 2.663 | 0 | 2.663 |
| 0.99 | 3.162 | 0.158 | 3.004 |
| 0.98 | 3.294 | 0.329 | 2.965 |
| 0.97 | 3.305 | 0.496 | 2.809 |
| 0.96 | 3.386 | 0.677 | 2.709 |
| 0.95 | 3.457 | 0.864 | 2.593 |
| 0.94 | 3.517 | 1.055 | 2.462 |
| 0.93 | 3.570 | 1.249 | 2.321 |
| 0.92 | 3.605 | 1.442 | 2.163 |
| 0.91 | 3.639 | 1.637 | 2.002 |
| 0.90 | 3.668 | 1.832 | 1.836 |

| （c）风险系数 $\pi = 10$ | | | |
|---|---|---|---|
| 置信水平 $\beta$ | 不计风险时收益/万元 | 风险成本/万元 | 计及风险后收益/万元 |
| 1 | 2.663 | 0 | 2.663 |
| 0.99 | 3.162 | 0.318 | 2.844 |
| 0.98 | 3.294 | 0.675 | 2.619 |
| 0.97 | 3.305 | 1.021 | 2.284 |
| 0.96 | 3.386 | 1.387 | 1.999 |
| 0.95 | 3.457 | 1.901 | 1.556 |

（续　表）

| （c）风险系数 $\pi = 10$ | | | |
|---|---|---|---|
| 置信水平 $\beta$ | 不计风险时收益/万元 | 风险成本/万元 | 计及风险后收益/万元 |
| 0.94 | 3.517 | 2.121 | 1.396 |
| 0.93 | 3.570 | 2.648 | 0.922 |
| 0.92 | 3.605 | 2.872 | 0.733 |
| 0.91 | 3.639 | 3.001 | 0.638 |
| 0.90 | 3.668 | 3.108 | 0.560 |

由表 4-4 中(a)、(b)、(c)可以看出：虚拟电厂不计风险时收益随着 $\beta$ 的降低而提高,系统风险成本同时也随着 $\beta$ 的降低不断增加,而计及风险后收益则呈现先上升后下降的趋势。由此可见,在机会约束规划条件下,虚拟电厂系统收益的提高是以系统风险的增加为代价的,需要选取适当的置信水平,使虚拟电厂系统在经济性和风险之间可以进行合理的折中。此外,对比同一置信水平不同风险系数下虚拟电厂收益情况发现,虚拟电厂计及风险后收益状况与风险系数的选取极为相关,因此需进一步分析风险系数的影响。

3）风险系数 $\pi$ 的影响

为分析风险系数对虚拟电厂收益状况的影响,并试图找出虚拟电厂系统风险与收益之间的最佳平衡点,本节分别绘制了 $\pi = 2, 5, 10$ 时虚拟电厂系统计及风险后收益变化曲线,如图 4-9 所示。

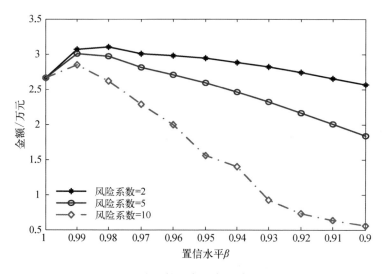

图 4-9　不同风险系数下虚拟电厂计及风险后的收益

由图 4-9 可以看出,当风险系数 $\pi = 2$ 时,虚拟电厂计及风险后收益最高点(即虚拟电厂系统风险与收益的最佳平衡点)出现在置信水平[0.97,0.99]之间,此时对应的计及风险后最大收益在 3.097 万元附近;当 $\pi = 5$ 时,风险收益最佳平衡点出现在置信水平[0.98,1]之间,此时对应最大风险后收益在 3.004 万元附近;当 $\pi = 10$ 时,系统风险收益平衡点出现在置信水平[0.98,1]之间,此时对应最佳风险后收益相对于前两种情况有明显下降,在 2.884 万元附近。值得注意的是,由于取值时横坐标以 0.01 变化,仍存在一定的粗糙性,图形显示的最高点并不代表实际收益最高点,仅能大致估计出其范围(若进一步将置信区间细分,便可得到更为确切的估计)。

由此可见,不同风险系数下,由于惩罚力度不同,虚拟电厂对应风险后收益大小将发生变化,其最佳置信水平的选择点亦发生了变化。因此在调度决策过程中,考虑系统风险水平十分必要,而最佳置信水平的选择也需根据实际风险系数进行变化。

## 4.3 能源互联下联盟内部激励模式

本节在传统需求响应调度的基础上,提出了能源互联场景下具备多主体、多能源需求的联盟互动机制。该机制考虑多能源在产能、用能和价格特性上的差异性,充分利用包括冷、热、电在内的广义需求侧资源,促进电网、用户和 CCHP 机组之间的多向良性互动,并建立了基于多能互补的广义需求响应互动优化模型。本节中的算例对互动前后电、热、冷负荷的变化量,可中断负荷削减量,CCHP 机组出力增加量等进行了详细分析,相关计算结果表明所提互动机制和优化调度方法能够有效地激励用户、CCHP 机组参与涉及多能需求响应的互动,促进能源的综合利用,且与传统的需求响应调度机制相比联盟互动机制的经济性有显著提高。本小节可为考虑多能互补和多能源需求特性的广义需求响应研究提供一些参考,方便后续进一步研究不同能源需求间的负荷耦合特性对需求响应的影响。

### 4.3.1 传统需求响应激励模式

传统的联盟互动机制以大工业用户及其余产用能主体的需求响应调度为主要内容,涉及电网公司与用户之间的双向沟通和互动,并以最小化调度成本为优化目标。

联盟管理中心代表电力公司,是整个联盟互动的协调中心。在互动过程中,联盟管理中心结合联盟综合能源系统运行的实际情况,将互动指标进行分解,然后将具体的负荷削减指令发布给底层用户,引导用户响应。

工业负荷是联盟的主要负荷,工业用户负荷量大、自动化程度高,具有很高的互动响应潜力。工业负荷按负荷性质可分为生产性负荷和非生产性负荷,其中生产性负荷指与生产产品直接相关的负荷,如重要的机械设备,一般不能随意转移和削减;非生产性负荷指起辅助作用的负荷,如空调、照明设备等,其重要性较低,可以根据实际情况迅速做出响应。

在实际的互动过程中,将工业用户的响应分为价格型响应和激励型响应,其中前者为用户对价格的自动响应,后者则由电力公司统一调度安排[16]。

#### 4.3.1.1 价格型响应

价格型响应指用户根据电力公司制定的分时电价来调整优化自身的负荷计划,从而减少其用电支出。用户对电价的响应行为分为本时段内负荷的削减以及不同时段间负荷的转移,分别用自需求弹性和互需求弹性来表征,如下所示:

$$E(u, v) = \frac{\Delta q_u / q_{0, u}}{\Delta \rho_v / \rho_{0, v}} = \frac{\Delta q_u}{\Delta \rho_v} \frac{\rho_{0, v}}{q_{0, u}} \qquad (4-42)$$

式中,$u$,$v$ 为时段,取值范围为 $1 \sim 24$;当 $u \neq v$ 时,$E(u, v)$ 为时段 $u$ 与时段 $v$ 的交叉弹性系数,当 $u = v$ 时,$E(u, v)$ 为时段 $u$ 的自弹性系数;$q_{0, u}$ 为用户在时段 $u$ 的初始电量;$\rho_{0, v}$ 为时段 $v$ 的初始电价;$\Delta \rho_v$ 和 $\Delta q_u$ 分别为时段 $v$ 电价变化量和时段 $u$ 电量变化量。

由此,得到分时电价的多时段响应模型,用户在时段 $u$ 的用电量:

$$q(u) = q_{0, u} + \sum_{v=1}^{24} E(u, v) q_{0, u} \Delta \rho_v / \rho_{0, v} \qquad (4-43)$$

#### 4.3.1.2 激励型响应

激励型响应在联盟的双向互动中主要以可中断负荷的形式实施。电力公司与大用户签订用能合同,在实际运行中电力公司根据实际负荷状况或其他需要,向大用户发布负荷削减指令,用户根据自身情况响应并削减一定量的负荷,并获得相应的补偿。

用户获得的可中断补偿与自身负荷特性和生产情况有关,并随着削减电量的增加而增大。可中断补偿费用

$$C_{E, i} = \sum_{t=1}^{T} (\alpha_i \Delta L_{i, t}^2 + \beta_i \Delta L_{i, t}) \qquad (4-44)$$

式中,$C_{E, i}$ 为电力公司支付给用户 $i$ 的可中断补偿费用;$\Delta L_{i, t}$ 为用户 $i$ 在时段 $t$ 的负荷削减量;$T$ 为总时段数,若以 1 h 为 1 个时段,则一天共有 24 个时段,即 $T = 24$;$\alpha_i$ 和 $\beta_i$ 为相应系数,与用户自身特性和失负荷成本有关。

在实际调度过程中,为了评估负荷响应的有效性,需要确定该用户的基线负荷。若用户实际负荷量小于其基线负荷与要求负荷削减量的差值,则认定本次响应有效。

电力公司在对可中断负荷进行调度时,以调度总费用最小为优化目标:

$$\min C_{\mathrm{E}} = \sum_{i=1}^{n} C_{\mathrm{E},i} = \sum_{i=1}^{n} \sum_{t=1}^{T} (\alpha_i \Delta L_{i,t}^2 + \beta_i \Delta L_{i,t}) \qquad (4-45)$$

式中,$C_{\mathrm{E}}$ 为电力公司一天内用于可中断负荷的总支出;$n$ 为大用户数量。

## 4.3.2 考虑多能互补的多方互动原理

### 4.3.2.1 基于多能互补的广义需求响应

在具备冷、热、电等多种能源需求的工业园区综合能源系统型联盟中,用户对多能源的需求在时间、空间、成本等方面各不相同,为综合能源系统多主体、多能源的互动响应提供了巨大的发挥空间[17]。

本节将需求响应的概念进行扩充,引入基于多能互补的广义需求响应,基于多种能源系统在产能特性、供求特性以及用能特性等的差异性,通过激励的方式刺激或诱导用户改变某一种或多种能源的需求,从而对另一种能源的供求关系产生影响,达到削峰填谷、缓解用能紧张等目的。

引入多能互动后,需求响应不再仅局限于电负荷的削减或平移,还应包括多种能源类型之间的需求转化,CCHP 系统、电动汽车、储能、光伏等与用户成为广义的需求侧资源;互动也不再仅局限于传统的电力公司和用户的双向互动,所有能提供能源或利用其他形式能源的主体成为综合能源系统互动体系中的"第三方"。基于多能互补的多方互动示意图如图 4-10 所示。

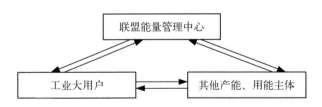

**图 4-10 基于多能互补的多方互动示意图**

鉴于 CCHP 机组可以通过以热定电、以电定热、以冷定电这 3 种方式运行,具有较高的灵活性,因此本节主要考虑 CCHP 系统作为联盟冷、热能源的生产机组和多方互动的主体。

### 4.3.2.2 多能源用能特性及需求差异

基于多能互补的联盟互动建立在用户对各类型能源的需求特性以及能源价格

差异性的基础上，通过整合各类资源促进多能互补，降低互动成本。

激励 CCHP 系统参与互动的主要方式是通过冷、热补偿的方式刺激用户对热的需求。管理中心根据用户对热和冷的需求特性，对用户在某时段多出原计划热负荷的用能成本给予部分或全部补偿，从而增大热、冷负荷；由于 CCHP 机组以以热定电或以冷定电的方式工作，在增加热出力的同时也增加了发电量，若冷、热补偿费用低于可中断补偿费用，则 CCHP 机组将被优先调度，同时总调度成本将减少。

举一个简单的例子说明其原理。图 4-11 展示了某种情况下 3 类广义需求侧资源的需求特性和价格关系，包括可中断负荷的成本曲线和用户冷、热需求曲线。其中，可中断负荷补偿价格随着负荷削减量的增加而增加；而用户的冷、热负荷量随着能源价格的降低而增加。假设联盟管理中心以全价补贴（即补偿价格等于能源价格）的方式对用户多用的冷、热资源进行补偿，某一时段用户的热负荷为 $a$，冷负荷为 $b$，则此时调度负荷量 $d \sim a$ 需支出的补偿费用低于冷、热补偿费用，管理中心将优先调用可中断负荷；若该时段用户热负荷为 $c$，则由图 4-11 可知，此时热补偿价格低于可中断负荷的最低补偿价格，管理中心采用激励 CCHP 机组增发热能的方式更能节约互动成本。

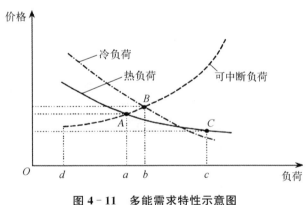

图 4-11　多能需求特性示意图

实际调度中，CCHP 机组增发的冷、热出力可以分别由储冷、储热装置暂时储存，并在其他时段释放。超出储能装置储存能力的冷、热资源则通过刺激用户需求来消纳。

### 4.3.2.3　CCHP 机组产能特性

以燃气轮机为电源的 CCHP 系统，其出力特性如图 4-12 所示，在产热量一定时，其发电量可在一定的范围内调节[18]。热电比、热气比等指标均不是定值，而是随工作状态的变化而改变。由图 4-12 可看出，在产热量较低的工作点，发电量的可调范围相对较大；而在产热量最大值附近的运行状态，发电量可调范围较小。

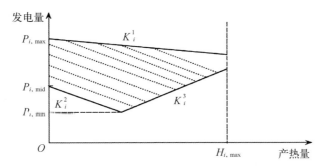

图 4‑12 CCHP 机组热电出力特性

CCHP 机组的热电出力关系如下：

$$0 \leqslant H_{i,t} \leqslant H_{i,\max}$$

$$P_{i,t} \leqslant P_{i,\max} - K_i^1 H_{i,t}$$

$$P_{i,t} \geqslant \max\{P_{i,\mathrm{mid}} - K_i^2 H_{i,t}, K_i^3 H_{i,t} + K_i^4\} \qquad (4\text{-}46)$$

$$-R_{\mathrm{E,D}} \leqslant P_{i,t+1} - P_{i,t} \leqslant R_{\mathrm{E,U}}$$

$$-R_{\mathrm{H,D}} \leqslant H_{i,t+1} - H_{i,t} \leqslant R_{\mathrm{H,U}}$$

式中，$H_{i,t}$ 为机组 $i$ 在时段 $t$ 的热出力；$P_{i,t}$ 为发电量；$H_{i,\max}$ 为机组热出力最大值；$P_{i,\max}$ 为机组最大发电量；$R_{\mathrm{E,U}}$、$R_{\mathrm{E,D}}$ 分别为发电量向上、向下爬坡率；$R_{\mathrm{H,U}}$、$R_{\mathrm{H,D}}$ 分别为产热量向上、向下爬坡率；$K_i^1$、$K_i^2$、$K_i^3$、$K_i^4$ 为相关系数。

CCHP 机组的冷电出力关系与热电出力关系类似，此处不再赘述。

### 4.3.3 基于多能互补的联盟内部互动机制

在前几节需求响应和多能需求互动原理的基础上，本节提出基于多能互补的综合能源系统多方互动机制。联盟管理中心对可中断负荷的补偿规则与 4.3.1 节中传统需求响应激励模式节中激励型负荷相同。对用户的冷、热补偿采取全价补贴的方式，即用户在原基础上多用的冷资源、热资源费用全部由管理中心承担，并支付给 CCHP 机组。互动的实施应本着"公正透明"的原则，联盟各主体参与互动削减的负荷量或增发的冷热量以及其获得的补偿费用等信息应及时公开。

#### 4.3.3.1 互动执行流程

工业园区综合能源联盟管理中心根据联盟用户对多能源的需求及电、冷、热等能源的生产特性，对广义需求侧资源进行调度。各类主体根据自身的用能特性、响应潜力，响应价格信息和调度指令，调整自身负荷或产能计划，从而实现柔性互动。相应互动流程如下。

（1）联盟管理中心首先进行下一日的负荷预测，或由大用户向管理中心提交次日的电、热、冷用能计划。由管理中心通过计算判断是否需要启动互动机制进行削峰。

（2）联盟管理中心结合电、热、冷负荷曲线和掌握的用户用能弹性等信息，求解考虑多能互补的优化互动调度模型，得到各时段大用户需要削减的负荷或 CCHP 机组需要增加的出力。

（3）管理中心向用户下发负荷削减指令，向 CCHP 机组下发出力增发指令。

（4）用户根据自身的实际情况，判定是否能按要求完成相应的负荷削减指标，并及时向管理中心反馈。

（5）若存在用户因故不能执行负荷削减指令的情况，则管理中心根据模型重新进行优化调度。

（6）当本日的需求响应结束后，管理中心将对用户的响应有效性进行判定。

（7）管理中心每月根据本月各用户的响应情况，进行补偿费用或惩罚费用的月度结算。

### 4.3.3.2　互动优化调度模型

基于多能互补的综合能源系统互动优化调度模型，在满足削峰硬性指标的基础上，以电力公司对广义需求侧资源调度的总补偿支出（包括对电、热、冷的补偿支出）最小为优化目标：

$$\min C_{\text{tral}} = C_{\text{E}} + C_0 + C_{\text{H}}$$

$$C_{\text{E}} = \sum_{i=1}^{n} C_{\text{E},i} = \sum_{i=1}^{n} \sum_{t=1}^{T} (\alpha_i \Delta L_{i,t}^2 + \beta_i \Delta L_{i,t})$$

$$C_{\text{H}} = \sum_{i=1}^{n_c} \sum_{t=1}^{T} \lambda_{\text{H}} \Delta H_{i,t} \tag{4-47}$$

$$C_{\text{Q}} = \sum_{i=1}^{n_c} \sum_{t=1}^{T} \lambda_{\text{Q}} \Delta Q_{i,t}$$

式中，$n_c$ 为 CCHP 机组数量；$\Delta H_{i,t}$ 为热出力改变量；$\Delta Q_{i,t}$ 为冷出力改变量。

需要考虑的约束条件包括 CCHP 机组、储能装置和可中断负荷的约束等。

（1）削峰指标约束。

削峰指标是联盟互动需满足的硬性约束，联盟在任一时段的对外总负荷须满足削峰指标 $\mu$，以全年最大负荷值 $L_{\text{E,max}}$ 的百分比表示。削峰指标约束为

$$P_{\text{G},t} \leqslant \mu L_{\text{E,max}} \tag{4-48}$$

式中，$P_{\text{G},t}$ 为时段 $t$ 联盟用户向电力公司购买的电量。

（2）CCHP 机组约束。

CCHP 机组应满足出力特性约束，其中 CCHP 机组的原计划产量与其出力改变量应满足如下关系：

$$H_{i,t} = H_{0,i,t} + \Delta H_{i,t}$$

$$Q_{i,t} = Q_{0,i,t} + \Delta Q_{i,t} \tag{4-49}$$

$$P_{i,t} = P_{0,i,t} + \Delta P_{i,t}$$

式中，$H_{0,i,t}$、$Q_{0,i,t}$、$P_{0,i,t}$ 分别为原计划产热量、产冷量、发电量。

机组需满足最小开停机时间约束，即：

$$(X_{i,t}^{\text{on}} - T_i^{\text{on}}) \times (I_{i,t-1}^{\text{on}} - I_{i,t}^{\text{on}}) \geqslant 0$$

$$(X_{i,t}^{\text{off}} - T_i^{\text{off}}) \times (I_{i,t-1}^{\text{on}} - I_{i,t}^{\text{on}}) \geqslant 0 \tag{4-50}$$

式中，$X_{i,t}^{\text{on}}$、$X_{i,t}^{\text{off}}$ 分别为机组 $i$ 在时段 $t$ 已经连续运行的时段数、停机的时段数；$T_i^{\text{on}}$、$T_i^{\text{off}}$ 分别为最小连续运行时间、停机时间；$I_{i,t-1}^{\text{on}}$ 为机组状态变量，当机组运转时其值为 1，机组停运时值为 0。

（3）用户可中断负荷约束。

用户削减的负荷量应不小于其与电力公司约定的最小中断量 $\Delta L_{i,\min}$，不大于其最大可削减容量 $\Delta L_{i,\max}$：

$$\Delta L_{i,\min} \leqslant \Delta L_{i,t} \leqslant \Delta L_{i,\max} \tag{4-51}$$

用户负荷中断的时间不能超过其最大可中断时间：

$$(X_{i,t}^{\text{red}} - T_i^{\text{red}}) \times (I_{i,t-1}^{\text{red}} - I_{i,t}^{\text{red}}) \leqslant 0 \tag{4-52}$$

式中，$T_i^{\text{red}}$ 为用户 $i$ 的最大可中断时间；$X_{i,t}^{\text{red}}$ 为用户 $i$ 到时段 $t$ 为止已经持续中断的时间；$I_{i,t-1}^{\text{red}}$ 为状态变量，负荷中断时为其值 1，其他情况值为 0。

（4）储电装置约束。

储电装置通过在负荷低谷期充电、在负荷高峰期放电，起到削峰填谷的作用。其荷电状态值 $S_{\text{E},t}$ 的变化规律为

$$S_{\text{E},t} = \begin{cases} S_{\text{E},t-1} + \dfrac{P_{\text{ch},t}\,\eta_{\text{E,ch}}\Delta t}{\Omega_{\text{E}}} & \text{充电} \\[3mm] S_{\text{E},t-1} - \dfrac{P_{\text{dis},t}\Delta t}{\eta_{\text{E,dis}}\Omega_{\text{E}}} & \text{放电} \end{cases} \tag{4-53}$$

式中，$P_{\text{ch},t}$、$P_{\text{dis},t}$ 分别为储电装置在时段 $t$ 的充、放电功率；$\eta_{\text{E,ch}}$、$\eta_{\text{E,dis}}$ 分别为储

电装置的充、放电效率；$\Delta t$ 为充放电时间间隔，默认为 1 h；$\Omega_E$ 为储电装置容量。

储电装置荷电状态约束为

$$S_{E,\,min} \leqslant S_{E,\,t} \leqslant S_{E,\,max} \tag{4-54}$$

式中，$S_{E,\,min}$、$S_{E,\,max}$ 分别为储电装置所允许的荷电状态最小值、最大值。

储电装置的充、放电功率约束为

$$\begin{aligned} 0 \leqslant P_{ch,\,t} \leqslant P_{ch,\,max} \\ 0 \leqslant P_{dis,\,t} \leqslant P_{dis,\,max} \end{aligned} \tag{4-55}$$

式中，$P_{ch,\,max}$、$P_{dis,\,max}$ 分别为储电装置的最大充、放电功率。

为了满足储电装置连续运行，需满足调度周期始末充放电平衡约束，即

$$S_{E,\,0} = S_{E,\,T} \tag{4-56}$$

（5）储热、储冷装置约束。

CCHP 机组在响应指令时增发的冷、热能源可以分别由储冷装置和储热装置暂时存储，并在其他时段释放，从而减少 CCHP 机组的生产成本，以及与电力公司的互动成本，同时可以避免不必要的能源浪费[19]。

储热装置的蓄、放热能力约束为

$$S_{H,\,t} = \begin{cases} S_{H,\,t-1} + H_{ch,\,t}\Delta t & \text{蓄热} \\ S_{H,\,t-1} - H_{dis,\,t}\Delta t & \text{放热} \end{cases} \tag{4-57}$$

$$S_{H,\,t} \leqslant \Omega_H \tag{4-58}$$

式中，$S_{H,\,t}$ 为储热装置在时段 $t$ 储存的热量；$\Omega_H$ 为储热装置容量；$H_{ch,\,t}$、$H_{dis,\,t}$ 分别为储热装置在时段 $t$ 的蓄、放热功率，需满足如下的限制：

$$\begin{aligned} H_{ch,\,t} \leqslant H_{ch,\,max} \\ H_{dis,\,t} \leqslant H_{dis,\,max} \end{aligned} \tag{4-59}$$

其中，$H_{ch,\,max}$、$H_{dis,\,max}$ 分别为储热装置的最大蓄、放热功率。

此外，储热、储冷装置还应满足连续运行约束，即：

$$S_{H,\,0} = S_{H,\,T} \tag{4-60}$$

储冷装置的运行约束与储热装置类似，在此不再赘述。

（6）多能负荷平衡约束。

整个联盟互动过程中，需满足电、冷、热多种能源供给量与负荷的平衡约束，分

别如下式所示。

$$P_{G,t} + \sum_{i=1}^{n_c} P_{i,t} + P_{S,t} + \sum_{j=1}^{n} \Delta L_{j,t} = L_{E0,t} \qquad (4-61)$$

$$\sum_{i=1}^{n_c} H_{i,t} = \sum_{i=1}^{n} (L_{H0,i,t} + \Delta L_{H,i,t}) + H_{S,t} \qquad (4-62)$$

$$\sum_{i=1}^{n_c} Q_{i,t} = \sum_{i=1}^{n} (L_{Q0,i,t} + \Delta L_{Q,i,t}) + Q_{S,t} \qquad (4-63)$$

式中，$L_{E0,t}$ 为互动前时段 $t$ 工业用户总负荷；$L_{H0,i,t}$ 为用户 $i$ 在时段 $t$ 的原始热负荷量；$\Delta L_{H,i,t}$ 为用户 $i$ 在时段 $t$ 的热需求变化量；$H_{S,t}$ 为储热装置在时段 $t$ 的出力；$L_{Q0,i,t}$ 为用户 $i$ 在时段 $t$ 的原始冷负荷量；$\Delta L_{Q,i,t}$ 为用户 $i$ 在时段 $t$ 的冷需求变化量；$Q_{S,t}$ 为储冷装置在时段 $t$ 的出力。

（7）多能源的供求关系约束。

热、冷等能源的价格与用户对该种能源的需求量有关，其具体关系由联盟管理中心开展对用户的用能分析得到，可通过需求曲线或分段函数来表示：

$$\begin{aligned} \lambda_H &= f(H_{i,t}) \\ \lambda_Q &= f(Q_{i,t}) \end{aligned} \qquad (4-64)$$

其中，$f(\cdot)$ 表示函数关系。

### 4.3.3.3　响应有效性判定

用户响应有效性按照基线负荷的方法进行判定。具体做法是选择用户在需求响应实施日前最近 5 个正常生产工作日，将该时间内对应响应时段的冷、热、电负荷曲线作为基线负荷。基线中出现的最大负荷称为基线最大负荷，根据基线计算出的平均负荷称为基线平均负荷。

如果用户在负荷削减过程中同时满足响应时段最大负荷不高于基线最大负荷、响应时段平均负荷低于基线平均负荷且其差值大于等于规定的负荷削减量，则视为有效响应；否则视为无效响应。

CCHP 机组在互动过程中若满足响应时段每小时产热量或产冷量大于等于对应基线负荷值，并且差值大于等于规定的增发量，则视为有效响应。

用户参与互动的根本动力是利益驱动，而通过多种能源需求之间的相互转化和激励，基于多能互补的广义需求响应不仅能有效提高能源利用率、降低削峰成本，还可以实现多方共赢。

对互动机制的实施方而言，其总支出如下式所示。由于可供调度的需求侧资源增多，电力公司可以优先选择补偿价格较低、性价比高的资源类型进行调度，其调度成本与单纯调度可中断负荷相比将有明显降低。

$$C_{\text{total}} = C_{\text{E}} + C_{\text{Q}} + C_{\text{H}} \tag{4-65}$$

式中，$C_{\text{H}}$ 为热补偿支出，$C_{\text{Q}}$ 为冷补偿支出。

工业用户也将从多能互动中获得收益。用户 $i$ 的互动收益 $C_{\text{L},i}$ 如下式所示，其主要包括三部分，由于响应分时电价节约的电费支出 $C_{\text{TOU},i}$、获得的可中断负荷补偿 $C_{\text{E},i}$ 以及用热、用冷补偿。

$$C_{\text{L},i} = C_{\text{TOU},i} + C_{\text{E},i} + C_{\text{Q},i} + C_{\text{H},i} \tag{4-66}$$

CCHP 系统由于互动而增加的冷、热出力部分由电力公司予以补偿，同时，随着热出力增加而增发的电量以统一收购价格卖给电力公司，或者以合同价格直接向大用户供电。CCHP 机组 $i$ 的收益为

$$C_{\text{C},i} = \lambda_{\text{E}} P_{i,t} + \lambda_{\text{H}} H_{i,t} + \lambda_{\text{Q}} Q_{i,t} - \lambda_{\text{F}} F_{i,t} \tag{4-67}$$

其中，$Q_{i,t}$ 为机组 $i$ 在时段 $t$ 的冷出力；$\lambda_{\text{E}}$ 为现行电价；$\lambda_{\text{H}}$ 为 CCHP 机组热价；$\lambda_{\text{Q}}$ 为 CCHP 机组冷价；$\lambda_{\text{F}}$ 为天然气价格；$F_{i,t} = H_{i,t}/\mu_{\text{H},i}$ 为所用天然气量，$\mu_{\text{H},i}$ 为机组 $i$ 的热气转化效率，与产热量有关。由上述分析可知，电力公司、工业用户、CCHP 系统等各方的利益相较于无互动时均有增加，假设各参与方的行为均为理性行为，则该机制能够有效促使各方参与互动。

### 4.3.4　算例分析

以广州某大型工业园区联盟为例，分析本节所提互动机制和优化方法的效果。该联盟某日的电、热、冷负荷曲线如图 4-13 所示，年最大电负荷为 50 MW，削峰指标为不超过年最大负荷的 80%。联盟有 3 台 CCHP 机组，其中机组 1、2 的容量为 4 MW/8t，以热定电的方式运转；机组 3 的容量为 3 MW/5t，以冷定电方式运转，具体的机组参数和价格信息分别参见表 4-5 和表 4-6；储电装置容量为 0.6 MW/1.2 MW·h，充放电效率为 90%；储热、储冷装置容量分别为 1.5 t、1 t，最大蓄、放能功率为 0.5 t/h；有 8 家大工业用户，其可中断负荷补偿系数和参数参见表 4-7。用户最大热负荷需求为 14t/h，最大冷负荷需求为 4t/h。用户执行大工业峰谷电价：高峰时段为 14:00～17:00、19:00～22:00，平段为 08:00～14:00、17:00～19:00、22:00～24:00，低谷时段为 00:00～08:00。用电费用按高峰电价 1.10 分/(kW·h)、平段电价 0.68 分/(kW·h)、低谷电价 0.45 分/(kW·h) 计费。以 1 h 为单位调度时段时长，即 00:00～01:00 对应时段 1，01:00～02:00 对应时段 2，依此类推，共 24 个时段。

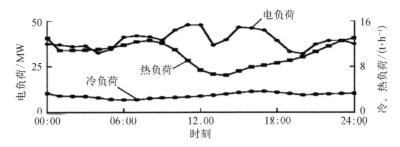

图 4‐13 电、热、冷负荷曲线

表 4‐5 CCHP 机组 1 和机组 2 的参数

| 发电量/ MW | 发热量/ (t·h⁻¹) | 热价/ (元·t⁻¹) | 发电量/ MW | 发热量/ (t·h⁻¹) | 热价/ (元·t⁻¹) |
|---|---|---|---|---|---|
| 0 | 0 | — | 1.99 | 5.71 | 400 |
| 0.70 | 3.00 | 420 | 2.45 | 6.13 | 400 |
| 0.77 | 3.45 | 420 | 3.38 | 6.94 | 390 |
| 1.00 | 4.31 | 410 | 3.99 | 8.30 | 390 |
| 1.47 | 5.05 | 410 | | | |

表 4‐6 CCHP 机组 3 的参数

| 发电量/ MW | 产冷量/ (t·h⁻¹) | 冷价/ (元·t⁻¹) | 发电量/ MW | 产冷量/ (t·h⁻¹) | 冷价/ (元·t⁻¹) |
|---|---|---|---|---|---|
| 0 | 0 | — | 1.10 | 3.28 | 450 |
| 0.53 | 1.95 | 470 | 1.82 | 3.89 | 450 |
| 0.57 | 2.24 | 460 | 2.54 | 4.51 | 440 |
| 0.75 | 2.80 | 460 | 2.99 | 5.10 | 440 |

表 4‐7 用户可中断负荷参数

| 用户 | 最大中断容量/MW | 单次最大中断时间/h | $\alpha$ | $\beta$ |
|---|---|---|---|---|
| 1 | 2 | 3 | 374 | 1 500 |
| 2 | 0.5 | 3.5 | 175 | 1 250 |
| 3 | 1 | 3 | 175 | 1 375 |
| 4 | 0.9 | 2.5 | 150 | 1 375 |

(续　表)

| 用户 | 最大中断容量/MW | 单次最大中断时间/h | $\alpha$ | $\beta$ |
|---|---|---|---|---|
| 5 | 0.75 | 4 | 140 | 1 375 |
| 6 | 1.5 | 3.5 | 225 | 1 500 |
| 7 | 1.2 | 2.5 | 200 | 1 375 |
| 8 | 0.5 | 4 | 165 | 1 250 |

根据本节所提互动优化模型得到各 CCHP 机组响应电网指令增发的冷、热出力，如图 4-14 所示。相应增加的电能出力和用户可中断负荷削减量如图 4-15 所示。

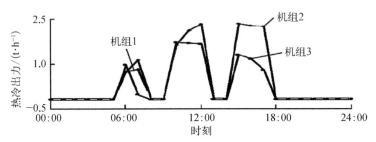

图 4-14　CCHP 机组增发的冷、热出力

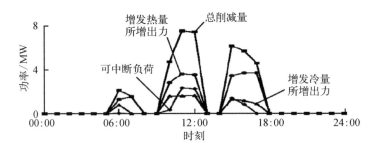

图 4-15　CCHP 机组增发出力和用户可中断负荷削减量

由图 4-14 和图 4-15 可以看出，共有 8 个时段需要通过启动互动机制来满足削峰指标，分别为时段 6、7、10～12、15～17，最大的待削峰量为 7.5 MW。CCHP 机组 1 和机组 2 的冷热出力曲线基本相同，这是因为在热负荷一定的情况下，这 2 台 CCHP 机组平分产热量能够实现成本最低。在时段 6、7，负荷的削减主要靠刺激用冷、用热需求使 CCHP 机组增发电量来实现，由于热价略低于冷价，因此热出力改变量较大。在时段 10～12 和 15～17，随着待削峰量的增大，削峰指标开始由冷、热的增发出力和用户可中断负荷共同承担。由表 4-5、表 4-6 和表 4-7 可

知,利用增发热量来获得增发电量的补偿费用总体上略低于冷补偿和可中断负荷补偿,因此以热定电型 CCHP 机组出力的增加量高于其他两类。在时段 10,通过热补偿激励的联盟热负荷达到用户的热需求极限值,CCHP 机组 1 和机组 2 不能再增加出力,负荷削减主要由机组 3 和可中断负荷承担,此时 CCHP 机组的增发出力高于可中断负荷量。而到时段 11,由于 CCHP 机组均工作在较高的运行点,机组的热电比和冷电比较大,即增加单位电能出力所需的冷、热增发量变大,所需支出的补偿费用高于部分用户的可中断补偿费用,因此可中断负荷削减量增加,并超过了机组 3 的电能增发量。由于储热、储冷装置的作用,CCHP 机组在非响应时段的出力有一定程度的降低。

各用户一天内的可中断负荷削减量如图 4-16 所示。由图 4-16 可以看出,补偿费用较低(即补偿系数较小)的用户优先被调度削减负荷;并且由于各个用户可中断负荷的补偿费用随中断量的增加呈非线性增长,因此在时段 11、12 等尖峰时段,总的负荷削减指标被近似地分摊到各个用户,而不是待某用户达到其最大中断容量后再调度其他用户,这减小了调度成本。

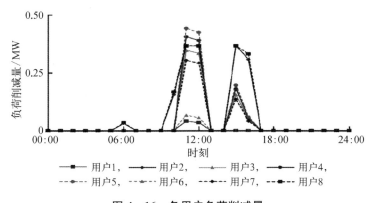

图 4-16 各用户负荷削减量

图 4-17 所示为计及多能互补前后,互动所需的可中断负荷削减量对比曲线。在引入了多能源需求的交叉互补后,可中断负荷在时段数和削减量上均明显减少。

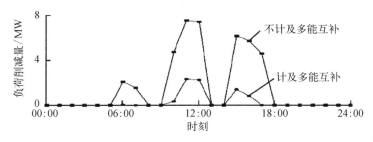

图 4-17 计及多能互补前后的负荷削减量

互动前后联盟的电负荷曲线以及互动后联盟电、热、冷负荷曲线分别如图 4-18 和图 4-19 所示。经过互动削减后的负荷均满足削峰指标要求,同时达到了总调度费用最小化的目标。经计算,互动后的各主体利益如表 4-8 所示。计及多能互补时,总调度成本为 40 917.5 元;不计及多能互补时,总调度成本(即可中断负荷补偿费用)为 48 347.4 元;采用本节所提基于多能互补的多方互动机制和优化调度方法使互动总成本降低了 15%,经济效果明显。

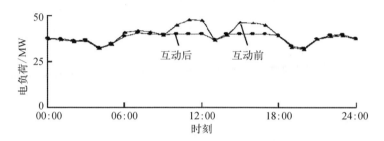

**图 4-18 互动前后联盟总负荷曲线**

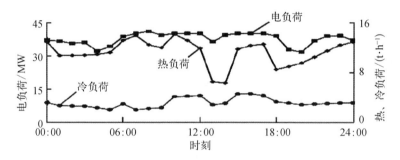

**图 4-19 互动后联盟多能负荷曲线**

**表 4-8 互动前后各主体收益**

| 主 体 | 收 益 | | 主 体 | 收 益 | |
|---|---|---|---|---|---|
| | 互动前 | 互动后 | | 互动前 | 互动后 |
| CCHP 机组 1、2 | 86 669.2 | 102 462.1 | 用户 | — | 25 197.1 |
| CCHP 机组 3 | 52 046.7 | 63 982.2 | | | |

## 4.4 基于模糊联盟的优化组合和利润分配方法

微网和虚拟电厂作为两大重要并网形态,在促进分布式电源优化利用方面均发挥着卓越贡献。微网侧重对隶属于同一产权、同一地理区域的分布式电源进行绝对控制，其所管辖的分布式电源种类和数量也呈现稳定不变性。事实上，不同类型分布式电源极有可能隶属不同产权所有者，其优化目标的多样性导致其所选择的联盟伙伴不尽相同，且随着时间和外界环境的变化，其联盟结构也发生着动态变化。虚拟电厂，作为一个虚拟的聚合整体，允许不同产权分布式电源根据各自优化目标合理选择联盟伙伴，在结构和控制上相对拥有更大的自由性和宽容度。因此，作为虚拟电厂协同运行的前提，研究虚拟电厂的优化组合机制具有重要意义。

目前研究中已有少许文献着眼于虚拟电厂的优化组合问题，根据主体出发点可将其分为两类：① 将虚拟电厂视为分布式电源的投资商，探究分布式电源容量优化配置问题[22-24]；② 将虚拟电厂视为分布式电源的联盟体，探究分布式电源间的联盟聚合问题[25-28]。主流认知上，虚拟电厂更侧重于多种分布式电源的灵活组合，换言之，虚拟电厂通常被视为众多不同容量、不同类型虚拟电厂的聚合联盟体[29-32]。因此，本节拟从分布式的联盟协同角度探究虚拟电厂的优化组合问题。

虚拟电厂优化组合过程中需重点解决三个子问题：① 如何最大化联盟的支付函数；② 如何将联盟总收益分配给子成员；③ 如何寻找最优联盟结构。其中，第一个子问题涉及不同联盟组合的虚拟运行模拟问题，是虚拟电厂优化组合过程中的重点与难点。第二个子问题实质为利润分配问题，联盟组合过程中需要选取合理的收益分配机制保证分配结果的公平性与合理性，这也是联盟组合是否稳定可靠的重要先决条件。第三个子问题则是分布式电源成员根据虚拟预测的多种联盟分配结果选取最优联盟伙伴的问题，本节倾向于以可再生能源为主来确定联盟最优结构。

由于出力波动性，风电、光伏等可再生能源机组通常需要与储能、可控机组等相配合工作，来降低其市场参与过程中的波动风险。这也是北欧虚拟电厂项目的主流运行模式。可再生能源作为虚拟电厂的常见组成成员，其优化组合过程中也涉及不确定性因素的处理。数学理论中常用概率理论和模糊理论描述不确定性。概率理论是用于描述随机变量分布特性的一种数理统计理论，适用范围广，理论体系相对成熟。模糊理论用于对事物模糊属性的判断和分析，从数学角度量化模糊概念之间的比较。随机规划中的期望值模型虽然能够提供较为精确的预期结果，然而由于计算量问题，在分布式电源联盟组合过程中适用性较差。特别地，联盟组合阶段，分布式电源成员通常需要对所有可能的组合结构进行模拟，其对计算的简洁性具有一定要求。鲁棒规划主要用于计算最坏场景的保守最优解，相对来说，它提供给联盟成员的信息较为有限，无法充分反映系统的不确定信息。同时，由于分布式电源成员的心理偏好不同，并非所有联盟成员都只想单纯地获得保守最优解。此外，鲁棒模型中各约束所需的合理指标值通常需要决策者综合考虑客观因素而做出判断，过程较为繁琐。区间模型由于只需已知变量的区间波动信息，而无需知晓变量在可行域内的分布信息,建模简单,所需的历史数据较少。与此同时,区间解可以表达更多不确定信息,包括乐观解、悲观解,及相关波动区间等。分布式电源联盟组合过程中,决策者通常需要较多的信息,以便于其根据自身偏好权衡风险与收益。因此,虚拟电厂优化组合过程中,对不确定性因素进行区间刻画更为实用。

由于区间规划的特点,联盟组合的预期收益解通常为一个区间值,这导致了联盟预期支付函数的模糊性。相应地,分布式电源之间的联盟实质为一个模糊联盟问题,即预期收益不确定型的模糊联盟[33]。

因此,本节拟从模糊联盟的角度探讨隶属于不同产权的分布式电源间的灵活组合问题(也即虚拟电厂的优化组合问题)。考虑到三元区间数不仅可以像常规区间数一样传递不确定因素的上下界波动信息,还可传递不确定因素的最可能值信息。本节利用三元区间数刻画分布式电源联盟组合过程中的不确定性因素,从而为分布式电源成员提供更多的有效信息进行决策。考虑到预期联盟支付值的模糊性,引入模糊夏普利值法进行利润分配,并根据区间数的特性探讨联盟各成员对不同组合下的模糊收益值偏好排序问题。

### 4.4.1 虚拟电厂联盟组合机制

#### 4.4.1.1 分布式电源联盟行为分析

由于市场容量限制,小容量的分布式电源通常无法单独参与电力市场。微电网和虚拟电厂等聚合商的出现,为分布式电源参与电力市场提供了有效的途径,提高了分布式电源的利用效率,增加了分布式电源所有商的收益,同时也减轻了市场运营商的调节负担。微电网主要承担中间商的角色,通过与分布式电源签订合同(通常为 take-or-pay 合同),聚合多个分布式电源,来满足微网内部负荷需求或者向市场出售多余的电量。而虚拟电厂,更侧重于从分布式电源的角度出发,通过多种分布式电源的聚合形成一个虚拟的市场交易主体,是一种合作联盟体形式。可再生能源机组由于出力的不确定性,即使有能力参与电力市场也要面临极大的波动风险。据预期,未来能源发展进程中,政府提供给可再生能源的补贴也将会逐步消失,可再生能源单独参与市场的风险也将被放大。因此,虚拟电厂组合过程中,可再生能源更有可能作为联盟的发起方,寻求与其他可控机组的合作。

为便于分析,本节将联盟成员分为可控单元与不可控单元两大类型:主动单元包括柴油机组、小型热电联产机组、电动汽车、储能装置、可控负荷等;而不可控单元主要指不可控负荷、风电、光伏等可再生能源。由于不可控单元的不确定性,不可控单元通常作为联盟的发起方,给予经济刺激以吸引可控单元,组成有效的联盟结构。

需要注意的是,可再生能源出力的波动性导致联盟预期效益也是不确定的。

同时,可控单元在与可再生能源机组形成联盟结构,预期得到的联盟支付值也是不确定的,故而分布式电源之间的联盟实质为一种模糊联盟行为[33]。

#### 4.4.1.2 联盟组合机制构建

由于分布式电源的地理位置分散性和产权差异性,虚拟电厂通常视为由不同来源、不同类型、不同容量的分布式电源的联盟组合体。在真正被一个商业型虚拟电厂(CVPP)代表参与市场之前,分布式电源拥有者通常需要选择是否加入一个联盟组合,或独立运行。换句话说,分布式电源需要首先判断自身独立运行时的效益;随后在收到联盟请求后,确定是否参与联盟、参与哪个联盟结构、确定最优联盟组合。事实上,分布式电源作为独立的利益个体,其参与联盟后所获得的收益是其参与联盟以及选择联盟伙伴的最大驱动力。

具体来说,虚拟电厂的联盟组合过程可分为三个阶段[34,35]。

阶段1:联盟效益预估。假定存在一个控制中心收集所有具有联盟意愿的分布式电源信息,包括种类数量、运行参数、成本信息、可再生能源预测出力信息等。根据意愿参与联盟的成员种类数量,对所有可能的联盟组合进行排序列举。随后,虚拟电厂控制中心建立不同联盟组合的虚拟交易模型,并计算出所有联盟组合下可能的虚拟联盟收益。因为尚未形成真正的联盟组合体,此时的交易模型和联盟收益是一个预估的虚拟值,并且仅仅作为数据存储,并不发生真正的交易切割。值得注意的是,由于分布式电源成员在参与联盟之前,对自己独立运行的效益通常也会有一个预估,也将其视为属于效益预估阶段。只不过,该单独运行效益信息通常由成员个体独立保存,而无需上报给虚拟电厂控制中心。

阶段2:联盟效益分配。效益分配策略的选择是本阶段的一个重点,也是影响分布式电源成员是否加入某一特定联盟组合的关键因素。只有保证收益分配的公平性、合理性,分布式电源成员才愿意达成合作协议,组成合作联盟。常用的收益分配方法包括核仁法、夏普利值法、等 MDP 法、简化 MCRS 法等[36]。需要注意的是,不同于真正发生交易后的联盟效益分配(为确定值),联盟组合阶段所得到的效益是一个预估的虚拟值,存在一定的不确定和波动性。因此,在联盟效益分配计算过程中,效益预估值的不确定性也需要考虑进去。

阶段3:联盟成员谈判。在收到控制中心预估的收益分配值后,各分布式电源成员将自己所有可能参与的联盟结构下所获得的收益进行排序,并确定愿意参与哪些联盟,根据优先级顺序与其他分布式成员谈判协商,从而形成最终的虚拟电厂联盟组合结构。该阶段的重点是联盟成员对其所可能参与联盟组合如何进行偏好排序。由于虚拟收益分配值的不确定性,组合成员对效益大小及效益波动的心理偏好将会影响其对组合结构的偏好排序。

虚拟电厂联盟机制如图 4-20 所示。

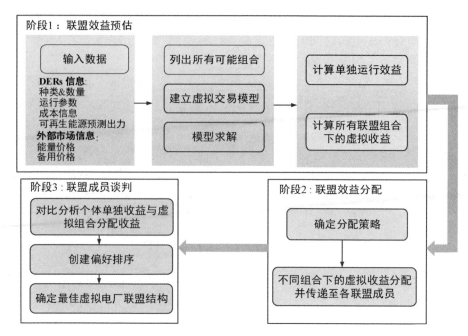

图 4‑20　虚拟电厂联盟机制

## 4.4.2　三元区间数及其线性规划

### 4.4.2.1　三元区间数

由于出力波动性,可再生能源机组单独参与市场通常面临极大的波动惩罚风险,因此可再生能源通常寻求与其他可控分布式单元的联盟组合,以寻求对市场输出的稳定。这同时也是含可再生能源的虚拟电厂形成的重要原因之一。为避免市场垄断行为,市场参与者通常为价格接受者。

一般而言,不确定量的建模方式主要包括随机模型、鲁棒模型、区间数模型[37]。随机模型通常假定不确定参数的概率分布式函数已知,然而,精确获得概率分布函数或模糊隶属度函数往往较为困难。鲁棒模型虽然只要求简单的区间分布信息,然而由于决策的保守性,无法充分反映系统的不确定性。而区间数模型只需关注不确定量的上下界信息。通常情况下,获得不确定参数的可能波动范围较为简单。与此同时,区间模型由于包含不确定量的上下界波动范围,可更为全面地表达系统不确定性解的信息,便于决策者权衡风险与效益,因此在分布式电源的联盟组合阶段较为适用。

需要说明的是,常规区间数通常为两参数区间数,即只用上下限表示。常规区间数中普遍认为区间上下限间的各个数值取值机会均等。通常情况下,为了覆盖不确定量的波动范围,区间范围可能会取得过大,导致模型的乐观解和悲观解相差较大。事实上区间数也可用分布函数的形式表示其在区间范围内取值机会的大小。参考文献[38-40],本节引入三元区间数来描述虚拟电厂联盟组合过程中的不确定变量。

**定义 4-4** $\tilde{a}=[a^l, a^*, a^u]$ 为三元区间数,且 $a^l \leqslant a^* \leqslant a^u$。其中,$a^l$、$a^u$ 分别表示区间数取值的上下限,$a^*$ 表示在此区间取值可能性最大的值,称为重心[40]。

与常规区间数不同的是,三元区间数不仅给出了不确定量的上下界范围,也给出了预估的最可能值(类似于点预测值),如图 4-21 所示。

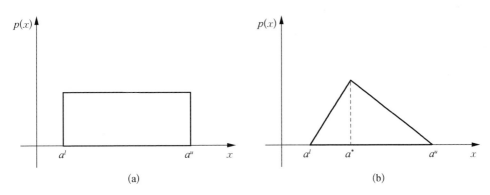

**图 4-21 常规区间数和三元区间数**

(a) 常规区间数;(b) 三元区间数

确切地说,三元区间模型是常规区间模型与期望值模型的结合,或者可视为传统区间数与三角模糊参数的结合。在常规区间数中,上下界间各个数值的取值机会通常看作是均等的,即 $p(x)=1/(a^u-a^l)=$ 常数。而在三元区间数中,重心 $a^*$ 的取值机会最大,向上下限边界取值的可能性逐渐递减。常规区间表示一个不确定变量时,有时为了覆盖整个范围,区间可能覆盖范围较大,此时再认为整个区间内取值机会均等,得到的结果会产生较大误差。利用三元区间数进行评判,不仅保持了参数的取值区间,也能突出取值可能性最大的重心,弥补常规区间数的不足。三元区间数理论在处理多指标决策问题或不确定综合评判问题较为实用,也使评判结果更符合人们的思维方式和工程实际[41,42]。

### 4.4.2.2 三元区间数线性规划

由于参数或变量为三元区间数形式,其对应的数学模型为三元区间规划模型。定义三元区间数线性规划的一般形式如下:

$$\begin{cases} \min \tilde{f} = \tilde{C}\tilde{X} \\ \text{s. t. } \tilde{A}\tilde{X} \leqslant \tilde{B} \\ \tilde{X} \geqslant 0 \end{cases} \quad (4-68)$$

式中，$\widetilde{A} = (\widetilde{a}_{ij})_{m \times n}$，$\widetilde{a}_{ij} = [a_{ij}^l, a_{ij}^*, a_{ij}^u]$；$\widetilde{B} = (\widetilde{b}_i)_{m \times 1}$，$\widetilde{b}_i = [b_i^l, b_i^*, b_i^u]$；$\widetilde{C} = (\widetilde{c}_j)_{1 \times n}$，$\widetilde{c}_i = [c_i^l, c_i^*, c_i^u]$ 为已知参数，均为三元区间数形式，$\widetilde{X} = (\widetilde{x}_1, \widetilde{x}_2, \cdots, \widetilde{x}_n)^T$ 为决策变量，$\widetilde{f} = (\widetilde{f}_1, \widetilde{f}_2, \cdots \widetilde{f}_n)$，$\widetilde{f}_j = [f_j^l, f_j^*, f_j^u]$ 为目标函数值，亦为三元区间数形式。

**定义 4-5** 若 $\widetilde{X}^*$ 为三元区间数规划[式(4-68)]的最优解，则对所有的可行解 $\widetilde{X}$，有 $\widetilde{C}\widetilde{X}^* \leqslant \widetilde{C}\widetilde{X}$。最优解对应的目标值 $\widetilde{f}^* = \widetilde{C}\widetilde{X}^*$ 称为最优值。

针对三元区间数形式的数学规划求解一般相对较为复杂，涉及悲观解 $f^l$、乐观解 $f^u$、最可能解 $f^*$ 的求解。同时，三元区间规划的最优解和最优值通常与三元区间数的序关系有关。针对最优目标函数值 $f^l$，$f^*$，$f^u$ 的计算，需分解为以下三个数学模型进行求解，具体数学推导过程请参考文献[40]。

$$\begin{cases} \min f^* = \sum_{j=1}^n c_j^* x_j^* \\ \text{s. t. } \sum_{j=1}^n a_{ij}^* x_j^* \leqslant b_i^*, \ i = 1, 2, \cdots, m \\ x_j^* \geqslant 0, \ j = 1, 2, \cdots, n \end{cases} \qquad (4-69)$$

$$\begin{cases} \min f^l = \sum_{j=1}^n c_j^l x_j^l \\ \text{s. t. } \sum_{j=1}^n a_{ij}^l x_j^l \leqslant b_i^l, \ i = 1, 2, \cdots, m \\ x_j^l - x_j^* \leqslant 0, \ j = 1, 2, \cdots, n \\ x_j^l \geqslant 0, \ j = 1, 2, \cdots, n \end{cases} \qquad (4-70)$$

$$\begin{cases} \min f^u = \sum_{j=1}^n c_j^u x_j^u \\ \text{s. t. } \sum_{j=1}^n a_{ij}^u x_j^u \leqslant b_i^u, \ i = 1, 2, \cdots, m \\ x_j^u - x_j^* \geqslant 0, \ j = 1, 2, \cdots, n \\ x_j^u \geqslant 0, \ j = 1, 2, \cdots, n \end{cases} \qquad (4-71)$$

### 4.4.3 基于三元区间数的联盟虚拟交易模型

#### 4.4.3.1 不确定因素的三元区间数刻画

由于虚拟电厂动态联盟组合发生在真正的最优报价决策之前，该过程面临可再生的出力不确定性及市场电价的不确定性。通常情况下，针对可再生能源的出力预测很难获取其精确的概率分布模型。同时,影响不确定性的因素可能非常复杂,因此单纯使用概率分布函数来表征不确定性可能并不适合。相反,不确定参量的预测上下界普遍并不难获得,而且预测者通常也知晓不确定参量最可能发生的值(发生可能性最大的值)。因此,利用三元区间数刻画不确定参量相对更为简易,且能给决策提供更多信息。以风电为例,其预测出力的三元区间数形式具体刻画过程如下。

(1) 基于历史风速数据及天气预报情况,预测交易日内(也即本文研究的时间周期)的风速数据。风速采样间隔设置为 5 min,得到一日内的风速变化曲线。

(2) 计算时段 $t$ 的平均风速值 $\bar{v}_t^*$ ($t=1, 2, \cdots, T$)。

(3) 统计该时段内大于平均风速 $\bar{v}_t^*$ 的风速数据,并计算其平均值,记为 $\bar{v}_t^u$。

(4) 统计该时段内小于平均风速速 $\bar{v}_t^*$ 的风速数据,并计算其平均值,记为 $\bar{v}_t^l$。

(5) 因此,获得每个 1 小时间隔内的平均风速变化区间,其三元区间数表示为 $[\bar{v}_t^l, \bar{v}_t^*, \bar{v}_t^u]$。

(6) 根据风速-风电出力之间的函数关系,即可获得风电出力在每小时间隔内的三元变化区间 $[P_{wt}^l, P_{wt}^*, P_{wt}^u]$,即

$$P^w = \begin{cases} 0 & v < v_{CI}, v \geqslant v_{CO} \\ \dfrac{P_R}{v_R^3 - v_{CI}^3} v^3 - \dfrac{v_{CI}^3}{v_R^3 - v_{CI}^3} P_R, & v_{CI} < v < v_R \\ P_R & v_R < v < v_{CO} \end{cases} \tag{4-72}$$

式中,$P_R$ 为风机的额定输出功率;$v_{CI}$ 为切入风速;$v_{CO}$ 为切出风速;$v_R$ 为额定风速。

### 4.4.3.2 三元区间形式的联盟优化模型建立

为便于分析,本节选取可再生能源、可控机组、储能装置三种类型的分布式电源作为典型的联盟成员进行模型构建。不同分布式电源所构成的联盟组合称为一个联盟体,而最佳的联盟组合结构称为虚拟电厂。与此同时,在联盟虚拟交易模型构建过程中,作出如下假设:

(1) 假定所有分布式电源连接于一个共同的节点,其面临相同的市场电价,因此可以直接聚合而不必考虑输电容量限制问题。

(2) 由于分布式电源的容量较小,假定所有的组合联盟体为价格接受者,在虚拟交易过程中不考虑其市场交易量对市场价格的影响。

(3) 假定此时联盟体与当地用户无供电协议,也就是说,虚拟电厂并没有义务满足特定负荷。因此,联盟体的关键问题是确定向市场报价量。

(4) 考虑到可控机组处的备用容量可能不足,因此允许联盟体可以从外部市场购买部分备用,以满足备用要求。

（5）为便于分析分布式电源单独运行收益情况，假定各联盟成员的容量均达到了最小市场准入容量标准。

市场环境下，联盟体 $m$ 虚拟交易模型的目标是通过合理向市场报价以最大化组合收益，其收益来源为向市场售电，而成本主要来自从备用市场购买备用和分布式成员自身的运行成本。需要说明的是，由于本模型中的不确定变量表征为三元区间数形式，预期调整成本间接体现在收益的波动区间。

$$\max \sum_{t=1}^{T} \{f_m(\tilde{\boldsymbol{x}}_t) - \alpha_w f_w(\tilde{\boldsymbol{x}}_t) - \alpha_s f_s(\tilde{\boldsymbol{x}}_t) - \alpha_g f_g(\tilde{\boldsymbol{x}}_t)\} \qquad (4-73)$$

$$f_m(\tilde{\boldsymbol{x}}_t) = \lambda_t^P \widetilde{P}_{m,t} - \lambda_t^R \widetilde{r}_{m,t} \qquad (4-74)$$

$$f_w(\tilde{\boldsymbol{x}}_t) = C_w^{OM} \widetilde{P}_{w,t} \qquad (4-75)$$

$$f_s(\tilde{\boldsymbol{x}}_t) = C_s^{OM} \widetilde{P}_{ch,t} + C_s^{OM} \widetilde{P}_{dis,t} \qquad (4-76)$$

$$f_g(\tilde{\boldsymbol{x}}_t) = u_{g,t}(a\widetilde{P}_{g,t}^2 + b\widetilde{P}_{g,t} + c) + v_{g,t} C_g^{SU} + C_g^{OM} \widetilde{P}_{g,t} \qquad (4-77)$$

式中，$\tilde{x}_t$ 为 $t$ 时段的决策变量集合，包括联盟体 $m$ 与外部市场的电能、备用交易量，及联盟内成员的功率调度基准点；$\alpha_w$、$\alpha_s$、$\alpha_g$ 为二进制变量，分别表征可再生能源、储能、可控机组在该联盟结构中的参与状态，当其参与该联盟组合时，其值为 1，否则为 0；$f_m(\tilde{\boldsymbol{x}}_t)$ 表示联盟体的外部交易收益，等于能量市场售电收益减去备用购买成本；$\lambda_t^P$、$\lambda_t^R$ 分别表示向市场售电价格及从市场购买备用价格，$\widetilde{P}_{m,t}$、$\widetilde{r}_{m,t}$ 则分别表示 $t$ 时段联盟体 $m$ 的市场售电量和备用购买量；$C_w^{OM}$ 为可再生能源的单位运行成本，$\widetilde{P}_{w,t}$ 为 $t$ 时段可再生能源的预测出力；$C_s^{OM}$ 为储能单元的单位损耗成本，$\widetilde{P}_{ch,t}$、$\widetilde{P}_{dis,t}$ 为储能单元 $t$ 时段的充电功率或放电功率；$u_{g,t}$、$v_{g,t}$ 分别表示可控机组的运行状态和启动状态，为二进制变量；$C_g^{SU}$、$C_g^{OM}$ 为可控机组的启动成本和单位运行维护成本；$a$、$b$、$c$ 则分别对应可控机组二次能耗成本系数。需要说明的是，$\widetilde{(\ )}$ 形式均为三元区间数，即包含该变量的上下界及最可能值信息。

本交易模型主要包括四类约束：系统约束，可再生能源出力约束、储能约束，以及可控机组运行约束，具体如下：

1）系统约束

（1）功率平衡约束：

$$\alpha_g \widetilde{P}_{g,t} + \alpha_w \widetilde{P}_{w,t} + \alpha_s \widetilde{P}_{dis,t} = \widetilde{P}_{m,t} + \alpha_s \widetilde{P}_{ch,t} \qquad (4-78)$$

根据三元区间数性质[40]，式（4-78）可进一步转化为如下形式：

$$\begin{cases} \alpha_g P_{g,t}^l + \alpha_w P_{w,t}^l + \alpha_s P_{dis,t}^l = P_{m,t}^l + \alpha_s P_{ch,t}^l \\ \alpha_g P_{g,t}^* + \alpha_w P_{w,t}^* + \alpha_s P_{dis,t}^* = P_{m,t}^* + \alpha_s P_{ch,t}^* \\ \alpha_g P_{g,t}^u + \alpha_w P_{w,t}^u + \alpha_s P_{dis,t}^u = P_{m,t}^u + \alpha_s P_{ch,t}^u \end{cases} \tag{4-79}$$

(2) 备用需求约束：

$$\alpha_g r_{g,t} + \alpha_s r_{s,t} + r_{m,t} \geqslant \alpha_w \eta_w \widetilde{\Gamma}_{w,t} \tag{4-80}$$

$$r_{g,t} = \min\{P_g^{max} - P_{g,t}, \ UR_g \cdot \Delta T\} \tag{4-81}$$

$$r_{s,t} = \min\{(E_{s,t} - E_s^{min})\eta_{dis}, \ P_{dis}^{max}\} - P_{dis,t} + P_{ch,t} \tag{4-82}$$

式中，$\eta_w$ 为备用系数；$P_g^{max}$ 表示可控机组的最大出力，$UR_g$ 表示机组的爬坡速率；$E_s^{min}$ 表示储能的最小能量限制，$\eta_{dis}$ 为储能的放电效率，$P_{dis}^{max}$ 为储能的最大放电功率。联盟体的备用来源包括可控机组、储能装置，以及从外部市场购买电能，而备用需求量则主要取决于可再生能源的出力情况。由于联盟体并不一定包含可再生能源、可控机组、储能装置等所有类型成员，因此其需乘以其联盟参与的状态变量 $\alpha_w$、$\alpha_s$、$\alpha_g$。

2) 可再生能源出力约束

$$0 \leqslant P_{w,t} \leqslant P_{w,t}^{pre} \tag{4-83}$$

式中，$P_{w,t}^{pre}$ 为可再生能源的预测值。

3) 储能装置约束

$$u_{ch,t} + u_{dis,t} \leqslant 1 \tag{4-84}$$

$$0 \leqslant P_{ch,t} \leqslant u_{ch,t} P_{ch}^{max} \tag{4-85}$$

$$0 \leqslant P_{dis,t} \leqslant u_{dis,t} P_{dis}^{max} \tag{4-86}$$

$$E_s^{min} \leqslant E_{s,t} \leqslant E_s^{max} \tag{4-87}$$

$$E_{s,t} = E_{s,t-1} + \eta_{ch} P_{ch,t} - P_{dis,t}/\eta_{dis} \tag{4-88}$$

$$E_{s,ini} = E_{s,T} \tag{4-89}$$

式中，$u_{ch,t}$、$u_{dis,t}$ 为二进制变量，分别表征储能的充放电状态；$P_{ch}^{max}$ 为储能的最大充电功率，$E_{s,t}$ 为 $t$ 时段的储能能量值，$E_s^{min}$、$E_s^{max}$ 分别表示储能的最小、最大能量约束；$\eta_{ch}$、$\eta_{dis}$ 分别表示储能的充、放电效率。式(4-84)限制储能装置在同一时段只能充电或放电；式(4-85)、(4-86)表示储能充放电功率限制约束；式(4-87)表示储能能量大小约束；式(4-88)表示储能的充放电功率与能量大小的约束关系；式(4-89)要求在一个完整的周期内，储能最终储存能量等于初始能量状态。

4）可控机组出力约束

$$u_{g,t}P_g^{\min} \leqslant P_{g,t} \leqslant u_{g,t}P_g^{\max} \qquad (4-90)$$

$$-\mathrm{DR}_g \cdot \Delta T \leqslant P_{g,t} - P_{g,t-1} \leqslant \mathrm{UR}_g \cdot \Delta T \qquad (4-91)$$

$$(X_{t-1}^{\mathrm{on}} - \mathrm{MUT}_g)(u_{g,t-1} - u_{g,t}) \geqslant 0 \qquad (4-92)$$

$$(X_{t-1}^{\mathrm{off}} - \mathrm{MDT}_g)(u_{g,t} - u_{g,t-1}) \geqslant 0 \qquad (4-93)$$

式中，$\mathrm{DR}_g$、$\mathrm{UR}_g$分别表示可控机组的向下、向上爬坡速率；$\mathrm{MUT}_g$、$\mathrm{MDT}_g$分别表示可控机组的最小开机、停机时间限制；$X_{t-1}^{\mathrm{on}}$、$X_{t-1}^{\mathrm{off}}$则分别表示$t-1$时段可控机组的累计开机、停机时间。式（4-90）表示可控机组的出力大小约束；式（4-91）限制可控机组相邻时间段的爬坡速率；式（4-92）、（4-93）表示可控机组的最小启停机时间约束。

### 4.4.4 最佳联盟结构确立

#### 4.4.4.1 虚拟联盟内成员利益分配

根据上一节的虚拟交易模型可以求得联盟 $m$ 的整体支付函数,在此基础上,我们进一步讨论如何公平地将联盟收益分配给内部成员。首先,该分配机制必须保证联盟成员参与该联盟后所获得的收益高于其单独运行时收益。其次,新成员的加入并不会削减原联盟成员的收益情况。为了更合理地量度联盟内部成员对总体支付函数的边际贡献,夏普利值法被广泛应用于联盟博弈的利益分配中。

然而由于可再生能源出力和电价的不确定性,联盟的虚拟收益亦存在一定的不确定性。根据上一节模型描述,联盟所获得的虚拟交易收益也是一个三元区间数。在联盟的虚拟收益是三元区间数的前提下,各联盟成员也认为联盟的收益是不确定的,相应地,其对可能分配的收益预期也是不确定的,联盟利益分配过程中也应考虑到这种不确定性。因此,本节拟采用"Hukuhara-Shapley"进行联盟的虚拟收益分配。

**定义 4-6** 对于 $N$ 人合作对策$(N, \tilde{v})$,其中 $\tilde{v}$ 表示联盟的模糊支付,为三元区间数。一个 $n$ 维区间向量$\varphi(\tilde{v}) = (\varphi_1(\tilde{v}), \varphi_2(\tilde{v}), \cdots, \varphi_n(\tilde{v}))$称为联盟$(N, \tilde{v})$的 Hukuhara-Shapley 值,其满足以下三条公理。

① 有效性公理:如果对于包含 $i$ 的子集 $S$ 都有 $\tilde{v}(S) = \tilde{v}(S-\{i\})$,则 $\varphi_i(\tilde{v}) = 0$, $\sum_{i \in N} \varphi_i(\tilde{v}) = \tilde{v}(N)$。

② 对称性公理:如果局中人 $i, j \in N$,对于任意联盟 $S \subset N\backslash\{i, j\}$,总有 $\tilde{v}(S \bigcup \{i\}) = \tilde{v}(S \bigcup \{j\})$,则有 $\varphi_i(\tilde{v}) = \varphi_j(\tilde{v})$。

③ 可加性公理：对于任意两个合作对策 $(N,\tilde{v}_1)$ 和 $(N,\tilde{v}_2)$，如果存在一个合作对策 $(N,\tilde{v}_1+\tilde{v}_2)$，那么对于任意的联盟 $S\subset N$，总有 $(\tilde{v}_1+\tilde{v}_2)(S)=\tilde{v}_1(S)+\tilde{v}_2(S)$，则 $\varphi_i(\tilde{v}_1+\tilde{v}_2)=\varphi_i(\tilde{v}_1)+\varphi_i(\tilde{v}_2)$，$i\in N$。

**定理 4-1**　$N$ 人合作对策 $(N,\tilde{v})$ 的 Hukuhara-Shapley 值必定存在且唯一，具体证明请参考文献[43]。其中第 $i$ 个局中人的支付值为

$$\varphi_i(\tilde{v})=\sum_{S\subset N,\,i\in S}\frac{(|S|-1)!(n-|S|)!}{n!}[\tilde{v}(S)-\tilde{v}(S\backslash i)]\quad(4-94)$$

式中，$\varphi_i(\tilde{v})$ 表示第 $i$ 个成员的模糊支付值；$|S|$ 为子联盟 $S$ 内成员数，$n$ 表示全联盟内成员总数；$\tilde{v}(S)$、$\tilde{v}(S\backslash i)$ 均为模糊变量，分别表示联盟 $S$ 及不包括成员 $i$ 参加时的联盟效益值。

### 4.4.4.2　模糊利润的偏好排序

假定联盟成员 $i$ 所参与的联盟组合形式共有 $I$ 种，分别对应 $I$ 种利润分配结果。根据上节的分析，由于虚拟交易的不确定性，导致成员所预期分配的利润也均为三元区间形式的模糊数。因此联盟组合过程中，联盟成员 $i$ 将会对其参与的所有联盟组合形式下所获得利润进行对比排序，即涉及三元区间数的偏好排序问题。假定 $\tilde{A}_i$ 和 $\tilde{B}_i$ 为成员 $i$ 在任意两种其所参与的组合形式下的分配利润值，即

$$\tilde{A}_i=[a_i^l,a_i^*,a_i^u]=\{a_i:a_i^l\leqslant a_i\leqslant a_i^u\}\quad(4-95)$$

$$\tilde{B}_i=[b_i^l,b_i^*,b_i^u]=\{b_i:b_i^l\leqslant b_i\leqslant b_i^u\}\quad(4-96)$$

式中，$a_i^*$ 为模糊利润值 $\tilde{A}_i$ 的特元，表示最有可能得到的值，$a_i^u$、$a_i^l$ 则分别为模糊利润值 $\tilde{A}_i$ 的波动上、下界；类似地，$b_i^*$、$b_i^u$、$b_i^l$ 为模糊利润值 $\tilde{B}_i$ 的特元及波动上、下界。

定义模糊利润值 $\tilde{A}_i$、$\tilde{B}_i$ 的区间宽度分别为

$$w(\tilde{A}_i)=(a_i^u-a_i^l)/2\quad(4-97)$$

$$w(\tilde{B}_i)=(b_i^u-b_i^l)/2\quad(4-98)$$

区间宽度 $w(\tilde{A}_i)$、$w(\tilde{B}_i)$ 分别表示两个利润区间的波动不确定性程度，其值越大，表示不确定性波动幅度越大。而特元 $a_i^*$、$b_i^*$ 则表示两个利润的最可能值，其值越大，表示成员 $i$ 在该方案下所获得的利润值越大。为方便比较，假定利润 $\tilde{A}_i$ 的特元小于等于 $\tilde{B}_i$ 的特元[见式(4-99)]所示；而 $\tilde{A}_i$、$\tilde{B}_i$ 的区间宽度则存在以下两种情况，即式(4-100)、式(4-101)：

$$a_i^*\leqslant b_i^*\quad(4-99)$$

$$\text{case 1：}w(\tilde{A}_i)\geqslant w(\tilde{B}_i)\quad(4-100)$$

$$\text{case 2:} \ w(\widetilde{A}_i) < w(\widetilde{B}_i) \tag{4-101}$$

场景 1 下,利润 $\widetilde{A}_i$ 的不确定度大于等于利润 $\widetilde{B}_i$,且利润 $\widetilde{A}_i$ 的最可能值也小于利润 $\widetilde{B}_i$,显然 $\widetilde{B}_i$ 优先于 $\widetilde{A}_i$。而场景 2 下,尽管利润 $\widetilde{B}_i$ 的最可能值较大,然而其所面临的不确定波动程度也大。因此,联盟成员 $i$ 很难抉择利润 $\widetilde{A}_i$ 和利润 $\widetilde{B}_i$ 的优先级。参考文献[44]中定义模糊集 $B' = \{(X, B) \mid x^* \leqslant b^*, \ w(X) < w(B)\}$,且其隶属度函数为 $\mu_{B'}(X)$:

$$\mu_{B'}(X) = \begin{cases} 1, & \text{当 } x^* = b^* \\ \dfrac{x^* - (b^l + w(X))}{b^* - (b^l + w(X))}, & \text{当 } b^l + w(X) \leqslant x^* \leqslant b^* \\ 0, & \text{其他} \end{cases} \tag{4-102}$$

隶属度 $\mu_{B'}(X)$ 表示在模糊对 $(X, B)$ 中的偏好水平,其值大于等于 0、小于等于 1。$\mu_{B'}(X)$ 值将随着 $X$ 的特元 $x^*$ 的增加而增加,随着 $X$ 的宽度 $w(X)$ 增加而减小。当 $\mu_{B'}(X) = 1$ 时,$X$ 强优先于 $B$,也即 $B$ 完全被拒绝;当 $\mu_{B'}(X) = 0$,$B$ 强优先于 $X$,也即 $B$ 完全被接受;当 $0 \leqslant \mu_{B'}(X) \leqslant 1$,$\mu_{B'}(X)$ 则表示 $B$ 的拒绝程度。因此,当 $0 \leqslant \mu_{B'}(X) \leqslant 0.5$ 时,决策者更偏好模糊值 $B$;而当 $0.5 \leqslant \mu_{B'}(X) \leqslant 1$,决策者更偏好模糊值 $X$。

基于上述排序原则,各分布式电源将会对其所可能参与的所有组合下的利润分配模糊量进行对比排序。根据排序结果,这些联盟成员之间将会相互通信协调,选择其所可以参与的最优组合结构,形成真正的联盟体并参与市场进行真正的运行决策(即通常意义下的虚拟电厂运行决策)。值得注意的是,某些情况下,一些分布式成员所最希望加入的最优结构可能对其潜在联盟成员并不是最优结果;相反,其联盟伙伴所偏向的联盟结构对该成员可能是次优的,因此这些分布式成员之间存在协调谈判的过程。

### 4.4.5 算例分析

#### 4.4.5.1 系统描述

本节假定系统中存在一个小型风电场、一台燃气轮机和一个小型的储能装置,分别表征含可再生能源的虚拟电厂常见组成成员,即可再生能源、可控机组、储能装置。为便于分析,假定系统中小型风电场、燃气轮机、储能装置的额定容量均为 1 MW。燃气轮机的最小发电出力为 0.2 MW,向上和向下爬坡速率均为 0.6 MW,最小启停机时间为 2 h。储能装置的具体参数取自文献[45]。储能能量水平限制在 [0.2, 1] MW·h 之间;且储能充电功率上限为 0.3 MW,而放电功率上限则为 0.5 MW;储能充放电效率为 80%。假定初始时段,储能装置的初始容量为

0.4 MW·h，而燃气轮机处于关停状态。燃气轮机的能耗成本系数 $a$、$b$、$c$ 分别为 5 \$[①]/MW², 10 \$/MW, 50 \$；启动和停机成本分别为 10 \$ 和 0 \$。燃气轮机、储能和风机的运行维护成本系数分别为 12.58 \$/(MW·h)、9.23 \$/(MW·h)、及 6.92 \$/(MW·h)。日前能量市场和备用电价均为分时电价，具体如表 4-9 所示。根据甘肃省柳园镇[46] 历史风速数据，获得三元区间形式风电预测出力如图 4-22 所示。为降低风电机组的失衡风险，将其备用系数设置为 20%。

**表 4-9　市场分时电价**

| 类　型 | 时　段　划　分 | 能量价格<br>[\$/(MW·h)] | 备用价格<br>[\$/(MW·h)] |
|---|---|---|---|
| 峰时段 | 09:00~11:00, 17:00~21:00 | 80 | 40 |
| 平时段 | 06:00~08:00, 12:00~16:00 | 45 | 22.5 |
| 谷时段 | 01:00~05:00, 22:00~24:00 | 20 | 10 |

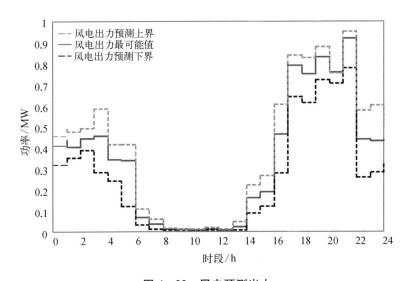

**图 4-22　风电预测出力**

#### 4.4.5.2　结果分析

参与联盟前，各分布式电源成员首先根据自身信息计算其单独运行所获收益。考虑风电、储能、可控机组在参与市场过程中并不存在利益冲突，因此其完全可以根据自身容量独立申报市场参与量，所得收益如表 4-10 所示。

---

① \$，表示美元。

表 4 - 10　各分布式电源独立运行时预期收益

| 电　源　类　型 | 预期收益/$ |
| --- | --- |
| 风　　　电 | [270.50，334.83，369.49] |
| 可控机组 | 554.88 |
| 储能装置 | 11.29 |

　　根据表 4 - 10,由于模型构建中风电出力刻画为三元区间数,风电预期收益为三元区间数。相对而言,由于可控机组和储能装置的可控性,并不存在不确定性,其所获预期收益为确定的单一值。虽然都是可控分布式单元且额定容量均为 1 MW·h,然而储能装置的单独运行收益与可控机组的单独运行收益存在明显差距。这是因为,储能装置充放电过程中存在部分能量损失,且必须保证运行周期始末的能量水平一致,因此储能单独运行收益并不明显。针对风电,利用本节所提出的三元区间规划模型,风电预期收益的最可能值为 334.83 $,而其最大和最小预期收益分别为 369.49 $ 和 270.50 $。而常规两参数区间规划下,普遍只能获得预期收益的悲观解为 270.50 $,乐观解为 369.49 $,收益波动区间幅度达 98.99 $。显然这种仅有上下界波动区间的信息的预期解难以为风电所有商提供有效的信息决策。对应地,三元区间规划下,可额外获得预期收益的最可能解为 334.83 $,且并不会影响上下波动区间信息的获得。因此,三元区间数形式显然能提供更多不确定信息,方便决策者权衡经济收益及波动风险,使其谈判结果更加理性和实际。

　　图 4 - 23 刻画了各分布式电源单独运行时的预期出力情况。需要说明的是,由于风电出力是三元区间数,其对应的输出调度亦为三元区间数。为便于分析,图 4 - 23(a)只给出了风电预期对应为最可能值情况下的出力调度安排,风电出力上、下界所对应的调度安排与此类似。根据图 4 - 23(a),由于不考虑风力风电的成本,风电商几乎都选择将全部预测风电出售到市场以获取利润。为了应对风电波动,风电商同时购买高比例的备用容量,根据要求为其市场申报量的 20%。根据图 4 - 23(b),可控机组在 06:00～21:00 以最大出力运行,这是因为该时段内市场售电电价高于可控机组单位运行成本。同时,受爬坡速率限制,可控机组在 05:00 和 22:00 以 0.4 MW 功率运行,尽管该时段内电价较低。针对储能装置,其单独运行时所获收益较低,仅为 11.29 $,来自初始储存能量的放电,如图 4 - 23(c)所示。进一步地,如果改变储能的初始能量由原来的 0.4 MW·h 降至最低阈值 0.2 MW·h,储能将不会放电,相应地其收益也降低为 0。由此可以推断,储能单独运行时的经济效益非常低,因此将其与其他分布式单元联合运行具有重要意义。

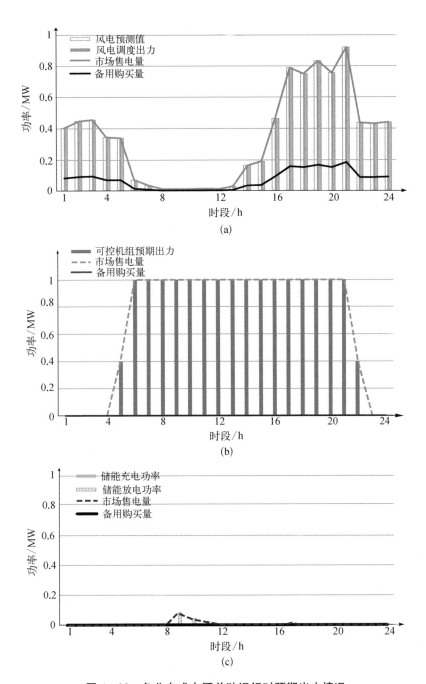

**图 4-23 各分布式电源单独运行时预期出力情况**

（a）单独运行时风电出力情况；（b）可控机组单独运行出力；（c）储能单独运行情况

接下来,进一步讨论当分布式机组形成不同的联盟组合时所获得的收益情况。基于三参数区间优化和模糊夏普利法分配,不同联盟结构下的组合收益及对应分配结果如表 4-11 所示。

表 4-11  不同联盟结构下各分布式成员收益结果

| 联盟结构 | 联盟值/$ | 风电收益/$ | 可控机组收益/$ | 储能收益/$ |
|---|---|---|---|---|
| {WT}, {CPP}, {ESS} | — | [270.50, 334.83, 369.49] | 554.88 | 11.28 |
| {WT+CPP} | [830.86, 898.03, 934.90] | [273.24, 338.99, 374.75] | [557.62, 559.04, 560, 15] | — |
| {WT+ESS} | [318.92, 390.24, 429.24] | [289.07, 356.89, 393.72] | — | [29.85, 33.35, 35.52] |
| {CPP+ESS} | 576.19 | — | 559.89 | 16.30 |
| {WT+ CPP+ ESS} | [874.57, 946.15, 985.34] | [286.90, 355.28, 392.54] | [557.82, 558.28, 558.71] | [29.85, 32.59, 34.09] |

观察表 4-11,不管具体的联盟结构如何,各分布式电源在参与联盟后所获得的收益均高于其单独运行时收益。这符合联盟博弈理论中个体理性原则,即成员参与联盟后所获得收益不能劣于其单独运行时收益,也只有在这种情况下,理性个体才会愿意加入一个联盟。与此同时,联盟值(即成员的联合收益)高于其成员个体单独运行时收益之和,也就是说理性的联盟结构必然可以帮助参与者提高运行收益。此外,联盟内成员的收益分配之和等于联盟值,这说明了联盟所获得的额外收益完全分配给了其参与者,并不存在第三方保留的情况。

**注意:**当与风电单元构成联盟体时,储能的收益由原来的 11.28 \$提高至 [29.85, 33.35, 35.52]\$,收益增长率约在 164.6%～214.9%之间。该收益值超过了储能参与其他联盟结构所获得的收益值,包括全联盟结构(由风电＋可控机组＋储能装置)。因此,可以推断,对于储能来说,其所偏好的联盟结构即仅与风电构成联盟体。类似地,由于风电在与储能单独联盟的结构中所获收益最大,风电也偏向只和储能合作。全联盟结构中,也即可控机组加入后,风电和储能的收益反而均有所下降。这显然违背了联盟理性原则,即新成员的加入损害了原有联盟成员的利益。因此,对于理性的风电和储能个体来说,这种情况下,显然并不欢迎可控机组的加入,而偏向于仅有风电和储能联盟的状态。因此,最佳的联盟结构是风电和储能的联盟,并非全联盟结构。

上述现象出现的原因主要在于,由于联盟成员可以通过备用市场来保证其稳定的功率输出,相应地,可控机组在平衡不确定性方面的作用被弱化了。而储能则可以通过低电价时段储存电能高电价时段售出电能实现风电在不同时段下的套利。倘若假定分布式成员不允许从外部市场购买备用,各联盟结构下的收益结果将会发生很大变化(见表4-12)。

表4-12 不允许参与备用市场时各成员收益结果

| 联盟结构 | 联盟值/$ | 风电收益/$ | 可控机组收益/$ | 储能收益/$ |
|---|---|---|---|---|
| {WT}, {CPP}, {ESS} | — | 0 | 554.88 | 11.28 |
| {WT+CPP} | [825.40, 891.61, 928.13] | [135.26, 168.37, 186.63] | [690.14, 723.24, 741.50] | — |
| {WT+ESS} | [318.79, 389.97, 428.94] | [153.75, 189.34, 208.83] | — | [165.04, 200.63, 220.11] |
| {CPP+ESS} | 576.19 | — | 559.89 | 16.30 |
| {WT+CPP+ESS} | [874.55, 946.12, 985.30] | [195.79, 242.55, 268.19] | [601.93, 613.09, 619.25] | [76.83, 90.48, 97.86] |

根据表4-12,当不允许参与备用市场时,由于无法购买备用来保证自己同市场的稳定交易,风电将无法通过单独运行参与电力市场售电,其所获收益为零。相对而言,当与其他成员联合起来运行后,风电收益将会呈现明显的增长。在联盟结构{WT+CPP}中,风电的收益增至[135.26, 168.37, 186.63]$,而在联盟结构{WT+ESS}中,风电的收益将增至[153.75, 189.34, 208.83]$。显然,对于风电来说,与储能合作时所获得收益依然高于与可控机组合作时所获得收益。这是因为在与风电联合运行时,储能不仅可以提供备用需求,而且可以将低电价时段产生的风能储存起来转移到高电价时刻出售,实现不同时段间的电能套利。然而,对于风电来说,这并不意味着{WT+ESS}的结构依然是最佳联盟结构。根据表4-12,在全联盟{WT+CPP+ESS}中,风电商的收益达到了[195.79, 242.55, 268.19]$,明显优于任何其他联盟结构时风电的收益。因此,对于风电商来说,最佳的联盟结构是与储能与可控机组同时合作。尽管储能和可控机组都更加偏向于只和风电商合作,然而由于最终的决定权取决于风电商,很显然,该情况下的最佳联盟方式是全联盟结构。

为进一步观察备用市场对联盟结构的影响,通过改变备用市场的备用价格,考虑三种情景下的联盟收益情况:

基础情景,备用价格等于初始方案中价格,即表4-9中所示;

情景1,备用价格为原始价格的一半;

情景 2，备用价格为原始价格的 2 倍。

图 4-24 给出了上述三种情景下风电商的收益值，其中柱形长度表示风电商在不同情形下的最可能收益值，而误差线的上、下端则分别对应收益波动的上、下界值。根据图 4-24，在情景 1 中，当仅与储能联合运行时，风电商所获收益最大。因此可以推断，情景 1 中，联盟的最佳结构是{WT+ESS}。针对情景 2，风电商的收益最大值则出现在全联盟结构中，即{WT+CPP+ESS}。这是因为随着市场备用价格的升高，可控机组提供备用的优势逐渐凸显，因此风电商愿意吸纳可控机组组成最优联盟结构。这进一步验证了先前的理论推测，即备用市场的变化将会影响分布式电源之间的最佳联盟结构形式。

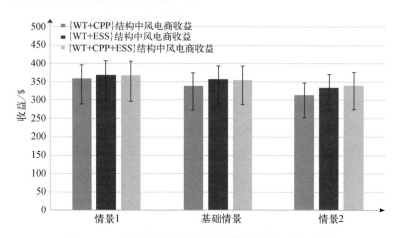

**图 4-24　不同情景下不同联盟结构下风电商收益**

进一步地，假定备用系数在 0～1 之间变化，分布式电源间的最佳联盟结构如表 4-13 所示。当备用系数小于 0.4 时，分布式电源间的最佳联盟结构为{WT+ESS}；而当备用系数处于 0.4 和 1 之间时，分布式电源间的最佳联盟结构则变成了{WT+ESS+CPP}。这说明了联盟内部的备用需求量也将会影响联盟的最佳组合结构，而并不仅仅取决于备用价格大小。同时，作为风电商潜在的联盟伙伴，储能展现了比可控机组的更高的优先级。这是因为，储能不仅可以提供备用容量，同时可以将电能转移至高电价时段进行套利，这也与先前的讨论分析相符合。

**表 4-13　不同备用系数下的最佳联盟结构**

| 备用系数 | 最佳联盟结构 | 备用系数 | 最佳联盟结构 |
| --- | --- | --- | --- |
| 0 | {WT+ESS} | 0.6 | {WT+CPP+ESS} |
| 0.1 | {WT+ESS} | 0.7 | {WT+CPP+ESS} |

（续 表）

| 备用系数 | 最佳联盟结构 | 备用系数 | 最佳联盟结构 |
|---|---|---|---|
| 0.2 | {WT+ESS} | 0.8 | {WT+CPP+ESS} |
| 0.3 | {WT+ESS} | 0.9 | {WT+CPP+ESS} |
| 0.4 | {WT+CPP+ESS} | 1.0 | {WT+CPP+ESS} |
| 0.5 | {WT+CPP+ESS} | | |

图 4-25 刻画了不同备用系数下最佳联盟结构中各分布式成员的收益分配结果。其中不同曲线上的标记点表示各分布式电源的最可能收益值，而误差线的上下端则分别对应其收益波动的上下界值。

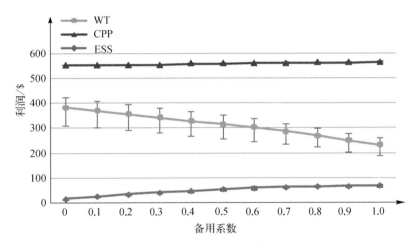

图 4-25 不同备用系数下各成员收益分配

根据图 4-25，随着备用系数的增加，风电商的收益最可能值逐渐下降，其收益波动幅度同时也在变小。这是因为，随着备用系数的增加，风电商逐渐更加依赖可控机组和储能在提供备用容量方面的作用。为了合理补偿可控机组和储能，风电商需要出让更多的利润空间来保证对可控机组和储能参与联盟的经济刺激。相应地，可以观察到，随着备用系数的增加，储能和可控机组的利润也呈现不断增长的趋势。值得注意的是，当备用系数小于 0.4 时，由于最佳联盟结构形式是{WT+ESS}，可控机组只能处于单独运行状态。相应地，当备用系数为 0～0.4 时，可控机组的运行利润保持平稳不变。此外，需要说明的是，可控机组和储能的利润也存在小范围的波动，尽管其利润曲线的误差线并不明显。这是因为在与风电商联盟后，风电出力的波动性导致其所形成的联盟体的预期收益也是一个三参数区间值。故而，在模糊利润分配法则下，可控机组和储能所获得的收益分配也是一个三参数区间值。不过,该波动性影响最大的是风电商的预期利润,对可控单元的影响相对微弱。因而,该模糊利润分配法则也可从一定程度上刺激可再生能源机组提高其预测精度,降低其预期利润的波动幅度。

# 参 考 文 献

[ 1 ] 刘宝碇.不确定规划及应用[M].北京:清华大学出版社,2003.

[ 2 ] Nosratabadi S M, Hooshmand R A, Gholipour E. A comprehensive review on microgrid and virtual power plant concepts employed for distributed energy resources scheduling in power systems[J]. Renewable and Sustainable Energy Reviews, 2017(67):341 – 363.

[ 3 ] 赵冬梅,殷加珏.考虑源荷双侧不确定性的模糊随机机会约束优先目标规划调度模型[J].电工技术学报,2018(5):1076 – 1085.

[ 4 ] 麻秀范,余思雨,朱思嘉,等.基于多因素改进 Shapley 的虚拟电厂利润分配研究[J].电工技术学报,2020(S02):585 – 595.

[ 5 ] 周宁,刘文学,李嘉媚,等.基于合作博弈论与综合需求响应的负荷聚合商集群优化运营策略[J].水电能源科学,2020(8):202 – 206.

[ 6 ] 姬源,黄育松.基于负荷聚集商的多家庭能量管理系统建模[J].现代电力,2018,35(2):16 – 21.

[ 7 ] 钱佳慧,尹鹏,邓学华,等.分时电价激励下考虑负荷聚集商的日前经济调度[J].现代电力,2019(4):31 – 37.

[ 8 ] 刘念,赵璟,王杰,等.基于合作博弈论的光伏微电网群交易模型[J].电工技术学报,2018,33(8):1903 – 1910.

[ 9 ] Karki R, Hu P, Billinton R. A simplified wind power generation model for reliability evaluation[J]. IEEE Transactions on Energy Conversion, 2006, 21(2):533 – 540.

[10] 陈瑶琪.基于典型天气类型计及随机预测误差的光伏发电短期预测研究[J].中国电力,2016,49(05):157 – 162.

[11] Wu H, Shahidehpour M, Li Z, et al. Chance-constrained day-ahead scheduling in stochastic power system operation[J]. IEEE Transactions on Power Systems, 2014, 29(4):1583 – 1591.

[12] 刘小平,丁明,张颖媛,等.微网系统的动态经济调度[J].中国电机工程学报,2011,31(31):77 – 84.

[13] Mashhour E, Moghaddas-Tafreshi S M. Bidding strategy of virtual power plant for participating in energy and spinning reserve markets—Part I:Problem formulation[J]. IEEE Transactions on Power Systems, 2011, 26(2):949 – 956.

[14] Setiawan E A. Concept and controllability of virtual power plant[M]. Kassel:Kassel University Press GmbH, 2007.

[15] Dimeas, A L, Hatziargyriou N D. Operation of a multiagent system for microgrid control [J].IEEE Trans. on Power Systems, 2005, 20(3):1447 – 1455.

[16] Albadi M H,El-Saadany E F. Demand response in electricity markets:an overview[C].

Tampa，FL，USA：Power Engineering Society General Meeting，IEEE，2007：1－5.

［17］ Liu M，Shi Y，Fang F. Load forecasting and operation strategy design for CCHP systems using forecasted loads［J］. IEEE Transactions on Control Systems Technology，2015，23(5)：1672－1684.

［18］ Cheng L，Liu C，Wu Q，et al. A stochastic optimal model of micro energy internet contains roof top PV and CCHP system［C］. Beijing，China：IEEE，International Conference on Probabilistic Methods Applied to Power Systems，2016：1－5.

［19］ 吕泉，陈天佑，王海霞，等.含储热的电力系统电热综合调度模型［J］.电力自动化设备，2014，34(5)：79－85.

［20］ Henrion R. Introduction to chance-constrainedprogramming［M］. Berlin：Tutorial Paper for the Stochastic Programming Community，2004.

［21］ 刘佳楠，李鹏，杨德昌.基于风光荷储联合优化的虚拟电厂竞价策略［J］.电力工程技术，2017，36(6)：32－37.

［22］ 黄昕颖，黎建，杨莉，等.基于投资组合的虚拟电厂多电源容量配置［J］.电力系统自动化，2015(19)：75－81.

［23］ 程华新.节能减排背景下含虚拟电厂的电力系统优化调度［D］.北京：华北电力大学，2017.

［24］ 卫志农，陈妤，黄文进，等.考虑条件风险价值的虚拟电厂多电源容量优化配置模型［J］.电力系统自动化，2018，42(4)：39－46.

［25］ Rahmani-Dabbagh S，Sheikh-El-Eslami M K. A profit sharing scheme for distributed energy resources integrated into a virtual power plant［J］. Applied Energy，2016(184)：313－328.

［26］ Shabanzadeh M，Sheikh-El-Eslami M K，Haghifam M R. A medium-term coalition-forming model of heterogeneous DERs for a commercial virtual power plant［J］. Applied Energy，2016(169)：663－681.

［27］ Robu V，Chalkiadakis G，Kota R，et al. Rewarding cooperative virtual power plant formation using scoring rules［J］. Energy，2016(117)：19－28.

［28］ Cheng Y，Fan S，Ni J，et al. An innovative profit allocation to distributed energy resources integrated into virtual power plant［C］. London：International Conference on Renewable Power Generation. IET，2016：6.

［29］ Asmus P. Microgrids，Virtual power plants and our distributed energy future［J］. Electricity Journal，2010，23(10)：72－82.

［30］ Saboori H，Mohammadi M，Taghe R. Virtual power plant(vpp)，definition，concept，components and types［C］. Wuhan：Asia-Pacific Power and Energy Engineering Conference，2011：1－4.

［31］ 季阳.基于多代理系统的虚拟发电厂技术及其在智能电网中的应用研究［D］.上海：上海交通大学，2011.

［32］ 卫志农，余爽，孙国强，等.虚拟电厂的概念与发展［J］.电力系统自动化，2013，37(13)：1－9.

［33］ Borkotokey S. Cooperative games with fuzzy coalitions and fuzzy characteristic functions［J］. Fuzzy Sets & Systems，2008，159(2)：138－151.

［34］ Mihailescu R C，Vasirani M，Ossowski S. Dynamic coalition formation and adaptation for virtual power stations in smart grids[C]. Paris：Proceedings of the Second International Workshop on Agent Technology for Energy Systems 2011.

[35] Yeung C S K，Poon A S Y，Wu F F. Game theoretical multi-agent modelling of coalition formation for multilateral trades[J]. IEEE Transactions on Power Systems，1999，14(3)：929－934.

[36] Hougaard J L. An introduction to allocation Rules[M]. Berlin，Springer Berlin Heidelberg，2009.

[37] Morales J M，Conejo A J，Madsen H，et al. Integrating renewables in electricity markets[M]. New York：Springer US，2014.

[38] 宗晓英,张志鹏,黄大为.风电并网系统的区间动态经济调度方法研究[J].东北电力大学学报,2015(5)：1－5.

[39] 牛彦涛,黄国和,张晓萱,等.区间数线性规划及其区间解的研究[J].运筹与管理,2010,19(3)：23－29.

[40] 黄华,宋艳萍,德娜·吐热汗.三元区间数线性规划及其解法[J].数学的实践与认识,2011,41(19)：134－141.

[41] 卜广志,张宇文.基于三参数区间数的灰色模糊综合评判[J].系统工程与电子技术,2001,23(9)：43－45.

[42] 胡启洲,于莉,张爱萍.基于三元区间数的多指标决策方法[J].系统管理学报,2010,19(1)：25－30.

[43] 于晓辉,张强.模糊支付合作对策的核心及其在收益分配问题中的应用[J].模糊系统与数学,2010,24(6)：66－75.

[44] Sengupta A，Pal T K. On comparing interval numbers：A study on existing ideas[M]// Fuzzy preference ordering of interval numbers in decision problems. Berlin：Springer Berlin Heidelberg，2009：25－37.

[45] Morales J M，Conejo A J，Madsen H，et al. Virtual power plants[M]//Frederick SH，Camille CP. Integrating renewables in electricity markets，New York：Springer，2014：243－287.

[46] Mohamed F A，Koivo H N. Online management of Microgrid with battery storage using multiobjective optimization[C]. Setual，Portugal：International Conference on Power Engineering，Energy and Electrical Drives，2007. Powereng. IEEE，2007：231－236.

# 5   互 动 与 竞 争

随着工业生产和居民用户的能源需求日趋多样,供能设备和形式向着高品位、低成本的方向发展,能源传输与设备的革新促使能源系统间的进一步耦合,使得综合能源系统从理论概念逐渐转变为一种切实有效的能源整合手段。区域综合能源系统是能源互联网中常见的载体,涉及能源的转换、分配与协调,其核心是实现多能互济和能源的梯级利用。近年来,欧盟、美国和日本结合自身能源发展需求,在政策、技术和示范工程方面做了大量尝试,国内也针对"互联网+智慧能源"的理念开展了大量的研究和实践[1, 2]。为实现区域能源网多能互补的系统优化,有必要对能源细胞间的互动与竞争模式进行研究[3-5]。本章针对各类能源细胞主体展开分析,明确其行为决策与运行模式。其中5.1节对虚拟电厂这一能源细胞主体进行研究,建立了 Stackelberg 动态博弈模型,通过寻找该博弈模型中的均衡解,确定虚拟电厂内各个分布式单元与控制协调中心的交易电价与调度计划。5.2节对区域综合能源系统这一能源细胞主体展开研究,在假设博弈主体具有有限的理性设计了双层博弈策略,建立了多主体非完全信息下的能源细胞双层博弈模型。5.3节对电动汽车代理商这一能源细胞主体展开分析,建立了电动汽车代理商的市场运营框架并研究了其特有的竞价和定价机制[6, 7]。

## 5.1   基于主从博弈的虚拟电厂竞标策略

随着世界能源紧缺、环境污染以及气候恶化现象的不断加剧,以光伏、风电为首的清洁能源成为能源开发的主流趋势。分布式电源的特点是其接入位置较为分散且具有环保性,可以降低系统运行过程对环境的污染,但是单个分布式电源的装机容量较小且具有较大的随机性、波动性和间歇性。因此,电网难以对其直接进行调度。为了避免分散独立的分布式电源并入电网造成的不利影响,有学者提出了虚拟电厂的概念作为分布式电源的有效管理形式。在提出全面建设全球能源互联网[8-10]后,虚拟电厂成为实现分布式电源广域合作和需求侧资源高效管理的有效途径。考虑到虚拟电厂的运行中,不同类型分布式电源极有可能隶属于不同产权所有者,对虚拟电厂的竞标问题,需要从常规地将虚拟电厂当成一个整体参与竞标的问题,转变为考虑内部主体的独立性,研究隶属多个主权多种类型的分布式电源的竞标问题。同时,在虚拟电厂的运行流程中,电价竞标先进行,然后再根据电价竞标情况,进行电量竞标,确定运行计划。两者的行动有先后次序。因而,需要考虑虚拟电厂电价竞标和电量竞标两者存在的关系。本节考虑了虚拟电厂运行时,电价竞标和电量竞标两阶段的主从递阶关系,将主从博弈理论应用于虚拟电厂的电价竞标和电量竞标过程中。在此基础上,我们建立了虚拟电厂的电价竞标模型和电量竞标模型。其次,建立了 Stackelberg 动态博弈模型,寻找在该博弈模型中的均衡解,确定虚拟电厂内各个分布式单元与控制协调中心的交易电价与调度计划。

### 5.1.1 虚拟电厂竞标框架

考虑虚拟电厂参与日前市场进行竞标。在日前市场中,虚拟电厂基于历史数据得到第二天风、光和负荷的预测值。虚拟电厂的控制协调中心为内部各个分布式电源制定电价,保证各分布式电源可以获得合理收益。内部各分布式电源根据电价竞标结果,完成自身电量竞标,从而制定虚拟电厂第二天的发电计划。基于上述假设,虚拟电厂的竞标可分为电价竞标与电量竞标两个阶段。具体定义如下:首先,在配网下发电价的基础上,由虚拟电厂的控制协调中心为内部多个分布式单元制定电价;当虚拟电厂的电价确定之后,虚拟电厂内各个单元向虚拟电厂的控制协调中心上报第二天的竞标电量。虚拟电厂竞标模型框架如图 5-1 所示。

### 5.1.2 Stackelberg 博弈原理

#### 5.1.2.1 基本要素

Stackelberg 博弈(Stackelberg game theory)是由德国经济学家斯塔克尔伯格(H. Von Stackelberg)在 20 世纪 50 年代提出的,用来解决具有主从递阶结构的决策问题[11-14],因此,Stackelberg 博弈亦被称为主从博弈。主从递阶结构是指,存在多个决策者,这些决策者处于不同的决策层次,各自有自身的目标函数,而不同层次上的决策者具有不同决策权,居于上层的决策者(领导者)具有较大的权力,下层决策者(跟随者)会根据上层决策进行自身决策,即下层决策以上层决策量为参数,同时,下层决策者的决策会对上层的决策产生影响,通常称这两者之间具有一种主从关系。Stackelberg 博弈包含博弈论的基本要素,包括参与者、策略和效用函数。

(1)参与者。参与者是能够在博弈中有决策权的实体,是博弈的主体。在博

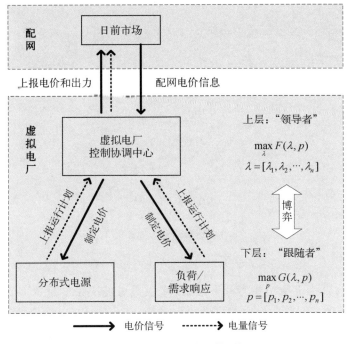

图 5-1 虚拟电厂竞标模型框架

弈论里,如果为每位博弈参与者编号,则 $n$ 个参与者的集合可以用来表示 $N = \{1, 2, \cdots, n\}$。

(2) 策略。策略表明博弈参与者根据自身掌握的信息做出的行动。用 $s_i \in S_i$ 表示第 $i$ 位博弈参与者可选择的一个特定策略,而 $S_i$ 表示第 $i$ 位博弈参与者所有可能选择的策略的组合。$n$ 位参与者的策略可表示成为一个 $n$ 维向量,即 $s = \{s_1, s_2, \cdots, s_n\}$,称为策略空间。当第 $i$ 位博弈参与者选择的策略为 $m$ 维向量时,则可将位参与者的策略表示为

$$
\begin{aligned}
s &= \{s_1, s_2, \cdots, s_n\} \\
&= \{(s_1^1, s_1^2, \cdots, s_1^m), (s_2^1, s_2^2, \cdots, s_2^m), \cdots, (s_n^1, s_n^2, \cdots, s_n^m)\}
\end{aligned} \tag{5-1}
$$

(3) 效用函数。效用函数表示博弈参与者在博弈里做出决策后对不同博弈结果有不同的满意程度。用 $u_i$ 表示第 $i$ 位博弈参与者的效用函数。$n$ 位参与者的效用函数可表示成为一个 $n$ 维向量,即 $u = \{u_1, u_2, \cdots, u_n\}$,称为效用组合。博弈参与者的效用是一个关于策略组合的函数,其值取决于所有博弈参与者所选择的策略,这个函数称为效用函数。当第 $i$ 位博弈参与者选择的策略为 $m$ 维向量时,将每位博弈参与者 $i$ 的支付函数相应地表示为

$$u_i(\{s_1, s_2, \cdots, s_n\})$$

$$= u_i(\{(s_1^1, s_1^2, \cdots, s_1^m), (s_2^1, s_2^2, \cdots, s_2^m), \cdots, (s_n^1, s_n^2, \cdots, s_n^m)\}) \qquad (5-2)$$

### 5.1.2.2 数学描述

一般地,可用如下数学模型描述 Stackelberg 博弈的主从递阶结构决策问题。

$$\min_x F(x, y) \qquad (5-3)$$

$$\text{s. t. } G(x, y) \geqslant 0 \qquad (5-4)$$

$$x \in X = \{x: H(x) \geqslant 0\} \qquad (5-5)$$

$$\min_{y_i} f_i(x, y_i) \qquad (5-6)$$

$$\text{s. t. } g_i(x, y_i) \geqslant 0 \qquad (5-7)$$

$$y_i \in Y_i = \{y_i: h_i(y_i) \geqslant 0\} \qquad (5-8)$$

其中,$x$、$y_i$ 分别为上层决策者和下层第 $i$ 个决策者的决策变量,$F(\cdot)$、$f_i(\cdot)$ 分别为上层决策者和下层第 $i$ 个决策者的目标函数。Stackelberg 博弈的决策机制是上层决策者首先给出决策变量,该决策变量影响下层各决策者的决策,然后下层各决策者基于上层决策变量选取使自身目标函数最优的决策,而这一过程又会影响上层决策问题。进一步,上层决策者可以继续调整决策变量,直到达到均衡。在博弈论中,均衡是指一个由所有参与者的最优策略组成的特殊的策略组合。在这个策略组合中,每位参与者所选择的策略都是固定其他参与者的策略时的最优反应。

下面给出纳什均衡的定义:对于任一博弈 $G = \{S_1, S_2, \cdots, S_n; u_1, u_2, \cdots, u_n\}$,如果每个博弈参与者选择一个策略,所有的博弈参与者选择的策略组成一个策略组合 $\{s_1^*, s_2^*, \cdots, s_n^*\}$,在这个策略组合中,对于任何一个博弈参与者 $i$ 的策略 $s_i^*$,都是应对其他博弈参与者的策略组合 $\{s_1^*, \cdots, s_{i-1}^*, s_{i+1}^* \cdots, s_n^*\}$ 的最优策略,即:

$$u_i(\{s_1^*, \cdots, s_{i-1}^*, s_i^*, s_{i+1}^*, \cdots, s_n^*\}) \geqslant u_i(\{s_1^*, \cdots, s_{i-1}^*, s_i', s_{i+1}^*, \cdots, s_n^*\})$$

$$(5-9)$$

对任意 $s_i' \in S_i$ 恒成立,则称 $\{s_1^*, s_2^*, \cdots, s_n^*\}$ 为博弈的一个纳什均衡。

### 5.1.2.3 博弈流程

针对本节第一部分提出的虚拟电厂竞标模型框架建立博弈流程,包括两个层次:上层为电价竞标,下层为电量竞标。虚拟电厂根据与配网的交易电价,制定内部负荷电价和各个分布式电源电价。如果给定电量竞标阶段的均衡解,则电价竞标阶段可表述为

$$\max_{\lambda} F(\lambda, \bar{p}) \qquad (5-10)$$

其中，$\lambda = [\lambda_1, \lambda_2, \cdots, \lambda_n]$，表示虚拟电厂内部单元电价，$\bar{p}$ 表示电量竞标模型的均衡解。在电价确定后，虚拟电厂内部负荷和各个分布式电源各自上报自身的发电量和负荷量。即给定电价竞标阶段的均衡解，可将电量竞标模型表述为

$$\max_{p} G(\bar{\lambda}, p) \qquad (5-11)$$

式中，$p = [p_1, p_2, \cdots, p_n]$ 表示虚拟电厂内部单元的竞标电量，$\bar{\lambda}$ 表示电价竞标模型的均衡解。由于上述两个阶段符合主从递阶结构的动态博弈情况，因此，本节将 Stackelberg 博弈过程应用到虚拟电厂的电价竞标和电量竞标过程中。其中，虚拟电厂控制协调中心所完成的电价竞标阶段相当于 Stackelberg 博弈中的领导者（leader）；虚拟电厂内部各个分布式单元（包括负荷用户）的电量竞标阶段相当于 Stackelberg 博弈中的跟随者（follower）。具体的博弈流程如下：

① 领导者发布策略，虚拟电厂的控制协调中心制定内部各个分布式单元（包括负荷用户）的电价。

② 跟随者根据领导者的策略选择自己的最优策略，虚拟电厂内部分布式电源和负荷根据控制协调中心制定的电价，上报自己的竞标电量，以获得最优经济效益。

③ 领导者根据跟随者的策略更新自己的策略，根据虚拟电厂内各分布式单元上报的竞标电量，虚拟电厂的控制协调中心对制定的竞标电价进行更新，以获得最优经济效益。

④ 领导者和跟随者根据步骤①～③不断更新策略直至达到均衡解，即：虚拟电厂内的分布式电源和负荷不断更新自己的竞标电量，虚拟电厂的控制协调中心不断更新自己的竞标电价，以获得竞标电价和竞标电量的均衡解以及最优经济效益。

## 5.1.3 双层博弈竞标模型

### 5.1.3.1 上层电价竞标博弈

1）策略

在虚拟电厂电价竞标的子模型中，假设虚拟电厂的策略为其内部分布式电源制定的电价以及负荷电价。

2）效用函数

在虚拟电厂电价竞标博弈子模型中，我们考虑虚拟电厂电价竞标博弈的效用函数，其目标为最小化虚拟电厂的运行成本，包括四部分：① 虚拟电厂支付给内部各个分布式单元的费用 $F_1$（$F_1$ 为正时，表示虚拟电厂向分布式单元支付费用；$F_1$ 为负时，表示分布式单元需向虚拟电厂支付费用，即虚拟电厂获得收益）；② 弃风、

弃光成本 $F_2$；③ 需求响应成本 $F_3$；④ 与配网交易的收益 $F_4$。 具体计算如下：

$$\min F = F_1 + F_2 + F_3 - F_4 \tag{5-12}$$

$$F_1 = \sum_{i \in N_1} F_i + \sum_{j \in N_2} F_{jd} \tag{5-13}$$

$$F_2 = \sum_{i \in N_1} \sum_{t=1}^{T} q_{i,t} \Delta P_{i,t} \tag{5-14}$$

$$F_3 = \sum_{j \in N_2} \sum_{t=1}^{T} C_{j\mathrm{DR},t}(\Delta P_{jd,t}) \tag{5-15}$$

$$F_4 = \sum_{t=1}^{T} p_t P_{\mathrm{m},t} \tag{5-16}$$

其中，$N_1$ 为虚拟电厂内的发电单元集合，$N_2$ 为虚拟电厂内的用电单元集合，$F_i$ 为虚拟电厂支付给发电单元 $i$ 的费用，$F_{jd}$ 为虚拟电厂支付给用电单元 $j$ 的费用，$q_{i,t}$ 为弃风弃光的惩罚单价，$C_{j\mathrm{DR}}$ 为 $t$ 时刻负荷 $j$ 的需求响应成本，是关于 $\Delta P_{jd,t}$ 的函数，$\Delta P_{jd,t}$ 为 $t$ 时刻负荷 $j$ 的负荷调整量，$p_t$ 为虚拟电厂与配网的交易价格，$P_{\mathrm{m},t}$ 为 $t$ 时刻虚拟电厂的市场交易量（即 PCC 联络线交互功率）。

虚拟电厂电价竞标博弈上层子模型的博弈主体为虚拟电厂，因此，在该子模型中，应考虑三类约束条件，包括虚拟电厂功率约束、电价约束和网络约束。具体约束条件参见式(5-17)～式(5-22)。

(1) 虚拟电厂供需平衡约束：

$$\sum_{i=1}^{n_{\mathrm{DG}}} \bar{P}_{i,t} = \sum_{j=1}^{n_{\mathrm{d}}} \bar{P}_{jd,t} + P_{\mathrm{m},t}, \ \forall t \tag{5-17}$$

其中，$n_{\mathrm{DG}}$ 为虚拟电厂中分布式发电单元的数量，$n_{\mathrm{d}}$ 为虚拟电厂中用电单元(负荷)数量。

(2) 市场交易量约束：

$$-P_{\mathrm{mmax}} \leqslant P_{\mathrm{m},t} \leqslant P_{\mathrm{mmax}} \tag{5-18}$$

式中，$P_{\mathrm{mmax}}$ 为市场最大交易量。

(3) 竞标电价约束：

$$\lambda_{\min} \leqslant \lambda_{i,t} \leqslant \lambda_{\max} \tag{5-19}$$

式中，$\lambda_{\min}$、$\lambda_{\max}$ 分别为电网所允许的竞标电价上下限。

(4) 需求响应负荷电价变化量约束：

$$-\Delta\lambda \leqslant \Delta\lambda_{jd,t} \leqslant \Delta\lambda \tag{5-20}$$

式中，$\Delta\lambda_{jd,t}$ 为 $t$ 时刻可控负荷 $j$ 的电价变化量。

（5）网络潮流约束：

$$\begin{cases} P_{\mathrm{G}i,t} - P_{\mathrm{L}i,t} - U_{i,t}\sum_{j\in i}U_{j,t}(G_{ij}\cos\theta_{ij,t} + B_{ij}\sin\theta_{ij,t}) = 0 \\ Q_{\mathrm{G}i,t} - Q_{\mathrm{L}i,t} + U_{i,t}\sum_{j\in i}U_{j,t}(G_{ij}\sin\theta_{ij,t} - B_{ij}\cos\theta_{ij,t}) = 0 \end{cases} \quad (5-21)$$

式中，$P_{\mathrm{G}i,t}$、$Q_{\mathrm{G}i,t}$ 分别为 $t$ 时刻节点 $i$ 发电机的有功出力和无功出力；$P_{\mathrm{L}i,t}$、$Q_{\mathrm{L}i,t}$ 分别是 $t$ 时刻节点 $i$ 的有功负荷和无功负荷；$U_{i,t}$、$U_{j,t}$ 分别为 $t$ 时刻节点 $i$、节点 $j$ 的电压；$\theta_{ij,t}$ 为 $t$ 时刻支路 $ij$ 之间的相角差；$G_{ij}$、$B_{ij}$ 为支路 $ij$ 之间的电导、电纳。

（6）网络节点电压约束：

$$U_{i\min} \leqslant U_{i,t} \leqslant U_{i\max} \quad (5-22)$$

式中，$U_{i\min}$、$U_{i\max}$ 分别为节点 $i$ 的电压下限和上限。

### 5.1.3.2 下层电量竞标博弈

**1）策略**

在电量竞标博弈子模型中，假设虚拟电厂内部的发电单元策略为其出力计划及弃电量；假设虚拟电厂内部的用电单元策略为负荷需求量及负荷调整量。

**2）效用函数**

在虚拟电厂电量竞标博弈子模型中，考虑虚拟电厂电量竞标效用函数为最大化虚拟电厂内各个单元的经济效益。对于分布式发电单元 $i$，其经济效益包含购售电成本与收益、发电成本。因此，将其效用函数记为

$$\max F_i = \sum_{t=1}^{T}(\lambda_{i,t}(\bar{P}_{i,t} - \Delta P_{i,t}) - f(\bar{P}_{i,t})) \quad (5-23)$$

$$\bar{P}_{i,t} = P_{i,t} + \xi_{i,t} \quad (5-24)$$

其中，$T$ 为调度周期，$\lambda_{i,t}$ 为虚拟电厂为分布式电源 $i$ 制定的电价，$P_{i,t}$ 为 $t$ 时刻机组 $i$ 的日前预测出力，$\bar{P}_{i,t}$ 为 $t$ 时刻机组 $i$ 的实时出力，$\Delta P_{i,t}$ 为 $t$ 时刻机组 $i$ 的弃电量，$\xi_{i,t}$ 为 $t$ 时刻机组 $i$ 的出力偏差。

在式（5-23）中，$f(P_{i,t} + \xi_{i,t})$ 对应于 $t$ 时刻机组 $i$ 的发电成本，其表达式为

$$f(\bar{P}_{i,t}) = a_i(\bar{P}_{i,t})^2 + b_i\bar{P}_{i,t} + c_i \quad (5-25)$$

需要注意的是，对于风、光等清洁能源，将其发电成本设为 0。对于负荷 $j$，其经济效益包括购电成本、负荷补偿成本。因此，将其效用函数记为

$$\max F_{j\mathrm{d}} = \sum_{t=1}^{T}(-\lambda_{j\mathrm{d},t}(\bar{P}_{j\mathrm{d},t} - \Delta P_{j\mathrm{d},t})) \quad (5-26)$$

$$\bar{P}_{j\mathrm{d},t} = P_{j\mathrm{d},t} + \xi_{j\mathrm{d},t} \quad (5-27)$$

式中，$\lambda_{jd,t}$ 为负荷电价，$\bar{P}_{jd,t}$ 为 $t$ 时刻负荷 $j$ 的实时需求量，$P_{jd,t}$ 为 $t$ 时刻负荷 $j$ 的日前预测需求量，$\xi_{jd,t}$ 是 $t$ 时刻负荷 $j$ 的偏差，$\Delta P_{jd,t}$ 为 $t$ 时刻负荷 $j$ 的负荷调整量。

3）约束条件

虚拟电厂电量竞标博弈下层子模型的博弈主体为虚拟电厂内部的分布式发电单元和用电单元。因此，在该子模型中，对于分布式发电单元来说，应考虑其出力约束及爬坡率约束。需要注意的是，对于可再生能源，还应考虑弃风弃光量约束；对于用电单元来说，则考虑可响应负荷容量约束及负荷削减量约束。

（1）分布式发电单元出力约束：

$$P_{i\min} \leqslant \bar{P}_{i,t} \leqslant P_{i\max} \tag{5-28}$$

其中，$P_{i\min}$、$P_{i\max}$ 分别为机组 $i$ 的出力下限和上限。

（2）分布式发电单元爬坡功率：

$$-R_{iD}\Delta t \leqslant \bar{P}_{i,t+\Delta} - \bar{P}_{i,t} \leqslant R_{iU}\Delta t \tag{5-29}$$

其中，$R_{iD}$、$R_{iU}$ 分别为机组 $i$ 的下坡率和上坡率，$\Delta t$ 为时段长度，取 1 h。

（3）可再生能源弃风弃光电量约束：

$$\rho_1 P_{i,t} \leqslant \Delta P_{i,t} \leqslant \rho_2 P_{i,t} \tag{5-30}$$

其中，$\rho_1$、$\rho_2$ 分别为弃风弃光电量最小、最大约束比例。

（4）用电单元可响应负荷容量约束：

$$0 \leqslant \Delta P_{jd,t} \leqslant \eta \Delta P_{jd,t} \tag{5-31}$$

其中，$\eta$ 为可响应负荷占总负荷量的比例。

（5）用电单元需求响应负荷削减量约束：

$$-\frac{\varepsilon P_{jd,t}\Delta\lambda}{\lambda_{jd,t}} \leqslant \Delta P_{jd,t} \leqslant \frac{\varepsilon P_{jd,t}\Delta\lambda}{\lambda_{jd,t}} \tag{5-32}$$

其中，$\Delta\lambda$ 为需求响应负荷的最大电价变化量。

### 5.1.3.3 虚拟电厂负荷率及需求响应负荷渗透率

虚拟电厂在实际运行中，受天气、用户偏好等各方面因素的影响。为了分析虚拟电厂负荷率及需求响应负荷渗透率对本节提出的虚拟电厂竞标模型的影响，定义虚拟电厂负荷率指标、虚拟电厂需求响应负荷渗透率指标来对虚拟电厂在实际运行中的不同场景进行描述与分析。

1）虚拟电厂负荷率

虚拟电厂负荷率描述在不同季节、不同运行工况下的负荷容量比例。虚拟电厂负荷率越高，则虚拟电厂中用电需求相对更高，因而虚拟电厂更有可能出现功率缺额。虚拟电厂负荷率 $\omega_1$ 的定义如下：

$$\omega_1 = \frac{S_{LD}}{S_{max}} \times 100\% \tag{5-33}$$

式中，$S_{LD}$ 为虚拟电厂某运行日下的负荷量；$S_{max}$ 为虚拟电厂所有运行日下可能出现的最大负荷容量，其值为一给定值。

2）需求响应负荷渗透率

虚拟电厂需求响应负荷渗透率描述在某运行日下，虚拟电厂内需求响应负荷容量占负荷总容量的比例。需求响应负荷渗透率越高，则虚拟电厂中可调整的负荷容量越高，用户侧参与虚拟电厂调度的参与度和灵活性也更高。虚拟电厂需求响应负荷渗透率 $\omega_2$ 的定义：

$$\omega_2 = \frac{S_{DR}}{S_{LD}} \times 100\% \tag{5-34}$$

式中，$S_{DR}$ 为需求响应负荷容量。

### 5.1.4 模型求解

#### 5.1.4.1 不确定性处理方法

由于风、光和负荷的预测值具有随机性，虚拟电厂的经济效益实际上也具有不确定性。当考虑不确定性时，虚拟电厂的竞标问题实际上是一个不确定问题[15,16]。由于不确定性的处理不是本节研究内容的重点，为简化计算，采用蒙特卡罗模拟产生多个场景，通过采样后计算期望值，将分布式电源出力及负荷等多个随机变量的不确定性转换为确定性问题，从而进行求解。对于风电机组，模拟其出力数据时，先根据各时段平均风速的预测值计算参数 $k$ 和 $c$，再采用蒙特卡罗模拟随机产生风速数据，从而随机产生风电机组的出力作为预测值；对于光伏机组，模拟其出力数据时，先根据各时段平均光照强度的预测值计算参数 $\alpha$ 和 $\beta$，再采用蒙特卡罗模拟随机产生光伏机组的出力预测值；对于负荷用户，模拟其用电需求数据时，基于蒙特卡罗模拟随机产生波动数据，以负荷预测值加上波动数据之和作为系统负荷数据；对于预测过程中存在的误差，利用蒙特卡罗方法随机产生风电机组、光伏机组的出力波动数据，作为出力预测误差值。

#### 5.1.4.2 模型均衡解

关于 Stackelberg 博弈均衡解的存在性与唯一性，对于 Stackelberg 博弈模型，其均衡解存在且唯一，当且仅当该博弈模型满足以下三个条件：

（1）上层领导者和下层跟随者的策略空间均为非空紧凸集；

（2）当上层领导者的策略给定时，下层跟随者模型的最优解存在且唯一；

（3）当下层跟随者的策略给定时，上层领导者模型的最优解存在且唯一。

对于条件（1），根据 5.1.3.1 中对模型的描述，上层领导者的可行策略空间可定义为

$$\Omega_{\text{leader}} = \{ \lambda_{i,t}, \Delta\lambda_{jd,t} \mid \lambda_{\min} \leqslant \lambda_{i,t} \leqslant \lambda_{\max}, -\Delta\lambda \leqslant \Delta\lambda_{jd,t} \leqslant \Delta\lambda \} \quad (5-35)$$

下层跟随者的可行策略空间可定义为

$$\Omega_{\text{follower}} = \Big\{ \bar{P}_{i,t}, \Delta P_{i,t}, \bar{P}_{jd,t}, \Delta P_{jd,t} \mid P_{i\min} \leqslant \bar{P}_{i,t} \leqslant P_{i\max},$$

$$-R_{iD}\Delta t \leqslant \bar{P}_{i,t+\Delta t} - \bar{P}_{i,t} \leqslant R_{iU}\Delta t, \ 0 \leqslant \Delta P_{i,t} \leqslant \rho P_{i,t},$$

$$0 \leqslant \Delta P_{jd,t} \leqslant \eta P_{jd,t}, -\frac{\varepsilon P_{jd,t}\Delta\lambda}{\lambda_{jd,t}} \leqslant \Delta P_{jd,t} \leqslant \frac{\varepsilon P_{jd,t}\Delta\lambda}{\lambda_{jd,t}} \Big\}$$

$$(5-36)$$

显然，上层领导者和下层跟随者的可行策略空间已定义为非空紧凸集。

对于条件（2），根据 5.1.3.2 中的下层跟随者模型，可以得到其一阶导数：

$$\frac{\partial F_i}{\partial \bar{P}_{i,t}} = \sum_{t=1}^{T} (\lambda_{i,t} - (2a_i \bar{P}_{i,t} + b_i)) \quad (5-37)$$

$$\frac{\partial F_i}{\partial \Delta P_{i,t}} = \sum_{t=1}^{T} (-\lambda_{i,t}) \quad (5-38)$$

$$\frac{\partial F_{jd}}{\partial \bar{P}_{jd,t}} = \sum_{t=1}^{T} (-\lambda_{jd,t}) \quad (5-39)$$

$$\frac{\partial F_{jd}}{\partial \Delta P_{jd,t}} = \sum_{t=1}^{T} (\lambda_{jd,t}) \quad (5-40)$$

其二阶导数为

$$\frac{\partial^2 F_i}{\partial \bar{P}_{i,t}^2} = \sum_{t=1}^{T} (-2a_i) \quad (5-41)$$

$$\frac{\partial^2 F_i}{\partial \Delta P_{i,t}^2} = \frac{\partial^2 F_{jd}}{\partial \bar{P}_{jd,t}^2} = \frac{\partial^2 F_{jd}}{\partial \Delta P_{jd,t}^2} = 0 \quad (5-42)$$

假设 $\bar{P}_{i,t}$ 的最大和最小边界值分别为 $\bar{A}_{i,t}$ 和 $\underline{A}_{i,t}$，$\Delta P_{i,t}$ 的最大和最小边界值分别为 $\bar{B}_{i,t}$ 和 $\underline{B}_{i,t}$，$\bar{P}_{jd,t}$ 的最大和最小边界值分别为 $\bar{C}_{i,t}$ 和 $\underline{C}_{i,t}$，$\Delta P_{jd,t}$ 的最大和最小边界值分别为 $\bar{D}_{i,t}$ 和 $\underline{D}_{i,t}$，令一阶导数为零，可解得：

$$\bar{P}_{i,t} = \begin{cases} \dfrac{b_i - \lambda_{i,t}}{2a_i} & a_i \neq 0 \\ \bar{A}_{i,t} & a_i = 0 \end{cases} \tag{5-43}$$

$$\Delta P_{i,t} = \begin{cases} 0 & a_i \neq 0 \\ \underline{B}_{t,t} & a_i = 0 \end{cases} \tag{5-44}$$

$$\bar{P}_{jd,t} = \underline{C}_{j,t} \tag{5-45}$$

$$\Delta P_{jd,t} = \bar{D}_{j,t} \tag{5-46}$$

由于 $a_i > 0$，二阶导数非正，下层跟随者的目标函数具有非凹性。因此当上层领导者的策略给定时，下层跟随者模型存在唯一的最优解。对于条件(3)，根据式 (5-43)~式(5-46)，可将上层领导者的目标函数改写为

$$F = \sum_{i \in N_1, a_i \neq 0} \sum_{t=1}^{T} \lambda_{i,t} (\bar{A}_i - \underline{B}_i) + \sum_{i \in N_1, a_i = 0} \sum_{t=1}^{T} \frac{(b_i - \lambda_{i,t})(3b_i - \lambda_{i,t})}{4a_i}$$

$$+ \sum_{i \in N_1} \sum_{t=1}^{T} q_{i,t} \underline{B}_i + \sum_{j \in N_2} \sum_{t=1}^{T} \lambda_{jd,t} (\bar{D}_j - \underline{C}_j)$$

$$+ \sum_{j \in N_2} \sum_{t=1}^{T} (\lambda \underline{C}_j - R\lambda_{jd,t} (\underline{C}_j - \bar{D}_j)) + \sum_{t=1}^{T} p_t P_{\mathrm{m},t} \tag{5-47}$$

因此，可得到式(5-47)的 Hessian 矩阵为

$$H = \begin{bmatrix} \sum\limits_{i \in N_1, a_i = 0} \sum\limits_{t=1}^{T} 2 & 0 \\ 0 & 0 \end{bmatrix} \geqslant 0 \tag{5-48}$$

显然，该 Hessian 矩阵为半正定矩阵，上层领导者的目标函数具有凸性。因此当下层跟随者的策略给定时，上层领导者模型的最优解存在且唯一。

### 5.1.4.3 求解流程

对于本节所建立的基于主从博弈的虚拟电厂竞标模型，其均衡解存在且唯一，可以通过逆推归纳法进行求解。求解算法的流程图如图 5-2 所示。

(1) 电量竞标阶段。虚拟电厂内的各个分布式电源和负荷根据虚拟电厂的控制协调中心的电价，以自身经济效益最大化为目标，来调整自身的竞标电量，即：

$$\max_{P_{i,t}} F_i, \quad \max_{P_{jd,t}} F_{jd} \tag{5-49}$$

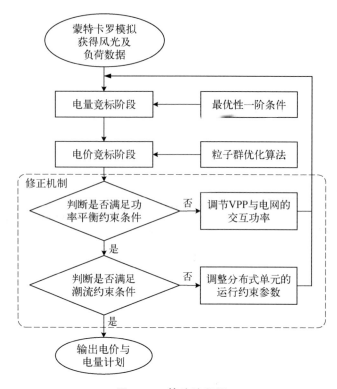

**图 5 - 2　算法流程图**

其最优化一阶条件为

$$\frac{\partial F_i}{\partial P_{i,t}} = 0_i, \frac{\partial F_{jd}}{\partial P_{jd,t}} = 0 \qquad (5-50)$$

（2）电价竞标阶段。虚拟电厂的控制协调中心可以预测虚拟电厂内各个分布式电源和负荷,将根据领导者的决策选择自身的策略,因此其在电价竞标阶段问题可以表示为

$$\max_{\lambda_{i,t},\lambda_{jd,t}} F \qquad (5-51)$$

（3）结果修正阶段。为了简化模型,在对电量竞标模型进行求解时,未对虚拟电厂的整体功率平衡以及全网络的潮流功率平衡和电压平衡三个约束条件进行处理,因此,需要在算法流程中加入修正机制,完成对电量竞标阶段所得的出力计划的修正。如果所求得的均衡解不满足这三个约束条件,则要对运行参数进行修正,重新计算 Stackelberg 模型的均衡解。对运行参数的具体修正方法如下：① 若所求得的均衡解不符合虚拟电厂整体功率平衡约束,虚拟电厂将调整自身与配网的交易功率;② 若所求得的均衡解不符合系统网络潮流约束和电压约束条件,虚拟

电厂将通知内部各个分布式单元,更改自身运行约束参数,如弃风弃光电量约束比例、需求响应调整量比例等,进而对自身发电计划进行调整。

## 5.1.5 算例分析

### 5.1.5.1 参数设置

为验证本节所提出的竞标模型,选取改进后的 IEEE30 节点系统进行分析,改进处如下:节点 25 处接入 1 台 2 MW 风电机组和 1 台 2 MW 的可控机组,节点 26 处接入 1 台 1 MW 的光伏机组和 1 台 2 MW 的可控机组,共同组成一个虚拟电厂。具体的系统接线图如图 5-3 所示。

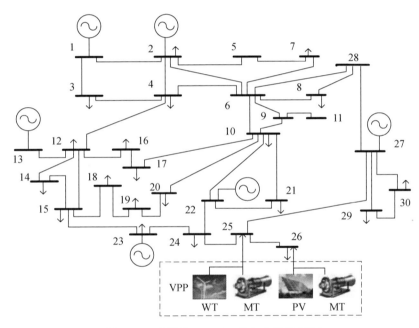

图 5-3　改进的 IEEE30 节点系统接线图

虚拟电厂为负荷制定的基准电价为 0.42 元,配网与虚拟电厂的交易电价参照配网制定的电价执行。配网的售电电价信息具体参见表 5-1。虚拟电厂内各个分布式电源的容量和爬坡率参见表 5-2。风电机组参数和光伏机组参数参见表 5-3。可控机组的成本系数参见表 5-4。为了简化模型,认为虚拟电厂向配网的售电电价为购电电价的 0.8 倍。可修正参数的初始设置如下:弃风、弃光电量比例上限约束为 0.5,需求响应的电价调整量约束为 0.5。另外,由于风、光的波动一般比负荷波动大,因此本节设置风、光的波动方差为 0.1,负荷的波动方差为 0.01。

表 5-1　配网的电价

| 时段 | 电价 | 时段 | 电价 | 时段 | 电价 |
|------|------|------|------|------|------|
| 1 | 0.24 | 9 | 0.52 | 17 | 0.40 |
| 2 | 0.18 | 10 | 0.53 | 18 | 0.36 |
| 3 | 0.13 | 11 | 0.81 | 19 | 0.36 |
| 4 | 0.10 | 12 | 1.00 | 20 | 0.41 |
| 5 | 0.15 | 13 | 0.99 | 21 | 0.44 |
| 6 | 0.20 | 14 | 1.49 | 22 | 0.35 |
| 7 | 0.27 | 15 | 0.99 | 23 | 0.30 |
| 8 | 0.39 | 16 | 0.79 | 24 | 0.23 |

表 5-2　虚拟电厂内部各个分布式电源参数

| 类　型 | 出力下限/MW | 出力上限/MW | 爬坡率/(kW/min) |
|--------|-------------|-------------|------------------|
| 风电机组 | 0 | 2 | — |
| 光伏机组 | 0 | 1 | — |
| 可控机组 1 | 0 | 1 | 10 |
| 可控机组 2 | 0 | 2 | 20 |

表 5-3　风电机组和光伏机组参数

| | $v_{ci}$/(m/s) | $v_{co}$/(m/s) | $v_r$/(m/s) | $K$ |
|------|------|------|------|------|
| 风电机组 | 3 | 25 | 14 | 2 |
| | $\alpha$ | | $\beta$ | |
| 光伏机组 | 0.45 | | 9.18 | |

注：$v_{ci}$,切入风速；$v_{co}$,切出风速；$v_r$,额定风速,$K$,描述风速概率分布模型中的形状参数。

表 5-4　可控机组的成本系数

| | $a$ | $b$ | $c$ |
|------|------|------|------|
| 可控机组 1 | 0.3 | 0.5 | 0.8 |
| 可控机组 2 | 0.5 | 0.6 | 1.0 |

#### 5.1.5.2 算例结果分析

##### 1) 虚拟电厂竞标结果分析

在本部分中,虚拟电厂负荷率为 66.67%,需求响应负荷渗透率为 20%。在该场景下的虚拟电厂电价竞标结果和电量竞标结果如图 5-4 所示。其中,电价竞标结果包括虚拟电厂为分布式电源(风力机组、光伏机组、可控机组 1、可控机组 2)制定的电价及考虑需求响应的负荷电价;电量竞标结果包括各分布式电源(风力机组、光伏机组、可控机组 1、可控机组 2)的出力计划、负荷的需求量以及虚拟电厂与配网的交易计划。在该场景下,采用本节的虚拟电厂竞标模型,虚拟电厂的运行成本为 5.921 万元。相应地,若不考虑内部主体独立性,对内部成员均采用配网电价;同时,不考虑电价竞标与电量竞标之间的行动次序,即虚拟电厂的竞标模型只包括本节提出的电价竞标上层子模型。此时,虚拟电厂的运行成本为 6.012 万元。

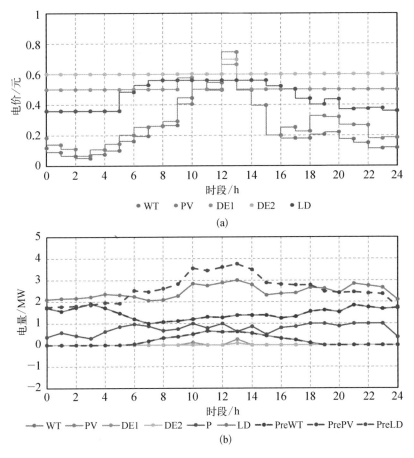

(a)

(b)

**图 5-4 虚拟电厂竞标结果**(扫描二维码查阅彩图)

(a) 电价竞标结果;(b) 电量竞标结果

由此可以看出,采用本节所提出的虚拟电厂竞标模型,可减小虚拟电厂的运行成本。因此,考虑虚拟电厂内部主体独立性以及电价竞标与电量竞标之间的行动次序,在虚拟电厂竞标过程中是十分必要的。

在电价竞标过程中,本节以最小化虚拟电厂运行成本为目标制定电价策略,且在本节中,认为风、光的发电成本为0,因此,风、光等可再生能源整体的电价水平比可控机组低。同时,由于可控机组1比可控机组2的发电成本低,可控机组1比可控机组2的电价水平低。在全天范围内,可控机组的电价水平较为平稳,在时段10和时段13出现了上升趋势。这是由于在时段10和时段13负荷水平较高,风、光等可再生能源和从配网购电不能满足负荷需求,需要启动可控机组满足功率缺额。此时,虚拟电厂为可控机组制定的电价较高,以激励可控机组在该时刻提供功率。从图5-4中的结果不难看出,单独依靠风、光的可再生能源出力不足以满足负荷需求,虚拟电厂需要采取措施,如从配网购电满足缺额、启动可控机组增加自身出力、调整负荷需求减小缺额等。由于存在需求响应负荷,虚拟电厂内的负荷在高峰时段(时段11~16)选择将自身用电需求转移到平谷时段(时段1~10,时段17~24)。结合虚拟电价竞标的结果,可以看出,在时段11~16,虚拟电厂制定的负荷电价升高,负荷选择转移负荷;而在时段1~10以及时段17~24,虚拟电厂制定的负荷电价降低,负荷选择增加负荷,以减小负荷成本。在时段6~24,虚拟电厂需要从配网购电以满足负荷需求,维持虚拟电厂的功率平衡。在时段11~16,虚拟电厂向配网购电功率大幅降低,有效降低配网在高峰时段的供电压力。由于向配网购电的成本低于可控机组的发电成本,因此虚拟电厂优先选择向配网购电以满足负荷需求。由图5-4的弃风量、弃光量和负荷调整量可以看出,虚拟电厂在高峰时段(时段11~16)适当转移负荷,在平谷时段(时段1~10,时段17~24)适当增加负荷,可起到削峰填谷、平抑负荷波动的作用。由于虚拟电厂的负荷率较高,风、光不弃电,可以减小虚拟电厂向外购电成本以及可控机组的发电成本。

2) 虚拟电厂负荷率对竞标结果的影响分析

在不同负荷率下,虚拟电厂的竞标结果会相应地发生变化。由表5-5的结果可知,随着虚拟电厂负荷率的增大,虚拟电厂运行成本增大,弃电量降低。虚拟电厂负荷率较低时,虚拟电厂发电功率富余,在满足传输容量限制的情况下,虚拟电厂尽量向配网出售富余功率,并获得收益。由于可再生能源的发电成本视为0,此时虚拟电厂的运行成本较低。只有当虚拟电厂负荷率很小时,负荷功率远远小于风、光的发电功率,且受外送容量的限制的情况下,虚拟电厂在部分时间段才会选择弃电。

表5-5  不同负荷率下虚拟电厂竞标结果

| $\omega_1$/% | 虚拟电厂运行成本/万元 | 弃电率/% |
|---|---|---|
| 16.67% | 4.215 | 3.1% |
| 33.33% | 4.610 | 0% |
| 50.00% | 5.141 | 0% |
| 66.67% | 5.921 | 0% |
| 83.33% | 6.983 | 0% |
| 100.00% | 8.853 | 0% |

图5-5给出了当参数$\omega_1$按表5-5取值时,各场景下虚拟电厂的竞标结果(除参数$\omega_1$外,其他参数与4.5.2.1中相同)。由于虚拟电厂不同负荷率下风、光等可再生能源基本处于满发状态,因此,虚拟电厂负荷率对风电机组和光伏机组电价的影响可忽略不计。由图5-5(a)～(c)的电价竞标结果变化曲线可以看出,随着虚拟电厂负荷率的提高,为了鼓励负荷用户参与需求响应,在高峰时段会提高负荷电价,在低谷时段则降低负荷电价;同时,虚拟电厂的功率缺额越大,可控机组的电价越高。由图5-5(d)～(g)的电量竞标结果变化曲线可以看出,随着虚拟电厂负荷率的提高,风电机组和光伏机组的竞标出力基本不变,只有当虚拟电厂的负荷率非常低,受虚拟电厂内部负荷需求和外送容量的限制,风电机组在部分时段选择弃风。随着负荷率逐渐提高,虚拟电厂的功率缺额逐渐增大。当虚拟电厂与配网的交互功率受联络线传输容量限制时,虚拟电厂需要启动可控机组,且当负荷率越高,功率缺额越大,可控机组的竞标出力也越大。

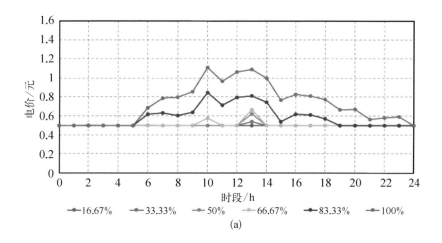

(a)

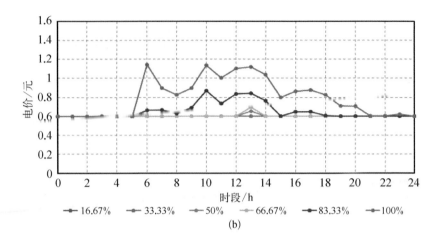

(b)

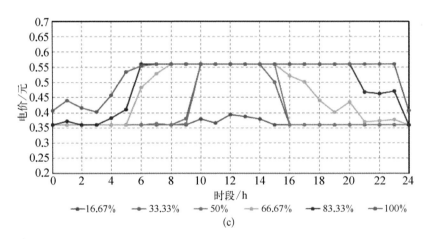

(c)

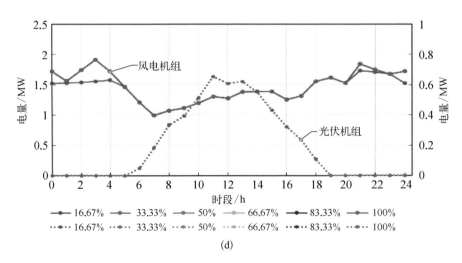

(d)

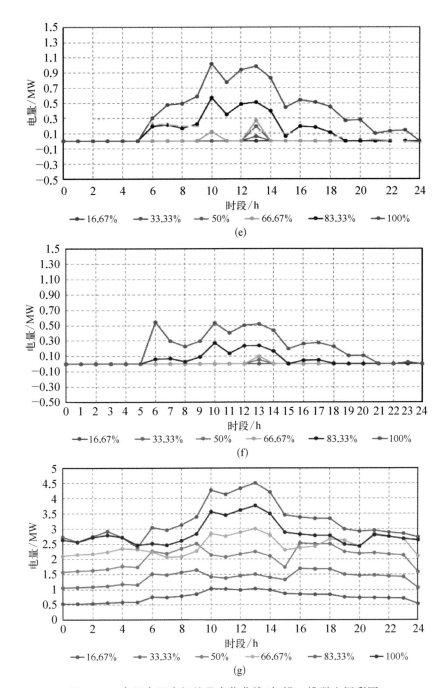

图5-5  虚拟电厂竞标结果变化曲线(扫描二维码查阅彩图)

　　(a)虚拟电厂电价竞标结果变化曲线(可控机组1);(b)虚拟电厂电价竞标结果变化曲线(可控机组2);(c)虚拟电厂电价竞标结果变化曲线(负荷);(d)虚拟电厂电量竞标结果变化曲线(风电+光伏);(e)虚拟电厂电量竞标结果变化曲线(可控机组1);(f)虚拟电厂电量竞标结果变化曲线(可控机组2);(g)虚拟电厂电量竞标结果变化曲线(负荷)

3）需求响应负荷渗透率对竞标结果的影响分析

虚拟电厂需求响应负荷渗透率也会影响虚拟电厂的竞标结果，其中，负荷电价和负荷需求量的竞标策略会相应地发生变化。随着需求响应负荷的渗透率逐渐增加，可参与调度和调整的负荷容量逐渐增大。不同需求响应负荷渗透率下虚拟电厂的运行成本如表5-6（假设$\omega_1$为60%，其他参数与1）部分中相同）所示。

表5-6 不同需求响应负荷渗透率下虚拟电厂竞标结果

| $\omega_2$/% | 虚拟电厂运行成本/万元 |
| --- | --- |
| 0% | 5.530 |
| 10% | 5.355 |
| 20% | 5.141 |
| 30% | 4.983 |
| 40% | 4.870 |
| 50% | 4.758 |
| 60% | 4.667 |
| 70% | 4.579 |
| 80% | 4.498 |
| 90% | 4.416 |
| 100% | 4.350 |

由表5-6的结果可以看出，随着需求响应负荷的渗透率逐渐增加，虚拟电厂的运行成本逐渐减小。需求响应可以响应电价，调整自身的负荷需求量，从而有效平抑负荷波动，实现削峰填谷。由于高峰时段的电价水平较高，虚拟电厂通过电价调整负荷需求量。因而，需求响应负荷的渗透率越高，则虚拟电厂负荷调整量越大，削峰填谷的效果越明显，虚拟电厂的运行成本越低。

图5-6(a)和图5-6(b)给出了当参数$\omega_2$按表5-6取值时，虚拟电厂中负荷电价和负荷电量的竞标结果。由图5-6中展示的虚拟电厂竞标结果变化曲线可以看出，在峰时段负荷电价很高，在谷时段负荷电价很低，由虚拟电厂制定的负荷电价可以有效地鼓励负荷用户调整自己的用电需求。随着需求响应负荷的渗透率逐渐增加，虚拟电厂在峰时段制定的负荷电价逐渐增高，在谷时段制定的负荷电价逐渐降低，以鼓励更多的需求响应负荷做出响应。相应地，随着需求响应负荷的渗透率逐渐增加，需求响应负荷容量越大，可参与调度的负荷容量越大，在峰时段实际转移的负荷容量越大，在谷时段增加的负荷容量越大。当需求响应负荷的渗透率增大到一定程度，竞标电价和竞标出力的变化量越来越小，这是由于负荷的可响

应容量虽然很大,但是负荷基于电价进行响应,而电价有其可调整范围限制,故而负荷的可响应容量也有一定的限制。

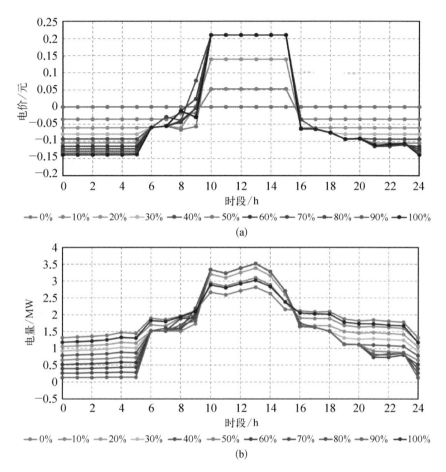

图 5‐6 虚拟电厂竞标结果变化曲线(扫描二维码查阅彩图)

(a) 负荷电价变化曲线;(b) 负荷电量变化曲线

## 5.2 多主体非完全信息下的能源细胞双层博弈策略

5.1 节中应用主从博弈理论建立了虚拟电厂竞标问题的动态博弈模型,通过 Stackelberg 动态博弈的方法刻画了电价竞标和电量竞标之间的博弈过程,而后获得博弈模型的均衡解。然而该方法没有涉及电价竞标本身的博弈过程,且仅针对虚拟电厂这一种细胞形式。本节把另一种细胞形式——区域综合能源系统的博弈行为作为研究对象,首先对关键机组的运行特性进行分析,建立了基于合作博弈的下层调度模型并研究上层区域能源市场的竞价演化规律。其次,考虑边际成本报价和按报价结算的收益机制。最后,能源商代理根据下层合作博弈的调度结果应用强化学习算法分析有限的历史信息,选择不同利润率的报价策略。

### 5.2.1 多主体双层博弈策略

区域综合能源系统虽然和大电网相连,但其生产的电能大部分用于满足内部需求,即仅服务于系统内的用户,没有剩余电能通过联络线外送[17]。与此同时,由于系统内的冷热需求也是自给自足的,其内部的能量转化和利用是相对独立的,因此,系统的冷热电价可由运营部门制定。另外,由于区域综合能源系统的规模有限,对于机组运行优化的要求较高,因此不适合采用分时统一价格出清机制,但可以上报包含盈利和边际成本的功率和价格关系曲线。这样一方面保证了供能商的信息安全,另一方面为园区考虑机组优化调度提供参考依据。本节设计的多主体双层博弈策略可根据功能划分为调度层和竞价层,如图 5-7 所示。

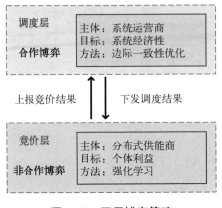

**图 5-7 双层博弈策略**

从图中不难看出,第一层为调度层,该层的主体为综合能源系统园区的系统运营商,主要负责接收供能商的报价,以全系统的经济性作为合作博弈的优化目标,在可调范围内进行机组边际一致性优化;第二层为竞价层,该层的主体为分布式能源的供能商,供能商在对手运行参数未知的情况下进行非合作博弈,学习每日不同的利润率报价下的日供能收益并上报给区域综合能源系统的运营商。由此形成调度-竞价的双层博弈功能的闭环。虽然大型输电网竞价一般由专家进行分时投标竞价,即每小时出价并由专门的交易平台给出市场出清价格。但该方法并不适合规模较小的区域综合能源系统。因此,本节的竞价方案仅需确定该机组的盈利率,每日上报一次价格,没有基于完全开放的电力市场假设,与电网的联络线功率也仍然按照分时电价计算,这更适用于当今市场环境下的区域综合能源系统。

此外,由于能源市场中各个种类的能源供应商(冷热电)只要处于运行阶段都可以参与竞价上网,因此各供能主体可以结合区域能源市场的不完全信息,依据自身发电成本通过强化学习算法自主调整每个周期的竞价策略以获取最大收益。考虑按边际成本和按报价结算的市场模式,在相同发电单元报价的情况下,边际价格机制可节省系统购电成本。在该运行机制下,由于供能商没有受到持留容量的利益驱动,其最优的产量决策是上报最大可用容量,从而防止供能商在系统容量紧缺时利用持留容量措施操纵市场价格。而系统运营商可以结合多个主体上报的价格曲线,以系统用能成本最优为目标,充当区域调度中心的撮合者,使不同主体在日前调度上实现合作博弈。为保证公平公正,利益主体在日前调度优化时上报的策略对所有利益主体公开,机组真实的边际成本曲线对外保密。由于区域综合能源系统中的传输线路较短,且负荷与功能设备交替布置,故本策略不考虑最优潮流。鉴于采用边际定价的报价模式简单可行,且充分考虑了各台机组的运行特性,能够实现园区的经济调度,因而可以真正实现通过多能互补整合园区中不同类型主体的资源[18, 19],进而提高能源利用率和新能源机组消纳。

### 5.2.2  多能互补日前调度合作博弈

#### 5.2.2.1  目标函数

区域综合能源系统运营商以园区用能费用最小为目标,协调不同主体进行合作博弈,具体的表达式如下:

$$\min F = \sum_{t=1}^{24} \sum_{j=1}^{m} f_j(t) \sum_{i=1}^{n} P_j^i(t) \tag{5-52}$$

式中,$f_j(t)$ 表示第 $j$ 个参与者在 $t$ 时刻的供能边际成本;$P_j^i(t)$ 表示第 $j$ 个主体中第 $i$ 台机组在 $t$ 时刻的调度功率。其中供能商成本包括能源转化成本 $f_{e,j}(t)$ 和运行管理成本 $f_{OM,j}$,边际成本 $f_j(t)$ 可表示为

$$f_j(t) = f_{e,j}(t) + f_{OM,j} \tag{5-53}$$

$$f_{e,j}(t) = \sum_{i=1}^{n} C_j^i(P_j^i(t), t) \tag{5-54}$$

$$f_{OM,j}(t) = C_{OM,j} P_j^N \tag{5-55}$$

式中,$C_j^i(P_j^i(t), t)$ 为第 $j$ 个主体中第 $i$ 台机组的能源转化成本函数,该函数的自变量为机组调度功率 $P_j^i(t)$ 和时刻 $t$;$C_{OM,j}$ 为第 $j$ 个主体的运行维护成本系数;$P_j^N$ 为第 $j$ 个主体投入运行的机组总容量。园区中 CCHP 机组的燃气-发电-发热关系均由标准工况下的实验数据得到,余热锅炉的发热-燃气量关系由一次函数拟合得到,具体的函数表达式为

$$H = 3.98g \tag{5-56}$$

式中,$H$ 为 CCHP 机组的热功率,$g$ 为天然气的消耗量。CCHP 机组发电边际成本随燃气的增加而减小,二次函数拟合得到的结果如下:

$$p = 9 \times 10^{-4} g^2 + 0.086g - 18.828 (2\,020 \text{ m}^3/\text{h} \leqslant g \leqslant 3\,980 \text{ m}^3/\text{h}) \tag{5-57}$$

式中，$p$ 为 CCHP 机组输出的电功率。根据燃气锅炉的机组特性，其供能费用随运行功率的变化关系可表示为

$$f_{GB} = a_{GB}p^2 + b_{GB}p + c_{GB} \qquad (5-58)$$

此外，溴化锂机组的转换效率设为 0.8，电制冷性能系数设为 4，其供能费用随实时电价波动，光伏能源转化成本忽略不计。

### 5.2.2.2　标准工况运行约束

在标准工况运行条件下，定义 CCHP 机组状态为 $s_{CCHP}(t) \in \{0, 1\}$，0 表示 CCHP 机组未投入运行，1 表示 CCHP 机组投入运行。假设其运行效率为 $P_{CCHP}(t)$，最低运行效率为额定功率 $P_{CCHP}^{N}$ 的 40%，且 CCHP 机组均工作在以热定电模式，具体的运行约束包括功率约束、爬坡约束和热电耦合约束，如下：

$$\begin{cases} 0.4 P_{CCHP}^{N} s_{CCHP}(t) \leqslant P_{CCHP}^{i}(t) \leqslant P_{CCHP}^{N} s_{CCHP}(t) \\ -\Delta P_{CCHP}^{RD} \leqslant P_{CCHP}^{i}(t+1) - P_{CCHP}^{i}(t) \leqslant \Delta P_{CCHP}^{RU} \\ P_{CCHP}^{i}(t) = G_{ISO}(P_{CCHP,H}^{i}(t) + P_{LiBr}^{i}(t)) \end{cases} \qquad (5-59)$$

式中：$\Delta P_{CCHP}^{RD}$ 和 $\Delta P_{CCHP}^{RU}$ 分别为 CCHP 燃气轮机的爬坡约束上、下限；$G_{ISO}(\cdot)$ 为标准工况下电-热功率的转换函数。燃气锅炉的约束包括最大功率约束及爬坡约束：

$$\begin{cases} 0 \leqslant P_{GB}^{i}(t) \leqslant P_{GB}^{N} \\ -\Delta P_{GB}^{RD} \leqslant P_{GB}^{i}(t+1) - P_{GB}^{i}(t) \leqslant \Delta P_{GB}^{RU} \end{cases} \qquad (5-60)$$

电制冷机组受到其出力上限的约束，如下式所示：

$$0 \leqslant P_{AC}(t) \leqslant P_{AC}^{N} \qquad (5-61)$$

系统约束考虑冷热电功率平衡、区域电网联络线功率约束、冷热电储能充放电约束、冷热电储能爬坡约束及其荷电状态约束，如下式所示：

$$\begin{cases} P_{CCHP}(t) + P_{PV}(t) + P_{ES}(t) + P_{DN}(t) = L_e(t) \\ P_{CCHP,H}(t) - P_{LiBr}(t) + P_{GB}(t) + P_{HS}(t) = L_h(t) \\ 0.8 P_{LiBr}(t) + P_{AC}(t) + P_{CS}(t) = L_c(t) \\ -P_x^{in} \leqslant P_x(t) \leqslant P_x^{out} \\ -\Delta P_x^{in} \leqslant P_x(t+1) - P_x(t) \leqslant \Delta P_x^{out} \\ \sum_{t=1}^{24} P_x(t) = 0 \\ 0.05 \leqslant S_{soc,x}(t) \leqslant 0.95 \\ |P_{DN}(t)| \leqslant P_{Line} \end{cases} \qquad (5-62)$$

式中，$L_e$，$L_h$，$L_c$ 分别表示区域综合能源系统的电、热、冷负荷预测值；$P_{CCHP}$，$P_{PV}$，$P_{ES}$，$P_{DN}$ 分别表示电系统中 CCHP 燃气轮机、光伏、电储能和配电网的输出功率；$P_{CCHP,H}$，$P_{GB}$，$P_{HS}$ 分别表示热系统中 CCHP 机组、燃气锅炉和储热设备的热功率；$P_{LiBr}$，$P_{AC}$，$P_{CS}$ 分别表示冷系统中溴化锂机组、电制冷机组和蓄冷设备的冷功率；$P_x^{in}$ 和 $P_x^{out}$ 分别表示设备 $x$ 的最大充、放功率，其中 $x$ 可取 ES，HS，CS，分别表示电储能设备、储热设备和蓄冷设备；$\Delta P_x^{in}$ 和 $\Delta P_x^{out}$ 分别表示设备 $x$ 的充、放最大爬坡功率；$S_{soc,x}$ 表示相应储能设备的荷电状态。

## 5.2.3 非完全信息下的非合作竞价博弈

### 5.2.3.1 用户博弈模型

本节设计了基于不同类型能源消费背景下的用户博弈模型，参考了基于用户心理学的分时电价用户需求响应模型。为保证所有纳什均衡点在合理范围内，用户代表与供能商签订最高出价价格 $b_{max}$。$b_{ref1}$ 和 $b_{ref2}$ 为弹性段的投标价格区间。为防止博弈中出现因垄断导致价格不合理的现象，用户通过自身的需求响应特性参与博弈，冷热电系统的用户用能量和价格弹性模型的相关公式如下：

$$L_e = \begin{cases} L_e' & \bar{b}_e < b_{e,ref} \\ L_e' - a_e(\bar{b}_e - b_{e,ref1}) & b_{e,ref1} < \bar{b}_e < r_e b_{e,ref1} \\ L_e' - a_e(r_e - 1)b_{e,ref1} & \bar{b}_e \geqslant r_e b_{e,ref1} \end{cases} \tag{5-63}$$

式中，$L_e$ 为包含电制冷机组用电量的电负荷总量；$L_e'$ 为最大电负荷；$r_e b_{e,ref1}$ 为用户与供能商签订的最高电价；$a_e$ 为弹性段的负斜率；$\bar{b}_e$ 为一轮竞价后的平均电能价格。耗冷量和冷价的关系及耗热量和热价的关系与上述弹性模型一致，$L_c$ 和 $L_h$ 分别表示预测的冷、热负荷总量，$L_c'$ 和 $L_h'$ 分别表示最大冷负荷及最大热负荷，$b_{c,max}$ 和 $b_{h,max}$ 分别表示用户与供能商签订的最高冷价和最高热价，$\bar{b}_c$ 和 $\bar{b}_h$ 分别表示一轮竞价后的平均冷热价格。

### 5.2.3.2 机组边际成本报价机制

分布式能源供应商需要根据自身机组的运行特性计算边际成本，并设计相应的报价策略以支撑园区系统运营商进行调度决策[20-22]。为简化分析，本节假设参与主体的报价曲线是成本曲线的比例函数，在此引入利润系数 $k_j$，设第 $j$ 个主体的功能成本曲线为 $f(t)$，则报价曲线为 $b_j(t) = k_j f_j(t)$，CCHP 机组对冷热电独立报价，在计算发电成本时视当前冷热价格和工作状态不变，即发电成本等于总成本减去供冷供热的收益，其他的成本计算同理可得。由于实际的区域综合能源系统包含多个利益主体，因此在竞价决策时单个主体往往无法获得所有主体的全部成本和容量信息。而 Q-learning 算法提供智能系统可在马尔可夫环境中利用经历的动作序列选择最优动作,其优点在于不需要对所处的动态环境建模,可将多能耦合竞价及调度的复杂过程视为"黑箱",根据当前信息选择最优动作,改变影响动态环境。

本节参考 Q-learning 算法设计多能系统的竞价博弈。假设多代理博弈过程的信息集合为 $\{N, S, R, B, U\}$,其中:$N$ 为参与博弈的代理集合;$S = \{s_i\}$ 为博弈报价的所有离散状态集合,包括各个主体的报价曲线;$B = \{b_{\min}, \cdots, b_{\max}\}$ 为主体的报价曲线集合,$R = \{R_1, \cdots, R_j, \cdots, R_n\}$ 为参与者的收益函数集合,收益函数为参与主体的盈利,具体表达式如下所示

$$R_j = \sum_{t=1}^{24} (k_j - 1) f_j(t) \sum_{i=1}^{n} P_j^i(t) \tag{5-64}$$

其中参与者的收益函数与博弈状态和参与者的策略有关,即 $R_j : (s_i, b_j) \rightarrow R$。$b_{-j}$ 表示竞争对手的报价策略,定义转移概率为在状态 $S$ 下的状态转移概率 $U(S, b_j, b_{-j}) \in [0, 1]$。$\alpha$ 和 $\gamma$ 分别表示学习因子和折扣因子。$Q$ 状态更新过程如下:

$$Q_j(s_i, b_j, b_{-j}) = (1-\alpha)Q_j(s_i, b_j, b_{-j}) + \alpha(R_j(s_i, b_j, b_{-j}) + \gamma V_j(s_i')) \tag{5-65}$$

$V_j$ 定义为在对手采取历史动作 $b_{-j}$,而主体采用可行策略 $b_j \in B_r$ 后的最大收益值:

$$V_j(s_i) \leftarrow \max_{b_j \in B_r} \sum_{b_{-j} \in B} \Pr(s_i, b_{-j}) Q(s_i, (b_j, b_{-j})) \tag{5-66}$$

其中 $\Pr(s_i, b_{-j})$ 表示主体对于对手策略的猜测。假设 $\lambda_j(s_i, b_{-j})$ 表示第 $j$ 个对手在 $s_i$ 状态下采取 $b_{-j}$ 策略的次数,仅基于对手历史数据下的经验给出不同策略的概率:

$$\Pr_j(s_i, b_{-j}) = \frac{\lambda_j(s_i, b_{-j})}{\sum_{b_{-j} \in B} \lambda_j(s_i, b_{-j})} \tag{5-67}$$

Q-learning 算法的思路在于不顾及环境模型,直接优化可迭代计算的 $Q$ 函数,通过评价"状态-行为"对 $Q_j(s_i, b_j, b_{-j})$ 进行优化,其学习步骤如下:

① 观察当前的状态 $s_i$ 和历史报价 $b_{-j}$;

② 选择并且执行一个动作 $b_j$;

③ 观察下一个状态 $s_i'$;

④ 根据历史数据和收益函数计算立即收益 $R_j$ 和下一个动作后的最大收益 $V(s_i')$;

⑤ 更新 $Q$ 值。

上述竞价主体仅仅依据 $Q$ 值大小选取策略,很容易陷入局部最优,一般采用 ε-Greedy 策略进行优化。策略的突变将导致收益或支付的变化,并不产生新策略,即竞价主体以较大概率选择 $Q$ 值最大的策略作为最优策略,同时以一个较小概率 ε 随

机选择除 $Q$ 值最大以外的其他策略,选择除最优策略以外的其他策略的概率相同。

$$
\begin{cases}
b_j \in U^{\circ}(b_j, l) & \chi \leqslant \varepsilon \\
b_j = argmax \sum\limits_{b_{-j} \in B_{-j}} \Pr_j(s_i, b_{-j}) Q_j(s_i, (b_{-j}, b_j)) \\
\text{其他}
\end{cases}
\tag{5-68}
$$

概率 $\varepsilon$ 随着过程的收敛而减小,具体的表达式为

$$
\varepsilon[m] = \max\left\{\frac{\varepsilon_{\max}(h - m)}{h}, 0\right\}
\tag{5-69}
$$

式中, $\varepsilon_{\max}$ 表示最大变异概率; $m$ 表示迭代次数; $h$ 表示某一保证收敛的迭代次数。在此基础上,共有七种动作存在于智能体的竞价知识库中,在上一次策略利润率的基础上浮动,取最大步长为 0.06,如下所示:

$$
\begin{cases}
k_j[m+1] = k_j[m] \\
k_j[m+1] = k_j[m] \pm 0.02 \\
k_j[m+1] = k_j[m] \pm 0.04 \\
k_j[m+1] = k_j[m] \pm 0.06
\end{cases}
\tag{5-70}
$$

### 5.2.4　算例分析

在算例仿真分析中,取强化学习因子 $\alpha = 0.85$ ,折扣因子 $\gamma = 0.8$ ,最大变异率 $\varepsilon_{\max} = 0.15$ , $h = 40$ 。燃气轮机的天然气价格为 4.03 元/ $m^3$ ,燃气锅炉的气价为 3.03 元/ $m^3$ 。系统包括两台 CCHP 机组,一台燃气轮机,一个最大功率为 8 MW 的光伏设备和容量为 50 MW 的电制冷机组,一台 6 MW 的溴化锂机组。算例中配电网的峰平谷时段划分:谷时段,00:00 至 07:00;峰时段,09:00 至 23:00;平时段,07:00 至 09:00 及 23:00 至 00:00。相应的电价为谷时段 0.514 元/(kW·h),峰时段 1.071 元/(kW·h),平时段 0.792 元/(kW·h)。系统运营商的冷热电储能配置如表 5-7 所示。

**表 5-7　冷热电储能配置**

| 类　型 | 容量/MW·h | 最大充电功率/MW | 最大放电功率/MW |
|--------|-----------|-----------------|-----------------|
| 电储能 | 35 | 5 | 5 |
| 热储能 | 20 | 5 | 5 |
| 蓄　冷 | 40 | 10 | 10 |

用户需求弹性参数如表 5-8 所示。

表 5-8 用户需求弹性参数

| 冷参数 | 数值 | 热参数 | 数值 | 电参数 | 数值 |
|---|---|---|---|---|---|
| $b_{c,max}$ | 0.55 元 | $b_{h,max}$ | 0.52 元 | $b_{e,max}$ | 0.72 元 |
| $a_c$ | 1 | $a_h$ | 0.6 | $a_e$ | 0.667 |
| $b_{c,ref1}$ | 0.2 元 | $b_{h,ref1}$ | 0.2 元 | $b_{e,ref1}$ | 0.4 元 |
| $b_{c,ref2}$ | 0.7 元 | $b_{h,ref2}$ | 0.7 元 | $b_{e,ref2}$ | 1 元 |

### 5.2.4.1 仿真结果

算例选择国内某重点项目园区夏季冷热电典型负荷进行仿真。考虑光伏电站、CCHP能源站、燃气锅炉供暖站和电制冷中央空调四个能源供应商主体进行冷热电竞价仿真,结果如图 5-8~5-10 所示。

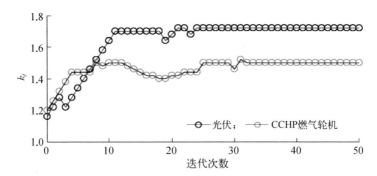

图 5-8 电能市场博弈

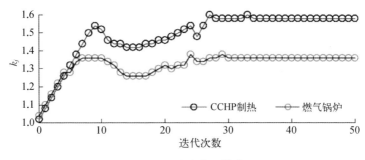

图 5-9 热能市场博弈

从仿真结果来看,各个供能主体的利润率均从较低水平逐渐增加至均衡点。由于 CCHP 冷热电以及电制冷的冷电耦合关系,三个竞价过程的演化类似:均在开始阶段上升较快,分布式供能主体对负荷的竞争关系在第 8 次至第 25 次博弈过

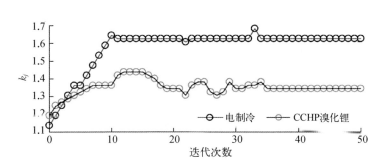

图 5-10 耗冷量市场博弈

程中较为明显,在第 25 次后逐渐平稳。此外,在 CPLEX 平台中采用混合整数线性规划进行优化调度实现。由于仅燃气锅炉和燃气轮机具有二次非线性的函数特征,两台机组非线性成本函数均由标准工况下的实验数据通过构造辅助变量分段线性化表示。在各个主体盈利率均达到均衡点时,冷热电日前合作博弈的调度结果如图 5-11 所示。

由算例分析的竞价结果和调度结果可以发现,系统运营商根据分布式供能商的报价曲线,以最低价格的原则进行出清,制定 24 h 的机组出力。与此同时,分布式供能商结合 24 h 的调度结果计算每个时段的边际价格,计算并预测收益,基于有限理性机器学习模拟人工智能报价并上报,完成层间互动。结合竞价和调度两个过程,分析日前调度结果如下:

(1)由于容量限制,电制冷机组调度功率较大。溴化锂机组受燃气轮机的影响工作在 07:00~22:00,蓄冷设备在白天平均电价较高时释放冷能,在夜间电价较低时吸收冷能。

(2)由热能调度结果可知,燃气锅炉在热负荷水平较低时具有价格优势,CCHP机组在热负荷水平较高时具有价格优势。热储能调节机组运行状态,优化机组运行以降低能量转化费用。

(3)由于光伏发电时间分布不均且其供能成本低,因此光伏发电基本工作在最大功率点。燃气轮机发电成本随发电功率增加而降低,在负荷较高时燃气轮机运行在额定运行点附近,夜间负荷较低时则由配电网和储能供电。

### 5.2.4.2 策略式博弈的局部 Nash 均衡性证明

任取一个策略式博弈记为 $G=(T,S,u)$,在该博弈过程中一个策略组合 $s^*=(s_1^*,\cdots,s_I^*)$ 表示纳什均衡,如果对博弈中的每一个参与者 $i \in T$,$s_i^*$ 表示第 $i$ 个参与者在给定其他参与者选择策略组合 $s_{-i}^*=(s_1^*,\cdots,s_{i-1}^*,s_{i+1}^*,\cdots,s_I^*)$ 时的最佳反应状态,即每一个参与者 $i \in T$ 对所有 $s_i \in S_i$ 均有 $u_i(s_i^*,s_{-i}^*) \geqslant u_i(s_i,s_{-i}^*)$。即 $s_i^* \in \underset{s_i \in S_i}{\mathrm{argmax}}\, u_i(s_i,s_{-i}^*)$,则称其为策略式博弈的纳什均衡点。

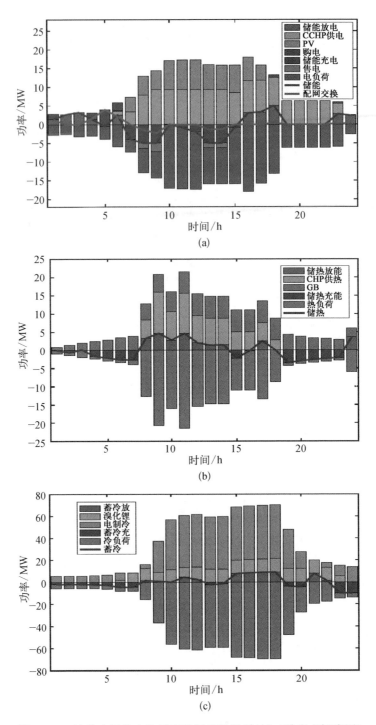

**图 5-11 冷热电日前合作博弈的调度结果**(扫描二维码查阅彩图)

(a)电系统合作博弈调度结果;(b)热系统合作博弈调度结果;(c)冷系统合作博弈调度结果

根据定义验证博弈平衡点的纳什均衡特性,假设电价已经稳定,用 $p_i$ 表示 CCHP 机组采用动作 $s_i$ 的概率,$q_j$ 表示燃气锅炉采用 $s_j$ 动作的概率,选择概率由前文所述的 ε-Greedy 算法决定,由贪心策略选择的最大概率为 85%,选择其他策略的概率均相同,为 2.5%。$k_j$ 的修正步长取最小值 0.02。由此可得两个主体给定点附近的七种策略对应的收益矩阵 $A_{7×7}$ 和 $B_{7×7}$,矩阵中的元素 $a_{ij}$ 和 $b_{ij}$ 分别表示两个主体使用 $s_i$ 策略和 $s_j$ 策略时的净收益。则博弈者 1 采用策略 $s_j$ 的效用函数为 $r^1(p^j, s) = \sum_{i=1}^{7} q_i a_{ij}$,同理可得博弈者 2 的效用函数为 $r^2(q^j, s) = \sum_{i=1}^{7} p_i b_{ij}$。针对本节的策略式博弈局部均衡分析在 Q-learning 仿真后的冷热电报价平稳点的基础上进行,包括该在冷热电报价上策略的变动,在仿真均衡点计算博弈者各个策略的效用函数,结果如表 5-9～表 5-11 所示。

表 5-9　热能市场局部均衡性分析

| 策略(盈利率) | $r^1$/CCHP 机组 | $r^2$/燃气锅炉 |
|---|---|---|
| $k_j[k] - 0.06$ | 23.178 7 | 9.936 4 |
| $k_j[k] - 0.04$ | 23.445 5 | 10.386 2 |
| $k_j[k] - 0.02$ | 23.844 5 | 13.337 0 |
| $k_j[k]$ | 25.153 9 | 13.780 5 |
| $k_j[k] + 0.02$ | 24.897 1 | 13.425 2 |
| $k_j[k] + 0.04$ | 24.397 1 | 12.337 0 |
| $k_j[k] + 0.06$ | 23.646 8 | 11.950 5 |

表 5-10　电能市场局部均衡性分析

| 策略(盈利率) | $r^1$/ 光伏 | $r^2$/CCHP 机组 |
|---|---|---|
| $k_j[k] - 0.06$ | 14.616 5 | 23.597 1 |
| $k_j[k] - 0.04$ | 15.390 1 | 23.142 1 |
| $k_j[k] - 0.02$ | 15.801 6 | 24.684 2 |
| $k_j[k]$ | 16.268 3 | 25.153 9 |
| $k_j[k] + 0.02$ | — | 25.153 9 |
| $k_j[k] + 0.04$ | — | 34.271 0 |
| $k_j[k] + 0.06$ | — | 24.319 6 |

表 5‑11　供冷市场局部均衡性分析

| 策略（盈利率） | $r^1$/电制冷 | $r^2$/CCHP 机组 |
|---|---|---|
| $k_j[k] - 0.06$ | 15.947 0 | 23.488 7 |
| $k_j[k] - 0.04$ | 18.445 5 | 24.145 5 |
| $k_j[k] - 0.02$ | 20.836 1 | 24.844 5 |
| $k_j[k]$ | 22.396 2 | 25.153 9 |
| $k_j[k] + 0.02$ | 22.077 2 | 25.002 1 |
| $k_j[k] + 0.04$ | 21.481 1 | 24.856 6 |
| $k_j[k] + 0.06$ | 21.511 2 | 25.056 8 |

从上述表中的结果可以发现，第 $i$ 个参与者的所有可行策略 $s_i \in S_i$，$k_j[m]$ 策略的效用函数最大，故在平稳点处均有 $s_i^* \in \underset{s_i \in S_i}{\arg\max} u_i(s_i, s_{-i}^*)$，证明了该策略在局部稳定点处的纳什均衡性。

### 5.2.4.3　用户收益对比分析

通过以下三种模式进行对比，分析各参与主体采用不同策略下的用户收益。

模式一：根据该重点项目所在园区的现有固定冷热电价格进行结算，实现全系统的优化经济运行。冷、热结算价格分别为 0.587 元/(kW·h)、0.563 元/(kW·h)，CCHP 上网电价为 0.745 元/(kW·h)，光伏上网电价为 0.75 元/(kW·h)。

模式二：应用本节提出的调度合作博弈模型，其中竞价博弈不考虑用户需求响应的参与，通过强化学习方法知道竞价行为。

模式三：应用本节提出的双层博弈调度-竞价策略，考虑用户需求响应的参与。

三种模式下不同时段的总用能成本如表 5‑12 所示。

表 5‑12　三种模式下不同时段的总用能成本

| 时　段 | 模式一/元 | 模式二/元 | 模式三/元 |
|---|---|---|---|
| 1 | 307.10 | 302.19 | 294.94 |
| 2 | 180.79 | 177.41 | 170.86 |
| 3 | 190.91 | 187.09 | 181.67 |
| 4 | 113.97 | 112.46 | 109.62 |
| 5 | 87.23 | 85.54 | 82.44 |
| 6 | 125.45 | 122.50 | 118.53 |
| 7 | 165.79 | 160.42 | 149.93 |
| 8 | 553.74 | 538.91 | 510.93 |

（续　表）

| 时　段 | 模式一/元 | 模式二/元 | 模式三/元 |
|---|---|---|---|
| 9 | 1 078.56 | 1 044.30 | 996.10 |
| 10 | 1 309.24 | 1 259.54 | 1 203.01 |
| 11 | 1 586.19 | 1 540.09 | 1 477.07 |
| 12 | 1 381.79 | 1 344.55 | 1 273.19 |
| 13 | 1 280.06 | 1 229.89 | 1 169.85 |
| 14 | 1 481.49 | 1 436.25 | 1 353.89 |
| 15 | 1 484.84 | 1 427.71 | 1 364.08 |
| 16 | 1 584.36 | 1 523.10 | 1 424.97 |
| 17 | 1 473.19 | 1 440.91 | 1 353.78 |
| 18 | 1 177.84 | 1 142.24 | 1 073.63 |
| 19 | 1 191.46 | 1 151.83 | 1 084.78 |
| 20 | 1 134 | 1 094.37 | 1 014.51 |
| 21 | 1 141.20 | 1 108.27 | 1 058.86 |
| 22 | 1 099.29 | 1 084.25 | 1 036.03 |
| 23 | 741.610 | 731.10 | 706.60 |
| 24 | 514.540 | 507.32 | 494.17 |

定义平均综合用能成本为

$$\lambda = \frac{F}{\sum_{t=1}^{24} L_e(t) + L_h(t) + L_c(t)}$$

三种模式平均综合用能成本计算结果如图 5-12 所示。

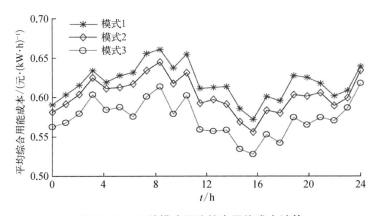

图 5-12　三种模式平均综合用能成本计算

从图中展示的仿真结果可知,三种模式不同时段的平均用能价格基本有如下规律,即模式一>模式二>模式三。模式三应用双层博弈后该园区的冷热电平均收购价格分别维持在 0.524 元/kW·h、0.512 元/kW·h、0.72 元/kW·h。相比于该实际园区的现有固定价格机制,应用相同的调度方法,采用双层博弈后的平均综合购能成本可降低 7.19%。

## 5.3 计及个体响应的电动汽车代理商竞价与定价联合优化方法

在全球能源危机以及环境问题日益严重的背景下,交通工具电动化已成为世界范围内的发展潮流,同时我国能源的主要问题为能源结构中油气资源严重缺乏,为了降低油气对外依存度,保障我国的能源安全,迫切需要调整能源结构。发展电动汽车不仅为调整我国的能源结构矛盾提供了解决方案,还可以大大缓解我国在碳排放问题上的压力,同时更新汽车产业格局,并获得成为世界范围内汽车产业领导者带来的经济收益。电动汽车代理商是代表电动汽车集群或充电站,向电网购电后售电给电动汽车的盈利运营机构。代理商会根据市场的电价信息,合理制定各时段充放电价方案,引导电动汽车充电功率响应电网调度,并降低充电成本达到最终利润的最大化。本节针对电动汽车代理商这一能源细胞主体展开分析。

### 5.3.1 电动汽车代理商的市场运营框架

#### 5.3.1.1 电力市场的竞价机制

随着电力市场的逐渐发展,发电侧和售电侧主体的竞争将逐渐充分,大中小用户都逐渐加入售电市场,其中就包括电动汽车集群运营商等代表电动汽车群体的电力用户。同时售电公司作为服务型企业,除了保障基本的购售电业务外,还可能囊括了用电相关的周边"电力物业"业务和协助用户响应市场机制的需求侧管理服务,如电动汽车充电网络配置、电动汽车充电装置运营服务等。

电动汽车代理商根据其管辖的电动汽车需求,可以参与系统的有功能量交易,也可以参与系统辅助服务的交易。其中,辅助服务交易包括了系统备用服务、调频服务、电压支持和无功补偿服务等。电动汽车的基本充电能量通过有功电量交易实现,通过 V2G 技术实现电动汽车与电网互动以参与辅助服务交易。在备用市场交易中,电动汽车代理商可以通过控制大量电动汽车的实际与计划充放电功率 POP(preferred operating point)的偏差来实现。在系统需要备用容量时,双向 V2G 可以通过电动汽车用户放电,回馈电能量给电网;单向 V2G 能够在较短的时间内削减部分充电负荷,相当于向系统提供了旋转备用,上调备用和下调备用可在 POP 的基础上增加或减少充电功率流动来实现。

电动汽车代理商参与电力市场形式可分为合约交易和现货交易。合约交易一般有市场交易主体通过双边协商而签订的中远期合同。现货交易则是为了平衡合约交易与实际负荷之间的偏差,由日前市场和实时市场组成。日前市场是指售电主体与用户进行次日发用电量的竞价交易,实时市场是为了保证实时电量供需平衡,在系统实际运行前 15 分钟进行的电量交易。

在电力交易过程中,采用统一的市场出清机制(market clearing price, MCP),符合经济学原理中当按边际成本定价时生产者利益最大化的理论,被世界各国电力市场普遍采用。其中,发电商根据自身的发电成本向电力市场运营商 ISO(independent system operator)申报电价随电量递增的竞价函数和最大/最小发电功率,用电侧包括电动汽车代理商、大用户、负荷聚集商和其他独立售电商等向电力市场运营商申报非递减竞价函数和最大供电功率。各市场参与主体向交易中心申报各自的报价曲线后,由电力市场运营商根据统一的边际价格进行市场出清和结算,交易框架如图 5‑13 所示。

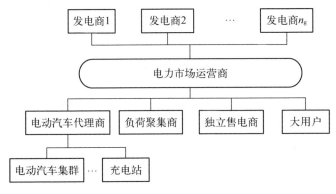

**图 5‑13　电力市场交易框架**

5.3.1.2　电动汽车代理商的运营机制

单辆电动汽车用户由于功率容量有限,必须通过集群的方式整合区域内大规模分散的电动汽车,才有能力参与电力市场。电动汽车代理商以集群的控制方式对电动汽车个体进行管理,在完全竞争的电力市场环境下,作为发电商与电动汽车车主之间的中介。通过这种方式给予电动汽车用户有效地接触电力市场的机会,并且能够向市场提供更多的辅助服务。

电动汽车代理商在分层分区调度框架下与其他购电商一同参与电力市场并优化电动汽车的充电行为,运营框架如图 5‑14 所示。电动汽车代理商作为整合电动汽车集群的实体,向下收集集群充电需求,在预测竞价对手的报价后,向上提交报价曲线。市场出清后,从电力批发市场获得统一出清电价和竞标所得电量,制定充电费用后,向电动汽车集群进行成本或收益的分配。

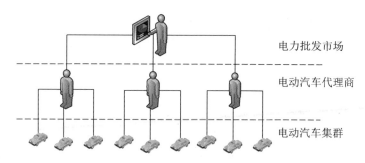

图 5－14　电动汽车代理商的运营框架

电动汽车代理商根据所管辖电动汽车的充电需求特点,可参与电力市场竞价,包括中长期市场、日前市场和实时市场,且不限于单品种交易。本节假设电动汽车代理商参与日前市场中的能量市场和备用服务市场,实际运行中若有电量偏差,电动汽车代理商再进入实时市场购电或售电。电动汽车代理商为了在电力市场获得最优交易,与电动汽车用户之间实行以下运营机制:

(1)电动汽车代理商与车主以合约形式进行协定,车主需在日前向电动汽车代理商申报次日的相关信息,包括接入系统的时间,离开系统的时间,离开时期望荷电状态的上、下限等。电动汽车代理商掌握了不同类型电动汽车的行驶需求和物理参数后,对用户的行驶规律进行分析,估计总充电需求量和可调度容量 $A_{sc}$。通过将具有相似特性的电动汽车聚类或分群,对同一个集群进行统一优化和控制。

(2)电动汽车代理商在参与日前电力交易时,考虑到 V2G 作为重要的需求侧资源,有降低运营电动汽车成本并增强电网灵活性的潜力。但由于充放一体机的设施成本昂贵,并且频繁或深度充电/放电会减少电池寿命,暂不考虑双向 V2G,即假设电动汽车用户不接受放电。而采用单向 V2G 的方式参与备用市场,即在系统需要备用容量时,通过削减部分充电负荷向系统提供旋转备用。故电动汽车代理商在日前向电力市场运营商申报在规定时间段内能提供的负荷容量和单位报价,进入备用市场参与备用容量竞标。

(3)电动汽车代理商在日前市场交易结束后制定充电价格并通过智能交互终端公布给车主。所管辖范围内的电动汽车充电桩都安装智能通断终端,可以控制电动汽车的充电状态并与代理商通信。充电桩内设的智能通断终端识别电动汽车个体,并根据电动汽车代理商提供的电价信息自动选择可接入系统时间内的低价时段,执行充电。

### 5.3.2　电动汽车代理商的竞价模型

在日前市场中,由于备用市场与能量市场之间的耦合性较强,因此美国 PJM、新西兰电力市场在实际运行中将 2 个市场的决策过程统一进行,因此首先建立日前能量市场与备用市场统一出清模型。

假设参与竞标的有 $M$ 个发电商和 $K$ 个购电商,两者都可在能量市场和备用市场中竞价,备用市场中暂时忽略市场对调节备用和非旋转备用的要求,只考虑旋转备用。其中,购电商包括电动汽车代理商、大用户、负荷聚集商和其他独立售电商等,其余购电商的竞价策略与电动汽车代理商相同,此处以电动汽车代理商为例进行分析。

设电动汽车代理商的边际效益函数是线性的,反映了大量用户的充电负荷与其愿意支付的价格之间的平均水平,则其报价函数为:

$$\rho_{t,k}^{\mathrm{EV,C}} = a_{t,k} - b_{t,k} Q_{t,k}^{\mathrm{EV,C}} \quad k=1,2,\cdots,K; t=1,2,\cdots,T \quad (5-71)$$

式中,$t$ 为报价时刻;$T$ 为总报价时刻数;$\rho_{t,k}^{\mathrm{EV,C}}$ 为第 $k$ 个购电商的日前能量市场申报价格;$a_{t,k}$、$b_{t,k}$ 为第 $k$ 个购电商的策略报价系数,与边际效益参数有关。$Q_{t,k}^{\mathrm{EV,C}}$ 为能量市场中第 $k$ 个购电商申报的购电量;竞标策略参数的选择有变截距、变斜率和变比例等方法,本节采用变斜率方法,即通过改变斜率 $b_{t,k}$ 进行策略报价,$a_{t,k}$ 保持不变。同理,购电商在备用市场的报价函数可表示为

$$\rho_{t,k}^{\mathrm{EV,R}} = e_{t,k}^{\mathrm{EV}} + f_{t,k}^{\mathrm{EV}} Q_{t,k}^{\mathrm{EV,R}} \quad (5-72)$$

式中,$\rho_{t,k}^{\mathrm{EV,R}}$ 为第 $k$ 个购电商的备用市场申报价格;$e_{t,k}^{\mathrm{EV}}$、$f_{t,k}^{\mathrm{EV}}$ 为第 $k$ 个购电商的备用市场报价系数;$Q_{t,k}^{\mathrm{EV,R}}$ 为备用市场中第 $k$ 个购电商申报的备用容量。当联合出清时,备用市场以容量价格作为竞价依据;当旋转备用被实际调用时,以能量市场的出清价作为电量价格补偿。发电商的报价曲线由其边际成本函数获得,如式(5-73)所示。

$$\rho_{t,m}^{\mathrm{g,C}} = c_{t,m} + d_{t,m} Q_{t,m}^{\mathrm{g,C}} \quad m=1,2,\cdots,M; t=1,2,\cdots,T \quad (5-73)$$

式中,$\rho_{t,m}^{\mathrm{g,C}}$ 为第 $m$ 个发电商的日前能量市场申报价格;$c_{t,m}$、$d_{t,m}$ 为第 $m$ 个发电商的报价参数;$Q_{t,m}^{\mathrm{g,C}}$ 为第 $m$ 个发电商的申报售电量。本节假设发电商按照自身的边际成本参数进行报价。发电商在备用市场的报价函数可表示为

$$\rho_{t,m}^{\mathrm{g,R}} = e_{t,m}^{\mathrm{g}} + f_{t,m}^{\mathrm{g}} Q_{t,m}^{\mathrm{g,R}} \quad (5-74)$$

式中,$\rho_{t,m}^{\mathrm{g,R}}$ 为发电商的备用市场申报价格,$e_{t,m}^{\mathrm{g}}$、$f_{t,m}^{\mathrm{g}}$ 为第 $m$ 个发电商在备用市场的报价参数,反映了机组部分载荷效率损失;$Q_{t,m}^{\mathrm{g,R}}$ 为备用市场中第 $m$ 个发电商申报的电量。电力市场运营商收到各市场成员的报价曲线后,根据最小化电能与辅助服务供应总成本的原则进行联合市场出清,确定统一能量市场的出清价格和备用市场出清价格,并分配各发电商的出力和备用容量以及购电商的购电量和备用容量。当交易撮合成功时,能量市场和备用市场的出清价格将满足式(5-75)。

$$\begin{cases} a_{t,k} - b_{t,k} Q_{t,k}^{\mathrm{EV,C}} = \rho_t^{\mathrm{C}} \\ c_{t,m} + d_{t,m} Q_{t,m}^{\mathrm{g,C}} = \rho_t^{\mathrm{C}} \\ e_{t,m}^{\mathrm{g}} + f_{t,m}^{\mathrm{g}} Q_{t,m}^{\mathrm{g,R}} = \rho_t^{\mathrm{R}} \\ e_{t,k}^{\mathrm{EV}} + f_{t,k}^{\mathrm{EV}} Q_{t,k}^{\mathrm{EV,R}} = \rho_t^{\mathrm{R}} \end{cases} \tag{5-75}$$

式中，$\rho_t^{\mathrm{C}}$ 为能量市场的统一出清价格；$\rho_t^{\mathrm{R}}$ 为备用市场统一出清价格。同时，发电商和购电商的出清电量需满足电量平衡约束和出力上下限约束，分别如式（5-76）、式（5-77）所示。

$$\begin{cases} \displaystyle\sum_m Q_{t,m}^{\mathrm{g,C}} = \sum_k Q_{t,k}^{\mathrm{EV,C}} \\ \displaystyle\sum_m Q_{t,m}^{\mathrm{g,R}} + \sum_k Q_{t,k}^{\mathrm{EV,R}} = Q_t^{\mathrm{SR}} \end{cases} \tag{5-76}$$

$$\begin{cases} P_m^{\mathrm{g,min}} \leqslant Q_{t,m}^{\mathrm{g,C}} \\ Q_{t,m}^{\mathrm{g,C}} + Q_{t,m}^{\mathrm{g,R}} \leqslant P_m^{\mathrm{g,max}} \\ 0 \leqslant Q_{t,m}^{\mathrm{g,R}} \leqslant \bar{Q}_m^{\mathrm{g,R}} \\ Q_{t,k}^{\mathrm{EV,C}} \leqslant P_k^{\mathrm{EV,max}} \\ P_k^{\mathrm{EV,min}} \leqslant Q_{t,k}^{\mathrm{EV,C}} - Q_{t,k}^{\mathrm{EV,R}} \\ 0 \leqslant Q_{t,k}^{\mathrm{EV,R}} \leqslant \bar{Q}_k^{\mathrm{EV,R}} \end{cases} \tag{5-77}$$

式中，$Q_t^{\mathrm{SR}}$ 为系统对旋转备用容量的要求；$P_m^{\mathrm{g,min}}$、$P_m^{\mathrm{g,max}}$ 为第 $m$ 个发电商的发电出力下限、上限；$\bar{Q}_m^{\mathrm{g,R}}$、$\bar{Q}_k^{\mathrm{EV,R}}$ 为第 $m$ 个发电商和第 $k$ 个购电商的备用能力上限约束；$P_k^{\mathrm{EV,min}}$、$P_k^{\mathrm{EV,max}}$ 为第 $k$ 个购电商的用电负荷最小值、最大值。当不考虑式（5-77）所示约束时，求解式（5-71）～（5-76）可得：

$$\rho_t^{\mathrm{C}} = \frac{\displaystyle\sum_m \frac{c_{t,m}}{d_{t,m}} + \sum_k \frac{a_{t,k}}{b_{t,k}}}{\displaystyle\sum_m \frac{1}{d_{t,m}} + \sum_k \frac{1}{b_{t,k}}} \tag{5-78}$$

$$Q_{t,m}^{\mathrm{g,C}} = \frac{\rho_t^{\mathrm{C}} - c_{t,m}}{d_{t,m}} \tag{5-79}$$

$$Q_{t,k}^{\mathrm{EV,C}} = \frac{a_{t,k} - \rho_t^{\mathrm{C}}}{b_{t,k}} \tag{5-80}$$

$$\rho_t^{\mathrm{R}} = \frac{Q_t^{\mathrm{SR}} + \displaystyle\sum_m \frac{e_{t,m}^{\mathrm{g}}}{f_{t,m}^{\mathrm{g}}} + \sum_k \frac{e_{t,k}^{\mathrm{EV}}}{f_{t,k}^{\mathrm{EV}}}}{\displaystyle\sum_m \frac{1}{f_{t,m}^{\mathrm{g}}} + \sum_k \frac{1}{f_{t,k}^{\mathrm{EV}}}} \tag{5-81}$$

$$Q_{t,m}^{g,R} = \frac{\rho_t^R - e_{t,m}^g}{f_{t,m}^g} \qquad (5-82)$$

$$Q_{t,k}^{EV,R} = \frac{\rho_t^R - e_{t,k}^{EV}}{f_{i,k}^{EV}} \qquad (5-83)$$

在交易撮合过程中,若违反式(5-86)所示约束,则置相应值为边界值,然后重新计算出清价格和出清电量,直到满足全部约束条件。

### 5.3.3　电动汽车代理商的定价模型

#### 5.3.3.1　电动汽车代理商的优化模型

当电动汽车代理商运营到一定的规模时,其管辖的电动汽车数量可能达到数千甚至数万辆,若直接由电动汽车代理商对充电装置进行调度,仍存在通信网络和计算复杂度等问题。通过价格响应的方式来优化调度电动汽车充电可以避免该问题,即通过日前制定实时充电电价,由智能充电桩自动选择电价低的时段控制电动汽车充电,直至充电电量达到车主的要求。充电费用为基本电费与充电补贴之差。电动汽车代理商在市场竞价中的弹性来源于车主充电负荷的弹性,即充电负荷的可转移性及可削减性。可转移性通过制定充电基本电价使用户通过智能充电桩自主转移负荷来实现;可削减性通过制定充电补贴鼓励用户申报充电要求范围来实现[23-25]。

电动汽车代理商的竞价与定价问题本质上是一个双层优化问题,可用主从博弈进行建模。上层优化中,电动汽车代理商先以自身收益最大化为原则、以市场出清为约束决策竞价参数和充电价格,是主从博弈的领导者;下层优化中,每辆电动汽车以充电成本最小化为目标,通过智能充电桩决策每个时段的实际充电功率,是主从博弈的跟随者。跟随者根据领导者决策的实时充电电价选择自己的最优充电计划,领导者再根据跟随者的充电计划更新自己的策略,不断更新直至达到均衡解,即电动汽车代理商得到最优的竞价参数和实时充电电价,电动汽车用户得到最优的充电计划。双层优化模型示意图如图5-15所示。

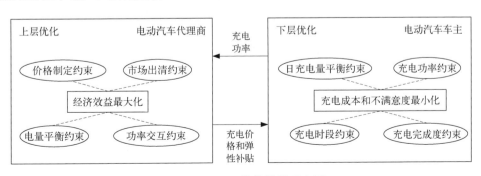

**图5-15　双层优化模型示意图**

以多个购电商中的某一个电动汽车代理商为研究对象(以下竞价参数省略下标 $k$),电动汽车代理商的决策变量为任意 $t$ 时刻的 $\{b_t, f_t^{\text{EV}}\pi_t, \Delta\pi, Q_t^{\text{RT+}}\}$,其中 $b_t$ 和 $f_t^{\text{EV}}$ 为该 EVA 在能量市场和备用市场内的竞价斜率参数,$\pi_t$ 为电动汽车代理商制定的充电基本电价,$\Delta\pi$ 为电动汽车代理商制定的充电弹性补贴,$Q_t^{\text{RT+}}$ 为电动汽车代理商在实时市场的购电量,则优化问题建模如下:

$$\max \sum_t \left[ h_t^{\text{user}}\left(\pi_t, \Delta\pi_t, \sum_i P_{t,i}^{\text{EV}}\right) + h_t^{\text{mar}}\left(Q^{\text{EV,C}}, Q^{\text{EV,R}}, Q_t^{\text{RT+}}, Q_t^{\text{RT-}}\right) \right]$$

$$= \sum_t \left[ \pi_t(1-U_{Lt}) \sum_i P_{t,i}^{\text{EV}} - \Delta\pi \sum_i (\chi_i^{\text{e}} - \chi_i) E_i^{\max} + \rho_t^{\text{R}} Q^{\text{EV,R}} + \xi_t \rho_t^{\text{C}} Q^{\text{EV,R}} \right.$$

$$\left. + \rho_t^{\text{RT-}} Q_t^{\text{RT-}} - \rho_t^{\text{RT+}} Q_t^{\text{RT+}} - \rho_t^{\text{C}} Q^{\text{EV,C}} \right]$$

$$(5-84)$$

式中,$h_t^{\text{user}}$ 为电动汽车代理商从下层电动汽车集群中获取的收益,即用户充电费用收入;$h_t^{\text{mar}}$ 为电动汽车代理商从上层市场中获取的收益,包括备用服务市场的容量、电量收入和实时市场的售电收入、实时市场的购电成本和日前市场的购电成本;$U_{Lt}$ 为虚拟用户流失率,由式(5-85)定义;$P_{t,i}^{\text{EV}}$ 为第 $i$ 辆电动汽车在 $t$ 时刻的充电功率;$E_i^{\max}$ 为第 $i$ 辆电动汽车的最大电池容量;$\chi_i^{\text{e}}$ 为第 $i$ 辆电动汽车的期望充电完成度,一般为电动汽车荷电状态的最大值;$\chi_i$ 为第 $i$ 辆电动汽车的实际充电完成度,即电动汽车代理商用充电弹性补贴来激励用户降低实际充电完成度,从而有机会在日前市场中参与备用服务竞价;$Q_t^{\text{EV,R}}$ 为电动汽车代理商 $t$ 时刻在备用市场的竞标电量;$Q_t^{\text{EV,C}}$ 为电动汽车代理商 $t$ 时刻在能量市场的竞标电量;$\xi_t$ 为调用比例预测值,即旋转备用实际调用容量占可用备用值的比例,$\xi_t$ 越接近 1,则系统对备用的要求越严格,当 $\xi_t = 1$ 时,等同于确定性备用要求;$\rho_t^{\text{RT+}}$、$\rho_t^{\text{RT-}}$ 为实时市场的购电电价、售电电价,可根据历史数据和预测模型估计;$Q_t^{\text{RT-}}$ 为电动汽车代理商在实时市场的售电量。

在定价过程中,电动汽车代理商期望充电基本电价尽可能高而充电弹性补贴尽可能低,以最大化自身利润。为了避免电动汽车代理商只将价格定于上下限,故引入虚拟用户流失率来衡量充电费用过高可能导致的用户失约或转投其他电动汽车代理商带来的影响损失,如式(5-85)所示。

$$U_{Lt} = \omega_1 \frac{\pi_t}{\pi_t^{\max}} + \omega_2 \frac{\Delta\pi^{\min}}{\Delta\pi^{\min} + \Delta\pi} \qquad (5-85)$$

式中,$U_{Lt}$ 为虚拟用户流失率;$\pi_t^{\max}$ 为充电基本电价的最大值约束;$\Delta\pi^{\min}$ 为充电弹性补贴的最小值约束;$\omega_1$、$\omega_2$ 为正的常数,表示充电基本电价和充电弹性补贴的价格变量对用户流失的影响力,同时约束 $U_{Lt}$ 在 0~1 之间。电动汽车代理商优化模型中的约束条件包括充电负荷功率、定价界限等方面的约束。

（1）充电负荷约束，电动汽车代理商从市场的购电量与所有电动汽车的充电量平衡：

$$\xi_t(Q_t^{EV,C} + Q_t^{RT+} - Q_T^{EV,R} - Q_T^{RT-}) + (1-\xi_1)(Q_t^{EV,C} + Q_t^{RT+} - Q_t^{RT-}) = \sum_i P_{t,i}^{EV}$$

$$(5-86)$$

（2）充电基本电价约束，为了保证车主的利益，电动汽车代理商制定的充电价格应有上、下界约束：

$$\pi_t^{min} \leqslant \pi_t \leqslant \pi_t^{max} \qquad (5-87)$$

$$\Delta\pi^{min} \leqslant \Delta\pi \leqslant \Delta\pi^{max} \qquad (5-88)$$

式中，$\pi_t^{min}$ 为充电基本电价的最小值约束；$\Delta\pi^{max}$ 为充电弹性补贴的最大值约束；

（3）考虑实时市场购电与售电之间的互补关系和配电网功率交互限制，有以下约束：

$$0 \leqslant Q_t^{RT+} \leqslant M_t\delta_t \qquad (5-89)$$

$$0 \leqslant Q_t^{RT-} \leqslant M_t(1-\delta_t) \qquad (5-90)$$

式中，$M_t$ 为实时交互功率限制，可取所有电动汽车的最大充电功率之和；$\delta_t$ 为用以表征实时购售电互斥约束，0-1变量，即购电时 $\delta_t = 1$，售电时 $\delta_t = 0$。

此外，还包括市场出清约束式(5-77)、(5-78)、(5-80)、(5-81)、(5-83)。

#### 5.3.3.2 电动汽车个体的充电优化模型

主从博弈中电动汽车代理商通过求解上层优化问题，制定最优充电基本电价和充电弹性补贴，电动汽车个体依据此电价通过求解下层优化模型来制定 24 h 的充电计划[26, 27]。由于电动汽车代理商管理的电动汽车数量庞大，首先对具有相似出行规律的电动汽车进行聚类，其行为特征（最优充电功率）可由一次计算得到。电动汽车代理商聚合电动汽车制定的充电策略后，得到相对准确的用户负荷曲线，再求解上层优化模型，以得到最优的竞价参数和充电售价。

电动汽车接入电网后，由智能充电桩决策具体的充电时段和功率。由于电动汽车代理商对用户削减的充电负荷给予了弹性补贴，故电动汽车的实际充电完成度可能未达到期望值，而是在经济性与充电完整度之间进行权衡。电动汽车的充电优化目标为最小化充电成本和充电不满意度，其中充电不满意度如式(5-91)所示。

$$D_i = z + \left(\frac{\chi_i - \chi_i^e}{\chi_i^e - \chi_i^{min}}\right) \qquad (5-91)$$

式中，$D_i$ 为电动汽车用户 $i$ 的充电不满意度；$\chi_i^{min}$ 为满足电动汽车用户 $i$ 基本出行需求的最小充电完成度;$z$ 为正常数,当 $\chi_i \in [\chi_i^{\min}, \chi_i^e]$ 时,则 $D_i \in [z, z+1]$。当实际充电完成度越接近用户期望值时,$D_i$ 越小,即不满意度越小;反之亦然。

下层优化问题的决策变量为各时刻的充电功率和实际充电完成度 $\{P_{t,i}^{EV},$ $\chi_i\}$,建模如下:

$$\{P_{t,i}^{EV}, \chi_i\} = \arg\min \Big[ \sum_{t \in T_i^{EV}} \pi_t P_{t,i}^{EV} - \Delta\pi(\chi_i^e - \chi_i) E_i^{\max} \Big] D_i \qquad (5-92)$$

$$\text{s. t.} \quad \chi_i^{\min} \leqslant \chi_i \leqslant \chi_i^e \qquad (5-93)$$

$$\sum_t P_{t,i}^{EV} = \chi_i E_i^{\max} - E_i^{\text{ini}} \qquad (5-94)$$

$$P_{t,i}^{EV} = 0 \quad \forall t \notin T_i^{EV} \qquad (5-95)$$

$$0 \leqslant P_{t,i}^{EV} \leqslant P_{t,i}^{\max} \quad \forall t \in T_i^{EV} \qquad (5-96)$$

式中,$T_i^{EV}$ 为电动汽车用户 $i$ 接入系统的时间段;$E_i^{\text{ini}}$ 为电动汽车用户 $i$ 接入系统时的初始电量;$P_{t,i}^{\max}$ 为电动汽车用户 $i$ 充电功率的最大值;当电动汽车用户 $i$ 的实际充电完成度越小时,则该充电负荷的削减弹性越大,使得电动汽车代理商在提供备用时更有竞争力,从而使得总充电电价更优惠。但同时用户的充电满意度下降,可能使得总目标函数变大。

### 5.3.4 算例分析

#### 5.3.4.1 参数设置

本节假设某区域的电动汽车代理商管理 10 000 辆电动汽车,研究电动汽车代理商的竞价和定价策略。本节算例中,以住宅区的电动汽车代理商为例,假设申报的次日用户完成聚类后,可分为 A、B、C 这 3 种类型(见表 5-13),数量比例为 2 : 2 : 1。假设采用标准化生产后,电动汽车蓄电池的平均充电功率和蓄电池容量相同,最大电池容量为 24 kW·h,最大充电功率为 3 kW,初始荷电状态服从正态分布 $N(0.3, 0.1)$,期望充电完成度为 100%,其他行驶参数如表 5-13 所示。

**表 5-13 电动汽车用户分群结果**

| EV 用户类型 | 可充电时段 | 最低充电完成度/% |
| --- | --- | --- |
| A(早出晚归) | 00:00～06:00,18:00～24:00 | 70 |
| B(自由充电) | 00:00～08:00,13:00～16:00,23:00～24:00 | 60 |
| C(晚出早归) | 08:00～20:00 | 90 |

除了电动汽车代理商外,参与日前市场竞标的还有 3 个发电商和 3 个购电商,其中只有 1 个发电商和 2 个购电商能参与备用市场竞标。发电商和购电商的成本函数参数取自文献[29],市场对旋转备用容量的需求设为系统有功负荷总量的 10%,实际调用比例按历史记录预测,被实际调用的旋转备用以日前出清电价作为电量价格补偿。设实时市场的购电价格为日前出清电价的 1.2~1.6 倍,售电价格则为日前出清电价的 40%~80%,以上实时价格满足区间内的均匀分布。电动汽车代理商制定的充电电价的上、下界分别定为日前出清电价的 1.3 倍、日前出清电价的 70%,充电补贴价格的上界为备用容量电价、下界为 0。

建立双层优化模型后,利用 YALMIP 工具箱对主从博弈进行迭代求解。为了便于分析本节所提模型(Case 1)的特点,另外设置 2 种对比场景:Case 2 中电动汽车代理商不参与备用市场,也不提供充电弹性补贴;Case 3 中电动汽车代理商作为价格接受者,即不考虑市场出清过程,购电价格按照分时电价计算,备用电价根据历史数据预测,如图 5 - 16 所示。

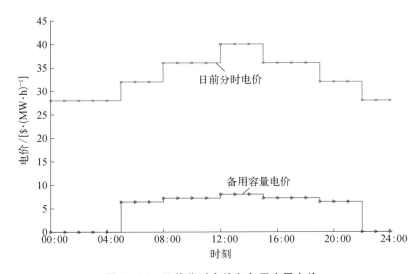

**图 5 - 16　日前分时电价和备用容量电价**

### 5.3.4.2　市场参与主体的收益分析

采用上述数据,求解双层优化模型[28, 29],得到电动汽车代理商的最大收益为 432.5 \$,电动汽车的充电策略如图 5 - 17 所示,电动汽车代理商在日前市场的竞标结果及定价策略如图 5 - 18 所示,电动汽车代理商和其余购电商的市场出清结果详见图 5 - 19。

从图 5 - 17 中可以看出,各种类型的电动汽车用户采取的充电策略都是在可充电范围内使充电成本最低,理性用户没有偏离该充电策略的倾向。

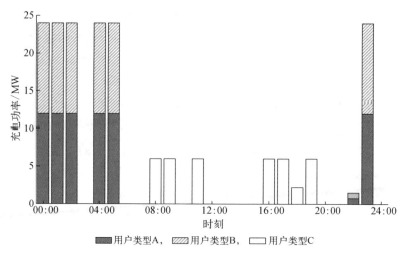

**图 5‑17　优化后 EV 的充电功率**

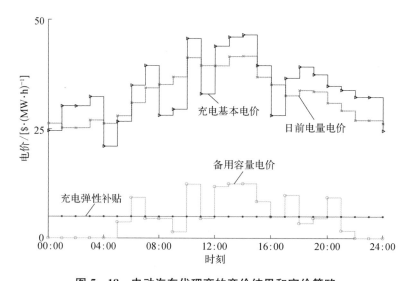

**图 5‑18　电动汽车代理商的竞价结果和定价策略**

　　对于电动汽车代理商而言,由于其购电量数量级不及其他购电商,故其对日前出清电价的总体趋势的影响力较弱。由于 C 类电动汽车用户占比较小,电动汽车代理商购买的电能大多分布在夜间常规负荷的低谷时段。由于市场的备用需求时段大多出现在白天负荷高峰期,电动汽车代理商竞标所得的备用电量集中在 C 类电动汽车用户可充电的时段。充电基本电价的制定在日前出清电价的基础上波动,且波动幅度较大,这是因为电动汽车代理商从自身利益出发,将市场风险转移给用户。由于充电弹性电价与时段无关,只与实际充电完成度和期望充电完成度之差有关,为 4.95 \$/MW · h。

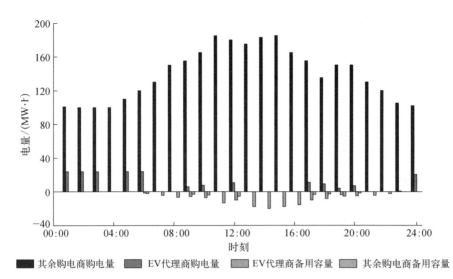

**图 5-19 Case 1 下电动汽车代理商和其余购电商市场出清结果**(扫描二维码查阅彩图)

　　各种场景下的充电基本电价如图 5-20 所示。市场收益和成本对比如表 5-14 所示,其中市场总成本为日前和实时购电成本与备用服务收益之差,电动汽车充电成本包含所有电动汽车用户的充电费用与充电补贴之差。从图 5-19 可看出,Case 2 的平均充电电价较高,这是因为 Case 2 不参与备用市场,电动汽车代理商的收益只能从购、售电价差中获取,故电动汽车代理商会提高可充电用户较多时段的充电电价以最大化自身利润;Case 3 的充电电价波动程度较小,维持在分时电价附近,这是因为 Case 3 不参与市场竞价,其购电电价和备用电价固定且波动程度不大。

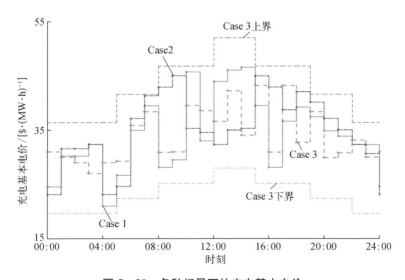

**图 5-20 各种场景下的充电基本电价**

表 5 - 14　各个场景下的电动汽车代理商收益对比

| 情　景 | 市场总成本/$ | 备用收益/$ | EV 充电成本/$ | EVA 收益/$ |
|---|---|---|---|---|
| Case 1 | 4 624.8 | 2 005.3 | 5 057.4 | 432.5 |
| Case 2 | 5 696.5 | 0 | 5 630.0 | −66.5 |
| Case 3 | 4 953.8 | 1 718.2 | 5 364.9 | 411.1 |

　　从市场收益来看,Case 1 的电动汽车代理商收益最高,且电动汽车的总充电成本最少,其主要原因是充电电价可以根据日前出清价格动态调整,同时竞标策略可以根据充电计划动态调整,使得参与日前市场的购电成本减小,而备用收益增加。Case 2 中,由于电动汽车代理商不参与备用服务,故总市场成本增加,使得总收益为负,而电动汽车也无法得到弹性补贴,因此总充电成本也较高;若此时电动汽车不与电动汽车代理商合作,直接用分时电价结算,则总充电成本为 5 899.2 $,比 Case 2 的充电成本更高,这是因为电动汽车代理商定价策略是根据竞标结果和充电需求调整的,比分时电价更具灵活性。Case 3 虽然采用固定分时电价,但由于其向市场提供备用服务,使得市场总成本有所降低。从 3 种场景的结果对比可见,本节采用的联合优化模型可以提高系统的整体经济性,在增加电动汽车代理商收益的同时降低电动汽车的充电成本。

## 参 考 文 献

[ 1 ] 王秀丽,周鹏,王锡凡.发/供电公司市场均衡及竞价策略[J].电力系统自动化,2007,31(6): 6 - 10.

[ 2 ] 孙宏斌,郭庆来,潘昭光.能源互联网:理念,架构与前沿展望[J].电力系统自动化,2015, 39(19):1 - 11.

[ 3 ] Sun H B, Guo Q L, Pan Z G. Energy internet:Concept, architecture and frontier outlook [J]. Automation of Electric Power Systems, 2014, 38 (15): 1 - 11. DOI: 10. 7500/ AEPS20150701007.

[ 4 ] Huang A Q, Crow M L, Heydt G T, et al. The future renewable electric energy delivery and management(FREEDM) system: the energy internet [J]. Proceedings of the IEEE, 2011, 99(1):133 - 148.

[ 5 ] Rifkin J. The third industrial revolution:How lateral power is transforming energy, the economy, and the world [M]. New York, USA: Palgrave MacMillan, 2011.

[ 6 ] 章健,艾芊,王新刚.多代理系统在微电网中的应用[J].电力系统自动化,2008,32(24): 80 - 82.

[ 7 ] Zhang J, Ai Q, Wang X G. Application of multi-agent system in a microgrid[J]. Automation

of Electric Power Systems, 2008, 32(24): 80 - 82.

[ 8 ] 孙秋野,滕菲,张化光,等.能源互联网动态协调优化控制体系构建[J].中国电机工程学报,2015, 35(14): 3667 - 3677.

[ 9 ] Sun Q Y, Teng F, Zhang H G, et al. Construction of energy internet dynamic coordination optimization control system[J]. Proceedings of the CSEE, 2015, 35(14): 3667 - 3677.

[10] Sun Q, Han R, Zhang H, et al. A multiagent based consensus algorithm for distributed coordinated control of distributed generators in the energy internet[J]. IEEE Trans on Smart Grid, 2015, 6(6): 3006 - 3019.

[11] Khazaei J, Miao Z. Consensus control for energy storage systems[J]. IEEE Trans on Smart Grid, 2018, 9(4): 3009 - 3017.

[12] Shafiee Q, Nasirian V, Vasquez J C, et al. A multi-functional fully distributed control framework for AC microgrids[J]. IEEE Trans on Smart Grid, 2018, 9(4): 3247 - 3258.

[13] Lu L Y, Chu C C. Consensus-based secondary frequency and voltage droop control of VSG for isolated AC micro-grids[J]. IEEE Journal on Emerging and Selected Topics in Circuits and Systems, 2015, 5(3): 443 - 455.

[14] Zhang Z, Chow M Y. Convergence analysis of the incremental cost consensus algorithm under different communication network topologies in a smart grid[J]. IEEE Trans on Power Systems, 2012, 27(4): 1761 - 1768.

[15] Lü Z Y, Wu Z J. Distributed economic droop control strategy for autonomous DC micro-grid[J]. Proceedings of the CSEE, 2016, 36(4): 900 - 910.

[16] Bidram A, Davoudi A, LEWIS F L, et al. Secondary control of microgrids based on distributed cooperative control of multi-agent systems[J]. IET Generation, Transmission & Distribution, 2013, 7(8): 822 - 831.

[17] Dong Z Y, Zhao J H, Wen F H, et al. From smart grid to energy internet: Basic concept and research framework[J]. Automation of Electric Power Systems, 2014, 38(15): 1 - 11.

[18] 邱海伟.基于多目标的微电网优化调度研究[D].上海:上海电力学院,2013.

[19] 吴永红,刘静贤.多智能体网络一致性协同控制理论及应用[M].北京:科学出版社,2013:5 - 11.

[20] Lü Z Y, Wu Z Y, Dou X B, et al. Adaptive droop control of isolated dc microgrid based on discrete consistency[J]. Journal of China Electrical Engineering, 2015, 35(17): 4397 - 4407.

[21] Lu L Y, Chu C C. Consensus-based Pf/QV droop control in autonomous micro-grids with wind generators and energy storage systems[C]. National Harbor, USA: PES General Meeting| Conference & Exposition, 2014: 5.

[22] Wang L, Xiao F. A new approach to consensus problems in discrete-time multiagent systems with time-delays[J]. Science in China Series F: Information Sciences, 2007, 50(4): 625 - 635.

[23] 李佩杰,陆镛,白晓清,等.基于交替方向乘子法的动态经济调度分散式优化[J].中国电机工程学报,2015, 35(10): 2428 - 2435.

[24] Li P J, Lu Y, Bai X Q, et al. Decentralized optimization of dynamic economic dispatch

based on alternating direction multiplier method[J]. Proceedings of the CSEE, 2015, 35(10): 2428 - 2435.

[25] 王冉,王丹,贾宏杰,等.一种平抑微网联络线功率波动的电池及虚拟储能协调控制策略[J].中国电机工程学报,2015, 35(20): 5124 - 5134.

[26] Wang R, Wang D, Jia H G, et al. A battery and virtual energy storage coordinated control strategy for stabilizing power fluctuation of micro-network tie-line[J]. Proceedings of the CSEE, 2015, 35(20): 5124 - 5134.

[27] 方燕琼,甘霖,艾芊,等.基于主从博弈的虚拟电厂双层竞标策略[J].电力系统自动化,2017, 41(14): 61 - 69.

[28] 郝然,艾芊,姜子卿.区域综合能源系统多主体非完全信息下的双层博弈策略[J].电力系统自动化,2018,42(04): 194 - 201.

[29] 杨思渊,姜子卿,艾芊.考虑备用服务的电动汽车代理商竞价与定价联合优化[J].电力自动化设备,2018,38(12): 25 - 32.

# 6 集群优化调度与控制方法

在能源细胞集群中,电能的利用方法与传统方式相比大有不同,随着用电形式的不断多元化,当诸如光伏和风电等可再生能源接入的规模不断增大时,基于能源细胞集群的电力系统面临着严峻的挑战,传统优化调度、控制策略已无法满足现有要求。

在电力市场运作方面,现有的虚拟电厂通过对各种分布式电源或用户进行协调,能够形成系统整体的用能曲线、竞标曲线和价格曲线等,从而可参与电力市场的运营,并降低弃风弃光的风险,然而,由于用户用能规律和可再生能源出力的不确定性,不同能源细胞之间的功率交换涉及隐私性和不确定性等问题,目标利润与实际利润之间往往存在不可确定的偏差;此外,惩罚机制也使得偏差更为不可控。能源细胞的一大特点便是可以被视为产消者,在能源细胞集群中,不同能源细胞之间可直接进行能源交易,也称作点对点(peer-to-peer,P2P)能源交易,其目的是减轻负荷供电压力或者将剩余电力返还给电网或出售给其他消费者。如何合理地设计灵活和可扩展的能源细胞集群优化调度方法,从而使负载曲线准确地跟踪电源出力,是能源细胞集群的可靠运行的保证,也是目前研究的热点与难点。

在电力系统优化调度方面,国内外已对传统的需求响应、协同控制、多能互补的策略和机制进行过深入研究,在诸如电压、频率调节和拥塞管理等领域已有了一定成果[1-3]。然而,这些研究主要集中在电能质量的调整和电力潮流的调度上。虽然这些措施实际上可以实现频率调节的目标,但对实现能源的综合优化仍有一定差距,尤其是对各种形式的能源有需求的消费者。

受制于当前量测及控制技术,能源细胞的工作容量、供电范围有限,且配置储能容量不足,致使能源细胞运行仍然呈现低惯性,抗扰动能力较弱。因此,可将地理位置上邻近的多个能源细胞互相连接,构成能源细胞集群系统,通过各微电网的自治管理和微电网之间的协调互济,实现发电资源的协调互补,增强运行稳定性和可靠性,降低系统的运行成本,提高能源利用效率。综上,由于日益发展的微电网已在国内渐成规模,本书对电力系统优化调度研究的阐述将重点集中在能源细胞集群内,详细介绍一些针对包含多种能源形式的能源细胞集群的分布式优化调度方法,并对其进行大致的分类与总结。

目前,分布式算法主要有一致性算法、辅助变量法、交替方向乘子法(alternating direction method of multipliers,ADMM)、二次分布式牛顿算法、原对偶梯度下降、遗传算法、免疫算法(包括基于遗传的免疫算法)和深度学习方法等,本章将对 ADMM、遗传算法和免疫算法进行详细解释,并结合进实际电力系统应用计算中。

## 6.1 基于交替方向乘子法的细胞集群分布式调度方法

### 6.1.1 研究背景

能源细胞群的高效可靠运行有赖于多能源细胞的协同优化。当前实际系统(包括电力系统)对多主体的协调优化方法主要有集中式和分布式两种。若采用集中式优化方法,虽然控制方便,但对于系统通信要求较高,且运行调度往往需要各能源细胞的内部运行隐私信息,导致运行存在困难。随着多代理系统(mult-agent system,MAS)技术的发展,分布式优化逐渐兴起。目前相关的分布式优化方法在收敛和终止判断中仍然需要系统全局运行状态信息,并不能实现真正意义上的分布求解。

针对以上不足,本节将介绍一种基于交替方向乘子法(alternating direction method of multipliers,ADMM)的细胞群双层分布式调度方法。上层主要协调各细胞之间的功率交换使细胞群系统的总运行成本最小,采用分布式 ADMM 求解;下层则主要实现各细胞内部各可控分布式电源的优化管理。两层优化之间通过参数传递更新运行状态并交替求解。该分布式求解过程中,各细胞仅需与相邻细胞进行通信,且交换信息仅为各细胞的期望交换功率,大大降低通信需求与负担,保护各细胞运行隐私。下文将从 ADMM 及其基础知识[4]展开。

### 6.1.2 双层能源细胞优化调度模型[5]

对于如图 6-1 所示的互联能源细胞群系统,其上层优化的目标函数为使系统总运行成本最小。

$$\min f(\boldsymbol{P}_t^{\mathrm{MG}}) + g(\boldsymbol{P}_t^{\mathrm{ex}}) \tag{6-1}$$

式中,$\boldsymbol{P}_t^{\mathrm{MG}}$ 为各能源细胞总发电功率向量;$\boldsymbol{P}_t^{\mathrm{ex}}$ 为各能源细胞间交换功率组成的向量;$f$ 为能源细胞的发电成本函数;$g$ 为交换功率成本函数,对应功率传输损耗及过网费用。

两个成本函数采用二次形式,有

$$f(\boldsymbol{P}_t^{\mathrm{MG}}) = \frac{1}{2}(\boldsymbol{P}_t^{\mathrm{MG}})^{\mathrm{T}}\boldsymbol{A}_t\boldsymbol{P}_t^{\mathrm{MG}} + \boldsymbol{b}_t^{\mathrm{T}}\boldsymbol{P}_t^{\mathrm{MG}} + c_t \tag{6-2}$$

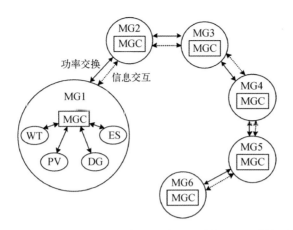

**图 6 - 1　能源细胞(MG)集群(能源细胞集群)系统模型**

$$g(\boldsymbol{P}_t^{\text{ex}}) = \frac{1}{2}(\boldsymbol{P}_t^{\text{ex}})^{\text{T}} \boldsymbol{J}_t \boldsymbol{P}_t^{\text{ex}} \qquad (6 - 3)$$

式中，$\boldsymbol{A}_t$、$\boldsymbol{J}_t$ 分别为能源细胞运行成本、交换功率成本的二次项系数矩阵；$\boldsymbol{b}_t$ 为一次项系数向量；$c_t$ 为常数项。

1) 上层优化

上层能源细胞群优化的约束条件包括功率平衡约束、能源细胞功率上下限约束、联络线功率约束。

功率平衡约束：以能源细胞为节点，各节点满足功率平衡。

$$P_{i,t}^{\text{MG}} - \sum_{j \in i} P_{ij,t}^{\text{ex}} = P_{i,t}^{\text{load}} \qquad (6 - 4)$$

式中，$P_{i,t}^{\text{load}}$ 为能源细胞 $i$ 在 $t$ 时段的负荷；$P_{i,t}^{\text{MG}}$ 为能源细胞 $i$ 在 $t$ 时段的发电功率；$P_{ij,t}^{\text{ex}}$ 为能源细胞 $i$ 向能源细胞 $j$ 的传输功率，$j \in i$ 表示能源细胞 $i$ 和能源细胞 $j$ 通过联络线相连。

能源细胞发电功率上下限约束：各能源细胞受内部机组容量限制。

$$P_{i,\text{min}}^{\text{MG}} \leqslant P^{\text{MG}} \leqslant P_{i,\text{max}}^{\text{MG}} \qquad (6 - 5)$$

式中，$P_{i,\text{min}}^{\text{MG}}$ 和 $P_{i,\text{max}}^{\text{MG}}$ 分别为能源细胞 $i$ 的总功率下限和上限。

联络线功率约束：

$$P_{ij,\text{min}}^{\text{ex}} \leqslant P_{ij}^{\text{ex}} \leqslant P_{ij,\text{max}}^{\text{ex}}, \ \forall j \in i \qquad (6 - 6)$$

式中，$P_{ij,\text{max}}^{\text{ex}}$ 和 $P_{ij,\text{min}}^{\text{ex}}$ 分别为联络线传输功率上下限。

2) 下层优化

下层能源细胞系统模型考虑风机、光伏、可控发电机组及储能装置等分布式电

源。风机、光伏等可再生能源发电机组运行受自然条件影响,具有随机性和波动性,假设其误差分布服从正态分布,则有:

$$P_{k,t}^{\text{wind}} \sim E(P_{k,t}^{\text{wind}}) + N(0, \sigma_{\text{w},k}^2) E(P_{k,t}^{\text{wind}}) \tag{6-7}$$

$$P_{k,t}^{\text{pv}} \sim E(P_{k,t}^{\text{pv}}) + N(0, \sigma_{\text{pv},k}^2) E(P_{k,t}^{\text{pv}}) \tag{6-8}$$

式中,$E(P_{k,t}^{\text{wind}})$ 和 $E(P_{k,t}^{\text{pv}})$ 为风光预测值;$\sigma_{\text{w},k}^2$ 和 $\sigma_{\text{pv},k}^2$ 为风光预测误差方差。

可控发电机组包括燃气轮机、柴油发电机等,其发电成本与出力关系可采用二次函数表示:

$$C_t^g(P_t^g) = a_g(P_t^g)^2 + b_g P_t^g + c_g + C_{su} u_t^g (1 - u_{t-1}^g) + C_{sd} u_{t-1}^g (1 - u_t^g) \tag{6-9}$$

式中,$C_t^g$ 为可控发电机组发电成本;$P_t^g$ 为发电机组输出功率;$u_t^g$ 为开停机状态;$C_{su}$ 和 $C_{sd}$ 分别为开停机成本;$a_g$、$b_g$、$c_g$ 分别为成本系数。

储能系统可在负荷较低时充电,在负荷较高时进行放电,实现削峰填谷,降低系统的运行成本,提高系统运行可靠性。对于储能系统主要考虑其充放电功率和荷电状态。荷电状态更新公式为:

$$S_{t+1} = S_t(1 - \delta) + \frac{P_t^c \eta_c \Delta t}{E_s} - \frac{P_t^d \Delta t}{E_s \eta_d} \tag{6-10}$$

式中,$S_t$ 为 $t$ 时刻的荷电状态;$\delta$ 为储能装置自放电率;$P_t^c$ 和 $P_t^d$ 分别为充放电功率;$\eta_c$ 和 $\eta_d$ 分别为储能装置充放电效率;$E_s$ 为储能系统容量。

基于以上模型,下层优化调度模型对能源细胞内部的各单元进行能量管理,可令目标为能源细胞的运行成本最小。

$$\min \sum_{t=1}^{T} f(P_t^g) = \sum_{t=1}^{T} \sum_{i=1}^{N_g} \left[ a_{g,i}(P_{t,i}^g)^2 + b_{g,i} P_{t,i}^g + c_{g,i} \right. \tag{6-11}$$
$$\left. + C_{su,i} u_{i,t}^g (1 - u_{i,t-1}^g) + C_{sd,i} u_{i,t}^g (1 - u_{i,t}^g) \right]$$

式中,$T$ 为调度周期;$N_g$ 为可控发电机组数量。

下层能源细胞内优化调度的约束条件包括功率平衡约束、各机组运行约束及备用容量约束。

第 $k$ 个能源细胞的功率平衡约束:

$$E(P_{k,t}^{\text{wind}}) + E(P_{k,t}^{\text{pv}}) + \sum_{i=1}^{N_{g,k}} P_{i,k,t}^g + P_{k,t}^d = P_{k,t}^{\text{MG}} + P_{k,t}^c \tag{6-12}$$

式中,$P_{k,t}^{\text{MG}}$ 为上层优化得到的能源细胞总发电功率。

可控发电机组需考虑其出力上下限约束、爬坡率约束和最小开停机时间约束:

$$u_t^g P_{min}^g \leqslant P_t^g \leqslant u_t^g P_{max}^g \tag{6-13}$$

$$\begin{cases} P_t^g - P_{t-1}^g \leqslant \Delta_{ru}^g \\ P_{t-1}^g - P_t^g \leqslant \Delta_{rd}^g \end{cases} \tag{6-14}$$

$$\begin{cases} \sum_{\tau=t}^{t+T_{g, on, min}-1} u_\tau^g \geqslant T_{g, on, min}(u_t^g - u_{i\ 1}^g) \\ \sum_{\tau=t}^{t+T_{g, off, min}-1} u_\tau^g \geqslant T_{g, off, min}(u_{t-1}^g - u_t^g) \end{cases} \tag{6-15}$$

式中，$P_{min}^g$ 和 $P_{max}^g$ 分别为可控发电机组的下限和上限；$\Delta_{rd}^g$ 和 $\Delta_{ru}^g$ 分别为出力减少和增加的爬坡率；$T_{g, on, min}$ 和 $T_{g, off, min}$ 为最小开机时间和最小停机时间。

储能系统在调度周期内应满足充放电电量平衡，以保证调度策略的可持续性：

$$S_T = S_0 \tag{6-16}$$

此外，为保证储能系统的正常运行，需满足储能系统电量及功率的限制：

$$S_{min} \leqslant S_t \leqslant S_{max} \tag{6-17}$$

$$\begin{cases} u_t^c P_{min}^c \leqslant P_t^c \leqslant u_t^c P_{max}^c \\ u_t^d P_{min}^d \leqslant P_t^d \leqslant u_t^d P_{max}^d \end{cases} \tag{6-18}$$

式中，$S_{min}$ 和 $S_{max}$ 分别为储能系统荷电状态的下限和上限；$P_{min}^c$、$P_{min}^c$、$P_{min}^d$、$P_{max}^d$ 分别为储能系统充电和放电的功率下限和上限；$u_t^c$ 和 $u_t^d$ 分别为储能系统的充放电状态。

考虑风光的不确定性，设置备用容量机会约束条件为

$$\Pr \Big\{ \sum_{i=1}^{N_{g, k}} u_{k, t}^g P_{i, k, max}^g + u_t^d P_{k, max}^d - \sum_{i=1}^{N_{g, k}} P_{i, k, t}^g - P_{k, t}^d \tag{6-19}$$

$$\geqslant P_{k, t}^{wind} + P_{k, t}^{pv} - E(P_{k, t}^{wind}) - E(P_{k, t}^{pv}) \Big\} \geqslant \alpha$$

### 6.1.3 典型优化算法

1）对偶上升法

考虑等式约束的凸优化问题：

$$\begin{aligned} &\min f(x) \\ &\text{s. t. } \boldsymbol{Ax} = \boldsymbol{b} \end{aligned} \tag{6-20}$$

其中向量 $\boldsymbol{x} \in \mathbb{R}^n$，矩阵 $\boldsymbol{A} \in \mathbb{R}^{m \times n}$，函数 $f(x)$：$\mathbb{R}^n \rightarrow \mathbb{R}$ 是凸函数。Lagrangian 乘子法将其变为无约束最小化问题，其 Lagrangian 目标函数为

$$L(x, \lambda) = f(x) + \lambda^{\mathrm{T}}(Ax - b) \tag{6-21}$$

对于 $L(x, \lambda) = 0$ 难以解出的情况,可以用对偶上升法来做优化。原始优化问题的对偶目标函数为

$$g(\lambda) = \inf_x L(x, \lambda) = -f^*(-A^{\mathrm{T}}\lambda) - b^{\mathrm{T}}\lambda \tag{6-22}$$

这里的对偶目标函数就是我们一般讲的对偶问题,是一个关于 Lagrangian 乘子的问题,inf 表示最大下界,正是对偶问题的最优化目标。而第二个等号成立的原因是线性约束下凸函数的对偶函数可以用其共轭函数表示。$f(x)$ 的共轭函数 $f^*(y)$ 定义为

$$f^*(y) = \sup_{x \in \boldsymbol{D}}(y^{\mathrm{T}}x - f(x)) \tag{6-23}$$

其中 $y \in \mathbb{R}^n$,sup 表示最小上界。下面证明 $g(\lambda) = -f^*(-A^{\mathrm{T}}\lambda) - b^{\mathrm{T}}\lambda$:

$$g(\lambda) = \inf_x L(x, \lambda) = \inf_x(f(x) + \lambda^{\mathrm{T}}(Ax - b))$$

$$= -\lambda^{\mathrm{T}}b + \inf_x(f(x) + \lambda^{\mathrm{T}}Ax) = -\lambda^{\mathrm{T}}b - \sup_x(-f(x) - \lambda^{\mathrm{T}}Ax)$$

$$= -\lambda^{\mathrm{T}}b - f^*(-A^{\mathrm{T}}\lambda) = -b^{\mathrm{T}}\lambda - f^*(-A^{\mathrm{T}}\lambda) \tag{6-24}$$

因此借助 Lagrangian 乘子法,原始等式约束极小化问题变成了对偶极大化问题:

$$\max_\lambda g(\lambda) = -f^*(-A^{\mathrm{T}}\lambda) - b^{\mathrm{T}}\lambda \tag{6-25}$$

对偶上升法采用梯度上升法来求解上式。假设强对偶性满足,则原问题最优解与对偶问题最优解相同。此时原问题的最优解点 $x^*$ 可以由对偶问题最优解 $\lambda^*$ 和下式恢复:

$$x^* = \arg\min_x L(x, \lambda^*) \tag{6-26}$$

基于以上数学基础,对偶上升法主要由以下两个步骤组成:

$$x_{k+1} = \arg\min_x L(x, \lambda_k) \tag{6-27}$$

$$\lambda_{k+1} = \lambda_k + \mu_k \frac{\partial L(x, \lambda)}{\partial \lambda}\bigg|_{x = x_{k+1}, \lambda = \lambda_k} = \lambda_k + \mu_k(Ax_{k+1} - b) \tag{6-28}$$

这里的 $\mu_k$ 为更新 $\lambda$ 的步长。综上,对偶上升法的重要假设是强对偶成立,对偶上升法有两层含义,一是对偶变量 $\lambda$ 的更新采用梯度上升法,二是通过步长 $\mu_k$ 的适当选择保证 $g(\lambda_{k+1}) > g(\lambda_k)$。

2)罚函数法

罚函数法是一种广泛采用的约束优化方法,有时也称为惩罚,其基本原理是通

过采用罚函数或障碍函数将约束条件整合进优化目标中去。考虑约束优化问题：

$$\min f(x)$$
$$\text{s. t.} \quad f_i(x) \geqslant 0, \, i = 1, \cdots, m \tag{6-29}$$
$$h_j(x) = 0, \, j = 1, \cdots, q$$

我们用 $F$ 表示 $x$ 的可行域，用 $S$ 表示整个搜索空间。有两种添加惩罚项的方法，一种是加性，即在 $x$ 脱离可行域的时候给 $f(x)$ 加上一个大于 0 的项 $p(x)$，另一种是乘性，即在 $x$ 脱离可行域的时候给 $f(x)$ 乘一个大于 1 的项 $p(x)$。通常采用加性罚函数，将原始约束优化问题转变成无约束优化问题：

$$\min_{x \in S} L_p(x) = f(x) + \rho \cdot p(x) \tag{6-30}$$

式中，$\rho$ 为惩罚参数。

对于等式约束，可以定义罚函数：

$$p(x) = \sum_{i=1}^{q} |h_i(x)|^2 \tag{6-31}$$

它对满足等式约束的 $x$ 无影响，对违反等式约束的 $x$ 施加惩罚。

对于不等式约束，可以定义两类罚函数，外罚函数和内罚函数。外罚函数例如：

$$p(x) = \sum_{i=1}^{m} (\max\{0, -f_i(x)\})^r \tag{6-32}$$

其中 $r$ 可取 1 或 2。外罚函数对所有违背不等式约束的点进行惩罚。

内罚函数例如：

$$p(x) = \sum_{i=1}^{m} \frac{1}{f_i(x)} \tag{6-33}$$

或

$$p(x) = \sum_{i=1}^{m} \frac{1}{f_i(x)} \lg(f_i(x)) \tag{6-34}$$

内罚函数对"企图"不满足不等式约束的点进行惩罚，也称为障碍函数。

外罚函数对可行域之外的所有点进行惩罚，是不等式约束优化问题的精确解，是最优设计方案；而内罚函数阻挡了可行边界的点，得到的解只满足严格不等式 $f_i(x) > 0$，是一种次优解。外罚函数可以用不可行点启动，收敛慢，内罚函数的启动点必须是可行点，选择起来存在困难，但是收敛比较快。结合等式约束的罚函数，能得出同时有等式和不等式约束的混合罚函数法。

（1）混合外罚函数法

$$\min_x f(x) + \rho_1 \sum_{i=1}^m (\max\{0, -f_i(x)\})^2 + \rho_2 \sum_{i=1}^q |h_i(x)|^2 \quad (6-35)$$

（2）混合内罚函数法

$$\min_x f(x) + \rho_1 \sum_{i=1}^m \frac{1}{f_i(x)} + \rho_2 \sum_{i=1}^q |h_i(x)|^2 \quad (6-36)$$

3）增广 Lagrangian 乘子法

基于 Lagrangian 乘子法的对偶上升法的主要缺点：① 只有当约束优化目标具有局部凸结构的时候，对偶的无约束问题才是良好定义的，$\lambda$ 的更新才是有意义的；② Lagrangian 目标函数的收敛比较费时，因为 Lagrangian 乘子 $\lambda$ 的更新是一种上升迭代，只能适度地加速收敛。

罚函数的不足在于收敛慢，大的惩罚参数容易引起转化后的无约束问题的病态，从而造成算法的数值不稳定性。

将两种方法结合起来的增广 Lagrangian 乘子法是能够减缓二者缺点的一种简单有效的途径。

对于式（6-29），记 $h(x) = [h_1(x), \cdots, h_q(x)]^T$，对 Lagrangian 目标函数 $L(x, \lambda)$ 添加罚函数组成 $L_\rho$：

$$
\begin{aligned}
L_\rho &= f(x) + \lambda^T h(x) + \rho\phi(h(x)) \\
&= f(x) + \sum_{i=1}^q \lambda_i h_i(x) + \rho \sum_{i=1}^q \phi(h(x))
\end{aligned}
\quad (6-37)
$$

这就是增广 Lagrangian 乘子法。可以看出，若 $\rho=0$，增广 Lagrangian 乘子法退化为 Lagrangian 乘子法；若 $\lambda=0$，增广 Lagrangian 乘子法退化为标准罚函数法。

求解 $L_\rho$ 的对偶上升法由以下两个更新组成：

$$x_{k+1} = \arg \min_x L_\rho(x, \lambda_k) \quad (6-38)$$

$$\lambda_{k+1} = \lambda_k + \rho_k \frac{\partial L_\rho(x, \lambda)}{\partial \lambda}\Big|_{x=x_{k+1}, \lambda=\lambda_k} \quad (6-39)$$

式中，$\rho_k \dfrac{\partial L_\rho(x, \lambda)}{\partial \lambda}$ 是 $L_\rho(x, \lambda)|_{x=x_{k+1}, \lambda=\lambda_k}$ 关于 $\lambda$ 的梯度。

特别地，若公式（6-10）中的等式约束为仿射函数 $h(x) = Ax - b$，罚函数为 $\phi(h(x)) = \dfrac{1}{2}\|Ax - b\|_2^2$，则增广 Lagrangian 函数为：

$$L_\rho(x,\lambda) = f(x) + \lambda^{\mathrm{T}}(Ax - b) + \frac{\rho}{2}\|Ax - b\|_2^2 \tag{6-40}$$

相应的对偶上升法的更新公式为

$$x_{k+1} = \arg\min_x L_\rho(x,\lambda_k) \tag{6-41}$$

$$\lambda_{k+1} = \lambda_k + \rho_k(Ax_{k+1} - b) \tag{6-42}$$

增广 Lagrangian 乘子法相比于 Lagrangian 乘子法的优点是,不要求 $f(x)$ 具有局部凸结构,因此适用范围更广。

4) ADMM 算法

ADMM 认为,在统计学与机器学习中,经常会遇到大尺度的等式约束优化问题,即 $x \in \mathbb{R}^n$ 的维度 $n$ 很大,如果 $x$ 可以分解为几个子向量,即 $x = (x_1, \cdots, x_r)$,其目标函数也可以分解为

$$f(x) = \sum_{i=1}^r f_i(x) \tag{6-43}$$

$$x_i \in \mathbb{R}^{n_i}, \ \sum_{i=1}^r n_i = n$$

则大尺度的优化问题可以转化为分布式优化问题。相应的,等式约束矩阵 $Ax = b$ 也分块为

$$A = [A_1, \cdots, A_r], \ Ax = \sum_{i=1}^r A_i x_i = b \tag{6-44}$$

于是增广 Lagrangian 目标函数 $L_\rho(x,\lambda)$ 可以写作:

$$L_\rho(x,\lambda) = \sum_{i=1}^r (f_i(x_i) + \lambda^{\mathrm{T}} A_i x_i) - \lambda^{\mathrm{T}} b + \frac{\rho}{2} \left\| \sum_{i=1}^r (A_i x_i) - b \right\|_2^2 \tag{6-45}$$

所取的罚函数与增广 Lagrangian 乘子法中的仍相同。再采用对偶上升法,即可得到能进行并行运算的分散算法:

$$x_i^{k+1} = \arg\min_{x_i \in \mathbb{R}^{n_i}} L_i(x_i, \lambda_k), \ i = 1, \cdots, r \tag{6-46}$$

$$\lambda_{k+1} = \lambda_k + \rho_k \left( \sum_{i=1}^r A_i x_i^{k+1} - b \right)$$

这里的 $x_i$ 是可以独立更新的。由于 $x_i$ 以一种交替的或序贯的方式进行更新,所以称为"交替方向"乘子法(ADMM 算法)。

举例,若令 $r=2$,则目标函数为

$$\min f(x) + g(z)$$
$$\text{s. t. } Ax + Bz = c \tag{6-47}$$

式中,$x \in \mathbb{R}^n$,$z \in \mathbb{R}^m$,$A \in \mathbb{R}^{p \times n}$,$B \in \mathbb{R}^{p \times m}$,$c \in \mathbb{R}^p$,则增广 Lagrangian 目标函数为

$$L_\rho(x, z, \lambda) = f(x) + g(z) + \lambda^\mathrm{T}(Ax + Bz - c) + \frac{\rho}{2} \| Ax + Bz - c \|_2^2 \tag{6-48}$$

上式的交替方向乘子法的更新公式为

$$x_{k+1} = \underset{x \in \mathbb{R}^n}{\arg \min} L_\rho(x, z_k, \lambda_k)$$
$$z_{k+1} = \underset{z \in \mathbb{R}^m}{\arg \min} L_\rho(x_{k+1}, z, \lambda_k) \tag{6-49}$$
$$\lambda_{k+1} = \lambda_k + \rho_k(Ax_{k+1} + Bz_{k+1} - c)$$

ADMM 的误差与停止条件阐述如下。

式(6-48)的最优化条件分为原始可行性(等式约束成立)和对偶可行性(增广 Lagrangian 目标函数偏导为 0),分别是:

$$Ax + Bz - c = 0 \tag{6-50}$$

$$0 \in \partial f(x) + A^\mathrm{T}\lambda + \rho A^\mathrm{T}(Ax + Bz - c) = \partial f(x) + A^\mathrm{T}\lambda$$
$$0 \in \partial g(z) + B^\mathrm{T}\lambda + \rho B^\mathrm{T}(Ax + Bz - c) = \partial g(z) + B^\mathrm{T}\lambda \tag{6-51}$$

在迭代的过程中,原始可行性不可能完全满足,设其误差为

$$r_k = Ax_k + Bz_k - c \tag{6-52}$$

称为第 $k$ 次迭代的原始残差(向量),这样 Lagrangian 乘子向量的更新可以用这个残差重写为

$$\lambda_{k+1} = \lambda_k + \rho_k r_{k+1} \tag{6-53}$$

同样,对偶可行性也不会完全满足,令 $x_{k+1}$ 代替对偶可行性公式中的 $x$:

$$0 \in \partial f(x_{k+1}) + A^\mathrm{T}\lambda_k + \rho A^\mathrm{T}(Ax_{k+1} + Bz_k - c)$$
$$= \partial f(x_{k+1}) + A^\mathrm{T}[\lambda_k + \rho(Ax_{k+1} + Bz_{k+1} - c) + \rho B(z_k - z_{k+1})]$$
$$= \partial f(x_{k+1}) + A^\mathrm{T}[\lambda_k + \rho r_{k+1} + \rho B(z_k - z_{k+1})] \tag{6-54}$$
$$= \partial f(x_{k+1}) + A^\mathrm{T}\lambda_{k+1} + \rho A^\mathrm{T}B(z_k - z_{k+1})$$

对照对偶可行性公式第一个式子可知，$k+1$ 和 $k$ 步骤之间对偶残差为

$$s_{k+1} = \rho A^{\mathrm{T}} B (z_k - z_{k+1}) \tag{6-55}$$

交替方向乘子法的停止条件就是两个残差都小于阈值：

$$\| r_{k+1} \|_2 \leqslant \varepsilon_{\mathrm{pri}} \text{ 且 } \| s_{k+1} \| \leqslant \varepsilon_{\mathrm{dual}} \tag{6-56}$$

### 6.1.4　多能源细胞集群的基于 ADMM 的分布式建模及求解算法

令 ADMM 的标准形式如下：

$$\begin{aligned} &\min f(x) + g(z) \\ &\text{s. t. } Ax + Bz = c \end{aligned} \tag{6-57}$$

式中，$f$ 和 $g$ 为凸函数，$x \in \mathbb{R}^n$，$z \in \mathbb{R}^m$，$A \in \mathbb{R}^{p \times n}$，$B \in \mathbb{R}^{p \times m}$，$c \in \mathbb{R}^p$，对原问题构造增广拉格朗日函数：

$$L_\rho(x, z, y) = f(x) + g(z) + y^{\mathrm{T}}(Ax + Bz - c) + \frac{\rho}{2} \| Ax + Bz - c \|_2^2 \tag{6-58}$$

通过以下迭代步骤，逐渐逼近最优解：

$$\begin{aligned} x_{k+1} &= \underset{x \in \mathbb{R}^n}{\arg\min} L_\rho(x, z_k, \lambda_k) \\ z_{k+1} &= \underset{z \in \mathbb{R}^m}{\arg\min} L_\rho(x_{k+1}, z, \lambda_k) \\ y_{k+1} &= \underset{y}{\arg\min} L_\rho(x_{k+1}, z_{k+1}, y) \end{aligned} \tag{6-59}$$

当原问题满足 $f$ 和 $g$ 分别为 $\mathbb{R}^n \to \mathbb{R} \cup \{+\infty\}$ 和 $\mathbb{R}^m \to \mathbb{R} \cup \{+\infty\}$ 上的本征闭凸函数时，ADMM 能够有效收敛到最优解。

1）能源细胞群分布式优化模型及算法

对 6.1.2 中的上层原问题进行改写，令决策变量为

$$x = \begin{bmatrix} P^{\mathrm{MG}} \\ P^{\mathrm{ex}} \end{bmatrix}$$

则原目标函数可表示为

$$\min F(x) = f(P^{\mathrm{MG}}) + g(P^{\mathrm{ex}}) = \frac{1}{2} x^{\mathrm{T}} H^{\mathrm{T}} x + q^{\mathrm{T}} x + r \tag{6-60}$$

式中，$H$ 和 $q$ 分别为目标函数系数矩阵。

为方便起见，将能源细胞群上层优化问题的各约束条件改写为集合形式，定义

以下凸集：

$$\mathbb{C}_1 = \left\{ (P^{\mathrm{MG}}, P^{\mathrm{ex}}) \mid P_i^{\mathrm{MG}} - \sum_{j \in i} P_{ij}^{\mathrm{ex}} = P_i^{\mathrm{load}}, \ \forall i \right\} \tag{6-61}$$

$$\mathbb{C}_2 = \{ P^{\mathrm{MG}} \mid P_{i,\,\min}^{\mathrm{MG}} \leqslant P^{\mathrm{MG}} \leqslant P_{i,\,\max}^{\mathrm{MG}}, \ \forall i \} \tag{6-62}$$

$$\mathbb{C}_3 = \{ P^{\mathrm{ex}} \mid P_{ij,\min}^{\mathrm{ex}} \leqslant P_{ij}^{\mathrm{ex}} \leqslant P_{ij,\max}^{\mathrm{ex}}, \ \forall j \in i \} \tag{6-63}$$

式中，$j \in i$ 表示节点 $i$ 与节点 $j$ 相邻。

为保证算法收敛，增加边界一致性条件：

$$\mathbb{C}_4 = \{ P^{\mathrm{ex}} \mid P_{ij}^{\mathrm{ex}} = -P_{ji}^{\mathrm{ex}}, \ \forall j \in i \} \tag{6-64}$$

为避免次序混乱，采用同步型 ADMM 算法。在进行优化迭代前时，选取前次迭代相邻区域边界变量平均值作为下一次迭代的参考值。边界一致性条件可改写为如下形式：

$$\mathbb{C}_4 = \{ P^{\mathrm{ex}} \mid P_{ij}^{\mathrm{ex}} = P_{ij,\,\mathrm{ref}}^{\mathrm{ex}}, \ \forall j \in i \} \tag{6-65}$$

式中，$P_{ij,\,\mathrm{ref}}^{\mathrm{ex}}$ 为联络线功率参考值，$P_{ij,\,\mathrm{ref}}^{\mathrm{ex}} = \dfrac{1}{2}(P_{ij}^{\mathrm{ex}} - P_{ji}^{\mathrm{ex}})$

则上层优化问题可改写为上述 ADMM 标准形式的优化问题。易知目标函数中，各变量之间不存在耦合，系数矩阵具有天然的分块特性，而对 $\mathbb{C}_1 \sim \mathbb{C}_4$ 所给约束条件，以各能源细胞为单元均只涉及内部变量，因此计算时可由各能源细胞独立求解。基于 ADMM 对能源细胞群上层优化问题进行分布式建模。为处理约束条件，引入辅助变量 $z$，令 $z = x$，将原问题改写为 ADMM 形式：

$$\begin{cases} \min F(x) + g(z) \\ \mathrm{s.\,t.} \ \ x = z \\ \mathrm{dorm}\ F = \mathbb{C}_1 \\ z \in \mathbb{C}_4 \end{cases} \tag{6-66}$$

其中 dorm $F$ 为函数 $F$ 定义域；$g$ 为集合 $\mathbb{C}_2 \bigcap \mathbb{C}_3$ 上的指示函数，

$$g(z) = \begin{cases} 0, & z \in \mathbb{C}_2 \bigcap \mathbb{C}_3 \\ +\infty, & z \notin \mathbb{C}_2 \bigcap \mathbb{C}_3 \end{cases} \tag{6-67}$$

对约束进行松弛，构造增广拉格朗日函数：

$$L(x, z, u, v) = F(x) + g(z) + \frac{\rho}{2} \| x - z + u \|_2^2 \tag{6-68}$$
$$+ \sum_{i=1}^{n} \sum_{j \in i} \left( \frac{\rho}{2} \| P_{ij}^{\mathrm{ex},\,z} + P_{ij,\,\mathrm{ref}}^{\mathrm{ex},\,z} + v_{ij} \|_2^2 \right)$$

则推导得到 ADMM 迭代步骤为

$$x_i^{k+1} := \underset{x_i}{\arg\min} L_\rho(x_i, z_i^k, u_i^k, v_i^k) = \underset{x_i}{\arg\min} F_i(x_i) + \frac{\rho}{2} \| x_i - z_i^k + u_i^k \|_2^2$$

$$(6-69)$$

$$z_i^{k+1} := \underset{z_i}{\arg\min} L_{\rho, i}(x_i^{k+1}, z_i, u_i^k, v_i^h)$$

$$= \underset{x_i}{\arg\min} g_i(z_i) + \frac{\rho}{2} \| x_i - z_i^k + u_i^k \|_2^2 + \frac{\rho}{2} \| P_i^{\mathrm{ex}, z} + P_{i, \mathrm{ref}}^{\mathrm{ex}, k} + v_i \|_2^2$$

$$(6-70)$$

$$u_i^{k+1} = u_i^k + x_i^{k+1} - z_i^{k+1} \tag{6-71}$$

$$v_i^{k+1} = v_i^k + P_i^{\mathrm{ex}} + P_{i, \mathrm{ref}}^{\mathrm{ex}} \tag{6-72}$$

式中，$x_i$、$z_i$、$u_i$、$v_i$、$P_i^{\mathrm{ex}}$、$P_{i, \mathrm{ref}}^{\mathrm{ex}}$ 均为相应变量在能源细胞 $i$ 中的部分；$F_i$、$g_i$、$L_{\rho, i}$ 为相应函数在能源细胞 $i$ 对应的部分；上标 $z$ 表示在 $z$ 中的变量。

由上述迭代步骤可知，各能源细胞可实现同步并行计算，每次迭代前相邻能源细胞间需对边界变量 $P_{ji}^{\mathrm{ex}}$ 进行交换，并计算得到联络线功率参考值 $P_{i, \mathrm{ref}}^{\mathrm{ex}}$，之后各能源细胞的迭代求解独立进行，仅依赖于本地运行数据，实现完全分布式优化调度。整个过程中无需任何全局信息交互，且交互信息仅为期望交换功率，这极大地降低了通信负担及成本，保护能源细胞运行的隐私信息。

2）收敛准则

本节采用完全分布式的优化方法，各能源细胞分别独立进行收敛判断。根据 ADMM 原理，采用原残差和对偶残差作为收敛指标：

$$\| r_i^k \|_2 = \sqrt{ \| u_i^k - u_i^{k-1} \|_2^2 + \| v_i^k - v_i^{k-1} \|_2^2 } \tag{6-73}$$

$$\| s_i^k \|_2 = \rho \sqrt{ (z_i^k - z_i^{k-1})^{\mathrm{T}} (z_i^k - z_i^{k-1}) } \tag{6-74}$$

设置收敛条件为：

$$\| r_i^k \|_2 \leqslant \varepsilon^{\mathrm{pri}} / N_{\mathrm{mg}} \tag{6-75}$$

$$\| s_i^k \|_2 \leqslant \varepsilon^{\mathrm{dual}} / N_{\mathrm{mg}} \tag{6-76}$$

$$\varepsilon^{\mathrm{pri}} = \sqrt{n} \varepsilon^{\mathrm{abs}} + \varepsilon^{\mathrm{rel}} \max\{ \| x^k \|_2, \| z^k \|_2 \} \tag{6-77}$$

$$\varepsilon^{\mathrm{dual}} = \sqrt{n} \varepsilon^{\mathrm{abs}} + \rho \varepsilon^{\mathrm{rel}} \| u^k \|_2 \tag{6-78}$$

式中，$\varepsilon^{\mathrm{abs}}$ 和 $\varepsilon^{\mathrm{rel}}$ 分别为绝对收敛度和相对收敛度。

3）能源细胞群双层优化问题求解流程

求解过程中，上层能源细胞群优化调度和下层能源细胞局部优化调度问题交替进行,如图 6-2 所示。上层优化问题采用 ADMM 算法通过各能源细胞联合分散求解,求解完成后,将各能源细胞的总发电功率作为已知量传递给下层能源细胞,优化运行问题。下层优化问题由各能源细胞控制中心采用集中式方法求解,求解完成后根据各机组出力及成本,更新能源细胞的运行成本系数,记能源细胞的运行成本函数为

$$f_i(P_i^{\mathrm{MG}}) = a_{ii}(P_i^{\mathrm{MG}})^2 + b_{ii}P_i^{\mathrm{MG}} + c_{ii} \tag{6-79}$$

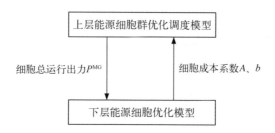

图 6-2　能源细胞群双层交替求解框架

下层优化完毕后需向上层能源细胞群优化问题反馈更新成本系数。记能源细胞内当前边界成本较小的机组的发电成本系数分别为 $a_{i,\mathrm{min}}$、$b_{i,\mathrm{min}}$,则能源细胞运行成本系数的更新规则为

$$a_{ii} = a_{i,\mathrm{min}} \tag{6-80}$$

$$b_{ii} = 2a_{i,\mathrm{min}} + b_{i,\mathrm{min}} - 2a_{ii} \tag{6-81}$$

能源细胞群双层优化问题的求解流程如下:

(1) 开始,载入数据,初始化 $H$、$q$、$r$、$\rho$、$\varepsilon^{\mathrm{abs}}$(绝对收敛度)、$\varepsilon^{\mathrm{rel}}$(相对收敛度)、最大迭代次数 $K$ 等算法参数。

(2) 令迭代次数 $k=1$。

(3) 开始上层能源细胞群优化调度。

(4) 相邻能源细胞通信确认是否准备好开始本次迭代,若能够开始则向相邻能源细胞发送期望交互功率 $P_i^{\mathrm{ex}}$,并根据式(6-68)计算联络线功率参考值 $P_{i,\mathrm{ref}}^{\mathrm{ex}}$。

(5) 各能源细胞根据(6-69)(6-70)更新公式同步求解 $x$ 和 $z$。

(6) 各能源细胞向相邻能源细胞发送期望交互功率 $P_i^{\mathrm{ex}}$,并根据式(6-68)计算联络线功率参考值 $P_{i,\mathrm{ref}}^{\mathrm{ex}}$。

(7) 各能源细胞根据式(6-71)(6-72)分别求解 $u$、$v$。

(8) 各能源细胞根据式(6-73)(6-74)计算残差,根据式(6-75)(6-76)判断是否收敛。

(9) 各能源细胞分别进行终止判断,若该能源细胞与所有相邻能源细胞均满

足收敛,则停止迭代,得到优化结果,执行步骤(9),否则回到步骤(4),停止迭代的能源细胞仍可向相邻能源细胞提供期望交互功率计算结果。

(10) 将上层优化结果 $P_l^{MG}$ 代入求解下层能源细胞优化运行问题,得到各分布式电源的运行出力。

(11) 根据式(6-80)(6-81)更新上层优化中各能源细胞的成本系数。

(12) 双层优化终止判断,若 $k=K$ 或能源细胞功率变化量 $\parallel P^{MG} \parallel_2$ 小于设定值 $\varepsilon^P$,则停止迭代,输出运行结果;否则 $k=k+1$,回到步骤(3)。

各能源细胞根据自身及相邻能源细胞信息独立进行迭代和判断收敛,迭代过程中只需根据步骤(4)保证每次 ADMM 迭代开始时期望交互功率信息同步即可,而不要求各能源细胞计算和收敛的同时性,也不需要获知整个系统的运行状态,从而实现算法的完全分散化。

## 6.2 基于能源细胞功率相互支援的遗传算法

### 6.2.1 遗传算法的概念和特点[6]

遗传算法(genetic algorithm,GA)是模拟达尔文生物进化论的自然选择和遗传学机理的生物进化过程的计算模型,是一种通过模拟自然进化过程搜索最优解的方法。

该算法的主要特点是直接对结构对象进行操作,不存在求导和函数连续性的限定;具有内在的隐并行性和更好的全局寻优能力;采用概率化的寻优方法,不需要确定的规则就能自动获取和指导优化的搜索空间,自适应地调整搜索方向。

遗传算法以一种群体中的所有个体为对象,并利用随机化技术指导一个被编码的参数空间进行高效搜索。其中,选择、交叉和变异构成了遗传算法的遗传操作;参数编码、初始群体的设定、适应度函数的设计、遗传操作设计、控制参数设定五个要素组成了遗传算法的核心内容。

### 6.2.2 遗传算法基本流程[6]

基本遗传算法使用选择算子、交叉算子和变异算子这三种遗传算子,进化过程简单,是其他更为复杂的遗传算法的基础。其基本流程如下。

(1) 通过随机方式产生若干由确定长度(长度与待求解问题的精度有关)编码的初始群体。

(2) 通过适应度函数对每个个体进行评价,选择适应度值高的个体参与遗传操作,适应度低的个体将被淘汰。

（3）依据适应度选择父母,适应度高的个体被选中的概率高,适应度低的个体已被淘汰。经遗传操作(复制、交叉、变异)的个体集合形成新一代种群,返回步骤(2),直到满足停止准则(进化代数 $GEN \geqslant k$)。

（4）将后代中变现最好的个体作为遗传算法的执行结果。

如图 6-3 所示流程图,$GEN$ 是当前代数;$M$ 是种群规模,$i$ 代表种群数量。

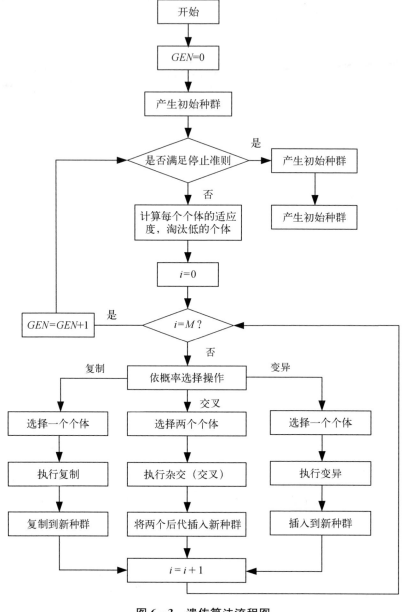

**图 6-3　遗传算法流程图**

### 6.2.3 免疫遗传算法(immune algorithms, IA)[7]

免疫遗传算法和遗传算法一个很大的区别,就是不仅要考虑变量(抗体)和最优解(受体/抗原)之间的关系,还要考虑变量与变量之间的关系。总体而言,IA 必须要产生多样性抗体和抗原去抗衡,从而找到最优解。

1) 免疫算法二进制模型

每个抗体都有抗体决定簇和抗原决定基,抗体和抗原的亲和程度由它的抗体决定簇和抗原决定基匹配程度决定。抗体之间的亲和程度由抗体自己的抗原决定基和其他抗体的抗体决定簇匹配程度决定。假定每个抗原和每个抗体分别只有一个抗原决定基,从而通过这些决定基之间的匹配程度控制不同类型抗体的复制和减少,则可达到优化系统的目的。

每个抗体可以用 $(e, p)$ 的二进制串表示,$e$ 表示抗原决定基,$p$ 表示抗体决定簇,长度分别为 $l_e$ 和 $l_p$。设 $s$ 表示为匹配阈值,$e_i(n)$ 表示第 $i$ 个抗原决定基的第 $n$ 位,$p_i(n)$ 表示第 $i$ 个抗体决定簇的第 $n$ 位,$k$ 为错位长度,则匹配特异矩阵为

$$m_{ij} = \sum_k G\left(\sum_n e_i(n+k)^{p_j(n)} - s + 1\right) \qquad (6-82)$$

其中:

$$G(x) = \begin{cases} x, & x > 0 \\ 0, & x \leqslant 0 \end{cases} \qquad (6-83)$$

2) 普通免疫算法基本步骤

一个免疫系统由数个抗体构成,也就是一个抗体群。抗体群的多样性可用信息熵来表示,举例说明,只有两个抗体构成的抗体群的平均信息熵可定义为

$$E(2) = \frac{1}{M} \sum_{j=1}^{M} E_j(2)$$

$$\qquad (6-84)$$

$$E_j(2) = \sum_{i=1}^{S} -p_{i,j} \log_2 p_{i,j}$$

其中 $M$ 为抗体基因数,$j$ 表示第 $j$ 个基因。$p_{i,j}$ 为指定的 2 个抗体中第 $j$ 位为第 $i$ 个(给定)基因的等位基因的概率,值等于具有"第 $j$ 位为第 $i$ 个等位基因"特征的抗体个数 $n_{i,j}$ 除以群体规模 $N$。由公式可知,该两个抗体的平均信息熵由这两个抗体的相同的基因个数决定,即平均信息熵与这两个抗体的相同基因个数有确定的函数关系。假设等位基因数目只有 2 个,分别是 0 和 1,讨论 $p_{i,j}$ 的取值:

(1) $p_{0,j} = p_{0,1} + p_{0,2} = (1+1)/2 = 1$,$p_{1,j} = 0/2 = 0$,这时抗体等位基因均为 0 基因位(即两个抗体的基因位 0 互相为等位基因,其他基因位互相不存在等

位基因）。

（2）$p_{0,j} = 0/2 = 0$，$p_{1,j} = 2/2 = 0$，这时抗体等位基因均为 1 基因位。

（3）$p_{0,j} = 1/2$，$p_{1,j} = 1/2$，这时两个抗体在第 $j$ 个基因位的等位基因不相同（即第一个抗体第 0 位基因是等位基因，另一个抗体第 1 位基因为等位基因，其他基因位无等位基因）。

对于前两种情况，由公式知 $E_j(2) = 0$，对情况（3），有 $E_j(2) = \log_2 2$。

免疫算法基本步骤如下：

① 识别抗原（见上述二进制模型）。

② 产生初始抗体群体。

激活记忆细胞产生抗体以清除以前出现过的抗原，从包含最优抗体的数据库（或疫苗库）中选择出 $N$ 个抗体。

③ 计算亲和力和浓度。

亲和力/亲和度算子表征抗体与抗原之间的结合程度（可行解与待解决问题的结合的程度）或抗体与抗体之间的结合程度，定义为 $aff(ab_i)$ 或 $aff(ab_i, ab_j)$。通常函数优化问题可以使用函数的值或者是函数值的倒数作为亲和度 $aff(ab_i)$ 的评价。例如：

$$aff(ab_i) = \frac{1}{1 + opt_v} \tag{6-85}$$

除此之外，基于欧氏距离的抗体间亲和度计算方法为

$$aff(ab_i, ab_j) = \sqrt{\sum_{k=1}^{L} (ab_{i,k} - ab_{j,k})^2} \tag{6-86}$$

式中，$ab_{i,k}$ 和 $ab_{j,k}$ 分别为抗体 $i$ 和抗体 $j$ 的第 $k$ 维，$L$ 为抗体实数编码的总维数。

或者表示为

$$aff(ab_i, ab_j) = \frac{1}{1 + E(2)} \tag{6-87}$$

其中 $E(2)$ 表示 $ab_i$，$ab_j$ 之间的信息熵。

抗体浓度表征抗体种群的多样性好坏。抗体的浓度过高意味着种群中非常类似的个体大量存在，寻优就会集中于一个可行区间的一个区域，不利于全局寻优。抗体浓度定义为：

$$den(ab_i) = \frac{1}{N} \sum_{j=1}^{N} S(ab_i, ab_j) \tag{6-88}$$

其中 $N$ 为种群规模，$S(ab_i, ab_j)$ 为抗体间的相似度，令 $aff(ab_i, ab_j)$ 为抗体 $i$ 和抗体 $j$ 的亲和度，$\delta_S$ 为相似度阈值，则相似度可表示为

$$S(ab_i, ab_j) = \begin{cases} 1, & aff(ab_i, ab_j) < \delta_S \\ 0, & aff(ab_i, ab_j) \geqslant \delta_S \end{cases} \quad (6-89)$$

④ 记忆细胞分化。

与抗原有最大亲和力的抗体加入记忆细胞,由于记忆细胞数目有限,新产生的抗体将会代替记忆细胞中和它具有最大亲和力者。

⑤ 抗体促进和抑制(通过激励计算算子)。

高亲和力抗体受到促进(提高选择概率),高密度抗体受到抑制(降低选择概率),通过计算抗体存活的期望值来实施控制,可有效防止早熟。

抗体激励是对抗体质量的最终评测结果,需要综合考虑抗体亲和度和抗体浓度,通常亲和度大,浓度低的抗体会得到较大的激励度,抗体 $ab_i$ 的激励度 $sim(ab_i)$ 计算为:

$$sim(ab_i) = a \cdot aff(ab_i) - b \cdot den(ab_i) \quad (6-90)$$

或:

$$sim(ab_i) = aff(ab_i) \cdot e^{-a \cdot den(ab_i)} \quad (6-91)$$

式中,$a$、$b$ 为计算参数。

⑥ 抗体产生。

这一步为对未知抗原的响应,从而产生新淋巴细胞。根据不同抗体和抗原亲和力的高低,使用轮盘赌选择的方法,选择两个抗体,然后把这两个抗体按一定变异概率做变异,之后再交叉,得到新抗体,如此重复本步骤直到产生 $N$ 个新抗体。满足一定结束条件时结束算法。

3) 免疫系统名词和免疫算法名词对比

免疫系统名词和免疫算法名词对比详见表 6-1。

表 6-1 免疫系统名词和免疫算法名词对比

| 免 疫 系 统 | 免 疫 算 法 |
|---|---|
| 抗原 | 要解决的最优化问题 |
| 抗体 | 决策向量(最终成为最优解向量) |
| 抗原识别 | 问题识别与二进制建模 |
| 从记忆细胞产生抗体 | 联想过去的最优解 |
| 淋巴细胞分化 | 优良解的保持 |
| 细胞抑制 | 剩余候选解的消除/淘汰适应度低的 |
| 细胞克隆(抗体增加) | 利用遗传算子(交叉变异)产生新抗体 |

4）基于遗传算法的 IA 计算流程[8]

基于遗传算法的 IA 计算流程如图 6 - 4 所示。

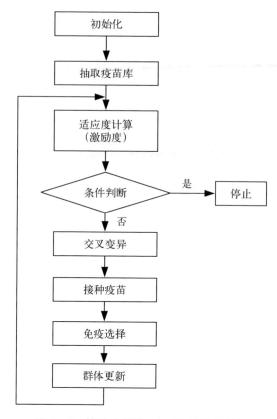

**图 6 - 4　基于遗传算法的 IA 计算流程图**

（1）随机生成初始种群 $A(1)$，从 $A(1)$ 中提取疫苗 $v(1)$，再随机生成 $M-1$ 个疫苗，这 $M$ 个疫苗组成疫苗库 $V(1)$，$k:=1$，设定最大循环参数 $T_p$。其中，若设种群 $A$ 的个体为 $a_1,a_2\cdots,a_N$，$i$ 是基因位，$j$ 是种群编号，$A$ 的疫苗提取过程描述如下：

① 置准疫苗 $v$ 的所有基因位均为 $*$；

② 求出种群 $A$ 的所有优良个体，记为 $b_1,b_2\cdots,b_n,N\geqslant n$；

③ $i:=1$；

④ $j:=1$，$x:=b_j^i$，其中 $x$ 是 $i$ 位上的优良等位基因；

⑤ $j:=j+1$，如果 $j>n$，转（⑦）；

⑥ 如果 $b_j^i=x$，转（⑤），否则转（⑧）；

⑦ $v^i:=x$；

⑧ $i:=i+1$,如果 $i>L$,结束,否则转(④)。

(2) 如果满足停止准则,算法输出结果并停止运行;

(3) 计算种群 $A(k)$ 中个体的适应度,将适应度最大的个体保存到 $Best$ 中;

(4) 对种群 $A(k)$ 进行比例选择操作,得到种群 $R\_A(k)$;

(5) 对种群 $R\_A(k)$ 进行交叉操作,得到种群 $C\_A(k)$,然后对种群 $C\_A(k)$ 进行变异操作,得到种群 $A(k+1)$;

(6) 如果 $k \bmod T_p \neq 0$,则转(8);

(7) 对种群 $A(k+1)$ 执行免疫操作,如下:

① $i:=i+1$;

② 选择疫苗库 $V(k)$ 中的疫苗 $V_i(k)$,以概率 $\min\{P_V^k(V_i(k)), P_{V\_\max}\}$ 对种群 $A(k+1)$ 中个体 $a$ 接种疫苗,其中 $P_{V\_\max}$ 表示最大接种概率。如果 $f(V(a, V_i(k)))>f(a)$(此时称为成功接种疫苗),则用个体 $V(a, V_i(k))$ 替换 $A(k+1)$ 中个体 $a$;

③ 计算疫苗 $V_i(k)$ 的存活率,

$$S_k(v)=O(v) \times (\delta(v)+1) \times E_k(v)$$
$$E_k(v)=E_{k-1}(v)+\sum_{a \in \Psi}[f(\hat{a})-f(a)]$$
$$(6-92)$$

其中,$\Psi$ 表示 $A(k)$ 中被口 $v$ 接种疫苗的子种群,$O(v)$ 表示 $v$ 的阶,$\delta(v)$ 表示 $v$ 的长度(定义见 6.2.5 节),$E_k(v)$ 是 $v$ 接种疫苗的效果。若 $S_k(V_i(k))>0$,转(⑤);

④ 若 $O(V_i(k))>1$,对 $V_i(k)$ 执行删减操作(即将 $V_i(k)$ 某个/几个确定基因位变为 $*$),得到疫苗 $V_i(k)'$,$V_i(k):=V_i(k)'$,初始化 $S_k(V_i(k))$;否则,随机生成新疫苗 $v$,$V_i(k):=v$,再初始化 $S_k(V_i(k))$;

⑤ $i:=i+1$,如果 $i>M$,转(8);否则转②;

(8) 记 $Best'$ 为 $A(k+1)$ 中适应度最大的个体,若 $f(Best)>f(Best')$,则用 $Best$ 替代 $A(k+1)$ 中适应度最小的个体;

(9) 从 $A(k+1)$ 中提取疫苗 $v(k+1)$,若 $v(k+1) \notin V(k)$ 并且 $O(v(k+1))>0$,则用 $v(k+1)$ 替换 $V(k)$ 中存活率最小的疫苗,得到疫苗库 $V(k+1)$;否则 $V(k+1):=V(k)$;

(10) $k:=k+1$,转(2)。

## 6.2.4 NSGA、NSGA-II 和 HGA 及应用

1) NSGA 和 NSGA-II 流程

非支配排序的遗传算法 NSGA 和带精英策略的非支配排序的遗传算法 NSGA-

II 是基于遗传算法的多目标优化算法,采用的非支配分层方法,可以使好的个体有更大的机会遗传到下一代;适应度共享策略(基于拥挤策略的小生境技术)则使得准 Pareto 面上的个体均匀分布,保持了群体多样性,克服了超级个体的过度繁殖,防止了早熟收敛。

算法 NSGA 的流程如图 6-5 所示。

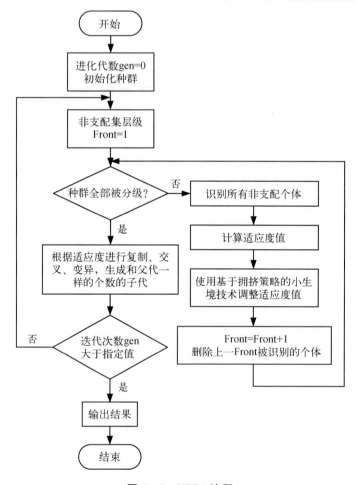

**图 6-5  NSGA 流程**

NSGA 在许多问题上得到了应用,但仍存在一些问题:

(1) 计算复杂度较高,为 $O(mN^3)$($m$ 为目标函数个数,$N$ 为种群大小),所以当种群较大时,计算相当耗时。

(2) 没有精英策略。精英策略可以加速算法的执行速度,而且也能在一定程度上确保已经找到的满意解不被丢失。

（3）需要指定共享半径。

而 NSGA-II 针对以上的缺陷通过以下三个方面进行了改进：

（1）提出了快速非支配排序法，降低了算法的计算复杂度。由原来的 $O(mN^3)$ 降到 $O(mN^2)$，其中，$m$ 为目标函数个数，$N$ 为种群大小。

（2）提出了拥挤度和拥挤度比较算子，代替了需要指定共享半径的适应度共享策略，并在快速排序后的同级比较中作为胜出标准，使准 Paroet 域中的个体能扩展到整个 Pareto 域，并均匀分布，保持了种群的多样性。

（3）引入精英策略，扩大采样空间。将父代种群与其产生的子代种群组合，共同竞争产生下一代种群，有利于保持父代中的优良个体进入下一代，并通过对种群中所有个体的分层存放，使得最佳个体不会丢失，迅速提高种群水平。

NSGA-II 流程如图 6-6 所示。

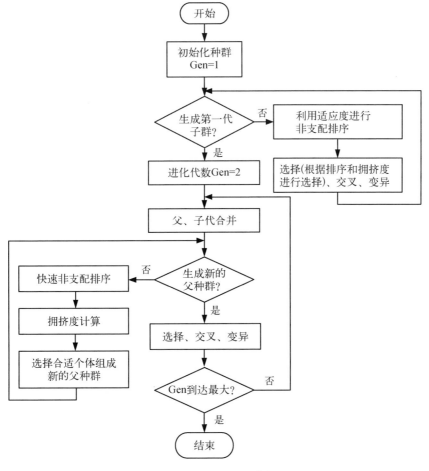

**图 6-6　NSGA-II 流程**

255

2) HGA 流程

分层遗传算法 HGA 和 GA 的比较如图 6-7 所示。由于 HGA 具有特殊类型的基因型结构,因此必须应用新的交叉方法和变异算子。除了基因交换之外,HGA 还允许交换层次结构的较低分支,使用这种遗传操作,可以在产生新的个体的同时获得最佳的层次结构。作为一种解决混合整数优化问题的智能算法,HGA 不同于其他遗传算法,它的染色体编码具有上层控制基因和下层参数基因的层次结构。由二进制编码的控制基因控制着由实数编码的参数基因,控制基因设置为 1 时,其控制的参数基因被激活。

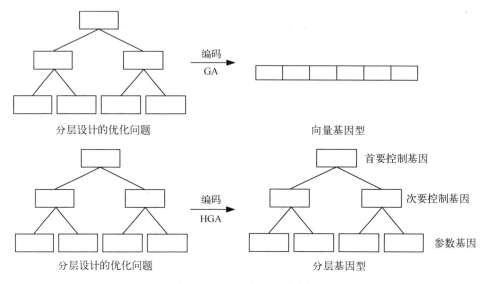

图 6-7　HGA 和 GA 的比较

3) 利用 NSGA-II 和 HGA 解决能源细胞双层多目标优化问题[9]

设某双层问题的上层问题是一个多目标优化问题,考虑使用 NSGA-II 生成 Pareto 解,然后从这些基于不同适应度的解中选择最优解,再将其传递到较低的层次,从而完成上层控制。

对于下层优化问题,考虑采用分层遗传算法 HGA 来进行描述和求解。针对下层优化问题,举例可设 0-1 变量($x_1$ 和 $x_2$)和次级 0-1 变量($x_1'$ 和 $x_2'$)为首要控制基因和次要控制基因,问题的决策变量可定义为参数基因,其余变量作为普通基因,非 0-1 变量的基因可通过二进制编码法进行编码。当 HGA 开始执行后,在每个操作周期内,首要控制基因和次要控制基因可根据所处的条件置为 0 或 1。基因完成编码后,便可进行正常的选择、交叉和突变等行为。考虑 NSGA-II 和 HGA 的结合,解决双层多目标优化问题的思路如图 6-8 所示。

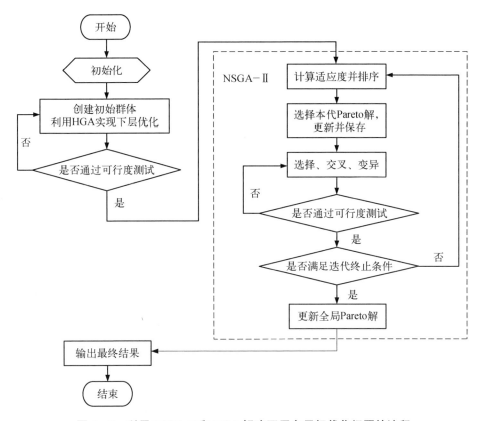

图 6‑8　利用 NSGA-II 和 HGA 解决双层多目标优化问题的流程

## 6.2.5　遗传算法在多能源细胞集群中的应用举例[10]

1）区域多能源细胞系统规划模型约束

本节将区域多能源细胞系统规划视为一个满足多约束条件的单目标优化规划问题，同时以 1 h 为最小时间单位，1 a 为时间长度进行分析。

（1）功率平衡约束：

$$P_{\text{grid}}(t) - P_{\text{loss}}(t) = \sum_{i=1}^{N} (P_{\text{L},i}(t) - P_{\text{DG},i}(t)) \tag{6-93}$$

式中，$P_{\text{grid}}(t)$ 和 $P_{\text{loss}}(t)$ 分别为在 $t$ 时刻外部电网向区域多能源细胞系统输送的功率、区域多能源细胞系统的网损；$P_{\text{L},i}(t)$、$P_{\text{DG},i}(t)$ 分别为区域多能源细胞系统中第 $i$ 个能源细胞在 $t$ 时刻负荷消耗的功率、分布式电源输出的功率；$N$ 为能源细胞总数。当区域多能源细胞系统孤岛运行时，$P_{\text{grid}}(t) = 0$。

(2) 能源细胞间功率支援约束：

$$\sum_{j=1}^{N} P_{ji}(t) = P_{L,i}(t) - P_{DG,i}(t) \qquad (6-94)$$

其中 $P_{ji}(t)$ 为在 $t$ 时刻第 $j$ 个能源细胞向第 $i$ 个能源细胞支援的功率。

(3) 电压约束：

$$V_{i,\min} \leqslant V_i(t) \leqslant V_{i,\max} \qquad (6-95)$$

其中，$V_{i,\min}$、$V_{i,\max}$ 分别为节点 $i$ 电压最小限值、最大限值；$V_i(t)$ 为在 $t$ 时刻节点 $i$ 的电压。

(4) 孤岛约束。

本部分将重要负荷定义为区域多能源细胞系统离网孤岛运行时，要求区域多能源细胞系统持续安全可靠为其供电的那部分负荷。在能源细胞孤岛运行时，能源细胞中储能充放电功率与分布式电源出力之和需大于能源细胞中重要负荷消耗的功率。

$$P_{B,i}(t) + P_{DG,i}(t) \geqslant P_{L,i}(t) \qquad (6-96)$$

式中，$P_{B,i}(t)$ 为第 $i$ 个能源细胞在 $t$ 时刻储能充放电功率，单位为 kW。

(5) 可再生能源渗透率约束。

本节采用能量渗透率约束，将能量渗透率定义为在典型年内区域多能源细胞系统内分布式电源的发电总量（单位为 kW·h）与负荷总需求电量（单位为 kW·h）的比值，计算公式如下：

$$f_{REP} = \frac{\sum\limits_{t=1}^{8760} \sum\limits_{i=1}^{N} P_{DG,i}(t)}{\sum\limits_{t=1}^{8760} \sum\limits_{i=1}^{N} P_{L,i}(t)} \qquad (6-97)$$

$$f_{REP} \geqslant f_{REP,set} \qquad (6-98)$$

其中 $f_{REP}$、$f_{REP,set}$ 分别为区域多能源细胞系统可再生能源渗透率、可再生能源渗透率要求。

(6) 储能约束。

当区域多能源细胞系统孤岛运行时，各个储能系统的充放电功率都应当小于其上限，具体如下式所示：

$$P_{B,i}(t) \leqslant P_{i,\max} \qquad (6-99)$$

$$E_{i,reserve} \leqslant E_{i,B} + E_{i,remain} \leqslant E_{i,\max} \qquad (6-100)$$

式中，$P_{i,\max}$ 为第 $i$ 个能源细胞中储能装置最大充放电功率；$E_{i,B}$、$E_{i,remain}$、$E_{i,reserve}$、

$E_{i,\max}$ 分别为第 $i$ 个能源细胞中储能装置的充放电电量、残存电量、最低电量、最大电量。

2) 区域多能源细胞系统规划模型目标函数

区域多能源细胞系统优化规划的目标是在高可再生能源渗透率下通过合理配置各能源细胞中分布式电源、储能的容量,以使区域多能源细胞系统年化综合收益(经济性)最高。年化综合收益为区域多能源细胞系统年化售电收益减去分布式电源和储能的年化投资成本。年化综合收益的计算公式如下:

$$R = R_{\text{sale}} - (\alpha_1 C_{\text{PV, in}} + C_{\text{PV,ma}} + \alpha_2 C_{\text{Wind, in}} + C_{\text{Wind,ma}} + \alpha_3 C_{\text{Battery, in}} + C_{\text{Battery,ma}})$$

$$(6-101)$$

式中,$R_{\text{sale}}$ 为区域多能源细胞系统年化售电收益;$C_{\text{PV, in}}$、$C_{\text{Wind, in}}$、$C_{\text{Battery, in}}$ 分别为区域多能源细胞系统中所有光伏、风机和储能的安装成本;$C_{\text{PV,ma}}$、$C_{\text{Wind,ma}}$、$C_{\text{Battery,ma}}$ 分别为区域多能源细胞系统中所有光伏、风机和储能每年的运行维护成本;$\alpha_1$、$\alpha_2$、$\alpha_3$ 为现值向年值的转换系数,其计算公式如下式所示:

$$\alpha = \frac{k(k+1)^n}{(k+1)^n - 1}$$

$$(6-102)$$

其中 $k$ 为折现率;$n$ 为分布式电源或储能的年限。

区域多能源细胞系统年化售电收益为非补贴收益和补贴收益之和,非补贴收益计算公式如下:

$$R_{\text{unsubsidy}} = (1-w) \sum_{t=1}^{8\,760} (E_{\text{mi},t} C_{s1} + E_{\text{mo},t} C_{s2}) + w \sum_{t=1}^{8\,760} (E_{\text{mi},t} C_{s1} + E_{\text{mo},t} C_{s3})$$

$$(6-103)$$

式中,$w$ 为孤岛率;$E_{\text{mi},t}$、$E_{\text{mo},t}$ 分别为在 $t$ 时刻各能源细胞内部自发自用消耗的电量、各能源细胞卖出 / 买入的电量;$C_{s1}$、$C_{s2}$、$C_{s3}$ 分别为用户电价、当地脱硫煤标杆电价、各能源细胞之间交易电量的电价(不含补贴)。

补贴年化收益计算公式如下:

$$R_{\text{subsidy}} = (1-w) \sum_{t=1}^{8\,760} (E_{\text{i},t} C_{\text{i}} + E_{\text{o},t} C_{\text{o}}) + w \sum_{t=1}^{8\,760} (E_{\text{i},t} C_{\text{i}}) \qquad (6-104)$$

式中,$E_{\text{i},t}$ 和 $E_{\text{o},t}$ 分别为在 $t$ 时刻区域多能源细胞系统自发自用的电量和余电上网交易的电量;$C_{\text{i}}$ 和 $C_{\text{o}}$ 分别为区域多能源细胞系统每千瓦时自发自用和余电上网交易电量的补贴。

本节将约束条件以惩罚因子的形式添加到目标函数中。如果满足约束条件,

则约束条件项为 0,否则,将会大幅减小目标函数。故目标函数如下:

$$\max f = \max R - \beta \sum L_i \qquad (6-105)$$

式中,$\beta$ 为惩罚系数;$L_i$ 为第 $i$ 个约束条件是否满足时的值,若满足约束条件,则此值为 0,否则为 1。

3) 基于免疫遗传算法的模型求解方法

将求解问题的目标函数(即区域多能源细胞系统年化综合收益最大)对应为入侵生命体的抗原,而各能源细胞中分布式电源配置容量的解对应为免疫系统产生的抗体。

(1) 抗体编码。

设光伏和风机可接入的位置数为 $M$,$M$ 的前 $i$ 个表示光伏的信息,后 $M-i$ 个表示风机的信息。在拓扑图中依次对这些位置进行编号,则抗体 $X$ 可表示为

$$X = [x_{11}, x_{12}, \cdots, x_{1m_1}, x_{21}, x_{22}, \cdots, x_{2m_2}, \cdots, x_{(i+1)1},$$
$$x_{(i+1)2}, \cdots, x_{(i+1)m_{i+1}}, \cdots, x_{M1}, x_{M2}, \cdots, x_{Mm_M}] \qquad (6-106)$$

其中 $m_1$ 为拓扑图中编号为 1 的可接入光伏位置的接入光伏的数量,若乘以单个光伏的容量,则可得到此处光伏总的接入容量。同理,$m_{i+1}$ 为拓扑图中编号为 $i+1$ 的可接入风机位置的接入风机的数量,若乘以单个风机的容量,则可得到此处风机总的接入容量。

(2) 储能功率与容量计算。

各能源细胞中储能和分布式电源的出力之和要能保证能源细胞孤岛至少运行 2 h,故各能源细胞储能功率和容量计算公式如下:

$$P_B = \max(P_L(t) - P_{DG}(t)) \qquad (6-107)$$

$$E_B = 2P_B \qquad (6-108)$$

式中,$P_B$ 为能源细胞储能功率(kW);$P_L(t)$、$P_{DG}(t)$ 分别为能源细胞在 $t$ 时刻的负荷功率、分布式电源出力(kW);$E_B$ 为能源细胞储能容量(kW·h);$t$ 为 1~8 760 之间的整数。

(3) 模型求解算法的具体流程(见图 6-9)。

## 6.3　基于多智能体的能源细胞协同优化控制策略

针对能源互联网中多种能源协同优化与控制,本节提出了一种协调优化控制策略,以实现分布式可再生能源的大规模利用。本优化设计适用于区域能源互联

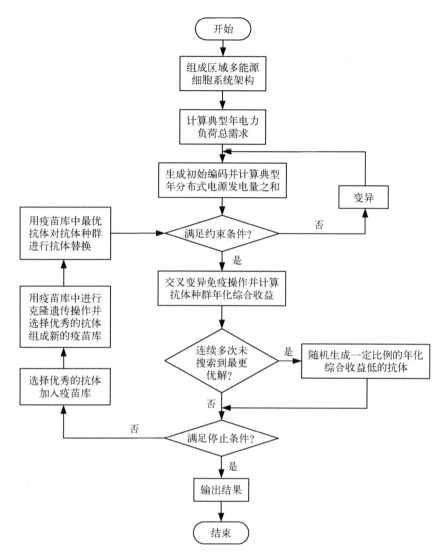

图 6-9 多能源细胞群模型求解算法流程

网的动态多智能体协同框架,上层调度以综合成本最小化为目标,对一次能源进行日前调度优化,实现能源的经济利用和多种能源主网的安全稳定运行。本节中,我们还提出应用于配电网中的基于一致性理论的二级控制策略,在电压和频率的安全域内,可实现分布式电源有功功率和联络线功率的精确控制,并讨论了延时通信对控制的影响。最后,我们通过实验验证了所提策略的有效性。

## 6.3.1 动态多智能体协同框架

随着综合能源系统中分布式设备的数量增加,需要协调的问题规模与节点数成几何倍数增长。信息交互也越发复杂与多样,物理能量信息的一体化推动着调度控制模式从垂直化向扁平化发展。传统集中式优化控制方法在通信响应时间和计算能力上都面临着前所未有的压力和挑战,而单纯的分布式求解又存在执行效率低、仅能得到局部最优解的问题。因此提出一种基于多代理一致性的能量动态协调与功率精确控制的策略,可以有效地协调功率的精确控制与底层的自治运行,其具体框架如图 6-10 所示。

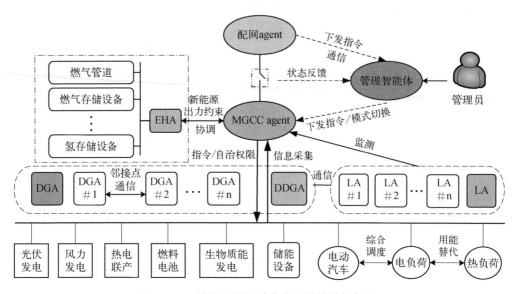

**图 6-10  能源互联网动态多智能体协同框架**

多代理系统(也称多智能体系统)由一组物理和信息层面紧密联系的代理构成,每个智能体(Agent)都具有主动性和自适应性,均可采集自身的环境信息进行自治,解决自治域内由内部和外部引起的各种问题。能源互联网运行涉及各个能源系统和所有节点的协调,利用多代理的自治性和交互性代替传统的单点对多点的集中式控制[11],同时充分发挥控制中心的作用,横向上协调,对关键节点和关键时刻实行精确控制,进一步提高能源网的协同效率。根据本节提出的协调控制策略,设计以下 6 种多智能体,下面具体介绍这 6 种智能体的功能。

(1)管理智能体(management agent,MA):配电网与微电网的协调智能体。作为与配电网连接环节的智能体,可接收配电网对联络线功率的指令,并实时采集公共连接点开断和功率交换信息。MA 向微电网控制中心智能体(microgird control center agent,MGCCA)下发联络线功率控制指令和模式切换策略,协调联络线功率流。在给定孤岛计划的情况下,MA 可协调联络线功率调零并检测调零后自动切断断路器;在配电网要求孤岛转并网时,待电压恢复到公共连接点节点电压附近处自行闭合断路器。

（2）微电网控制中心智能体：管理智能体和能量枢纽智能体（energy hub agent，EHA）的协调智能体。在联络线精确控制下接收管理智能体下发的联络线控制功率，以经济效益为优化目标，综合能量枢纽智能体给出的运行边界，根据实时电价计算分布式发电的较优发电比，得到各个分布式发电智能体以日前调度曲线，给各个分布式发电智能体（distribution generation agent，DGA）以日前调度曲线，保证全网的功率平衡和电压稳定。

（3）能量枢纽智能体：协调一次能源与二次能源满足综合负荷的智能体。主要功能为统计多种一次能源可用容量，同时兼顾能源利用效率和能源储备，制定多种能源网络运行调度可行域，向 MGCCA 提供能源转换设备（燃气轮机、燃料电池等）的最大最小出力约束，协调能源网络耦合元件出力。

（4）分布式发电智能体：分布式电源间协调智能体。一般的 DGA 接收 MGCCA 给出的功率分配比，根据最大电压偏差计算经济下垂系数。采用二级有功功率控制保证功率精确分配，二级频率控制可使无功快速响应波动，加速频率恢复。

（5）主导分布式发电智能体（dominate distribution generation agent，DDGA）：联络线功率波动团队协同响应机制的领导智能体。一般选取灵活性较强且与 PCC 节点较近的分布式电源作为主导智能体，一般是大容量储能。主导智能体可根据自身储能剩余容量和 MGCCA 的模式指令选择工作模式，在全网平抑波动的情况下发起分布式智能体的一致性迭代。

（6）负荷智能体（load agent，LA）：监测用电侧负荷的静态智能体。LA 负责实时监测节点电压，接收微控智能体的切负荷信号，在非计划孤岛和故障状态判断负荷重要性并分时段分批按重要性切除负荷。

## 6.3.2　微电网控制中心智能体优化调度模型

### 6.3.2.1　目标函数

1）系统运行成本

本节考虑综合能源系统中的四种运行成本，包括一次能源消耗成本、运行管理成本、设备折旧维护成本、能源互联网与电网分时电价的交互成本。

$$C_{1,t} = C_{G,t} + C_{OM,t} + C_{DP,t} + C_{Grid,t} \tag{6-109}$$

式中，$C_{G,t}$，$C_{OM,t}$，$C_{DP,t}$，$C_{grid,t}$ 分别为能源网中所有分布式电源实时能源消耗成本、运行管理成本、设备折旧维护成本和配电网交互成本。$C_{G,t}$ 具体表达式为

$$C_{G,t} = \sum_{i=1}^{N} C_i P_{it} = \sum_{i=1}^{N} C_{pe} \times \frac{1}{LHV_{pe}} \times \frac{P_{it}}{\eta_{it}} \tag{6-110}$$

式中，$C_i$ 为分布式电源一次能源成本；$P_{it}$ 为 $t$ 时刻分布式电源 $i$ 发出的功率；$C_{pe}$ 为单位一次能源价格；$LHV_{pe}$ 为一次能源热值（$kW \cdot h/m^3$）；$\eta_{it}$ 为 $t$ 时刻 $i$ 机组电能转换效率，光伏和风电的一次能源价格视为零。$C_{OM,t}$ 具体表达式为

$$C_{OM,t} = \sum_{i=1}^{N} OM_i(P_{it}) = \sum_{i=1}^{N} K_{OMit} \times P_{it} \tag{6-111}$$

式中，$OM_i$ 为分布式电源 $i$ 的运行管理成本；$K_{OMit}$ 为分布式电源 $i$ 在 $t$ 时刻的运行维护成本系数。$C_{DP,t}$ 具体表达式为

$$C_{DP,t} = \sum_{i=1}^{N} DP_i(P_{it}) = \sum_{i=1}^{N} \frac{Ins Cost_i \times CFR_i}{P_{N,i} \times 8\,760 \times cf_i} \times P_{it} \tag{6-112}$$

$$CFR_i = \frac{d_i \times (1+d_i)^{L_i}}{(1+d_i)^{L_i} - 1} \tag{6-113}$$

式中，$DP_i$ 为分布式电源 $i$ 的折旧成本；$Ins Cost_i$ 为分布式电源 $i$ 的单位容量安装成本；$P_{N,i}$ 为分布式电源的最大输出功率；$cf_i$ 为分布式电源 $i$ 的容量因素，$CFR_i$ 为分布式电源 $i$ 的资本回收系数；$d_i$，$L_i$ 分别为分布式电源 $i$ 的折旧率和折旧年限。$C_{grid,t}$ 具体表达式为

$$C_{grid,t} = CP_t \times CGP_i - CS_t \times CSP_i \tag{6-114}$$

式中，$CP_t$ 和 $CGP_t$ 分别为 $t$ 时刻能源互联网对配电网的购电电价和购电量；$CS_t$ 和 $CSP_t$ 分别为 $t$ 时刻能源互联网对配电网的售电电价和售电量。

2）排污处理成本

将发电单元对环境的影响折算为成本，作为目标函数的一项，主要包括排污处理费用 $C_{DG,i-EM}$ 和配电网电能的排污处理费用 $C_{Grid-EM}$，即

$$C_{2,t} = C_{DGi-EM,t} + C_{Grid-EM,t} \tag{6-115}$$

排污费用的具体表达式为

$$C_{I-EM,t} = \sum_{i=1}^{N} \left( \sum_{k=1}^{M} \alpha_{ik} \times \lambda_{ik} \times P_{it} \right) \tag{6-116}$$

式中，$N$ 为发电单元类型；$M$ 为污染类型；$\alpha_{ik}$ 为分布式电源 $i$ 排污类型 $k$ 的单位污染物处理成本（元 $/kg$）；$\lambda_{ik}$ 为分布式电源 $i$ 排污类型为 $k$ 时的排放系数。

3）运行效率

根据分时电价将网损折算为成本 $C_{3,t} = Loss_t \times C_t$。其中 $Loss_t$ 和 $C_t$ 分别为系统网损和实时电价。最终的综合效益目标函数定义为

$$\min C = \sum_{t=1}^{24} C_{1,t} + C_{2,t} + C_{3,t} \qquad (6-117)$$

#### 6.3.2.2  约束条件

约束条件包括储能荷电状态约束、充放电功率约束、分布式电源功率约束、燃气轮机和燃料电池的实时发电功率约束。这些约束由能量枢纽智能体给出,可以概括如下:

$$\mathrm{s.t.} \begin{cases} 0.05 \leqslant \mathrm{SOC} \leqslant 0.95 \\ |P_{\mathrm{ES},t}| \leqslant P_{\mathrm{ES},t\mathrm{max}} \\ 0 < P_{i,t} < P_{i,t\mathrm{max}} \end{cases} \qquad (6-118)$$

式中,$|P_{\mathrm{ES},t}|$ 为储能 $t$ 时刻的充放电功率绝对值;$P_{\mathrm{ES},\mathrm{max}}$ 为储能最大工作功率;$P_{i,t\mathrm{max}}$ 表示分布式电源 $i$ 在 $t$ 时刻的最大输出功率。孤岛运行时,储能视为普通分布式电源,计算方法同上。并网运行时,储能以平抑联络线波动的平方为唯一目标,即 $\min \sum_{t=1}^{24} (p_{\mathrm{line},t} - p_{\mathrm{Bat},t})^2$,以最大充放电功率和荷电状态作为约束。储能最大充放电功率和荷电状态具体表达式如下:

$$\mathrm{s.t.} \begin{cases} |p_{\mathrm{Bat},t}| \leqslant p_{\mathrm{Bat,max}} \\ 0.4 \leqslant \mathrm{SOC}_{t=0} + \dfrac{1}{S_{\mathrm{Bat}}} \sum_{t=1}^{24} p_{\mathrm{line},t} \leqslant 0.6 \end{cases} \qquad (6-119)$$

式中,各个变量的含义与前述公式一致。在并网情况下,微电网控制中心智能体上层优化调度以储能平抑联络线波动为目标,具体的控制效果如图 6‑11 所示。

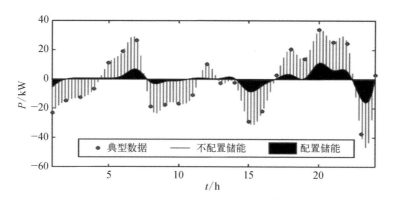

**图 6‑11  平抑联络线波动为目标的储能控制效果**

图中灰色阴影区域表示没有配置储能时的联络线功率,黑色阴影表示配置储能后的联络线功率。从图中展示的控制效果不难看出,配置储能后联络线的功率波动幅度明显小于没有配置储能时的联络线功率波动幅度。

### 6.3.3 离散一致性算法

在多智能体协调过程中,需要共享的信息以各种不同的方式在智能体间传递,协同响应随机负荷的变化和上层联络线指令的调整,使分布式元件的某些关键量达到一致。本节利用网络拓扑确定邻居通信关系,实现下垂控制的功率精确分配,调节全网频率一致性,并且使分布式电源自行按照经济优化比承担联络线功率波动。一般连续一阶一致性算法为一阶积分环节:

$$\dot{x}_i(t) = u_i(t) \tag{6-120}$$

式中,$x_i(t)$ 为第 $i$ 个智能体的状态,$u_i(t)$ 为其控制输入,控制输入由邻接节点反馈得到,其表达式如下:

$$u_i(t) = -\sum_{i \in N_i(t)} a_{ij}(t)(x_j(t) - x_i(t)) \tag{6-121}$$

式中,$N_i(t)$ 表示智能体 $i$ 在 $t$ 时刻的邻居;$a_{ij}(t)$ 表示智能体 $j$ 传给智能体 $i$ 的信息权重。在固定拓扑结构下,可用线性时不变系统表示,为 $\dot{X}(t) = -LX(t)$。其中 $X$ 是智能体的状态集合,$L$ 为加入权重后的拉普拉斯矩阵。实际控制系统一般需要离散采样,引入离散一致性算法:

$$x_i[k+1] = \sum_{j=1}^{N} d_{ij}x_j[k], \ i=1, 2, \cdots, n \tag{6-122}$$

即需要构造双随机矩阵 $D$,使 $X[k+1] = DX[k]$。在矩阵特征值均小于等于 1 时,系统状态量一致收敛于平均值,有

$$\lim_{k \to \infty} X[k] = \lim_{k \to \infty} DX[0] = \frac{ee^{\mathrm{T}}}{n}X[0] \tag{6-123}$$

文献[12]使用 Metroplis 双随机矩阵的构造方法,双随机矩阵 $D$ 可表示为

$$d_{ij} = \begin{cases} \dfrac{1}{\max(n_i, n_j)+1} & A(u_i, u_j)=1 \\ 1 - \sum_{j \in N_j} d_{ij} & i=j \\ 0 & \text{otherwise} \end{cases} \tag{6-124}$$

式中,$\max(n_i, n_j)$ 表示节点 $i$ 和其邻接节点邻居数的较大值,连通矩阵 $A(u_i, u_j)=1$ 表示 $i$ 与 $j$ 节点相邻。在实际控制系统中,当且仅当矩阵 $D$ 对角线没有 0 时,离散一致性收敛,且收敛速度由矩阵 $D$ 的本质谱半径,即第二大特征值决定,本质谱半径越小,收敛越快,迭代次数也越小。

### 6.3.4 基于一致性的二级下垂控制

低压微电网线路阻抗的电阻一般大于电抗，即 $Z \approx R$，$\delta \approx 0$，分布式电源注入交流母线的有功功率和无功功率可写作：

$$P \approx \frac{E(E-U)}{R} \tag{6-125}$$

$$Q \approx -\frac{EU}{R}\delta \tag{6-126}$$

式中，$E$ 和 $U$ 分别表示母线电压和分布式电源端电压的有效值。应用 $P\text{-}V$ 和 $Q\text{-}F$ 下垂控制，分布式电源的参考电压和频率的控制表达式为

$$f_{\mathrm{ref},i} = f_n + n_{\mathrm{q},i}(Q_{n,i} - Q_i) \tag{6-127}$$

$$E_{\mathrm{ref},i} = E_n + n_{\mathrm{p},i}(P_{\mathrm{ref},i} - P_i) = E_{\max} - n_{\mathrm{p},i}P_i \tag{6-128}$$

$$n_{\mathrm{q},i} = \frac{f_{\max} - f_n}{Q_{\max,i}}, n_{\mathrm{p},i} = \frac{E_{\max} - E_n}{P_{n,i}} \tag{6-129}$$

式中，$E_{\mathrm{ref},i}$ 和 $f_{\mathrm{ref},i}$ 分别为分布式电源 $i$ 的电压和频率的基准值；$E_n$ 和 $E_{\max}$ 分别为额定电压和最大电压，$f_n$ 和 $f_{\max}$ 为其相应频率；$n_{\mathrm{p},i}$ 和 $n_{\mathrm{q},i}$ 分别为分布式电源 $i$ 的 $P\text{-}V$ 和 $Q\text{-}f$ 下垂控制的经济下垂系数，由各个 DGA 根据上层优化日前给定的有功参考值由式(6-129)计算得到；$P_{\mathrm{ref},i}$ 为分布式电源 $i$ 的有功功率参考值输出，由日前调度计划给出，每天 $\mathrm{DGA}_i$ 与 MGCCA 通信一次，传输第二天的日前有功出力参考曲线；$Q_{\max,i}$ 为分布式电源 $i$ 的最大输出无功功率。线路阻抗和下垂控制会产生电压和频率的偏移，为防止电压偏移过大，有 $n_{\mathrm{p},i}P_{\mathrm{ref},i} \leqslant \Delta E_{\max}$。$\Delta E_{\max}$ 为电压允许最大偏移量。在系统稳定运行时，全网频率一致，即 $f_1 = f_2 = \cdots = f_n$。由式(6-129)可知，在稳定运行时，由于线路电抗较小，无功出力与无功下垂系数成正比，有

$$n_{\mathrm{q},1}Q_1 = n_{\mathrm{q},1}Q_2 = \cdots = n_{\mathrm{q},n}Q_n \tag{6-130}$$

考虑线路电阻的影响，将式(6-125)代入式(6-128)，有

$$E_1 : E_2 : \cdots : E_n \approx U_0 + \frac{P_1 R_1}{U_0} : \cdots : U_0 + \frac{P_n R_n}{U_0} \tag{6-131}$$

式(6-131)约等于号右边又可写作：

$$E_1 : E_2 : \cdots : E_n \approx E_{\max} - n_{p,1}P_1 : \cdots : E_{\max} - n_{p,n}P_n \tag{6-132}$$

传统的控制方法是设置统一的最大电压且固定不变，即上式中的 $E_{\max}$。然而，

由于各分布式电源端电压不相等，使 $P_{p,i} n_{p,i}$ 也不全相等，功率无法精确分配，即

$$p_1 : p_2 : \cdots : p_n \neq \frac{1}{n_{p,1}} : \frac{1}{n_{p,2}} : \cdots : \frac{1}{n_{p,n}} \qquad (6-133)$$

每个节点电压受到线路电阻和线路有功功率的影响，一条馈线连接多个分布式电源的情况下，有功出力还会受到相邻逆变器端电压的影响，造成有功控制不精确，进而无法实现对联络线功率的精确控制。

1）有功功率精确控制

考虑加入基于一致性的自适应二级有功控制，自适应调整 $E_{\max,i}$，其中 $E_{\max,i} = E_{\max} + \Delta E_i^p$。本部分设计了基于补偿项的有功功率二次精确控制，实现有功功率的自适应调整。补偿项为分布式电源 $i$ 的相对平均电压的偏移：

$$\Delta E_i^p = \left( k_{p,p} + \frac{1}{k_{I,p}} \right) \left[ -(E_n + P_{\text{ref},i} n_{p,i} - U_{\text{ave}}) + P_i n_{p,i} \right] \qquad (6-134)$$

$$= \left( k_{p,p} + \frac{1}{k_{I,p}} \right) (U_{\text{ave}} - E_{\text{ref},i})$$

其中 $k_{p,p}$、$k_{I,p}$ 分别为有功功率调节的 PI 参数。全网平均电压由多 DGA 一致性迭代得出，迭代公式为 $U_i[k+1] = \sum\limits_{j=1}^{n} d_{ij} U_j[k]$，$i = 1, 2, \cdots, n$。本节取全网平均电压 $U_{\text{ave}}$ 作为所有分布式电源的参考电压，在理想稳定状态时，式(6-128)变为

$$P_i n_{p,i} = E_n + P_{\text{ref},i} n_{p,i} + \left[ E_i + k_p (U_{\text{ave}} - E_i) \right] \qquad (6-135)$$

增益为 1 时，即为 $P_i n_{p,i} = E_n + P_{\text{ref},i} n_{p,i} + U_{\text{ave}}$；$k_p : k_{p,p} + \dfrac{1}{k_{I,p}}$。若设置 $P_{n,i} n_{p,i} = C$，则 $E_n + P_{n,i} n_{p,i} - U_{\text{ave}}$ 对于所有的分布式电源都是定值，易知分布式电源 $i$ 的有功输出功率如下：

$$p_1 : p_2 : \cdots : p_n = \frac{1}{n_{p,1}} : \frac{1}{n_{p,2}} : \cdots : \frac{1}{n_{p,n}} \qquad (6-136)$$

根据参考功率确定的下垂系数代入上式，可以得出实际功率按照参考指令值之比精确分配。

$$p_1 : \cdots : p_n = \frac{P_{\text{ref},1}}{E_{\max} - E_n} : \frac{P_{\text{ref},2}}{E_{\max} - E_n} : \cdots : \frac{P_{\text{ref},n}}{E_{\max} - E_n} \qquad (6-137)$$

2）频率一致性控制

稳态运行时电网保持频率一致，在分布式电源和负荷发生扰动时频率会产生偏移。基于全网平均频率的二级频率调节可使全网分布式电源在发生扰动后加速

系统恢复同步。全网的平均频率 $f_{\text{ave}}$ 迭代计算递推公式如下：

$$f_i[k+1] = \sum_{j=1}^{n} d_{ij} f_j[k], \ i = 1, 2, \cdots, n \qquad (6-138)$$

考虑分布式电源 $i$ 利用比例-积分(PI)环节对参考电压的调节，加入有功功率控制的分布式电源 $i$ 的频率偏移表示为

$$\Delta f_{\text{p}, i} = \left( k_{p, f} + \frac{k_{I, f}}{s} \right)(f_n - f_{\text{ave}}) \qquad (6-139)$$

式中，$k_{p, f}$ 和 $k_{I, f}$ 分别为频率调节的 PI 参数；$f_{\text{ave}}$ 为迭代收敛后得到的全网的平均频率。

3) 联络线功率优化控制

为平抑底层负荷侧和发电侧的波动，本节设计了以联络线功率偏差为观测量的联络线功率优化控制。通过一致性迭代，可在某个分布式电源达到一次能源出力极限时仍可以使其他分布式电源按照既定比例承担联络线波动，实现流程如图 6-12 所示。

储能调节即由储能承担全部的联络线功率偏差。在多智能体一致性通信的基础上，依据发电边际成本设计兼顾全网经济运行的调整模式，具体步骤如下。

步骤 1：采样联络线功率，计算联络线功率偏差 $\Delta P_L$。

步骤 2：对联络线功率偏差进行低通滤波，得到功率偏差低频分量，并将偏差值发送到 DDGA。

步骤 3：DDGA 查询微电网控制中心智能体的模式指令，若为储能快速调整模式，则计算储能容量，若储能容量大于功率偏差，则进行储能调节，转步骤 4，其他情况转步骤 5。

步骤 4：调整储能参考功率 $P^*_{\text{ref, ES}} = P_{\text{ref, ES}} + \Delta P_L$，转步骤 7。

步骤 5：微电网控制中心智能体根据日前调度计划实时计算各个分布式电源的下垂系数，设置储能初始迭代值为 $G \Delta P_L \sum_{i=1}^{G} \dfrac{1}{n_{\text{p}, i}}$，$G$ 为有可用容量并参与联络线功率调整的分布式电源个数，其他分布式电源初始状态设置为 0。

步骤 6：一致性迭代后，所有状态量均为 $\Delta P_L \sum_{i=1}^{G} \dfrac{1}{n_{\text{p}, i}}$，调整每个分布式电源的参考功率[见式(6-140)]，保证所有分布式电源承担的功率之和正好可以平抑联络线波动，每个分布式电源功率变化量比值与经济优化后的功率比值一致。

$$P^*_{\text{ref}, i} = P_{\text{ref}, i} + n_{\text{p}, i} \times \left( \Delta P_L \sum_{i=1}^{G} \frac{1}{n_{\text{p}, i}} \right) \qquad (6-140)$$

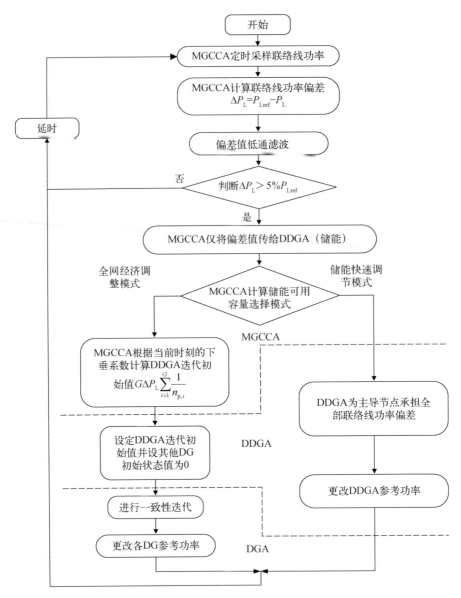

**图 6－12　联络线功率控制流程图**

步骤 7：延时，一个监测周期结束。

本优化控制通过改变参考联络线功率 $P_{Lref}$，实时响应上级配电网调度指令，为电网提供调频、调峰等电网辅助服务；另一方面，发电和负荷的随机性体现在联络线实时的功率波动，联络线侧的状态观测器实时反馈联络线功率偏差，改变主导智能体功率状态值，进行一致性迭代，优化能源互联网运行方式，降低运行成本，本优化控制策略对储能配置容量的要求低。

　　将上层的多智能体一致性协作优化、协同控制和具体控制过程实现划分为多智能体优化层、二级控制层和一级控制层。用实线表示持续进行的控制回路,虚线表示周期进行的控制回路,则基于多智能体一致性的能源互联网优化控制模型如下图 6-13 所示。

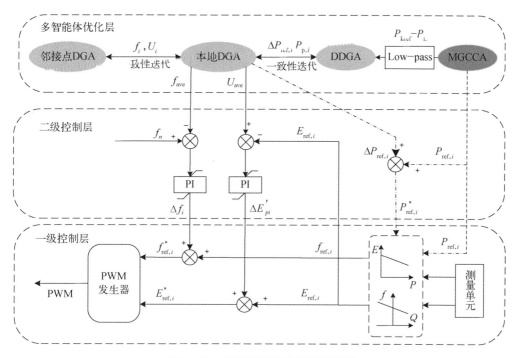

**图 6-13　能源互联网优化控制模型**

4)"即插即用"的分布式控制方式

　　能源互联网络分布广,设计"即插即用"的控制分布式控制方法要求系统可扩展性强,对于新接入的分布式电源仅需要修改少量软件参数即可接入;集中控制对实时通信的要求较高,分布式一致性控制则可利用线路进行通信和一致性迭代,可靠性较高且便于扩展。对于新增发电节点的情况可通过以下步骤进行能源网络的扩展。

　　步骤 1:修改接入节点的相邻节点数,设置新节点的相邻节点数。

　　步骤 2:相邻节点互发报文,将本节点邻居节点数发送给邻居节点,找出最大值修正双随机矩阵 $d_{ij}$。

　　步骤 3:对上层微电网控制中心智能体优化的软件进行功能扩展,实现对新分布式电源的日前调度功能。

5)延时影响分析

　　根据能源互联网算例系统拓扑结构,构造双随机矩阵 $\boldsymbol{D}$。讨论延时 $\tau = xT_s$,

$0 \leqslant x \leqslant 60, x \in N$ 的情况,计算不同延时下的双随机矩阵特征值分布,采样间隔 $T_s$ 取 2 ms。

$$\boldsymbol{D} = \begin{bmatrix} 1/4 & 1/4 & 1/4 & 1/4 & 0 \\ 1/2 & 1/2 & 0 & 0 & 0 \\ 1/3 & 1/3 & 0 & 1/3 & 0 \\ 1/4 & 0 & 1/4 & 1/4 & 1/4 \\ 0 & 0 & 0 & 1/2 & 1/2 \end{bmatrix} \tag{6-141}$$

与此同时,分析 $\tau = x T_s$, $0 \leqslant x \leqslant 60, x \in N$ 的延时情况,求解不同延时下双随机矩阵特征值分布,如图 6-14 所示。

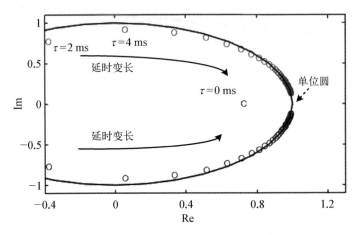

图 6-14 不同延时下矩阵特征值分布图

从双随机矩阵特征值分布图可以看出,当延时沿箭头方向逐渐增大时,矩阵 $\boldsymbol{D}$ 的本质谱半径逐渐变大,加入延时后,对应的特征值从实数变为共轭复数,并且逐渐向以原点为圆心的单位圆的边界靠近,最终收敛于 $(1,0)$ 点。当 $\tau = 0$ ms,即不存在通信延时,平均谱半径 $esr(\boldsymbol{D}) = 0.759$,当通信延时达到 $\tau = 4$ ms 时,即 $esr(\boldsymbol{D}) = 0.914\,5$,平均谱半径增大,收敛振荡性变强。本节所提出的离散一致性迭代策略在含有延时的情况下仍能收敛,但性能有所下降,为了减少延时影响,在实际系统中可采取以下几种措施。

(1)采用通用面向对象变电站事件(GOOSE)通信机制,以高速、可靠的 P2P(peer-to-peer)通信手段减少延时及丢包现象。

(2)合理选取采样/迭代时间间隔。

(3)通过图论分析合理规划网络结构和分布式电源接入地点。

(4)构造对延时不敏感的双随机矩阵,优化较大延时情况下的矩阵特征值分布。

## 6.3.5 算例分析

为验证本节提出的优化控制方法,在 pscad4.5x 平台上搭建仿真模型,使用 C 语言编写智能体一致性功能程序,算例拓扑设计如图 6-15 所示。

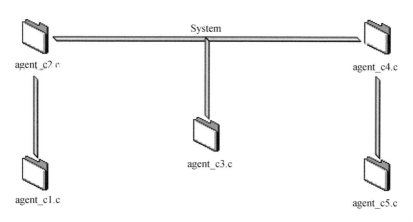

图 6-15 算例使用多智能体仿真示意图

设置 5 种分布式电源,分别为微型燃气轮机、光伏、储能装置、燃料电池和风力发电,如图 6-16 所示。

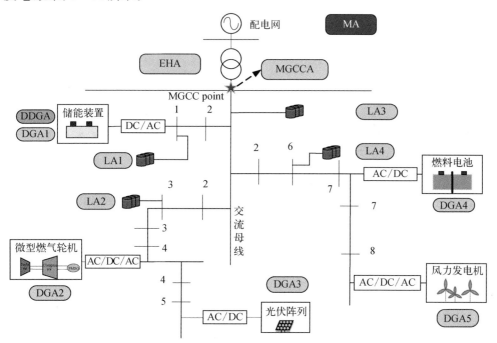

图 6-16 基于多智能体一致性的综合能源系统仿真模型

配电网电压取 10 kV,额定电压等级为 400 V。线路参数如表 6 - 2 所示。

表 6 - 2 算例线路参数表

| 线 路 | 长度/m | 电阻/Ω | 电抗/mH |
|-------|-------|-------|---------|
| 1 - 2 | 50 | 0.016 3 | 0.011 6 |
| 2 - 3 | 300 | 0.007 5 | 0.069 6 |
| 3 - 4 | 200 | 0.065 2 | 0.046 4 |
| 4 - 5 | 100 | 0.032 6 | 0.023 2 |
| 2 - 6 | 250 | 0.081 5 | 0.058 |
| 6 - 7 | 150 | 0.049 8 | 0.034 8 |
| 7 - 8 | 100 | 0.032 6 | 0.023 2 |

1) MGCCA 日前调度仿真[13]

并网运行时,根据 MGCCA 上层优化调度模型得到各个分布式电源日前调度结果如图 6 - 17 所示。

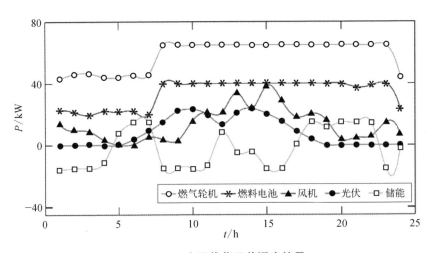

图 6 - 17 上层优化日前调度结果

2) 有功功率精确控制仿真

在并网条件下,将上层优化后的 6 h、7 h、8 h 的各台分布式电源的优化参数代入系统仿真,检验多智能体优化指令在一、二层控制中的效果和精度。3 个时段各台分布式电源的额定发电量和分布式电源编号如表 6 - 3 所示。

**表 6-3   3个时段各台分布式电源的额定发电量**

| 类    型 | 编    号 | 额定发电量/kW | | |
| --- | --- | --- | --- | --- |
| | | 06:00 | 07:00 | 08:00 |
| 储能(ES) | DDGA | 15 | 25 | —15 |
| 燃气轮机(MT) | DGA1 | 40 | 45 | 65 |
| 光伏(PV) | DGA2 | 0 | 5 | 5 |
| 燃料电池(FC) | DGA3 | 15 | 15 | 40 |
| 风机(WT) | DGA4 | 5 | 10 | 15 |

3个时段各个分布式电源的有功输出、电压以及电压迭代仿真波形如图6-18(a)、(b)、(c)所示。

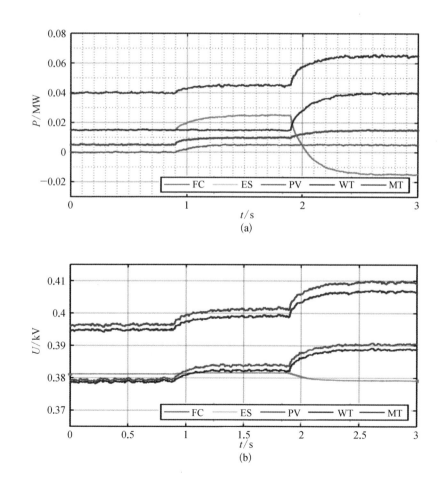

(a)

(b)

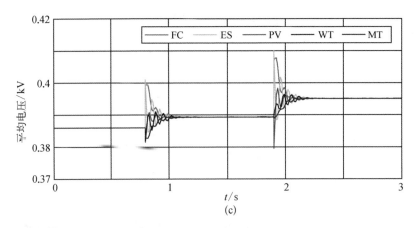

**图 6-18　3 个时段分布式电源仿真波形**(扫描二维码查阅彩图)

(a) 有功功率波形；(b) 电压波形；(c) 平均电压迭代波形

电压一致性迭代的目标是实时计算区域能源网的平均电压，并代入下垂控制进行修正。在配电网电压压差较大的 1.8～3 s 时段，由于平均电压修正项的存在，有功功率精确控制使各个分布式电源的发电比例与额定功率之比保持一致，实现了分布式电源对不同电网环境特别是电压环境的自适应调整。孤岛自治运行时，DDGA：DGA1：DGA2：DGA3：DGA4 下垂系数比为 0.2：0.11：1：0.33：0.5，在 0.5 s 和 1.3 s 时设置在交流母线上分别切除 20 kW 和投入 30 kW 有功负荷，分布式电源有功输出与电压控制仿真波形如图 6-19 所示。

3）联络线功率优化控制仿真

对于联络线功率的优化控制，传统方法由储能承担全部的联络线有功功率与无功功率偏差，受限于储能容量，传统方法仅适用于联络线上较小的波动。因此，设置在 0.9 s 时投入负荷(20+j12)kW，在 1.8 s 时切除负荷(15+j6)kW。优化控

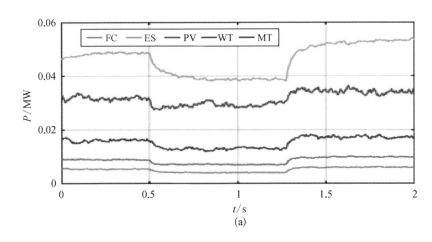

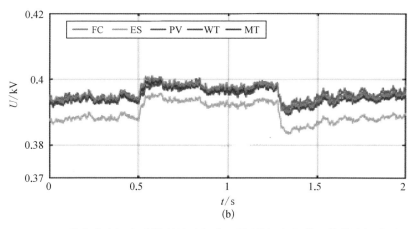

**图 6 - 19 分布式电源有功控制波形与电压控制波形**（扫描二维码查阅彩图）

（a）有功控制波形；（b）电压控制波形

制各个分布式电源的有功功率和无功功率波形，传统联络线调节方法可在 0.3 s 内快速恢复到参考功率，调节速度快，分布式电源有功功率波形、无功功率波形，以及联络线功率波形如图 6 - 20(a)～(c)所示。

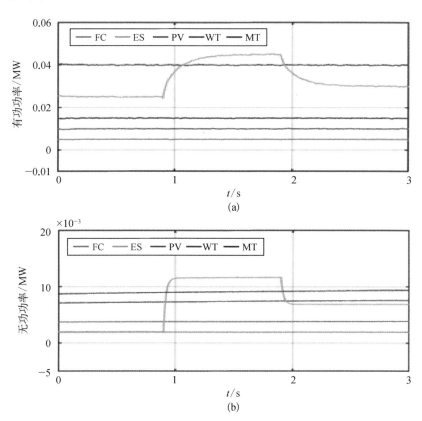

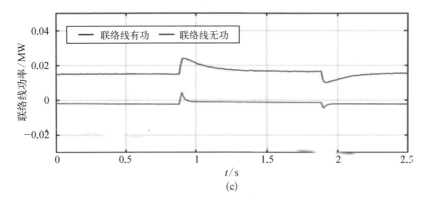

(c)

**图 6-20　分布式电源有功功率波形、无功功率波形及联络线功率波形**（扫描二维码查阅彩图）

(a) 有功功率波形；(b) 无功功率波形；(c) 联络线功率波形

　　然而，对于联络线上长时间较大波动，单纯的储能调节受限于荷电状态和容量的限制往往无法达到预期的调节效果。因此，本节提出了一种基于一致性迭代的团队联络线功率响应机制，仿真结果如图 6-21 所示。

　　设定燃气轮机正常工作发出有功功率为 45 kW，在 1.2 s 时燃气轮机发生故障突然切除，MGCCA 计算出功率偏差大于一定阈值，全网通过一致性迭代计算得到经济调整量，由边际成本决定各个分布式电源承担的联络线功率波动。通信采样频率为 2 ms，没有延时与延时 4 ms 时的一致性迭代过程如图 6-21(b) 所示。而加入延时后，平均谱半径增大，系统收敛性变差，加入延时后的功率波形如图 6-21(a) 所示。可见，延时对于联络线功率调整的影响有限，0.1 s 迭代完全收敛。此时，系统联络线功率波动如图 6-21(c) 所示，联络线功率波动可在 0.5 s 内快速恢复到参考功率，验证了方案的有效性。

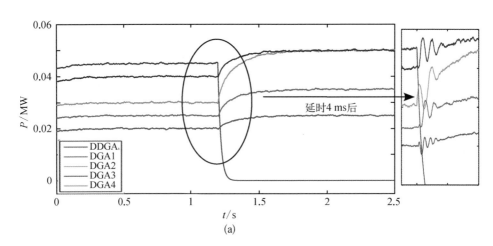

(a)

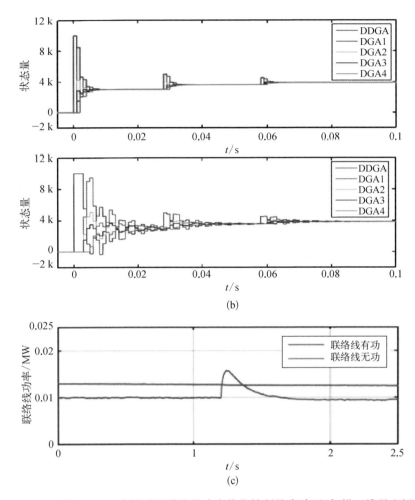

**图 6 - 21 大扰动下联络线功率优化控制仿真波形（扫描二维码查阅彩图）**

（a）有功功率波形；（b）无延时迭代与 4 ms 延时迭代对比；（c）联络线功率波形

# 参 考 文 献

［ 1 ］ Xu Z，Hu Z，Song Y，et al. Risk-averse optimal bidding strategy for demand-side resource aggregators in day-ahead electricity markets under uncertaint［J］. IEEE Trans. Smart Grid，2017，1（8）：96 - 105.

［ 2 ］ Benysek G，Bojarski J，Smolenski R，et al. Application of stochastic decentralized active demand response（DADR）system for load frequency control［J］. IEEE Trans. Smart Grid，2018，2（9）：1055 - 1062.

［ 3 ］ Liu W，Wu Q，Wen F，et al Day-ahead congestion management in distribution systems through household demand response and distribution congestion prices[J]. IEEE Trans. Smart Grid，2014，6(5)：2739－2747.

［4］张贤达.矩阵分析与应用[M].第2版.北京：清华大学出版社.

［5］王皓,艾芊,吴俊宏,等.基于交替方向乘子法的微电网群双层分布式调度方法[J].电网技术,2018(6)：1718－1725.

［6］CSDN.详解遗传算法(含MATLAB代码)[EB/OL][2019－05－29]https://blog.csdn.net/qq_34554039/article/details/90521834

［7］郑日荣,章云,钟灵.一种改进的基于信息熵的人工免疫算法[J].南京信息工程大学学报（自然科学版),2010,02(003)：208－210.

［8］韩学东,洪炳镕,孟伟.基于疫苗自动获取与更新的免疫遗传算法[J].计算机研究与发展,2005(5)：740－745.

［9］Lv T，Ai Q. Interactive energy management of networked microgrids-based active distribution system considering large-scale integration of renewable energy resources[J]. Applied Energy，2016(163)：408－422.

［10］王守相,张齐,王瀚,等.高可再生能源渗透率下的区域多微网系统优化规划方法[J].电力自动化设备,2018,38(12)：39－44,58.

［11］章健,艾芊,王新刚.多代理系统在微电网中的应用[J].电力系统自动化,2008,32(24)：80－82.

［12］Lu L Y，Chu C C. Consensus-based Pf/QV droop control in autonomous micro-grids with wind generators and energy storage systems[C]. 2014，National Harbor，USA：PES General Meeting| Conference & Exposition，2014：5.

［13］郝然,艾芊,朱宇超.基于多智能体一致性的能源互联网协同优化控制[J].电力系统自动化,2017,41(15)：10－17,57.

# 7 分布式交易

太阳能、风能、储能电池等分布式能源具有污染生成物少、能源转化率高、运行可靠性高、设备规模小、安装方便灵活等优点,与世界各国转型发展低碳能源的方向相契合,因此逐渐成为重要的发电来源。鼓励分布式能源参与市场化交易进一步推动了电力体制改革以及交易模式的变化。同时,售电侧的放开使得市场中的竞争主体类型更加灵活,生产者和消费者的界限逐渐模糊,电力交易类型和管理模式呈现多元化的趋势。在此背景下,无需中心监管机制的允许市场主体之间独立交易的分布式交易机制应运而生,形成分布式电力市场中"多买方、多卖方"的应用场景。

本章分三个部分介绍能源细胞-组织系统中的分布式交易。第一部分介绍分布式交易框架,对比分析集中式交易与分布式交易的异同,之后介绍基于能源细胞-组织架构的分布式交易特点并阐述其优势,在此基础之上,引出分布式交易的三种结构:P2P 交易结构、产消者-微电网结构与群体用户交易结构。第二部分介绍两种分布式交易策略:基于改进 Gossip 算法的分布式电力交易策略与基于优先序列交易机制的分布式电力交易策略,其中基于改进 Gossip 算法的分布式电力交易策略侧重于各组织细胞的交易信息隐私性,而基于优先序列交易机制的分布式电力交易策略侧重于各能源细胞的动态交易优先级。第三部分介绍区块链在电力交易中的应用、区块链在能源细胞-组织系统的应用可行性与前景。

## 7.1 分布式交易框架

在传统电力市场中,各能源细胞之间的电力交易通常采用集中式交易方式:供应方与需求方均将发电/负荷数据上传至集中交易平台,通过集中优化方法实现各能源细胞的撮合匹配。随着分布式能源渗透率与能源细胞数量不断增加,交易的数量、规模与信息数据也随之增加,这导致集中优化方法的运行成本变高,同时计算时间也增长。如果集中交易平台在运营期间受到外部黑客攻击,不能保证能源细胞交易的安全性与隐私性。在这种背景下,具有众多能源细胞、单笔交易量小等特点的能源细胞-组织系统更倾向于分布式交易模式。

近年来,我国也颁布了促进分布式交易的相关政策机制。2017 年 11 月,发改委、能源局联合发布了《关于开展分布式发电市场化交易试点的通知》(以下简称通知),通知表明,分布式能源项目在 110 kV 电压等级内可以选择就近销售电量。分布式发电市场化交易试点就此拉开了序幕。2018 年 1 月 5 日,国家能源局发布《关于开展分布式发电市场化交易试点的补充通知》进一步明确分布式发电市场化交易试点方案编制的有关事项,对试点组织方式及分工、试点方案内容要求、试点方案报送等进行了补充通知[1]。

1) 集中式交易与分布式交易对比

在传统的集中式控制结构中,能源细胞必须通过星型链路与上层运营商进行通信,如图 7-1 所示。

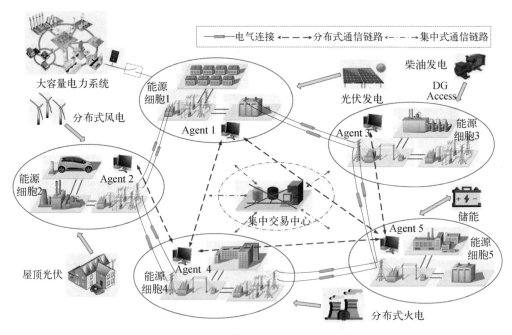

图 7-1 集中式交易与分布式交易对比

运营商作为集中控制中心,能够完全掌握涉及分布式运行的所有能源细胞的信息,并可以对所有能源细胞进行控制。在集中交易方式下,运营商可以简单地协调多个能源细胞的能量交互问题。但是,当细胞-组织系统结构变化时,通信链路的重建和全系统的更新是不可避免的。因此,集中交易方式可扩展性和兼容性较有限。

而分布式交易时,各能源细胞是相互独立的自治的智能子单元。它们直接接收数据信息,根据接收到的信息对自身的运行状态进行优化。分布式交互策略下,各能源细胞间允许任意连接。细胞-组织系统具有很好的可扩展性和开放性,更适合能源细胞灵活的即插即用机制。

与分布式交易策略相比,传统集中交易策略的不足之处如下:

(1)集中交易难以满足大规模广域能量管理系统含大量分布式元件时的全局优化、点对多点通信等要求。

(2)由于服务器容量和通信的限制,滚动实时校正难以在集中控制时实现令人满意的跟踪性能。

(3)集中交易无法有效保护分布式代理商的隐私。

(4)集中交易难以合理考虑不同参与者的利益,总收入难以实现公平分配。

虽然分布式交易策略可以克服这些缺点,但它在实践中存在两个主要问题:一是分布式交互过程无法有效保护用户的隐私。当前大部分算法均要求代理人交互隐私信息。二是代理商只能获得邻近代理商的不完整信息,不能涉及全局状态变量,且分布式迭代中无法检测全局约束。

通过能源细胞进行细胞-组织系统交互的分布式交易是解决以上问题的有效策略。每个能源细胞代理商代表各自能源细胞的利益。能源细胞可以获得本地能源细胞所有的必要信息并与相邻的能源细胞通信。细胞-组织系统不需要集中控制中心,而是通过能源细胞的相互作用来协调多个能源细胞。

2）分布式交易特点

目前,细胞-组织系统的分布式交易具有以下特点[2]。

(1)"隔墙"交易:能源细胞尽可能与电网接入点同一供电电压等级范围内的其他能源细胞进行电力交易,最大程度实现能源就地消纳,体现了能源细胞生产消费的实际情况,为供求双方带来合作效益,促进了能源细胞的发展与能源消纳。

(2)供需双方直接交易:在集中交易模式下,隶属供应方的能源细胞将自发自用之外的电能传输到电网端,而隶属需求方的能源细胞不具有选择电能的权利。在分布式交易模式下,两类能源细胞均被赋予了一定的选择权。隶属供应方的能源细胞可以优先与能消纳其全部上网电量的能源细胞交易,隶属需求方的能源细胞也可以根据自身用电需求选择一个或多个适合的电能供应方。

(3)有利于激发能源细胞市场竞争力:在分布式交易市场中,能源细胞成为合法的独立售电主体,具有主动建立"发售配储用"一体化和参与电网辅助服务的市场动力。与现有的售电公司或分布式能源相比,能源细胞将更具有竞争优势。

(4)具有更多元、更多诉求的参与主体:隶属需求方的能源细胞不再被动地接受电能,而是可以拥有独立的发电设施,作为集生产与消费为一体的主动型产消者。同时,电力市场内传统的市场主体,如发电厂、电网企业和售电公司将承担新的责任,例如建设和管理交易平台、构建交易制度等。

3) 分布式交易结构

分布式交易结构可分为以下三种:P2P(peer-to-peer)交易结构、产消者-微电网(prosumer-to-microgrid)结构与群体用户交易(organized prosumer group model)结构[2]。

(1) P2P 交易结构。

P2P 交易的概念类似于"共享"经济。P2P 交易平台允许能源细胞彼此直接进行电力交易,并向电网提供相关服务。P2P 交易结构如图 7-2 所示,图中每一个节点代表一个能源细胞,特定区域内的两个节点之间可以交互电能。

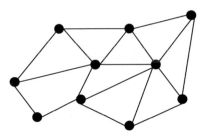

图 7-2  P2P 交易结构图

第一个商业化的 P2P 能源交易平台是 Vandebron,于 2014 年在荷兰推出。该平台消费方首先选择一个一年或三年的贸易合同并估算该期间购买的电量,然后平台推荐合适的供应商以完成 P2P 交易。该平台目前为 100 000 多个家庭提供清洁电力,但仍然仅限于发电和交易。从理论上讲,交易功能还可包括为电网提供辅助服务[3]。

与现有的能源管理系统相比,P2P 交易机制可以赋予消费者积极参与电力交易的权利,降低电力交易的门槛,并允许一些小型能源细胞直接参与。作为一种分布式交易,P2P 交易具有参与者多样化和多诉求的特征,并考虑了交易各方的利益和更广泛的社会利益。因此,P2P 交易机制必须遵循比现有"共享"经济更为复杂的市场交易规则。

(2) 产消者-微电网交易结构。

在产消者-微电网结构中,产消者额定容量较小,在电力市场中不具有直接电力交易的能力,在一定地域范围内的产消者需通过接入微电网,由微电网总代理商整合区域内所有产消者的电力需求与调节能力,代理产消者与其他区域内的产消者开展电能交易,并为电网提供辅助服务。在每个微电网内,产消者在一定激励措施下会在满足基本用电需求的前提下,以最大化收益为目标优化用能计划。当微电网处于独立运行状态下,代理商会自行平衡区域内的电力需求。在能源细胞-组织系统中,微电网多为能源细胞,产消者多为供能单元。产消者-微电网交易结构如图 7-3 所示,每个实心小节点表示供能单元,空心节点则为能源细胞。

法国的 Ecostruxure 微电网交易平台即为产消者-微电网交易结构,微电网内的产消者通过平台获取内部运行和能源等信息,微电网根据市场电价调整内部用能计划以降低运营成本[4]。

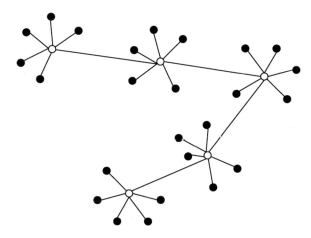

**图 7－3　产消者-微电网交易结构图**

（3）群体用户交易结构。

在群体用户交易结构中，用户均连接至各区域内的虚拟电厂中心，并提交分布式能源信息与虚拟电厂交易电能。虚拟电厂中心将区域内的所有用户统一调度管理，虚拟电厂整体作为一个市场主体参加电力市场，提供电网服务并获取相应经济效益。

群体用户交易结构如图 7－4 所示，其中每个小节点为一个用户或代理商，在能源细胞-组织系统中为供能单元或组织细胞；大节点为本身具备发电设施的虚拟电厂中心，在能源细胞-组织系统中为组织细胞或能源组织；圆圈代表平台所组织的市场主体。

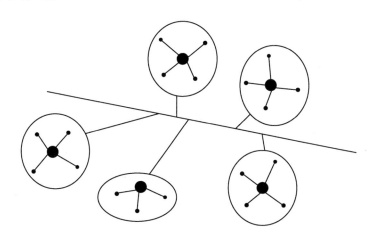

**图 7－4　群体用户交易结构图**

荷兰与美国纽约均利用群体用户交易结构建立交易平台。荷兰旨在管理可调度的分布式能源。美国纽约旨在通过该种交易行为征集群体用户从而实现能源改革。

## 7.2　分布式交易策略

本节分别讨论能源细胞-组织系统处于离网运行状态与并网运行状态的分布式策略。对于孤岛运行状态，仅考虑能源细胞之间的电力分布式策略，无需考虑上级代理商，能源细胞之间通过交互交易电价，实现信息交互；对于并网运行状态，不仅需考虑各能源细胞之间的电力交易，还需考虑能源细胞-组织系统与上级配网运营商之间的交易过程。综上，本节分别介绍基于改进 Gossip 算法的孤岛分布式交易策略和基于优先序列交易机制的并网分布式交易策略。

### 7.2.1　基于改进 Gossip 算法的分布式电力交易策略

本节针对完全分布式的能源细胞-组织系统，基于 Gossip 算法设计了一种在孤岛运行时完全去中心化的电力交易策略：仅通过多个能源细胞间的信息通信，无需上级代理商，确立能源细胞-组织系统最优电价。针对同级能源细胞间的信息安全问题，以增加适当的迭代次数为代价，提出了一种具有隐私保护功能的改进 Gossip 算法，可保证能源细胞的信息交互安全，同时满足能源细胞-组织系统经济性的要求。

在组合孤岛运行状态时，能源细胞-组织系统处于离网运行状态，各能源细胞经各自的能源管理系统共同决策形成组合互联方案。能量和资金交互只能在相互连接的能源细胞系统间流动。外部电力系统的交易机制对孤岛状态的能源细胞-组织系统没有影响。针对能源细胞-组织系统，需要一种新的交易策略以达到系统效益最优。为满足能源细胞-组织系统分布式控制的需要，本节采用 Gossip 算法确定零售电价。

#### 7.2.1.1　零售市场的价格模型

本模型考虑的是能源细胞-组织系统整体的效益，因此系统中的多个能源细胞之间既存在竞争关系，也存在合作关系。

由于能源细胞内部存在可调机组，能源细胞 $i$ 在 $t$ 时刻的出力 $P_{i,t}$ 是一个可调量，其上限为 $t$ 时刻能源细胞内部所有供电机组最大出力值之和，下限为 $t$ 时刻能源细胞内部所有供电机组最小出力值之和。能源细胞内部机组发电成本均视为二次函数，则能源细胞整体发电成本也可等效为二次函数。

定义 $t$ 时刻第 $i$ 个能源细胞的发电成本为 $U_{i,t}$。当第 $i$ 个能源细胞的内部总出力 $P_{i,t} \in [P_{i\min}, P_{i\max}]$ 时，发电成本与能源细胞 $i$ 的总出力之间的关系为

$$U_{i,t} = \alpha_{i,t} P_{i,t}^2 + \beta_{i,t} P_{i,t} = m_{i,t} P_{i,t} \qquad (7-1)$$

式中，$(\alpha_{i,t}, \beta_{i,t})$ 是能源细胞 $i$ 中用户在 $t$ 时刻的弹性系数。$m_{i,t}$ 是 $U_{i,t}$ 的边际函数，可以表示为

$$m_{i,t} = \alpha_{i,t} P_{i,t} + \beta_{i,t} \tag{7-2}$$

对于存在多可调机组的能源细胞,成本函数可视为分段函数。弹性系数($\alpha_{i,t}$, $\beta_{i,t}$)随内部总出力 $P_{i,t}$ 变化而变化。

假定能源细胞 $i$ 在 $t$ 时候的电价为 $\lambda_{i,t}$。当能源细胞 $i$ 在 $t$ 时刻的电价 $\lambda_{i,t} \in [\lambda_{i,\min}, \lambda_{i,\max}]$ 时,以能源细胞收益最大化为目标,则能源细胞 $i$ 的目标函数可表示为

$$\max_{P_{i,t}} F_{i,t} = -\alpha_{i,t} P_{i,t}^2 + (\lambda_{i,t} - \beta_{i,t}) P_{i,t} \tag{7-3}$$

式中,$F_{i,t}$ 可视为关于发电量 $P_{i,t}$ 的二次函数,通过二次函数最值公式消除发电量,可以得到因变量为 $\lambda_{i,t}$ 的成本函数 $f_{i,t}$:

$$\min_{\lambda_{i,t}} f_{i,t} = \frac{1}{4\alpha_{i,t}} (\lambda_{i,t} - \beta_{i,t})^2 \tag{7-4}$$

根据优化模型,节点 $\mathcal{V}$ 中,任意 $i \in \mathcal{V}$ 的目标函数 $f_{i,t}$ 都是严格凸函数且连续可微的[5]。当 $f_{i,t}$ 取到最小值时,$\lambda_{i,t}^*$ 最小。假设在观察自身目标函数 $f_{i,t}$ 后,所有微电网都希望以分布式方式解决以下凸优化问题:

$$\min_{x \in X} f_t(\lambda_t) \tag{7-5}$$

其中 $f_t$ 是全局目标函数,定义 $\lambda_t$ 是 $t$ 时刻合理的电价区间 $[\lambda_{\min}, \lambda_{\max}]$,则全局目标函数为

$$f_t(\lambda_t) = \sum_{i \in \mathcal{V}} f_{i,t}(\lambda_{i,t}) \tag{7-6}$$

显然,每个节点都会优化其本地存储器中的状态变量 $\hat{\lambda}_{i,t} \in \lambda_t$。这些本地状态变量是该节点对最终的全局电价 $\lambda_t^*$ 的估计。

#### 7.2.1.2 双向平衡 Gossip 算法

为了在分布式控制的能源细胞-组织系统中求解式(7-5),本节设计了一种双向平衡 Gossip 算法。Gossip 算法简单、高效,能够适应无中心、大规模、高度动态的分布式网络环境[6],通过该算法,所有状态变量均可最终收敛于 $\lambda_t^*$,即

$$\lim_{k \to \infty} \hat{\lambda}_{i,t}(k) = \lambda_t^*, \ \forall i \in \mathcal{V} \tag{7-7}$$

其中,$k \in \mathbb{C} = \{1, 2, \cdots\}$ 表示节点的迭代次数。$\hat{\lambda}_{i,t}(0)$、$\hat{\lambda}_{i,t}(k)$ 分别是 $\hat{\lambda}_{i,t}$ 的迭代初始值和第 $k$ 次迭代后的值。

不妨构建一个连通图 $\mathcal{G}(\mathcal{V}, \varepsilon, \mathcal{A})$,节点 $\mathcal{V}$ 映射所有能源细胞,边集 $\varepsilon \subseteq \mathcal{V} \times \mathcal{V}$ 表示信息交换的通信链路。为保证式(7-7)得到最优解,分别考虑守恒条件和耗散条件:

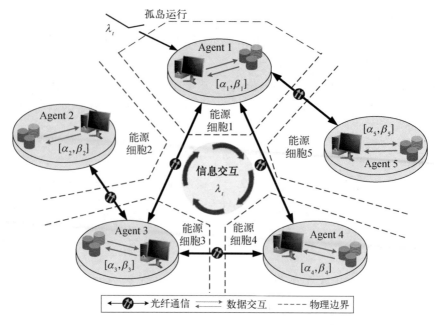

**图 7-5　分布式通信链路**

$$\sum_{i \in \mathcal{V}} f'_{i,t}(\hat{\lambda}_{i,t}(k)) = 0, \ \forall k \in \mathbb{C} \qquad (7-8)$$

$$\lim_{k \to \infty} \hat{\lambda}_{i,t}(k) = \tilde{\lambda}_t, \ \forall i \in \mathcal{V}, \ \tilde{\lambda}_t \in \lambda_t \qquad (7-9)$$

其中，$l = i, j \in \varepsilon$ 表示能源细胞-组织之间的任何一条链路（见图 7-5）；式（7-8）表示 $\hat{\lambda}_{i,t}(k)$ 的收敛需满足导数之和为 0 的条件。式（7-9）说明 $\hat{\lambda}_{i,t}(k)$ 的差距逐渐缩小，且最终收敛于 $\lambda_t^* \in \lambda_t$。

在第 $k$ 次迭代时，选取通过链路 $l$ 连的一对相邻的能源细胞代理商 $i$ 和 $j$，传播并更新它们的状态 $\hat{\lambda}_{i,t}(k)$ 和 $\hat{\lambda}_{j,t}(k)$，此时其他节点保持空闲。由式（7-8）和式（7-9），可以得到：

$$f'_i(\hat{\lambda}_i(k)) + f'_{j,t}(\hat{\lambda}_{j,t}(k)) = f'_{i,t}(\hat{\lambda}_{i,t}(k-1)) + f'_{j,t}(\hat{\lambda}_{j,t}(k-1)), \ \forall k \in \mathbb{C} \qquad (7-10)$$

然而，仅由式（7-10）不足以确定 $\hat{\lambda}_{i,t}(k)$ 和 $\hat{\lambda}_{j,t}(k)$ 的值，应增加能源细胞 $i$ 和能源细胞 $j$ 间的平衡条件。通常，保持能源细胞 $i$ 和能源细胞 $j$ 双向平衡的条件为[7]：

$$\hat{\lambda}_{i,t}(k) = \hat{\lambda}_{j,t}(k), \ \forall k \in \mathbb{C} \qquad (7-11)$$

根据式（7-10）与式（7-11），构造了关于变量 $\hat{\lambda}_{i,t}(k)$ 和 $\hat{\lambda}_{j,t}(k)$ 的两个方程。通过这两个方程，节点 $i$ 和 $j$ 能够唯一确定迭代时的状态变量 $\hat{\lambda}_{i,t}(k)$ 和 $\hat{\lambda}_{j,t}(k)$，

具体表达式为

$$\hat{\lambda}_{i,t}(k) = \hat{\lambda}_{j,t}(k) = (f'_{i,t} + f'_{j,t})^{-1}(f_{i,t}(\hat{\lambda}_{i,t}(k-1))$$
$$+ f_{j,t}(\hat{\lambda}_{j,t}(k-1))), \ \forall k \in \mathbb{C} \tag{7-12}$$

其中，$(f'_{i,t} + f'_{j,t})^{-1} : (f'_{i,t} + f'_{j,t})^{-1}(\mathcal{X}_t) \to \mathcal{X}_t$ 表示值域受限的反函数 $f'_{i,t} + f'_{j,t}$。

我们将两节点系统推广到多节点系统，并定义一种分布式异步迭代 Gossip 方法。该算法可生成一个非线性、网络化的动态系统：

$$\hat{\lambda}_{i,t}(k) = \begin{cases} \left(\sum_{j \in u(k)} f'_{j,t}\right)^{-1}\left(\sum_{j \in u(k)} f'_{j,t}(\hat{\lambda}_{j,t}(k-1))\right), & if \ i \in u(k) \\ \hat{\lambda}_{i,t}(k-1), & o.w. \end{cases} \tag{7-13}$$

$$\forall k \in \mathbb{C}, \ \forall i \in \mathcal{V}$$

假设由具有一个或多个相邻代理商的能源细胞代理商 $j$ 发起迭代，并选择一个相邻代理商通过链路 $l$ 进行传播，每个代理只能被选择一次以保证全局平衡。基于双向平衡条件，Gossip 算法设计如下：

(1) 初始化所有 MGA 的决策变量（$\hat{\lambda}^*_{i,t}$ 是 $f_{i,t}$ 的最优解）：$\hat{\lambda}_{i,t}(0) = \hat{\lambda}^*_{i,t}$。

(2) 对所有存在通信链路的 MGA，两两执行步骤(3)~(6)。

(3) 代理商 $i$ 向代理商 $j$ 传递成本函数 $f_{i,t}$ 和局部最优零售电价 $\hat{\lambda}_{i,t}$。

(4) 代理商 $j$ 更新局部最优电价 $\hat{\lambda}_{j,t}$，若超出边界约束条件，则限定为边界值：

$$\hat{\lambda}_{j,t} \leftarrow (f'_{i,t} + f'_{i,t})^{-1}(f'_{i,t}(\hat{\lambda}_{i,t}) + f'_{j,t}(\hat{\lambda}_{j,t}))$$

(5) 代理商 $j$ 向代理商 $i$ 传递局部最优零售电价 $\hat{\lambda}_{j,t}$。

(6) 代理商 $i$ 更新局部最优电价 $\hat{\lambda}_{i,t}$：

$$\hat{\lambda}_{i,t} \leftarrow \hat{\lambda}_{j,t}$$

(7) 判断是否满足终止条件：

$$\max_{i \in \mathcal{V}}\{\hat{\lambda}_{i,t}(k) - \hat{\lambda}_{i,t}(k-1)\} < \varepsilon$$

如不满足，回到步骤(2)。

### 7.2.1.3　隐私保护改进 Gossip 算法

双向平衡 Gossip 算法能够有效解决分布式交易策略中存在的如下两个问题：

(1) 任意节点均知道所有节点的信息。

(2) 分布式算法必须与路由协议一起运行，以便收集必要的信息。然而双向平衡 Gossip 算法的交互过程要求相邻节点多次共享成本函数。公开的成本函数可能暴露能源细胞的资金流动情况，导致能源细胞受到外部公司的恶性竞争。可见,该算法仍存在安全隐患和隐私泄露的问题。

因此,本节设计了一种新型的具有隐私保护功能的改进 Gossip 算法,以增加迭代次数为代价,避免成本函数共享。

假设在迭代时,有 $\hat{\lambda}_{i,t}(k) \leqslant \hat{\lambda}_{j,t}(k)$,$\forall k \in \mathbb{C}$,所有状态变量满足以下条件:

$$\hat{\lambda}_{i,t}(k-1) \leqslant \hat{\lambda}_{i,t}(k) \leqslant \hat{\lambda}_{j,t}(k) \leqslant \hat{\lambda}_{j,t}(k-1), \quad k \in \mathbb{C} \tag{7-14}$$

与双向平衡 Gossip 算法中的连接图 $G(\mathcal{V}, \varepsilon, \mathcal{A})$ 相似,我们同样假设能源细胞代理商 $j$ 选择一个相邻的代理商 $i$ 通过链路 $l$ 传播。基于式(7-13),本节中提出的改进 Gossip 算法可通过二分法使相邻节点达成共识,通过传递函数 $g_{j,t}(\lambda)$ 的值替代传递目标函数 $f_{j,t}(\lambda_{j,t})$。其中,函数 $g_{j,t}(\lambda)$ 计算公式为

$$g_{j,t}(\lambda) = f'_{j,t}(\lambda) - f'_{j,t}(\hat{\lambda}_{j,t}) \tag{7-15}$$

上述算法的具体步骤如图 7-6 所示。

二分法能够有效缩减最佳平衡电价 $\lambda_t^*$ 的范围。经过 $R$ 次二分迭代后,传播精度为

$$|\hat{\lambda}_i(k) - \hat{\lambda}_j(k)| \leqslant \frac{1}{2^R}|\hat{\lambda}_i(k-1) - \hat{\lambda}_j(k-1)| \tag{7-16}$$

可见,与双向平衡 Gossip 算法相比,隐私保护改进 Gossip 算法需要更多的信息交互。二分迭代次数越多,算法精度越高,计算成本也越大。

双向平衡 Gossip 算法的平衡电价为最优平衡电价,但其会导致隐私泄露。隐私保护改进 Gossip 算法在迭代次数足够大时,计算结果与双向平衡 Gossip 算法基本相同。但该算法允许能源细胞间不再共享成本函数信息,极好地保护了能源细胞信息隐私。

#### 7.2.1.4　算例分析

为了验证本部分提出策略方法的效果,针对 5 个能源细胞组成的系统的电能交互进行了仿真,分别实现了双向平衡 Gossip 算法和隐私保护改进 Gossip 算法,验证了其收敛性,并比较了两者计算得到的分布式优化结果。该仿真算例基于含 5 个能源细胞的能源细胞-组织系统,如图 7-5 所示。分布式通信链路也在图中进行了标明。

各能源细胞的弹性系数为 $\alpha = 0.0001$,$\beta = [0.34, 0.41, 0.35, 0.56, 0.45]$。

由双向平衡 Gossip 算法计算能源细胞-组织系统的分布式优化结果如图 7-7 所示。图 7-7 可见,该算法收敛迅速,且收敛过程中几乎没有超调。但是,它的缺点也很显著。每个代理商必须与所有交互代理商共享其隐私(成本函数),使运营商处于不利地位,更可能导致恶性竞争。

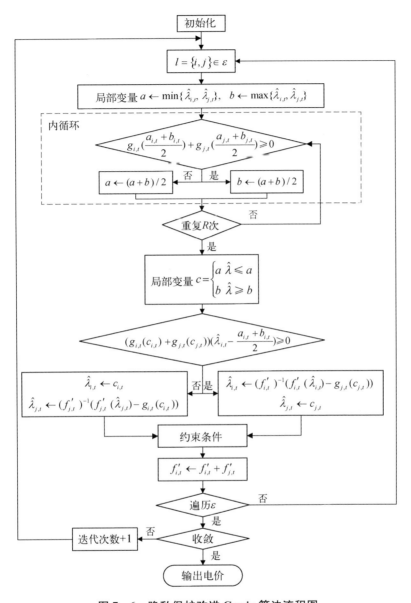

**图 7-6 隐私保护改进 Gossip 算法流程图**

图 7-8 显示了隐私保护改进 Gossip 算法的外部和内部收敛过程。显然,在 $R=5$ 和 $R=10$ 的条件下均会出现一定的超调,迭代过程值存在超过最优值后向回调整的情况,外部收敛速度也慢于双向平衡 Gossip 算法。随着内部迭代次数 $R$ 的增加,外部收敛速度提高,超调量减小。由于隐私保护改进 Gossip 算法的成本函数不存在公开,相邻的代理商交互的结果由其交互的内部迭代次数 $R$ 决定。比较图 7-8(a)和图 7-8(c),迭代收敛得到最佳平衡电价的结果存在少量偏差。当内

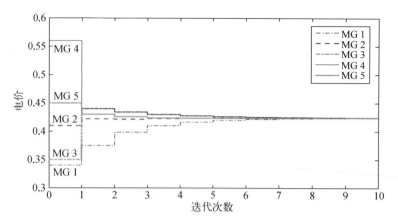

图 7-7 双向平衡 **Gossip** 算法分布式优化结果

部迭代次数增大,偏差逐渐减小并趋近于 0。通过增加内部迭代次数,可以提高隐私保护改进 Gossip 算法的准确性。

然而,过高的内部迭代次数会导致计算效率下降。比较图 7-8(b)和图 7-8(d),当 $R=5$ 时,所有状态约迭代 40 次后收敛达到一致,而当 $R=10$ 时,收敛次数增加到约 60 次。

仿真表明,双向平衡 Gossip 算法和隐私保护改进 Gossip 算法均能有效确定能源细胞-组织系统分布式电力交易策略。与双向平衡 Gossip 算法相比,改进 Gossip 算法旨在通过增加迭代次数与信息交互来保护用户隐私。前者的双向平衡约束使得两个对象的成本函数存在交互作用,从而在单次迭代后达成共识。而在隐私保护改进 Gossip 算法中,能源细胞只需要查询交互对象的某些值即可更新交易策略,实现了信息保密。虽然隐私保护改进 Gossip 算法计算成本更高,但其采用了新颖的信息交互机制,可以有效避免隐私泄露,适用于计算能力较强,隐私保护要求较高的场景。

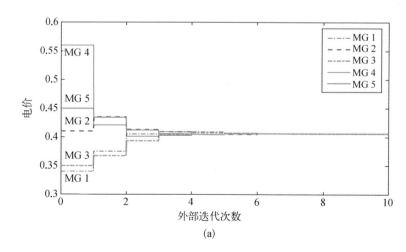

(a)

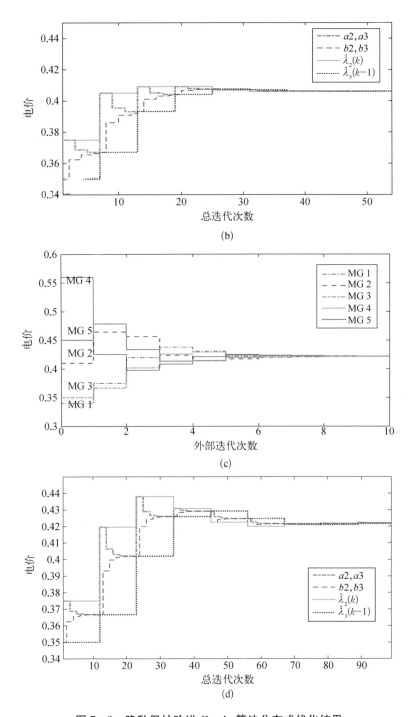

图 7 - 8 隐私保护改进 Gossip 算法分布式优化结果

(a) 所有状态变量外部收敛过程($R=5$);(b) MGA2 与 MGA3 内部交互收敛过程($R=5$);
(c) 所有状态变量外部收敛过程($R=10$);(d) MGA2 与 MGA3 内部交互收敛过程($R=10$)

### 7.2.2 基于优先序列交易机制的分布式电力交易策略

本节提出一个双层交易模型,同时考虑了大规模分布式电源并网时的运行质量以及可再生电源的随机性。在本节中以微电网为能源细胞举例说明,能源细胞也可为虚拟电厂、负荷聚合商等其他利益主体。其中,上层是配电市场运营商的交易模型,负责通过与多微网的交易保证电压水平、功率平衡等运行质量;下层是微网层中多个微网运营商的竞价模型,负责在多个互联的微网运营商之间以竞价形式交易电能,即为能源组织系统。模型应用随机优化来处埋大规模可再生能源并网带来的随机性问题。本节提出一个优先序列交易机制量化多微网之间的动态交易过程,并引入基于风光以及储能服务(包括储能容量租赁)的交易平台,使任何微网运营商在满足竞价规则的条件下可以与任何其他微网进行交易。

#### 7.2.2.1 分布式交易平台

本部分中,多微网系统的上层监督系统为配电市场运营商(distribution market operator,DMO),与配网直连的包括多微网、一些可控 DG 以及无功补偿装置[static volt-ampere reactive(VAR) compensator,SVC]。DMO 作为一个利益主体,目的是通过与多微网的互动交易以及对 DG 和 SVC 的管理来维持配电系统的运行质量。每个微网都包括本地负荷、间歇 DG[风机(WT)和光伏电站(PV)]、可控 DG[微型燃气机(MT)和燃料电池(FC)]和储能系统[蓄电池(storage battery,SB)]。

作为配电网的一部分,每个微网通过 PCC 在集合能量交换网络(aggregator energy exchange network,AEEN)上进行电能的交易。AEEN 可以在交易机制下让不同微网之间进行电能的交换。也就是说,电能交换可以通过配网拓扑来进行。如图 7 - 9 所示为互动交易下的分布式交易平台。

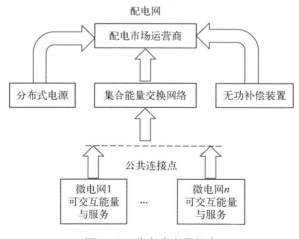

图 7 - 9 分布式交易平台

引入 AEEN 后，每个微网运营商能够提供可交易的电能和存储服务，其中来自以下三个可交易种类。第一个是可再生能源发电。第二个是存储在每个微网的储能系统中的能量。第三个来源于其他微网的储能系统可用的存储容量以及在它们储能系统存储的能量，也就是说当一个微网有了多余电能时，可以选择购买其他微网的储能系统租赁服务，把这部分电能储存到其他微网的储能系统中，当有需要时再从这部分电能中取用。

上层：配电市场运营商
目标函数：运行成本、交易成本、网损、节点电压
决策变量：配网与多微网间交互功率、发电机出力
配网与多微网间交互功率
下层：各微电网
目标函数：运行成本、交易收益
决策变量：可控机组出力、租用储能交易量、可再生能源出力、微电网交互电量
微电网1
微电网2
…
微电网n
可再生能源出力
自身储能可用容量
租用其他微电网储能容量
能量与储能服务交互

**图 7-10 竞价策略**

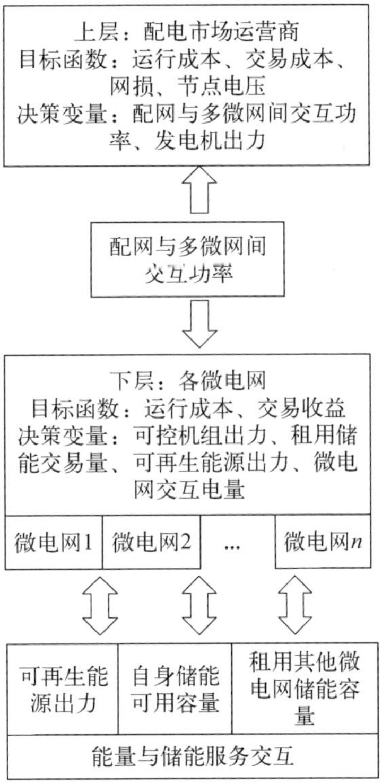

如图 7-10 所示，交易模型（竞价策略）为一个双层决策。上层目标是通过 DMO、多微网运营商、配网直连电力设备之间的互动来优化系统的运行质量，包括运行费用、交易费用、电能损耗、电压分布。

下层通过对每个微网的竞价过程进行建模，以提高每个微网运营商的经济效益。

7.2.2.2 双层交易模型

1）配网拓扑等价模型

由于后文对经济运行的建模涉及高阶多维变量，为了简化模型，减少运算量，在此引入针对潮流的配网拓扑等价模型。

考虑如图 7-11 所示的辐射网络，有 $n$ 个母线编号为 $f=0, 1, \cdots, F$。DistFlow 模型能够描述每一个节点 $f$ 的复杂功率潮流。DistFlow 模型应用线性化表达式可简化成式(7-17)的模型（对于 $\forall t,\ f\in F$）。该等价模型已经被广泛地应用到配电系统以及微电网的能量管理与优化运行中[8]。

0
1
f
f+1
F
P0+jQ0
P1+jQ1
Pf+jQf
Pf+1+jQf+1
PF+jQF
p1+jq1
pf+jqf
pf+1+jqf+1
pF+jqF

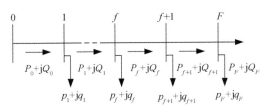

**图 7-11 配电辐射网络**

$$\begin{cases}P^{f+1,t}=P^{f,t}+p^{f+1,t}\\Q^{f+1,t}=Q^{f,t}+q^{f+1,t}\\V^{f+1,t}=V^{f,t}+(r^fP^{f,t}+x^fQ^{f,t})/(V^{f,t})^2\\p^{f,t}=P_{\mathrm{L}}^{f,t}-P_{\mathrm{g}}^{f,t}\\q^{f,t}=Q_{\mathrm{L}}^{f,t}-Q_{\mathrm{g}}^{f,t}\end{cases}\tag{7-17}$$

式中，$P_g^{f,t}$ 和 $Q_g^{f,t}$ 表示来自微型燃气机等可控 DG 以及 SVC 的有功、无功出力。

2）上层模型

当多微网接入后，配电网与微网间在经济型环境下形成一种非合作关系，配网层除需考虑自身的发电总成本外，还需考虑与各微网交互功率的交易情况，尽量使自身系统的运行总成本和购电开销最小化，同时使售电利润最大化。综上，建立上层决策模型如下：

$$\min F = \sum_{t=1}^{T} C_{\text{loss}} P_{\text{loss}}^t$$

$$+ \sum_{t=1}^{T} \sum_{i \in I} \left[ C_{\text{sel}} (\mid P_{\text{TL}}^{f,t} \mid - P_{\text{TL}}^{f,t})/2 - C_{\text{buy}} (\mid P_{\text{TL}}^{f,t} \mid + P_{\text{TL}}^{f,t})/2 \right]$$

$$+ \sum_{t=1}^{T} \sum_{f^g \in F^g} C_g P_g^{f,t} + \mu \sum_{t=1}^{T} \sqrt{\sum_{f \in F} (V_{f,t} - 1)^2 / F}$$

$$(7-18)$$

式中，等号右边第一项为网损费用；$C_{\text{loss}}$ 为网损单位成本，是电网经营企业的一项重要的经济技术指标；第二项为配网与多微网间的电能综合交易费用，其中 $C_{\text{sel}}$ 为多微网向配网售电的电价，$C_{\text{buy}}$ 为多微网从配网购电的电价；第三项为配网层发电总成本，其中 $C_g$ 表示发电机单位出力产生的总成本，本部分将每个发电机在 $t$ 时段的发电总成本简化为出力的一次函数；第四项为全网电压标准差加上单位转化系数，用来衡量电压水平。上层模型代表了整个配电系统（包括多微网）的运行质量。

目标函数（7 - 18）的约束条件：

$$\begin{cases} P_g^{f,t} - P_g^{f,t-1} \leqslant R^{\text{up}} \\ P_g^{f,t-1} - P_g^{f,t} \leqslant R^{\text{down}} \end{cases} \qquad (7-19)$$

$$\begin{cases} \underline{P_{\text{TL}}} \leqslant P_{\text{TL}}^{f,t} \leqslant \overline{P_{\text{TL}}} \\ \underline{Q_{\text{TL}}} \leqslant Q_{\text{TL}}^{f,t} \leqslant \overline{Q_{\text{TL}}} \\ \underline{P_g} \leqslant P_g^{f,t} \leqslant \overline{P_g} \\ \underline{Q_g} \leqslant Q_g^{f,t} \leqslant \overline{Q_g} \\ \underline{P^f} \leqslant P^{f,t} \leqslant \overline{P^f} \end{cases} \qquad (7-20)$$

$$\sum_{f \in F} (\overline{P_g} - P_g^{f,t}) \geqslant R^t \qquad (7-21)$$

$$\sum_{f \in F} (P_{f,t}^g - P_{f,t}^L) + \sum_{f \in I} P_{f,t}^{\text{TL}} \geqslant 0 \qquad (7-22)$$

不等式(7-19)~(7-21)分别表示了微源出力、电压、线功率以及配网备用容量约束。不等式(7-22)表示总发电量应该大于或者等于总的负荷需求。

3) 多微网运营商模型

第一状态随机问题模型是确定性模型,在本节中属于 $n$-跟随者优化。与可靠、环境友好型模型不同,经济型模型中各微网之间以及各微网与上层配网之间在经济型环境下是一种非合作关系。因此,采用何种交易模式,如何进行经济博弈才能够达到每个微网经济利益的最大化是下面建模需要讨论的问题。对于微网运营商 $i$ 来说,它的运行费用来自两个部分:一个是可控 DG 的运行费用,另一个是与其他微网运营商以及配电市场运营商的交易费用。所以对 $\forall t, i \in I$,有如下目标函数:

$$
\begin{aligned}
\min f_i = \sum_{t=1}^{T} \sum_{f \in M_i} \{ & [C^{\mathrm{MT}} P_{f,t}^{\mathrm{MT}} \\
& + C_{f,t}^{\mathrm{SBRE}} P_{f,t}^{\mathrm{SBRE}} + C_{f,t}^{\mathrm{rin}} P_{f,t}^{\mathrm{rin}} + C_{f,t}^{\mathrm{SBIN}} P_{f,t}^{\mathrm{SBIN}} \\
& - (C_{f,t}^{\mathrm{SBLE}} P_{f,t}^{\mathrm{SBLE}} + C_{f,t}^{\mathrm{rout}} P_{f,t}^{\mathrm{rout}} + C_{f,t}^{\mathrm{SBOUT}} P_{f,t}^{\mathrm{SBOUT}}) \\
& + (C^{\mathrm{ERE}} E_{f,t}^{\mathrm{SBRE}} - C^{\mathrm{ELE}} E_{f,t}^{\mathrm{SBLE}}) \\
& - (C^{\mathrm{sel}}(\mid P_{f,t}^{\mathrm{TL}} \mid - P_{f,t}^{\mathrm{TL}})/2 - C^{\mathrm{buy}}(\mid P_{f,t}^{\mathrm{TL}} \mid + P_{f,t}^{\mathrm{TL}})/2)] \} \\
& + Q(p)
\end{aligned}
\tag{7-23}
$$

其中:

$$
Q(p) = \mathbb{E}_s \phi(p, s) = \sum_{s \in S} Pr(s) \phi(p, s)
\tag{7-24}
$$

以上函数包括了第一状态的确定性费用以及第二状态的预期费用[见式(7-24)]。式中,集合 $M_i$ 为配网上所有属于微网 $i$ 的节点;$P_{f,t}^{\mathrm{MT}}$ 为微网 $f$ 在 $t$ 时段可控 DG(本章由 MT 代表)发电量之和;$P_{f,t}^{\mathrm{SBRE}}$ 为微网 $i$ 在 $t$ 时段从其他微网储能设备中租用的电能交换量,可正可负,正表示从已租用的储能中调用一部分用于供电,负表示将多余的电能储存至其他微网;$P_{f,t}^{\mathrm{rin}}$ 为其他微网 $t$ 时段向微网 $i$ 提供的可再生能源发电;$P_{f,t}^{\mathrm{SBIN}}$ 为其他微网 $t$ 时段向微网 $i$ 提供的自己储能设备中的电能;$P_{f,t}^{\mathrm{SBLE}}$ 为其他微网 $t$ 时段向微网 $i$ 租用的能交换量,可正可负,负表示从已租用的储能中调用一部分用于供电,正表示将多余的电能储存至微网 $i$;$P_{f,t}^{\mathrm{rout}}$ 为微网 $i$ 在 $t$ 时段向其他微网提供的可再生能源发电;$P_{f,t}^{\mathrm{SBOUT}}$ 为微网 $i$ 在 $t$ 时段向其他微网提供的自己储能设备中的电能;$E_{f,t}^{\mathrm{SBRE}}$ 为 $t$ 时刻微网 $i$ 在其他微网储能设备中租用的电能总容量;$E_{f,t}^{\mathrm{SBLE}}$ 为 $t$ 时刻其他微网在微网 $i$ 储能设备中租用的电能总容量;$C_{f,t}^{\mathrm{rin}}$、$C_{f,t}^{\mathrm{SBIN}}$、$C_{f,t}^{\mathrm{rout}}$、$C_{f,t}^{\mathrm{SBOUT}}$ 分别为对应出力类型的单位发电总费用,单位发电总费用=单位发电总成本+交易费用;$C^{\mathrm{MT}}$ 为单位发电总成本;$C_{f,t}^{\mathrm{SBRE}}$、$C_{f,t}^{\mathrm{SBLE}}$ 分别为单位容量租用费用和收益。

在式(7-24)中，$Pr(s)$ 表示基于场景 $s(s \in S)$ 的实现概率。$E_s$ 被定义为基于 $S$ 的预期。

目标函数(7-23)有以下约束条件(对 $\forall t, i \in I$)：

微源出力约束为

$$\begin{cases} \underline{P^{\mathrm{MT}}} \leqslant P_{f,t}^{\mathrm{MT}} \leqslant \overline{P^{\mathrm{MT}}} \\ -\overline{P^{\mathrm{SB}}} \leqslant P_{f,t}^{\mathrm{SB}} + P_{f,t}^{\mathrm{SBLE}} + P_{f,t}^{\mathrm{SBOUT}} \leqslant \overline{P^{\mathrm{SB}}} \end{cases} \tag{7-25}$$

其中上划线和下划线分别表示 MT 和 SB 的出力上下线。

MT 的爬坡约束为

$$\begin{cases} P_{f,t}^{\mathrm{MT}} - P_{f,t-1}^{\mathrm{MT}} \leqslant R_{\mathrm{MT}}^{\mathrm{up}} \\ P_{f,t-1}^{\mathrm{MT}} - P_{f,t}^{\mathrm{MT}} \leqslant R_{\mathrm{MT}}^{\mathrm{down}} \end{cases} \tag{7-26}$$

储能系统(本章以 SB 为代表)的容量约束为

$$\begin{cases} E_{f,t} = E_{f,t-1} - (P_{f,t}^{\mathrm{SB}} + P_{f,t}^{\mathrm{SBLE}} + P_{f,t}^{\mathrm{SBOUT}}) \\ \underline{E} \leqslant E_{f,t} \leqslant \bar{E} \\ E_{f,t}^{\mathrm{SBLE}} = E_{f,t-1}^{\mathrm{SBLE}} - P_{f,t}^{\mathrm{SBLE}} \\ E_{f,t}^{\mathrm{SBRE}} = E_{f,t-1}^{\mathrm{SBRE}} - P_{f,t}^{\mathrm{SBRE}} \\ 0 \leqslant E_{f,t}^{\mathrm{SBLE}} \leqslant \eta \bar{E} \\ 0 \leqslant E_{f,t}^{\mathrm{SBRE}} \leqslant \mu \bar{E} \end{cases} \tag{7-27}$$

式中，上划线和下划线的表示意义与式(7-25)相同；$\eta$、$\mu$ 分别为 $E_{f,t}^{\mathrm{SBLE}}$、$E_{f,t}^{\mathrm{SBRE}}$ 的极限系数，表示它们在储能设备容量中所占的最大比例。为了建模方便，本部分忽略电池的充放电效率。

第二状态随机问题模型在第一状态模型建立后取得(对 $\forall t, i \in I, s \in S$)：

$$\phi(p, s) = \min \sum_{t=1}^{T} \gamma_t \psi_t^s (\Delta p_{i,t}^s) \tag{7-28}$$

$$\begin{cases} \psi_t^s = \max\{0, \Delta p_{f,t}^s\} \\ \Delta p_{i,t}^s = \sum_{f \in M_i} (P_{f,t}^{\mathrm{L}} - P_{f,t}^{\mathrm{MT}} - P_{f,t}^{\mathrm{SB}} - P_{f,t}^{\mathrm{TL}} - P_{f,t}^{\mathrm{r},s}) \end{cases} \tag{7-29}$$

目标函数式(7-28)用于最小化负荷差 $\Delta p_{i,t}^s$ 的惩罚费用，负荷差是由可再生分布式电源的随机性产生的[9]。

目标函数有以下约束条件：

$$0 \leqslant P_{f,t}^{\mathrm{rout}} + P_{f,t}^{\mathrm{rin}} \leqslant P_{f,t}^{\mathrm{r},s} \tag{7-30}$$

$$a_{i,t}^{1} = \begin{cases} 1 & \sum_{f \in M_i} (P_{f,t}^{L} + P_{f,t}^{SB} - P_{f,t}^{r,s}) < 0 \\ 0 & \sum_{f \in M_i} (P_{f,t}^{L} + P_{f,t}^{SB} - P_{f,t}^{r,s}) \geqslant 0 \end{cases} \tag{7-31}$$

$$a_{i,t}^{2} = \begin{cases} 1 & \sum_{f \in M_i} (P_{f,t}^{L} - P_{f,t}^{r,s}) > 0 \\ 0 & \sum_{f \in M_i} (P_{f,t}^{L} - P_{f,t}^{r,s}) \leqslant 0 \end{cases} \tag{7-32}$$

$$a_{i,t}^{3} = \begin{cases} 1 & P_{f,t}^{L} - P_{f,t}^{MT} - P_{f,t}^{SB} - P_{f,t}^{r,s} > 0 \\ 0 & P_{f,t}^{L} - P_{f,t}^{MT} - P_{f,t}^{SB} - P_{f,t}^{r,s} \leqslant 0 \end{cases} \tag{7-33}$$

其中不等式(7-30)表示微网运营商 $i$ 可以与其他微网交易的可再生能源发电上下限。约束式(7-31)～(7-33)表示 0-1 序列变量,将在后面的小节(7.2.2.3节)中具体讨论。

由于概率分布的连续性,很难求得随机优化的解析解。为解决这个难题,引入了样本平均近似法(sample average approximation,SAA),该方法被用于产生某一特定数量的场景以代表概率分布的随机参数。因此,式(7-24)可以被表示为它的 SAA 形式:

$$Q(p) = \frac{1}{S} \sum_{s \in S} \sum_{t=1}^{T} \gamma_t \psi_t^s (\Delta p_{i,t}^s) \tag{7-34}$$

式中,场景集合有一个有限数量 $S$ 的针对随机变量 $P_{f,t}^{r,s}$ 的实现。

研究证明,如果有足够数量的场景实现,则重新设计的两状态随机问题的最优解将收敛到原解[10]。因此,原来的随机问题被重新定义为一个连续的确定性优化问题,这将在有效处理可再生分布式电源随机性的同时大大提高模型运算效率,使模型得到一个工程所需的较好可行解。

### 7.2.2.3　基于优先序列的分布式交易机制

#### 1) 交易机制

在引入微网间可开关联络线以及经济运行环境后,多微网中的每个微网都可以通过多种途径在保证系统可靠性的基础上获取经济利益,通过博弈选择经济成本更小的运行方式。由于价格机制和 AEEN 的引入,多微网配电系统中各个微网之间可交易的交互电能来源分为以下 3 种:清洁能源直接交易用于供电、各微网储能系统中的电能交易用于供电、租用容量或使用租用的电能进行供电。

在交易机制下对各个微网之间的运行进行分析前,需要明确博弈对象,即对各决策变量进行分类和集合化。在经济环境中一般分为卖家和买家两大对象,分别对应供给集合(supply pool，SP)和需求集合(need pool，NP)，每一种交易型决策变量如果存在，必定在其中一个集合中。为方便建模，在此引入 0 - 1 序列变量，该变量在满足特定序列条件(也可以是顺序条件)时值赋 1；对于 SP，如果某个微网运营商的序列变量为 1 时，那么该微网属于 SP；对于 NP，如果某个微网运营商的序列变量为 1 时，那么该微网属于 NP。

在式(7 - 31)～(7 - 33)中，$a_{i,t}^1$、$a_{i,t}^2$、$a_{i,t}^3$ 分别为对决策变量 $P_{f,t}^{\text{SBRE}}$、$P_{f,t}^{\text{rin}}$、$P_{f,t}^{\text{SBIN}}$ 进行分类的 0 - 1 序列变量，当它们等于 1 时属于 NP，等于 0 时不属于 NP；根据优先序列博弈理论，同一类型的决策变量不可能同时存在于两个互补的集合类型中，所以与 $P_{f,t}^{\text{rin}}$、$P_{f,t}^{\text{SBIN}}$ 互补的 $P_{f,t}^{\text{rout}}$、$P_{f,t}^{\text{SBOUT}}$ 对应的 0 - 1 序列变量为 $1-a_{i,t}^1$、$1-a_{i,t}^3$。

在经济型模型中，决定交易决策的是价格和交易机制。将微网运营商及其决策变量分为 SP 和 NP 后，根据每个微网运营商提供的动态加价价格随时间 $t$ 对 NP 由高到低进行排列，微网运营商所拥有的越高，其交易的优先权越高。其中用 $k(k=1,2,3)$ 分别代表容量租用交易费用、清洁能源和储存的电能 3 种需要竞价的交易模式，$i$ 表示微网 $i$。

最后根据优先权由高到低轮流进行购买或租用决策，决策(竞价)过程中，NP 中的决策变量所属的微网运营商优先购买或租用加价后 SP 中价格较低者的电能。另外，加价价格的决定可以有多种方法，在实际中，最理性的方法如下：

$$\Delta C_{i,t}^k = \underline{\Delta C_i^k} + (\underline{\Delta C_i^k} - \overline{\Delta C_i^k}) P_{i,t}^{\text{D}} / \max\{P_{i,t}^{\text{D}} \mid t \in T\} \qquad (7 - 35)$$

上式假设每一个微网运营商因为市场规定不可以得知其他微网运营商的价格信息，因此加价价格由微网运营商 $i$ 在时间 $t$ 的电能需求量决定，即：

$$P_{i,t}^{\text{D}} = \sum_{f \in M_i} (P_{f,t}^{\text{L}} - P_{f,t}^{\text{MT}} - P_{f,t}^{\text{SB}} - P_{f,t}^{\text{r,s}}) \qquad (7 - 36)$$

在每一个时间间隔中，$\Delta C_{i,t}^k$ 根据 $P_{i,t}^{\text{D}}$ 从 $\underline{\Delta C_i^k}$ 到 $\overline{\Delta C_i^k}$ 被标准化。注意当 $P_{i,t}^{\text{D}} < 0$ 时，$\Delta C_{i,t}^k = 0$。

总之，在交易时间 $t$ 中，在 NP 中的微网运营商 $i$(即招标人)宣布一个加价 $\Delta C_{i,t}^k$。SP 中的微网运营商们(即竞价投标人)给出他们的"竞标价"$C_o^k$。招标人 $i$ 选择最低的价格 $C_{o1,t}^k$，并以 $\Delta C_{i,t}^k + C_{o1}^k$ 的价格付给投标人 o1 费用。如果投标人 o1 在提供电能后仍无法满足 $i$ 的需求，剩下的电能需求将被投标人 o2 以第二低的价格 $C_{o2}^k$ 匹配，并以此类推。因此，招标人 $i$ 需要付的总费用为$(\Delta C_{i,t}^k + C_{o1}^k) P_{o1} + (\Delta C_{i,t}^k + C_{o2}^k) P_{o2} + \cdots$，其中 $P_o$ 为投标人 o 提供的电能量。投标人 o 在 NP 中选择出价 $\Delta C_{i,t}^k$ 最高的招标人 i1 以价格 $\Delta C_{i1,t}^k + C_o^k$ 收取费用。如果在提供给 i1 电能后还有多余电能,剩下的电能供给将被招标人 $i2$ 以第二低的加价 $\Delta C_{i2,t}^{k}$ 匹配,并以此类推。所以投标人 $o$ 的总收入为 $(\Delta C_{i1,t}^{k}+C_{o}^{k})P_{i1}+(\Delta C_{i2,t}^{k}+C_{o}^{k})P_{i2}+\cdots$,其中 $P_{i}$ 为招标人 $i$ 所需的电能量。

2) 优先序列

式(7-23)中的 $P_{f,t}^{SBRE}$、$P_{f,t}^{rin}$、$P_{f,t}^{SBIN}$、$P_{f,t}^{SBLE}$、$P_{f,t}^{rout}$ 和 $P_{f,t}^{SBOUT}$ 为经济运行策略下的优先序列博弈向量,下面举例对 $P_{f,t}^{rin}$ 进行描述和分析。首先定义电能交换变量 $p_{i,n,t}^{e,f}$,该变量表示 $e$ 种类型的电能在 $t$ 时段从微网 $i$ 到微网 $n$ 的交换量,其中 $e$ 为 $1\sim6$ 的整数,分别代表 SBRE、rin、SBIN、SBLE、rout、SBOUT 六种类型;其次定义售电价格 $C_{i}^{k}$,该变量表示微网 $i$,$k$ 种类电能的售电价格,其中 $k$ 为 $1\sim3$ 的整数,分别表示提供租借价格、清洁能源售价、储电售价。

$$P_{f,t}^{rin} = X_{f,t}^{2} P_{f,t}^{2} \qquad (7-37)$$

$$X_{f,t}^{2} = [\cdots x_{o,i,t}^{2,f} \cdots x_{O,i,t}^{2,f}] \qquad (7-38)$$

$$P_{f,t}^{2} = [\cdots p_{o,i,t}^{2,f} \cdots p_{O,i,t}^{2,f}]^{T} \qquad (7-39)$$

$$x_{o,i,t}^{2,f} = \begin{cases} 1 & \text{condition } x_{o,i,t}^{\prime2,f} \\ 0 & \text{others} \end{cases} \qquad (7-40)$$

式中,$O$ 为与微网 $i$ 相连的其他微网编号的集合以及最大编号,$X_{f,t}^{2}$ 为 $P_{f,t}^{2}$ 对应的 $0-1$ 序列变量。

下面进一步对条件 $x_{o,i,t}^{\prime2,f}$ 进行讨论。$0-1$ 序列变量将待博弈变量 $p_{o,i,t}^{2}$ 分为 SP 和非 SP,由于该变量代表的电能来自微网 $o$,因此需判断微网 $o$ 是否是可再生能源提供方,即 $(1-a_{o,t}^{2})$ 是否等于 1。作为需求方(当 $a_{i,t}^{2}=1$ 时),微网 $i$ 含有价格信号 $\Delta C_{i,t}^{2}$,用以判断微网 $i$ 在所有 NP 中的购买顺序;微网 $o$ 含有价格信号 $C_{o}^{2}$ 用以判断微网 $o$ 在所有 SP 中的被购买顺序。因此,以价格信号作为顺序条件可以覆盖到所有可能的条件,对 $x_{o,i,t}^{\prime2,f}=1$ 的条件描述如下:

$$1-a_{o,t}^{2}=1, \ a_{i,t}^{2}=1, \ \Delta C_{i,t}^{2}=\max\{\Delta C_{i^{\prime},t}^{2} \mid i^{\prime} \in NP\},$$
$$C_{o}^{2} = \min\{C_{o^{\prime}}^{2} \mid o^{\prime} \in SP\};$$

(1) $\Delta C_{i,t}^{2} = \max\{\Delta C_{i^{\prime},t}^{2} \mid i^{\prime} \in NP\}$, $C_{o}^{2} \neq \min\{C_{o^{\prime}}^{2} \mid o^{\prime} \in SP\}$

则 $\sum\limits_{f \in M_{i}} (P_{f,t}^{L} - P_{f,t}^{r,s}) > \sum\limits_{o^{\prime} \in O^{\prime}} \sum\limits_{f \in M_{o^{\prime}}} p_{o^{\prime},i,t}^{2,f}, \ \forall o^{\prime} \in \{o^{\prime} \mid C_{o^{\prime}}^{2} < C_{o}^{2}\}$

(2) $\Delta C_{i,t}^{2} \neq \max\{\Delta C_{i^{\prime},t}^{2} \mid i^{\prime} \in NP\}$, $C_{o}^{2} = \min\{C_{o^{\prime}}^{2} \mid o^{\prime} \in SP\}$

则 $\sum\limits_{i^{\prime} \in I^{\prime}} \sum\limits_{f \in M_{i^{\prime}}} (P_{f,t}^{L} - P_{f,t}^{r,s}) < \sum\limits_{f \in M_{o}} p_{o,i,t}^{2,f}, \ \forall i^{\prime} \in \{i^{\prime} \mid C_{i^{\prime}}^{2} < C_{i}^{2}\}$

(3) $\Delta C_{i,t}^2 \neq \max\{\Delta C_{i',t}^2 \mid i' \in NP\}$, $C_o^2 \neq \min\{C_{o'}^2 \mid o' \in SP\}$

则 $\sum\limits_{i' \in I'} \sum\limits_{f \in M_{i'}} (P_{f,t}^L - P_{f,t}^{r,s}) > \sum\limits_{o' \in O'} \sum\limits_{f \in M_{o'}} p_{o',i,t}^{2,f}$

以此类推,即可得到所有博弈矩阵的 $0-1$ 决策变量的触发条件 $x_{o,i,t}'^{e,f}$ (当 $e=1,2,3$ 时)和 $x_{o,i,t}'^{e,f}$ (当 $e=4,5,6$ 时)。

因此,对于所有经济运行博弈矩阵,有如下描述

$$X_{f,t}^e P_{f,t}^e = \begin{cases} [\cdots x_{o,i,t}^{e,f} \cdots x_{O,i,t}^{e,f}][\cdots p_{o,i,t}^{e,f} \cdots p_{O,i,t}^{e,f}]^T & e=1,2,3 \\ [\cdots x_{i,o,t}^{e,f} \cdots x_{i,O,t}^{e,f}][\cdots p_{i,o,t}^{e,f} \cdots p_{i,O,t}^{e,f}]^T & e=4,5,6 \end{cases}$$

$$(7-41)$$

$$x_{o,i,t}^{e,f} = \begin{cases} 1 & \text{条件 } x_{o,i,t}'^{e,f} \\ 0 & \text{其他} \end{cases} \qquad e=1,2,3 \qquad (7-42)$$

$$x_{i,o,t}^{e,f} = \begin{cases} 1 & \text{条件 } x_{i,o,t}'^{e,f} \\ 0 & \text{其他} \end{cases} \qquad e=4,5,6 \qquad (7-43)$$

#### 7.2.2.4 求解算法

在电力系统的应用中,双层决策问题的解析解一般难以得到,只能通过数值法进行迭代逼近;而且,多微网配电系统的基于电力市场的经济非合作运行模型都属于混合整数规划。为了使求解算法更加适用于本章所提出的模型,提高运算和求解效率,本节引入基于改进搜索算子和自适应选择程序的递阶遗传算法。

本节在传统递阶遗传算法的基础上进行了设计和改进。传统递阶遗传算法的染色体编码含有两个层次:控制编码层和参数编码层。控制编码被编译为二进制来控制参数编码中的实数,参数编码中的实数代表了一般优化问题中的决策变量。当控制编码中的二进制数字变更状态时,其所控制的参数基因也随之变为"激活"或者"未激活"状态,表示其是否被优化模型和算法使用;还有一类编码为普通编码,它们不受控制编码层控制,一般为优化模型中的常数。

1) 改进分层遗传算法(HGA)染色体表达

对于本章所提出的模型,在 HGA 加入了一个改进设计:在控制编码层之上加入上级控制编码层,负责控制控制编码层的基因,其作用与控制编码层对参数编码层的作用相同。

改进 HGA 中,上级控制编码为式(7-31)～(7-33)的 $0-1$ 序列变量,用来决定 SP 和 NP 的分类。控制编码为 $x_{o,i,t}^{e,f}$,决策变量 $p_{o,i,t}^{e,f}$ 为参数编码,$P_{f,t}^{MT}$ 和 $P_{f,t}^{SB}$ 为普通编码。改进的染色体结构根据所提出的博弈向量所制定,算法的执行依照优先序列原则。

首先,编码 $a_{i,t}^e$ 的值根据条件式(7-31)～(7-33)决定;然后,编码 $x_{o;i,t}^{e;f}$ 的值根据条件式(7-42)和(7-43)决定;最后,根据 $a_{i,t}^e$ 和 $x_{o;i,t}^{e;f}$ 的状态判断 $p_{o;i,t}^{e;f}$ 是否被激活,并计算决策变量 $p_{o;i,t}^{e;f}$ 的值。

2) 改进搜索算子

HGA 的每一代染色体伴随着包括交叉运算(crossover)和变异运算(mutation)的搜索算子。本节将模拟二进制交叉运算(simulated binary crossover,SBX)和非均匀变异运算(non-uniform mutation)整合在染色体的实数编码部分以提高算法针对本节模型的寻优效率。

在 SBX 中,子代 $(\psi_i^1, \psi_i^2)$ 以下面方式产生[11]:

$$\psi_i^1 = 0.5\big[(1+\omega_{qi})\phi_i^1 + (1-\omega_{qi})\phi_i^2\big]$$
$$\psi_i^2 = 0.5\big[(1-\omega_{qi})\phi_i^1 + (1+\omega_{qi})\phi_i^2\big] \tag{7-44}$$

其中 $\omega_{qi}$ 由下式决定:

$$\omega_{qi} = \begin{cases} (2u_i)^{1/\eta_c+1} & u_i \leqslant 0.5, \\ \left(\dfrac{1}{2(1-u_i)}\right)^{1/\eta_c+1} & u_i > 0.5 \end{cases} \tag{7-45}$$

式中,$u_i$ 为从范围[0,1]产生的均匀随机数并且为用户化的参数分布。

非均匀变异可以减小运算步长并且会随着迭代次数的增加而减小变异的数量。在非均匀变异运算中,一个子代个体以下面的方式变异[12]:

$$\phi_{i,j}^*(g) = \phi_{i,j}(g) + \delta_{i,j}(g) \tag{7-46}$$

其中

$$\delta_{i,j}(g) = \begin{cases} (\phi_i^{\max} - \phi_{i,j}(g))(1-[u(g)]^{1-(t/N_G)^b}) & u \leqslant 0.5, \\ (\phi_i^{\max} - \phi_{i,j}(g))(1-[u(g)]^{1-(g/N_G)^b}) & u > 0.5 \end{cases} \tag{7-47}$$
$$i \in N_\phi, \quad j \in N_p$$

式中,$u(g)$ 为从范围[0,1]产生的均匀随机数;$N_p$ 为种群数量;$N_G$ 和 $g$ 分别为最大子代数量以及当前代数。

在每一次交叉运算和变异运算中,算法会重设上级控制编码以及控制编码。程序的计算负担通过对决策变量结合 0-1 序列变量的进化处理而大大减轻。

3) 自适应选择程序

本节所提出的模型中的目标函数需要被校准以便整合到 HGA 中。此处应用一个自适应的线性标准化方法：

$$F = f_{\max} - f(x) + \xi^k \qquad (7-48)$$

式中，$f(x)$ 为目标函数；$f_{\max}$ 为每一代中目标函数的最大值；$k$ 表示迭代的次数；$\xi^k$ 为一个相对较小的数，它能够在运算的后期增加种群的差异性并且促进算法的收敛。

比例选择策略按照以下方式选择子代种群：

$$\min F = \sum_{i=1}^{2} \sigma_i F_i \qquad (7-49)$$

式中，$\sigma_i = \kappa_i / \sum_{i=1}^{2} \kappa_i$，$\kappa_i$ 为从范围$[0，1]$产生的随机数。

4）算法流程

可行解检测：① 将配网运营商模型中的每一个交换变量带入多微网运营商模型，并用上述设计的算法求解模型。② 检查在多微网运营商模型求解后是否存在可行解。

步骤 0：初始化。设置染色体和种群大小，设置种群代数＝1。

步骤 1：创建初始种群。对个体进行可行解检测。更新那些没有通过检查的个体，直到同样数量的新个体都通过检测。

步骤 2：根据目标函数式(7-18)和式(7-48)计算适应值。

步骤 3：在进行上层优化时让当前种群进行选择运算。

步骤 4：在进行上层优化时让当前种群根据式(7-44)和(7-46)进行交叉运算和变异运算。对个体进行可行解检测，排除那些没有通过可行解检测的个体，然后继续进行交叉运算和变异运算，直到同样数量的新个体都通过检测。

步骤 5：如果收敛条件满足，返回优化解，运算结束；如果收敛条件不满足，转到步骤 2。

### 7.2.2.5 算例分析

如图 7-12 所示，三个微网的延展拓扑与原有的 IEEE33 节点馈线系统连接构成主要的测试系统。IEEE33 节点馈线系统的具体数据信息可参见文献[13]。对于这个测试系统，基准电压为 10.5 kV，总的有功负荷为 2 963 kW，总无功负荷为 785 kvar。三个 250 kW 的 MT 和两个－150～350 kvar 的 SVR 直接连接于配网。表 7-1 总结了三个微网中设备的参数。DG 和储能系统的运行费用参数可以从文献[14]中获得。2m 点估计法(2m-point estimate method，2m-PEM)[15] 被用于建立针对间歇性分布式电源的 SAA 模型。正态分布用于表示负荷的预测不确定性，其中正态分布的平均值为预测负荷，标准偏差为预期负荷的 2%[16]。

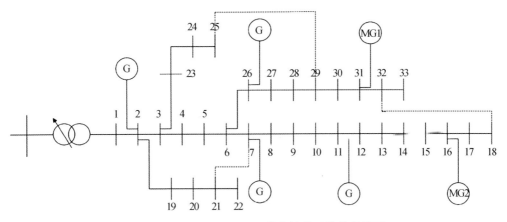

图 7-12　改进的 IEEE 33 节点馈线系统的单线图

表 7-1　微网中设备的参数

| WT 额定功率 /kW | PV 额定功率 /kW | SB 最大功率 /kW | SB 容量 /kW | MT 最大功率 /kW |
| --- | --- | --- | --- | --- |
| 260 | 185 | 90 | 280 | 185 |

微网中交易基本价格如表 7-2 所示。图 7-13 展示了一个微网 1、微网 2、微网 3 动态加价(竞价)价格 $\Delta C_{i,t}^{k}(k=1)$ 的例子。其他加价可以通过式(7-35)计算。

表 7-2　微网中电能和储能服务交易基本价格

| MG | $C_i^1/(\$/kW \cdot h)$ | $C_i^2/(\$/kW \cdot h)$ | $C_i^3/(\$/kW \cdot h)$ |
| --- | --- | --- | --- |
| $i=1$ | 0.125 | 0.17 | 0.015 |
| $i=2$ | 0.12 | 0.175 | 0.012 5 |
| $i=3$ | 0.11 | 0.18 | 0.01 |

为了分析本节所提出的互动运行策略,采用以下运行和交易策略进行比较分析。

策略 1:本节所提出的互动运行策略。

策略 2:传统的集中式调度策略,其目的是最大限度地减少系统总运行费用,约束为式(7-17)和式(7-19)~(7-22)。

策略 3:在本节所提出的模型基础上去除目标函数式(7-18)的第一和第四项,并去除约束(7-17),这意味着本策略不考虑大规模分布式电源并网下的运行质量。

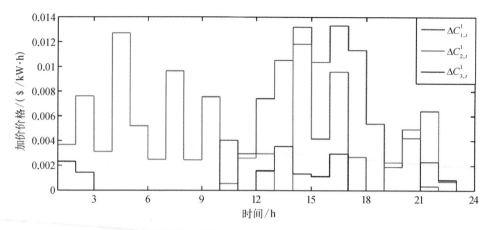

图 7-13　微网 1、微网 2、微网 3 动态加价价格($k=1$)

策略 4：文献[17]所提出的传统博弈模型。

策略 5：本节所提出的互动运行策略中的确定性模型，不考虑间歇 DG 随机性的处理。

表 7-3 表示不同策略和测试系统下的算例（case）。其中策略 1（算例 1）作为基准与策略 2～5（算例 4～7）相比较分析。对于联络线功率分析，算例 1 和算例 2 作为基准与算例 3 和算例 4 相比较分析。

表 7-3　算例信息

| MG | 策略 1 | 策略 2 | 策略 3 | 策略 4 | 策略 5 |
| --- | --- | --- | --- | --- | --- |
| MG1 | 算例 1 | 算例 3 | | | |
| MG1-3 | 算例 2 | 算例 4 | 算例 5 | 算例 6 | 算例 7 |

测试系统的所有运算在含有 3.4-GHz Intel Core i7 处理器和 16 GB RAM 的计算机上执行，采用 GAMS 环境。

仿真假设系统每天有 24 次交易，每次交易的时间间隔为 1 h，仿真时常为 1 天。

1）经济效益分析

表 7-4 比较了三个算例下每一个利益个体（微网运营商、配电市场运营商）的利润（＋）/花销（－）以及运算时间。集中式调度策略（算例 4）的系统总利润比传统博弈模型（算例 6）要高。这是因为策略 2 的目标是尽量减少所有利益个体的运营成本，而策略 4 牺牲了一些利益个体的利润以实现博弈均衡。

表7-4　不同策略下每一个个体的效益

| | 算例4 | 算例6 | 算例2 |
|---|---|---|---|
| MG1/$ | −485.3 | −489.7 | −480.2 |
| MG2/$ | −631.3 | −603.6 | −575.−3 341 |
| MG3/$ | −366.5 | −341.9 | −334 |
| DEMO/$ | 509.9 | 403.6 | 518.4 |
| 总利润/$ | −973.2 | −1 031.6 | −870.9 |
| ST/s | 103.8 | 473 | 509 |

在本节提出的策略中,算例2的总费用低于算例6和算例4。这是因为动态竞价 $\Delta C_{i,t}^k$ 和交易价格 $C_i^k$ 引入了市场以促进多微网运营商之间的相互作用。在基于博弈向量的交易机制下,每个微网运营商可以以较高的竞价价格交易更多的能量和存储服务,从而产生更多的利润。

由于每一次计算迭代的信息量和维数都较高,本章提出的策略所花的计算时间多。由于在这种策略下能够获得更多的利润和更好的运行质量,对于中短期市场调节和小时级响应计算时间可以被接受。

为了进一步研究多微网系统的经济运行决策,下面将站在单一微网运营商的角度对其运行决策进行分析。

从图7-14可以看出,当负荷需求少,储能容量有多余空间时,微网1有两个选择:一个是可以购买其他微网运营商的多余电能储存到自己的储能系统中,另一个是可以把储能租赁服务提供给其他微网。当可再生电源出力大,储能容量紧缺时,微网1也有两个选择:一个是可以把自己多余的可再生电源出力卖给其他微网运营商,另一个是可以购买其他微网运营商的储能租赁服务来储存这部分多余的出力。这样就可以提高储能系统和可再生能源的利用率,降低每个微网运营商的成本,表7-5所示的结果也可以看出,与其他策略相比,算例2的能量使用率最高。因此减少能量损耗意味着提高了经济效益。

表7-5　不同算例下能源总利用率

| | 储能(%) | 能量(%) |
|---|---|---|
| 算例2 | 96 | 93 |
| 算例5 | 85 | 66 |
| 算例4 | 91 | 84 |
| 算例6 | 82 | 79 |

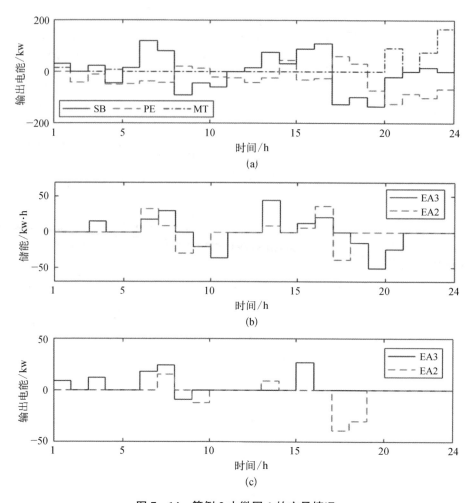

**图 7-14 算例 2 中微网 1 的交易情况**

(a) SB、功率交换(PE)和 MT 出力;(b) 与其他微网的储能租赁服务交易;
(c) 本地储能租赁服务与其他微网的交易

2) 随机性分析

为分析随机性对经济运行的影响,对策略 1 和策略 5 进行了比较。在表 7-7 中可以看到,随机模型的总运行成本(算例 2)高于确定性模型(算例 7)。算例 2 和算例 7 在多微网的运行成本之间存在着经济差异,这是因为多微网包括间歇性可再生能源。根据 Jensen 不等价理论[18],确定性优化的最优值相对对应的随机优化来说是有偏差的。

为了进一步探索可再生能源随机性对市场运行的影响,图 7-15 展示了不同场景数和不同可再生能源发电的预测标准误差下与多微网运行成本的灵敏度分析。图 7-15(a)表明,高可再生能源发电标准误差导致高的多微网运行成本。

图 7-15(b)表明,多微网运行成本随着场景数量的增加逐渐升高并收敛。这是因为如果算例 2 中场景数无限大,预测值将不存在偏差。

表 7-6　算例 7 和算例 2 的经济效益

|  | 算例 7 | 算例 2 |
|---|---|---|
| 微网成本/$ | 1 106. 7 | 1 389. 3 |
| DEMO 利润/$ | 501. 8 | 518. 4 |
| 总成本/$ | 604. 9 | 870. 9 |
| ST/s | 466 | 609 |

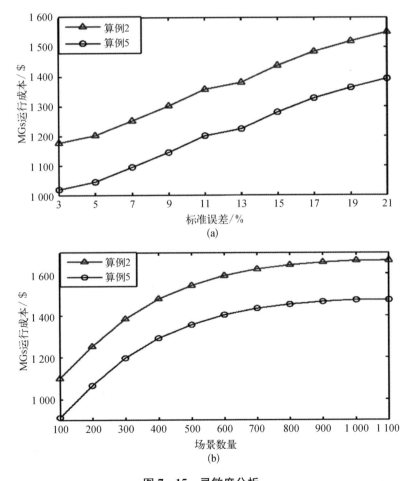

图 7-15　灵敏度分析

(a) 多微网总运行成本-可再生能源发电预测标准误差;(b) 多微网总运行成本-场景数量关系曲线

## 7.3 区块链在电力交易中的应用

区块链技术由于其去中心化、公开透明等特征以及在金融领域之外的其他领域的应用前景而受到各界研究人员的广泛关注。2016 年 10 月 18 日,我国发布《区块链技术和应用发展白皮书》,推动了区块链技术与各行业的联合发展。区块链技术是在 2008 年随着比特币以及中本聪的文章《比特币,一个 P2P 电子现金系统》发表,作为比特币系统中的底层核心技术出现在人们的视线中。区块链技术,作为一种新的数据技术结构,不依赖于第三方、仅依靠分布式节点来完成网络数据的传输、交流和管理,其核心优势是去中心化,信息公开透明,能够在信息传输交流的过程中保证数据信息的安全性以及不同主体之间的协调配合和相互信任[19]。区块链技术最初应用于金融领域,随着其技术发展,艺术行业、法律行业、房地产行业、保险行业等也逐渐开始研究各自与区块链技术的融合。在能源细胞-组织系统中,同样也可以通过合理利用区块链技术去中心化、公开透明等特征为能源细胞-组织提供很好的技术支撑,以解决目前发展过程中遇到的一些问题。

### 7.3.1 区块链技术

区块链是由众多区块有序链接在一起形成的一种新型的数据结构,而区块是指相关数据信息的集合,是组成区块链的基本单元。所谓区块链技术,也被称为分布式账本技术,是一种互联网数据库技术,其特点是去中心化、公开透明,让每个人均可参与数据库记录[20]。

区块链技术的主要特征为以下几点:

① 去中心化。区块链技术采用分布式系统结构,不依赖第三方,没有中心管理机构,各个区块实现信息的自我验证、传递和管理。

② 开放透明。在各区块中,除了私有信息被加密外,区块数据对所有人开放,任何人可通过公开的接口查询区块链数据。

③ 安全可靠。区块链技术采用非对称密码学,使区块内数据不可篡改、不可伪造,除非掌握区块链全部数据节点的 51%,否则无法随意操控修改区块链中的数据。

④ 具有时序特征。区块链技术采用带有时间戳的链式区块结构存储数据,使内部存储数据具有可验证性和可追溯性。

⑤ 集体协调。区块链技术采用特定的激励机制来保证各区块参与数据区块的验证、竞争过程,促进其自主协调配合。

### 7.3.2 区块链在能源细胞-组织系统的应用可行性

区块链技术的特点和能源细胞-组织系统的特点和发展理念存在相似之处。区块链技术具有去中心化、协同互补的特点,这与能源细胞-组织系统在地域上的分散性和运行调度上的协调性类似。能源细胞-组织系统在发展过程中其控制结构逐渐从集中控制型向完全分散型发展,区块链中也不存在强制性控制中心,却能通过共识算法保证内部各节点协调工作、共同完成任务。区块链技术在能源细胞-组织系统中的应用与能源细胞-组织系统的实际发展需求相适应。同时,区块链内部各区块具有相同的权利与义务,共同协作维护整个系统的稳定运行,这与能源细胞-组织系统内部各分布式能源分布分散、个体之间协调互补、平等参与电网调度的特性相适应。

在市场交易方面,能源细胞作为能源网络的重要组成部分,作为电网的交易代理者,积极与电力市场、电网公司等能源网络的参与者进行互动。通过其双向通信技术,实现与发电侧、电力需求侧、电力交易市场和电网调节市场的互联,同时整合、优化、调度各个层面的数据信息,参与电力市场调度。然而,能源细胞-组织系统之间以及能源细胞-组织系统与其他用户之间的交易成本较高,且每个能源细胞的利益分配机制不是公开的,分布式能源和能源细胞-之间无法形成信息对称的双向选择,这增加了交易过程中的信用成本。而区块链技术由于其自身特点在交易应用方面存在优势,能够为能源细胞-组织系统提供公开透明、公平可靠且成本低廉的交易平台。首先,区块链中所有交易的清算由系统中所有节点共同分担,无中心化的交易机构降低了交易成本;同时,区块链中每个区块都存储着系统中的所有信息,所有的交易记录无法篡改,保证了交易信息的安全性。因此,区块链中信息公开透明且真实可信,保证了交易的安全可靠,能够实现市场的有效性。将区块链技术应用于能源细胞-组织系统中能解决其与其他电网参与者之间交易时存在的问题,并保证交易过程的信息公平可信且安全可靠。

### 7.3.3 区块链在能源细胞-组织系统的应用前景

从区块链技术与能源细胞-组织系统的相似特性、区块链技术在交易方面的优势出发,结合能源细胞-组织系统的发展现状,可以分析区块链技术应用于能源细胞-组织系统的可行性。总的来看,将区块链技术应用于能源细胞中,可保证各分布式能源对整个系统的贡献值,即出力情况是公开透明的,从而使系统能够对分布式能源的出力情况进行合理的计量和调度,并保障各分布式能源的利益得到合理、公平地分配。不仅如此,采用区块链技术的能源细胞与各分布式能源之间可以在信息对称的情况下进行双向选择,分布式的信息系统和能源细胞内部分布式能源相匹配,各发电单元自愿加入能源细胞并共同进行系统的维护工作。每当有新的分布式能源加入能源细胞时,通过数字身份验证对各分布式能源的信息进行验证,并保证其满足既定的激励政策和惩罚机制约束,从而使得区块链技术能在能源细胞与分布式能源之间生成有效的智能合约,并保证自动且稳定的执行。同时,由于公开透明的信息平台和一定的经济激励机制,不仅能促进各分布式能源合理竞争以及需求侧资源等参与到能源细胞的调度中,还为不同能源细胞相互提供彼此的定价信息,激励其降低成本,促进了市场竞争,从而实现资源的更好分配。

区块链技术在能源细胞-组织系统中的应用也可从电网中不同参与者的角度来考虑。从源端考虑,可在能源细胞-组织系统中建立基于区块链技术的调度系统,同时,区块链技术能提供电力辅助服务;从网侧考虑,区块链技术的应用有利于传输能量的准确计量和合理分布,并保障系统内数据信息的安全性;从荷端分考虑,由于负荷形式多样化且存在需求响应,区块链技术在计量和交易方面的优势能促进负荷侧深度参与到能源系统的互动中;从储能侧考虑,区块链技术信息透明,能充分调动储能设备参与电网调度的积极性。

### 7.3.4　区块链存在的问题

1) 安全性问题

通常情况下,区块链中的信息是安全可信的。从数据结构上看,区块链技术采用具有时间戳的"区块＋链式"的结构,保证信息的可追溯性和可验证性。然而,当区块链技术应用于能源细胞中时,能源网络的垄断性可能会对区块链的信息安全性产生一定威胁。在能源网中,整个网络超过 51% 的信息可能被同一个利益集团所掌握,此时,区块链中的信息并不是安全可靠的。除此之外,保证区块链技术安全性的基础是密码学,随着新的数学算法的出现和计算能力的提高,通过密码学加密的信息可能在可接受的时间内被解密,这使得区块链技术的安全性受到一定威胁;另一方面,我国密码学的发展较国际水平来说相对较慢,大量实际应用中的密码学产品主要来自欧美国家,区块链技术的核心基础大多掌握在欧美国家手中,而能源细胞作为未来能源网络中的重要组成部分,使用区块链技术可能存在一定的潜在安全风险。

2) 运行效率及资源有效利用问题

区块链技术本身存在"不可能三角"问题,即无法同时满足去中心化、安全可靠、高效低能这 3 个要求[21]。由于能源网络的特点以及虚拟电厂的发展目标,去中心化和安全可靠是整个系统追求的主要目标,这就会在一定程度上限制系统对高效低能的追求。不仅如此,区块链技术的计算能力和响应速度本身存在一定限制。事实上,区块链技术的全网计算能力大部分用来维持其自身内部的运营,即用于内部的竞争式计算,对外输出的计算能力并不强。而能源细胞需要处理大量交互的数据信息,对信息的实时性也要求较高,因此,当区块链技术应用于能源细胞时,需对区块链技术进行一定改进,使其建立更新间隔更短的技术体系、更快的数据通信技术以及更高效的共识机制等。同时,为了保证系统的去中心化和安全可靠运行,区块链中的所有区块需掌握系统内的所有数据信息。然而,随着能源细胞中分布式能源逐渐增多,系统中所承载的数据信息量也逐渐增长,这与单个区块的存储容量限制产生矛盾。当区块链技术应用于能源细胞中,需在运行效率与资源的合理应用间找到平衡点,从而在保证较快的运行效率的同时尽量减少资源的浪费。

3) 智能合约责任主体缺失问题

区块链技术可实现智能合同的签署及自动执行,保障了智能合同的执行力和可靠性,这有助于能源细胞之间以及能源细胞与其他用户之间交易的顺利进行。然而,区块链技术中存在智能合约责任主体缺失问题,其构建的智能合约的主体往往是虚拟账户,导致在出现合同授权、违约责任方的追责问题时缺少责任主体。但当区块链技术应用于能源细胞时,能源细胞内部的各分布式能源是具体实体,可采用激励政策保证合约的有效执行,以及通过惩罚机制来避免出现违约情况。同时,当各分布式能源加入能源细胞时,进行数字身份认证,保证每个分布式能源都能在系统中被寻找到,从而有效避免了区块链技术在智能合约方面的责任主体缺失问题,保证了智能合约的完善性及执行可靠性。

# 7.4　小结

本章首先介绍分布式交易框架,通过分布式交易与集中式交易的对比、分布式交易的特点这两个角度阐述能源细胞-组织系统中分布式交易的优势,在此基础上介绍 P2P 交易结构、产消者-微电网结构与群体用户交易结构三种分布式交易框架。之后介绍了基于改进 Gossip 算法的分布式电力交易策略与基于优先序列交易机制的分布式电力交易策略两种分布式交易策略,前者通过隐私保护改进 Gossip 算法保证各能源细胞的信息,后者通过优先序列交易机制量化各能源细胞之间的动态交易过程。最后,讨论区块链在电力交易中的应用,从特性角度与市场交易角度分析了区块链在能源细胞组织中的应用可行性。

## 参 考 文 献

[1] 万和自动化.分布式交易试点来袭这几点你必须了解! [E/OL].(2018.01.20).https://

www.sohu.com/a/217969350_99959602.

［2］林俐,许冰倩,王皓怀.典型分布式发电市场化交易机制分析与建议［J］.电力系统自动化, 2019,43(04)：1 - 8.

［3］Parag Y, Sovacool B K. Electricity market design for the prosumer era［J］. Nature Energy, 2016(1)：16032.

［4］Marques A, Serrano M, Karnouakos S, et al. NOBEL—a neighborhood oriented brokerage electricity and monitoring system［C］. New York, USA：Energy-Efficient Computing and Networking, 2011：107  106.

［5］Jie L, Tang C Y, Regier P R, et al. A gossip algorithm for convex consensus optimization over networks［J］. IEEE Transactions on Automatic Control, 2010, 56(12)：2917 - 2923.

［6］刘德辉,尹刚,王怀民,等.分布环境下的 Gossip 算法综述［J］.计算机科学,2010,37(11)： 24 - 28. LIU Dehui, YIN Gang, WANG Huaimin, et al. Overview of gossip algorithm in distribute system［J］. Computer Science, 2010, 37(11)：24 - 28.

［7］Ram S S, Nedic A, Veeravalli V V. Asynchronous gossip algorithms for stochastic optimization ［C］. Istanbul：ICST International Conference on Game Theory for Networks. IEEE Press, 2009：80 - 81.

［8］陈洁,杨秀,朱兰,等.微网多目标经济调度优化［J］.中国电机工程学报,2013,33(0)：1 - 10.

［9］Kariuki K K, Allan R N. Evaluation of reliability worth and value of lost load［J］. 1996, 143(2)：171 - 180.

［10］Valente C, Mitra G, Sadki M, et al. Extending algebraic modelling languages for stochastic programming［J］. Informs Journal on Computing, 2003, 21(1)：107 - 122.

［11］Deb K, Pratap A, Agarwal S, et al. A fast and elitist multiobjective genetic algorithm：NSGA-II［J］. IEEE Transactions on Evolutionary Computation, 2002, 6(2)：182 - 197.

［12］Zaman M F, Elsayed S M, Ray T, et al. Evolutionary algorithms for dynamic economic dispatch problems［J］. IEEE Transactions on Power Systems, 2016, 31(2)：1486 - 1495.

［13］Chen Y, Wei W, Liu F, et al. A multi-lateral trading model for coupled gas-heat-power energy networks［J］. Applied Energy, 2017, 200(1)：180 - 191.

［14］Lv T, Ai Q, Zhao Y. A Bi-level multi-objective optimal operation of grid-connected microgrids ［J］. Electric Power Systems Research, 2016, 131(1)：60 - 70.

［15］Baziar A, Kavousi-Fard A. Considering uncertainty in the optimal energy management of renewable micro-grids including storage devices［J］. Renewable Energy, 2013, 59(6)：158 - 166.

［16］Wu L, Shahidehpour M, Li T. Cost of reliability analysis based on stochastic unit commitment ［J］. IEEE Transactions on Power Systems, 2008, 23(3)：1364 - 1374.

［17］Pourahmadi F, Fotuhi-Firuzabad M, Dehghanian P. Application of game theory in reliability centered maintenance of electric power systems［J］. IEEE Transactions on Industry Applications, 2017, 53(2)：936 - 946.

［18］Ruszczyński A, Shapiro A. Stochastic programming models［J］. Handbooks in Operations Research & Management Science, 2003, 10(3)：1 - 64.

［19］张宁,王毅,康重庆,等.能源互联网中的区块链技术：研究框架与典型应用初探［J］.中国电

机工程学报,2016,36(15)：4011-4022.

[20] 袁勇,王飞跃.区块链技术发展现状与展望[J].自动化学报,2016,42(4)：481-494.

[21] 陈一稀.区块链技术的"不可能三角"及需要注意的问题研究[C].北京：中国学术期刊电子出版社,2016(2)：1720.

# 8 能源互联的未来发展趋势

## 8.1 我国能源战略

能源是现代化的基础和动力,能源供应和安全事关我国现代化建设全局。21世纪以来,我国能源发展成就显著,供应能力稳步增长,能源结构不断优化,节能减排取得成效,国际合作取得新突破,建成世界最大的能源供应体系,有效保障了经济社会持续发展。同时,随着政治、经济格局的调整,能源供求关系也发展了变化。我国能源资源约束日益加剧,生态环境问题日益突出,能源发展面临着一系列的挑战;另一方面,我国可再生能源、非常规油气和深海油气资源开发潜力很大,能源科技创新取得新突破,能源发展也面临着新的机遇。

我国的能源战略以开源、节流、减排为重点,确保能源安全供应,努力转变能源发展方式,不断调整优化能源结构,创新能源体制机制,着力提高能源利用效率,严格控制能源消费过快增长,着力发展清洁能源,推进能源绿色发展。

清洁低碳、安全高效,是现代能源体系的核心内涵,也是对能源系统如何实现现代化的总体要求。我国发布的《"十四五"现代能源体系规划》(下文简称《规划》)主要从3个方面推动构建现代能源体系。

增强能源供应链安全性和稳定性。"十四五"时期将从战略安全、运行安全、应急安全等多个维度,加强能源综合保障能力建设。《规划》提出,到2025年,国内能源年综合生产能力达到46亿吨标准煤以上,原油年产量回升并稳定在2亿吨水平,天然气年产量达到2300亿立方米以上,发电装机总容量达到约30亿千瓦。

推动能源生产消费方式绿色低碳变革。"十三五"时期,我国能源结构持续优化,煤炭消费比重下降至56.8%,非化石能源发电装机容量稳居世界第一。"十四五"时期,重点做好增加清洁能源供应能力的"加法"和减少能源产业链碳排放的"减法",推动形成绿色低碳的能源消费模式。

提升能源产业链现代化水平。进一步发挥好科技创新引领和战略支撑作用,增强能源科技创新能力,加快能源产业数字化和智能化升级,推动能源系统效率大幅提高,全面提升能源产业基础高级化水平和产业链现代化水平。《规划》提出,锻造能源创新优势长板,强化储能、氢能等前沿科技攻关,实施科技创新示范工程。

目前,我国能源战略的主要任务集中在以下五个方面。

(1)增强能源自主保障能力。一方面,推进煤炭清洁、高效开发利用,稳步提高国内石油产量,大力发展天然气;同时,积极发展能源替代,加强储备应急能力建设。

(2)推进能源消费革命。调整优化经济结构,转变能源消费理念,强化工业、交通、建筑节能和需求侧管理,严格控制能源消费总量过快增长,不断提高能源使用效率,推动城乡用能方式变革。

(3)优化能源结构。积极发展天然气、核电、可再生能源等清洁能源,降低煤炭消费比重,提高天然气消费比重,推动能源结构持续优化。

(4)拓展能源国际合作。统筹和利用国内和国际两种资源、两个市场,加快制定利用海外能源资源中长期规划,着力拓展进口通道。

(5)推进能源科技创新。按照创新机制、夯实基础、超前部署、重点跨越的原则,加强科技自主创新,鼓励引进消化吸收再创新,打造能源科技创新升级版,建设能源科技强国。

为保障能源的稳步发展,需要进一步深化能源体制改革,完善现代能源市场体系,推进能源价格改革,深化重点领域和关键环节改革,健全能源法律法规,进一步转化政府职能,健全能源监管体系。同时,健全和完善能源政策,完善能源税费政策,完善能源投资和产业政策,完善能源消费政策。

经济的高速发展促使能源需求越来越大,而我国目前在能源方面过度依赖化石燃料,导致在资源的可持续供应和发展上存在很大压力。虚拟电厂、区域综合能源配用电系统等作为多种能源的聚合形式,其发展和推广将会对我国能源战略产生积极的影响。

另一方面,国际能源新形势对我国能源发展也带来了挑战,并与能源领域长期和短期的固有矛盾相互交织,构成了影响我国未来能源发展的突出问题,使我国能源发展面临着很大的挑战。

(1)资源约束加剧。我国人均能源资源拥有量在世界上处于较低水平,煤炭、石油和天然气的人均占有量仅为世界平均水平的67%、5.4%和7.5%。近年来能源消费总量增长较快,随着未来经济发展和城镇化的提速,我国近中期能源消费还将继续增长,资源约束矛盾将加剧。

(2)环境承载力不足。化石能源特别是煤炭的大规模开发利用,对生态环境造成严重影响。大量耕地被占用和破坏,水资源污染严重,二氧化碳等有害气体排放量大。在未来相当长时间内,化石能源在我国能源结构中仍占主体地位,我国能源发展迫切需要能源绿色转型。

（3）能源效率不高。能源结构不合理，能源技术装备水平低，单位产值能耗远高于发达国家，第二产业能耗比重过高。单纯依靠增加能源供应，难以满足持续增长的消费需求。

（4）能源安全形势严峻。近年来，我国石油生产和消费之间的缺口不断扩大，石油对外依存度逐渐增加，与此同时，我国油气进口来源相对集中，且受地缘政治和局部冲突影响，远洋运输能力不足，能源储备规模较小，能源保障能力脆弱。

（5）体制机制亟待改革。能源体制机制深层次矛盾不断积累，煤、电矛盾反复发作，天然气和发电企业的政策性亏损严重，新能源并网消纳和分布式能源发电上网受到电力体制制约，价格机制尚不完善。

针对上述问题，我国能源发展战略实施了以下对策：培养节能意识；加强对开发利用新能源和可再生能源的认识；借鉴国外先进技术和经验，加速能源结构调整；修订和制定能源政策；采用法律和经济手段，促进能源发展战略的实施。

虚拟电厂、区域综合能源系统等能源细胞主体作为一种新型能源聚合方式，为分布式能源提供了一种新的能源利用方式，同时，其聚合的分布式能源多为清洁能源；加之综合能源系统和多能耦合技术的发展和进步，促进了清洁能源的有效利用，有助于打破化石能源在我国能源利用方面的绝对占比，一定程度上改变我国的能源结构，这对我国新型能源战略的实施和改进有一定的促进和推动作用。

一方面，综合能源系统能够促进节能降耗，提高综合能源利用率。综合能源系统能够实现多种分布式能源的相互协调配合，有利于减少能源浪费，实现个体的有效利用及整体资源的优化配置。综合能源系统可整合分布式能源与传统能源，使二者进行协调合作，提高分布式能源的利用率，同时尽可能减少传统能源的浪费，达到节能降耗、提高能源利用率的目的。

另一方面，综合能源系统也有助于提高可再生能源利用率，促进能源结构调整。综合能源系统整合的大部分分布式能源均为清洁能源，其发电对环境无污染，可缓解环境污染的现象；与此同时，综合能源配用电技术的发展和应用促进了传统资源与新型能源的协调合作，形成了能源利用新方式，促进了我国能源结构的调整。

## 8.2　能源市场监管

能源监管是指国家基于国家或社会公共利益的需要，通过有关国家机关、政府部门或其他授权的机构，对能源部门的有关活动进行规制、管理、监督和处理的活动。

　　我国能源管理体制几经变迁。能源机构变革历经电力部、煤炭工业部、石油部、能源委、燃料工业部、能源部、发改委能源局和国家能源局。从能源管理体制演变进程来看，其过程可以分为两个阶段：第一阶段是在改革开放之前，以能源部门为基本单元多次分合，但保持政企合一、高度集中的特质；第二阶段，是在市场改革进程中，政企逐步分开，能源管理职能随市场调整，期间伴随利益博弈。2013年，在新的一轮机构改革中，国家能源局、电监会的职责进行整合，重新组建了国家能源局，进而完善能源监督管理体制，不再保留电监会。改革后，国家能源局继续由发改委管理。

　　能源监管架构主要从以下几个方面进行规定[1]：能源监管的范围、政府监管的原则及措施，以及能源监管过程中的多重目标的协调配合。

　　能源监管的主要范围：因过度竞争而需要监管的领域、因信息不充分而需要监管的领域、因巨大投入产业和资源浪费而需要监管的领域、因垄断而需要监管的领域、因意外利润而需要监管的领域、因内部成本外部化而需要监管的领域、因重要生活性产品的稀有而需要监管的领域、因实施标准化而需要监管的领域、因应对投机性操作市场而需要监管的领域。

　　政府监管需遵循一定的原则和措施。政府监管的原则主要包括不干预完全竞争市场，预防和纠正市场失灵现象，促进经济发展，保障国家安全、社会公平和生态健康，尽量采取间接干预措施以及灵活性这六项原则。在监管措施的采取上，政府或其主管机构的主要做法：对于过度竞争，采取反对不正当竞争的监管措施；对于信息不充分，要求各方全面、充分、客观的披露信息，并在必要时由政府组织信息收集和披露；对于巨大投入产业和资源浪费，监管措施往往是只许可一家或少数企业进行经营；对于垄断，在拆分垄断企业不造成资源浪费的情况下，对垄断企业进行所有权拆分或者法律拆分，在拆分造成资源浪费时，进行财务拆分或会计拆分；对于意外利润，通过控制国内价格避免出现过高的意外利润，征收意外利润税，在出口管理方面，对于出口能源产品按受控制的国内价格与国际市场价格之差征收出口税；对于内部成本外部化，建立和制定有关空气、水、土地、汽油等的标准是常用的监管措施；对于稀有重要生活性产品或服务的不公平分配，实施能源普遍服务制度、限制或者禁止能源产品的出口；对于非标准化，实施标准化制度；为了应对道德风险，对能源领域有关的上游、中游和下游事项进行监管。

　　国家实施能源监管往往有多重目标，包括促进经济发展、确保国家安全、保障民生以及保护生态环境等。在能源监管的过程中，需注意多重目标之间的矛盾，实现多重目标之间的协调稳定配合，在保障国家安全的基础上，实现经济、环境、国民生活质量等多方面的共同进步，达到多重目标共同进步的目的。

　　在能源互联的背景下，未来在电力或能源联合市场的监管将重点关注如下方面：

（1）因过度竞争需要的监管。

所谓过度竞争，是指在竞争过程中，出于竞争的需要，众多卖方将价格相继降低到低于成本的过低水平，导致相互竞争的大部分企业歇业时或资源严重浪费时而出现的市场缺陷。

虚拟电厂的发展为传统能源和新型能源之间的竞争提供了一个平台，虚拟电厂整合分布式能源，解决了分布式能源大规模并网的问题。而随着逐渐开放的市场，传统能源和分布式能源之间存在着竞争。传统资源发电成本相对较低，但不具备清洁性，而大部分分布式能源发电成本较高且具有清洁性，在市场规则不够完善的情况下，可能出现传统能源和新型能源过度竞争，进而导致整个市场出现资源浪费或部分发电企业经营破产的局面。这需要国家制定完善的市场规则以及监管措施，从而避免由于过度竞争导致的市场缺陷。

（2）因信息不充分需要的监管。

在完全竞争的市场中，往往会出现信息不充分的问题。其原因如下：① 在市场全球化的背景下，收集和传播信息需要成本仍处在很高的水平；② 出于在讨价还价中取得优势地位的考虑，企业可能不向消费者提供信息；③ 尽管作为群体性的消费者在政治和经济方面可能具有获取信息的兴趣和资金，但单个的消费者则不然。

随着电力市场的逐渐开放以及虚拟电厂等成员主体的发展，在售电侧可能出现众多售电商，用户需根据自己的用能需要选择不同的售电商，在这种情况下可能存在某些售电商不提供信息的情况。为了确保消费者能够及时获取全面、详细和真实的信息，保证消费者选择符合自己意愿或适合自己消费能力的能源产品或服务，不支付不合理的高价，需要在能源信息收集和传播方面进行监管。

（3）因垄断而需要的监管。

在某种产品的一个或少数供应商完全排他性地占有一个市场，且没有其他替代者的情况下，就会出现垄断现象。在虚拟电厂等成员的发展过程中，由于其提高了分布式能源的竞争力，促进了传统能源和新型能源之间的竞争，可能导致过度竞争而引起的垄断，这不仅会对整个市场造成一定的损失，公众利益也会由于垄断价格而发生损失，国家应该通过制定合理的监管制度避免垄断现象的发生。

（4）因实施标准化而需要的监管。

在能源生产和消费领域，能源产品需要执行一定的标准。一方面，数量相当的标准有助于提高效率；另一方面，当一个或少数能源企业控制某一市场，就没办法制定广泛应用的标准。以虚拟电厂为例，其内部包含多种类型的发电单元和用电单元，其标准相较于传统电厂存在一定差异，且在虚拟电厂应用于电力市场时需进行一定标准的制定，过多或过少的标准都会导致成本的增加和资源的浪费。因此，为了确保虚拟电厂标准化，进行监管就成为了必不可少的事项。

（5）应对投机性操纵市场而需要的监管。

正常的投机是市场所允许的，有时似乎还是必要的。但是，操纵市场性的投机则因其严重扭曲市场、不能反映基本供求而对市场造成严重损害。随着电力市场的进一步放开，虚拟电厂、负荷聚集商等可作为售电商参与售电侧竞争，可同时作为生产者又可作为消费者。因此，虚拟电厂参与市场竞争时存在多种可能性，为确保市场不被扭曲，打击操纵市场性的投机，应对投机性操作的可能性而进行监管是有必要的。

## 8.3　能源生产和消费模式

### 8.3.1　能源生产模式

1）我国能源生产现状

21世纪以来，世界各国在能源资源方面的竞争愈加激烈。为了更好地保证自身的能源供应，许多国家都在积极地开发和利用新能源资源。与此同时，传统能源的大量使用所带来的全球气温上升、大气污染等环境问题，也使得新能源的开发和利用成为了未来能源发展的重要方向。

目前，我国的生产和消费结构仍然以碳能源为主，包括风能、水能、太阳能在内的新能源在我国能源结构中只占少量份额[2]。

以煤炭为主的能源结构是我国长期发展新能源模式的制约因素。在能源结构上，我国是少数几个以煤炭为主要能源原料的国家之一，煤炭在我国的能源消费中的比例仍然很高。目前以煤为主的能源结构在我国未来的一段时间内是不会发生根本性改变的。

我国新能源的发展在资金和技术方面面临着一定的压力。以太阳能为例，即使受到政府相关政策的扶持，但由于地理环境、技术条件、成本等因素的制约，许多地区的太阳能产业发展仍然举步维艰。

另一方面，我国传统能源占据着能源市场的主导地位，并且成本相对新能源成本低了许多。消费者偏向使用传统能源的既有生活习惯的影响也有消费水平的制约。我国目前所处的发展阶段与发展低碳的经济之间还存在一些矛盾。

以2006—2015年我国能源消费相关数据来分析，由表8-1可以看出，煤炭的比重在十年间呈现下降趋势，但是仍然占主导地位，石油的比重基本上趋于稳定水平，仅次于煤炭比重占据能源整体占比的第二位。天然气及风电、水电和核电等其他能源的比重均呈现上升趋势，其整体比重和石油的比重基本持平。表8-1也表明我国新能源的发展前景良好，虽然体量和传统能源相比还是很悬殊，但是从传统能源比重不断下降的趋势来看，新能源赶超传统能源指日可待。

表 8-1 能源消费总量及构成

| 年　份 | 能源消费总量及构成 | | | | |
| --- | --- | --- | --- | --- | --- |
| | 能源消费总量（万吨标准煤） | 占能源消费总量的比重/% | | | |
| | | 煤　炭 | 石　油 | 天然气 | 一次电力及其他能源 |
| 2006 | 286 467 | 72.4 | 17.51 | 2.7 | 7.4 |
| 2007 | 311 442 | 72.5 | 17.0 | 3.0 | 7.5 |
| 2008 | 320 611 | 71.5 | 16.7 | 3.4 | 8.4 |
| 2009 | 336 126 | 71.6 | 16.4 | 3.5 | 8.5 |
| 2010 | 360 648 | 69.2 | 17.4 | 4.0 | 9.4 |
| 2011 | 387 043 | 70.2 | 16.8 | 4.6 | 8.4 |
| 2012 | 402 138 | 68.5 | 17.0 | 4.8 | 9.7 |
| 2013 | 416 913 | 67.4 | 17.1 | 5.3 | 10.2 |
| 2014 | 425 806 | 65.6 | 17.4 | 5.7 | 11.3 |
| 2015 | 430 000 | 64.0 | 18.1 | 5.9 | 12.0 |

　　我国能源的价格机制设定仍然不尽合理。传统能源产业由于原材料市场饱和，所以其能源价格较低，而新能源产业的能源价格在成本压力下高于传统能源价格。因此，必须重构能源的价格形成机制。在市场经济的条件下，除了让市场供求自行决定能源价格，促进能源利用率的提高之外，政府也要对能源价格机制进行调整。在市场上自发确定的能源价格并没有包含能源价格的全部构成，能源价值不能反映出能源的真实价格。为此，应当在市场已经形成价格的基础上，适时、适度地对整个能源市场价格进行调整，从而使传统能源价格和新能源价格分别呈现降低趋势和增长趋势，最终达到一个均衡点，进而新能源产业取代传统能源产业。

　　我国发展新能源资源有着比较强的优势：第一，在新能源资源中，我国的太阳能资源非常广泛，其安全清洁且能够循环利用的特点，可以减少对环境的污染。同时，我国太阳能资源的利用及开发技术相对较成熟，比如太阳能热水器、太阳能光伏产业以及太阳能热发电等技术都具有广泛的应用意义[3]。第二，我国沿海地区的风能资源相对较为丰富，而且具有较高的发电效率。当前我国许多地区都在积极建设风力发电站，这样可以减少对传统煤炭发电的依赖性，提升我国电力能源的清洁性。第三，我国核能产业发展已经具有三十多年的历史，已建成秦山核电站和大亚湾核电站等大型核电站，初步形成了一定的核电工业基础。发展核电站不仅有利于我国的能源安全,还能减少煤炭化石能源对生态环境的污染,节约环境治理成本。第四,我国河流众多,且地势落差也比较大,水能资源蕴含量非常丰富。而且我国有着较长的水能资源利用历史,水能资源的开发技术较为先进。从整体上看,我国能源产业正快速健康发展,虽然我国新能源产业发展时间短,但新能源发电速度持续上升,风电行业的发展速度仍保持一个较高的增长量,核能和太阳能发电也处于快速发展的状态。

除此之外,我国政府对新能源推出了新的示范措施,颁布了私人补贴等政策,同时拓宽了试点范围[4]。在政策的引导下,我国新能源标杆上网消费市场已经启动,在网络技术支撑下,新能源设施的建设也得到了迅速发展,以新能源标杆上网为发展战略指导,积极投建相关基础设施,得到了社会各界的普遍响应。新能源产业前期发展较慢,需要国家提供补贴支持,当然产业最终的发展还是要依靠市场及产品质量。目前,许多新能源标杆企业的利润主要是通过政府提供高额的补贴,一些企业整体营业情况不佳,而政府为这类企业提供高额的补助,让企业能够迅速提升自身利润,当企业对政府补贴产生依赖性,将影响自身创新发展,使得企业无法向前发展。

2)传统能源发展的影响

随着环境污染、能源紧缺等问题日益严重,绿色、环保的清洁能源成为了能源利用和开发的新方向。然而,新能源分布较为松散、容量较小,且出力具有随机性,这在一定程度上限制了其发展。虚拟电厂等分布式资源聚合体可以通过分布式能源的有效聚合和最优化调度,增加新能源的消纳能力。虚拟电厂通过合理协调分布式能源和传统发电资源,促进二者优势互补,既能保证一定程度的清洁能源占比,又保证电能的稳定性和可靠性。

近几年电力供应呈现出尖峰时刻供电短缺,低谷时段出现大量容量闲置的特点。这种现象不仅增加了供电成本,而且导致了大量的污染排放。因此,如何调整用户的用电习惯、降低峰谷差、提高用电负荷率以及节能减排成为了电力行业急需解决的问题。能源细胞主体可通过整合需求侧资源,使得需求侧的用户单元在某些特定情况下成为发电单元,利用用户的用电弹性,缓解峰荷时段电力供应紧张的情况,对于降低发电上网电价、促进电力系统经济和安全运行具有积极的作用[5]。除此之外,在能源互联背景下,能源细胞主体可以利用系统内部的多能耦合设备和用户多能源负荷的耦合特性,设计基于综合能源需求响应的多方互动机制,可实现全局的用能优化。

3)分布式能源发展趋势

我国分布式能源的发展主要受两方面因素的限制,一是分布式能源分布较为分散、单个分布式能源容量较小、且分布式能源出力具有随机性;另一方面,部分分布式能源产业的前期投入成本较高,其能源价格比传统能源高,在电力市场中的竞争力较弱。

虚拟电厂等市场参与成员的发展使得分散的分布式能源并网问题得到了有效的解决,促进了分布式能源的大规模开发和利用,使得多种分布式能源之间能够更好地协调合作,从而提高能源的利用效率。

除此之外,随着电力市场的逐渐开放,虚拟电厂等市场参与成员可作为中间商,为分布式发电资源和负荷用户提供双向互动的平台,构建新的消费模式。虚拟电厂通过新的增值服务业务吸引更多的分布式能源和负荷用户参与,并通过智能调控技术增强分布式能源在市场中的竞争力,从而促进分布式能源的进一步开发和利用。因此,虚拟电厂、微电网等分布式资源聚合体为分布式能源自身发展以及分布式能源与传统能源之间的协同合作提供了更广阔的空间,缓解了传统能源的压力,同时也为新能源发展提供了可能性。

## 8.3.2 能源消费模式的发展趋势

能源互联的发展有利于构建新型电力消费模式,催生新的增值业务需求,在电力消费终端,可实现精准感知、实时响应需求,完善现有业务并拓展增值服务。

1) 常见电力消费模式

由于电能及电能产业的特殊性,电力市场与传统市场存在一定的差异。第一,电能难以存储,生产和消费必须即时平衡;第二,电能的生产、传输、消费必须通过电网完成,因此具有鲜明的网络产业特征;第三,电能产业与国民经济各部门息息相关,属于国民生产生活的刚性需求。

电力市场实质是通过建立一个具有竞争性和自由选择关系的电力系统运营环境来提高整个电力工业的经济效益,竞争和选择是市场机制相互依存的两大重要因素。依据竞争和选择的不同程度,可以把电力市场模式分成 4 种类型。

(1) 完全垄断型模式。

完全垄断型模式是指在发、输、配和供电四个领域均是垄断的。它的基本特点是整个电力工业是一个纵向高度集成的系统,这是在电力市场出现前电力企业普遍采用的模式。在规模经济仍可能获得效益的小系统中,趋向于保持垄断经营。

(2) 买电型模式。

买电型模式是将竞争引入到电力工业的最初级模式,在这种模式下,电力系统各发电厂与电网分开,成为独立法人,发电市场存在唯一的买电机构,各发电公司相互竞争,但不允许通过输电网将电直接卖给最终用户。在这种模式下,在发电领域引入竞争机制允许多种经济成分、多种所有制形式的电厂存在;电网运营管理机构成为电网运行中枢;配电公司存在竞争和专营两种运营模式;各电网之间通过电网运营管理机构进行电力交易;引入投标机制与国家宏观调控。

（3）批发竞争模式。

批发竞争模式又称批发市场竞争模式或批发竞争、输电网开放、多个购买者模式。其主要特点:发电领域引入竞争机制体现在发电厂建设和运营两方面,发电厂所发的电可直接卖给配电公司或大用户;输电网络向用户开放并提供输电服务;配电公司或大用户获得选择权,但配电网仍不开放;买卖双方共同承担市场风险。在此阶段,市场更多地允许发电商与售电公司通过合同方式实现交易。批发竞争模式被认为是一种过渡模式,对于拥有复杂电力系统的发达国家,在采用零售竞争模式之前,往往会采用批发竞争模式,并在之后的发展中逐渐向零售竞争模式过渡。

（4）零售竞争模式。

零售竞争模式又称直销型模式或完全竞争模式。在此模式中用户获得了选择权,发电环节和零售环节都是比较完全的竞争。其特点是独立发电公司直接接受用户选择,同时也获得了选择用户的权力;所有用户都获得了选择权;发电、零售与输配电领域完全独立,配电和输电网络均向用户开放;出现了供电零售公司;电网交易中心不再是买电机构,实际上变成了拍卖商或经纪人,买卖双方签订的所有交易都必须通过电网输送。

随着电力市场的逐渐开放,电力市场中发电、输电、配电各环节的独立性更强,用户也获得了更多的选择权。国内外学者对于开放电力市场模式下的用户消费行为进行了研究。文献[6]对基于峰谷电价机制的用电消费模式进行了研究,以工业企业用电习惯作为切入点,通过对不同企业的用电成本进行分析比较,为企业提供了调整班制的方案选择。文献[7]围绕电能商品附加值、从总结统一调配方式下电能质量服务下手,在分析现行电能商品差价式零售业雏形的基础上提出了基于电力超市模式的配用电新概念。在未来的电能商品市场中,电能客户设备不断复杂化,电能不再单向流动,电能零售商可以就地购买用户提供的性价比高的过剩电能,并卖给其他用户,整个配电系统形成一个电能随意流通并富含各种性价比的商品流通渠道。文献[8]提出了一种新模式,即独立电力系统模式。独立电力系统是指与传统互联电力系统之间没有电气连接的电力系统,其电能的生产、传输和消费一般在特定区域内完成,独立电力系统提倡电能的就地生产和消费,避免远距离送电,同时支持根据用户需求定制系统的组成和构架。

2）能源消费模式的发展趋势

随着各种分布式能源的大量开发和利用,以及市场参与主体类型的逐渐丰富,能源的消费模式也发生了一定的变化。未来的能源消费模式将向如下三个方向发展：

第一，各类用能终端的灵活接入。依托信息技术，实现配用电信息的采集与处理，构建智能化电力运行监测、管理技术平台，使电力设备和用电终端进行双向通信和智能调控，实现分布式电源与电动汽车等终端设备及时有效接入，形成开放共享的能源网络。

第二，多样化业务需求。随着电力市场的逐渐开放，虚拟电厂等市场参与成员能满足实现客户用电管理优化、用能实时分析和预测、合同能源管理、需求侧响应服务等需求，并可提供用电增值服务，与客户分享增值收益。

第三，生产者与消费者之间的多方互动。虚拟电厂将风电、光伏、电动汽车等分布式能源和工业、建筑、居民等消费端紧密连接，实现生产者与消费者能量流、信息流的双向互动，推动发、输、配、用电各环节创新产品服务和商业模式，加快向开放、共享、互动、绿色的电力系统转型升级。

为促进分布式能源的利用，增加分布式能源的竞争力，需要进一步完善能源消费政策，实行差别化能源价格政策，同时加强能源需求侧管理，推行合同能源管理，培育节能服务机构和能源服务公司，实施能源审计制度。

## 8.4　市场运营机制与商业模式

随着我国电力体制改革的进一步推进，未来电力和能源市场环境将向着开放、兼容、智能的方向发展。电力现货交易市场将全面开放，各类主体之间的交互更加广泛；电动汽车规模将进一步增大，电动汽车聚集商将成为重要的市场参与主体；工业生产的碳排放要求也将越来越严格。这些变化将对市场参与成员和各类终端产能、用能主体之间的合作/非合作关系产生重大影响，从而产生新型的运营机制和商业模式。

### 8.4.1　现货市场

国家发展改革委、国家能源局发布的《"十四五"现代能源体系规划》指出，加快构建和完善中长期市场、现货市场和辅助服务市场有机衔接的电力市场体系。进一步向社会资本放开售电和增量配电业务。推动非化石能源发电有序参与电力市场交易，试点开展绿色电力交易。引导支持储能设施、需求侧资源参与电力市场交易。同时，加快完善天然气市场顶层设计，构建有序竞争、高效供应的天然气市场体系，完善天然气交易平台。完善原油期货市场，适时推动成品油、天然气等期货交易。

在售电侧开放的机制下，各电力用户可自由选择售电商代理自身的购电业务。

虚拟电厂、微电网等成员包含用户柔性负荷、CCHP、储能等可控资源,其运营商可将整个系统的用户和其他可控资源集成起来,形成一个聚集体,参与到电力现货市场和日前能量/辅助服务市场的竞价中,并获取收益。

虚拟电厂、微电网、负荷聚集商等参与现货市场竞价的盈利模式,与现有的盈利模式相比,在与外部互动的盈利模式上有所不同,具体体现如下。

① 市场参与主体根据其聚合的需求响应资源,初步估计可削减容量及削减成本,并基于预测的次日发电/负荷曲线,参与日前的电力能量市场和辅助服务市场竞价。在竞价交易完成后,形成日前或实时调度计划,竞价成功的需求响应资源按照调度计划进行负荷削减,为系统提供辅助服务,并获取容量收益和电量收益。

② 在实时运行中,如果电力现货价格过高(例如,远高于用户的失负荷成本),该主体运营商可以临时发布新的互动需求,削减负荷以避免高额电费支出,降低用户用电成本;或参与实时市场的竞价,提交削负荷报价(相当于卖电投标),并获取相应收益。

## 8.4.2　能源共享

共享经济具有很强的资源优化配置能力,能够显著提升社会能效,近年来共享经济的商业模式已在全球范围内开展了广泛实践。目前,共享商业模式已经逐步延伸到能源领域,未来随着共享经济与能源互联网的深度融合,还将产生更多的经济形态。

共享经济是指拥有闲置资源的机构或个人,将资源使用权有偿让渡给他人,让渡者获取回报,分享者通过分享他人的闲置资源创造价值。其本质是资源的拥有者在某段时间内让渡资源的“使用权”,使其暂时成为“公共资源”,供有需要的人使用,即使用者在不拥有资源“所有权”的前提下得以使用该资源,即实现了资源“所有权”和“使用权”的两权暂时分离。

在综合能源系统中,分布式可再生能源如太阳能、风能、水力能、地热能、生物质能、波浪能和潮汐能等分散在各处,它们之间通过智能电网进行连接并完成信息交互,以维持社会能源供给与可持续经济发展。这些分布式可再生能源大部分是免费的,并且采取彼此平等协作的形式而不是垂直的控制机制。这种新的扁平化的能源体制将带来一场新的分布式和协作式的工业革命,并形成财富的分布式共享,促使能源生产与利用的民主化。

在共享经济下,商业模式也将发生变化,买卖双方对立的关系被生产者和用户的平等协作关系取代,买方同时也是卖方,个体利益包含在共享利益中。在共享经济中,闲置资源是第一要素,也是最关键的要素。它是资源拥有方和资源使用方实现资源共享的基础。共享经济概念下的闲置资源可以理解为：该资源原本为个人或组织自身使用，在没有处于使用状态或被占用的状态时，即为闲置资源。在此基础上，能量共享指的是拥有闲置电能的一方有偿暂时让渡电能使用权给另一方，利用闲置电能创造价值的运营模式。

上述定义中能量共享的主体主要包括能够参与需求响应的负荷（如可中断负荷，可平移负荷等），以及产消者、储能等具备一定调节能力的参与者，其主要的实现形式是通过不同参与主体之间设立交易机制以明确闲置资源的管理和使用。在能量共享中，闲置资源指的是优质的生产或调节能力，最终通过电能的实际使用情况进行评估，完成在参与者之间的整个共享过程。

能量共享的两大特征如下：

① 闲置资源的使用者并不拥有该资源。电能的使用者通过共享暂时从电能的拥有者处获得闲置电能的使用权，以比购电更低的成本完成使用目标。

② 如果没有任何主体使用该闲置资源，则该部分资源将被浪费。

因此，能源共享的本质是将一种作为沉没成本的闲置电能进行其他用途的再利用。

实现能源互联网、建立能源电力领域共享经济模式的关键是在现有的可再生能源发电与智能电网技术的基础上，进一步建立信息互联、物理互联与商业互联。

（1）现有技术基础。

在能源互联网中，可再生能源发电扮演了一个关键的角色，不但因为它是普通用户所能够拥有和实现共享的发电资源，也是因为它具有"零边际成本"的特点，还因为它是解决能源环境危机的重要手段。而智能电网技术作为接纳可再生能源和实现电能双向流动、灵活控制的重要支撑平台，也是建立能源互联网的物理基础。当前国家高度重视配电网和微电网发展，国家能源局相继出台《关于推进新能源微电网示范项目建设的指导意见》《配电网建设改造行动计划（2015—2020 年）》，投资进行配电网/微电网建设和改造，无疑将为能源互联网的发展打下良好基础。

（2）未来发展趋势。

① 信息通信技术。

类似于 Uber 和 Airbnb，要实现能源的共享经济，必须建立供需双方信息沟通的平台，即实现信息互联，而这必须基于信息互联网技术来实现。由于能源电力生产、传输和利用的实时性更强，也需要采用先进传感/测量技术来获取实时数据和状态。德国联邦经济和技术部（BMWi）发起了一个名为 E-Energy 的技术创新促进计划（2008 年发起，2013 年完成），建立以信息通信技术（ICT）为基础的未来能源系统，促成整个能源价值链内更大的透明度和更激烈的竞争，可看成能源互联网的雏形。

② 能源互联与综合利用的理论与技术。

在能源与环境危机的背景下,多种形式能源的综合利用已成为必然的趋势,能源互联网不仅要实现电能生产者和消费者之间的共享,也要建立电能与其他能源形式(如热能、化学能)之间的互联和共享,以及实现物理互联,因此相关理论与技术还需要深入研究。工程实际中能源的生产、传输和利用大多采用网络化的方式进行,如电网、热网、燃气网等,其中电能被公认为最便于联网的能量形式。借鉴信息互联网的构成原理与方式,在电网络理论的基础上,也可建立涵盖多种能量形式的能量网络的基本理论,并研发相应装置与设备。分布式供能系统(如冷热电三联供 CCHP 系统)将成为多种能源形式综合利用的关键手段之一。

③ 能源市场交易机制与共享经济模式。

由于能源互联网的关键在于实现能源电力的共享经济模式,因此建立市场机制、实现商业互联至关重要。市场的关键在于赋予供需双方自由竞争、自由选择的权利。美国、英国、德国等都已成功实施电力市场改革。我国也正在积极推动能源生产和消费革命,构建有效竞争的市场结构和市场体系。国务院发布了《关于进一步深化电力体制改革的若干意见》,并先后确定在深圳、蒙西、湖北、安徽、宁夏、云南、贵州七个省区开展以输配电价改革和售电侧市场开放为重点的试点,打破电网垄断,建立发电与售电的商业互联。随着改革的不断推进和深化,在能源电力领域建立共享经济模式的条件也将越来越成熟。

## 8.4.3 云储能

云储能指的是利用其所控制的储能资源为平台用户提供分布式的储能服务。集中式的储能设备和分布式的储能资源都由云储能平台统一运营管理,平台用户通过购买服务的方式获得分布式储能服务。两者之间通过通信和金融系统进行信息和费用的双向传递,依靠电力基础设施实现能量上的相互联系。云储能用户可以购买一定时期内一定功率容量和能量容量的云储能服务使用权。取得云储能使用权之后,用户可以根据自己的实际需求,对云端电池进行充电和放电。云储能用户使用云端的虚拟储能与使用实体储能类似,但与使用实体储能不同的是,云储能用户免去了安装和维护的麻烦,这一切也有赖于通信与控制技术的进步。云储能提供商则根据用户储能需求投资一定量的储能设备,或获得各类分布式储能资源的代理控制权,并综合考虑用户的充电放电需求等信息,产生优化决策的控制策略,进而去控制实际的储能设备进行相应的充放电。此外,云储能提供商通过对储能资源的统一建设、统一调度、统一维护,能够以更小的成本为用户提供更好的储能服务。

储能点对点共享模式中,储能主体以及普通的负荷用户均可根据需求自愿参与其中,在以区块链为底层技术支撑的共享平台上,实现在去中心化条件下的储能主体之间,或者储能主体与普通负荷用户之间的储能控制权的点对点暂时性转移以及承租方对储能的远程充、放电操作。在共享过程中,承租方在某一时间段内获得某储能设备的控制权,包括对储能的充电以及放电控制。每个储能设备均有与其一一对应的储能控制权,只有储能控制权的所有者才具有操作储能设备的权限。需要指出的是,当承租方与出租方达成共享协议,且某储能设备的储能控制权归承租方所有时,该储能设备对于承租方来说相当于是一个虚拟的储能资源,承租方使用的电能来源没有本质上的变化,但是承租方的电费结算却发生了变化,在合理的充、放电规划以及电价机制下,承租方可通过储能共享降低电费,灵活应对电价的波动。

拥有储能设备且有意愿将储能共享给其他人使用的用户(简称"出租方")参与到共享模式时,需要将储能的基本信息以及充、放电特性编写成智能合约,并将该储能合约部署到分布式储能共享联盟链中,将该储能的控制权限交由联盟链托管。承租方将得到一个二十字节的十六进制码,即为该储能合约的地址,这是该储能设备在联盟链中的唯一标识,其他节点可通过该合约地址对储能合约进行访问以及合约函数的调用,以此实现承租方对储能设备的远程操作。

出租方与有储能使用需求的储能主体或者普通负荷用户(简称"承租方")在联盟链外协商并达成一笔储能共享协议后,出租方向管理员合约发送一笔交易,内含共享协议的基本信息。随后,承租方也向管理员合约发送一笔类似的交易,并附带协议中规定金额的以太币,交由管理员合约代为保管。若双方提交的共享协议信息一致,则表明双方确实就该共享协议达成了共识,则管理员合约将该储能设备的控制权所有者由出租方地址改为承租方地址,至此完成了去中心化条件下的储能设备控制权的透明转移。

承租方获得该储能设备的控制权限后,利用储能合约的 ABI 以及合约地址对合约进行访问,通过向合约地址发送交易的方式来实现对储能的远程操作。其中,交易主要包含充、放电控制、功率以及时长等指令。储能设备上的智能开关收到智能合约发出的控制指令后,将严格按照指令的内容执行相应的充、放电操作。

当共享协议到期后,出租方向管理员合约发送一笔交易,内含该储能合约的地址,管理员合约在确定共享协议到期以及承租方对该储能的实际所有权后,将储能设备的控制权所有者由承租方地址改为出租方地址,并将承租方暂存的一定金额的以太币转入到出租方账户中,至此,本次共享协议结束。上述储能点对点共享模式的共享流程如图 8-1 所示。

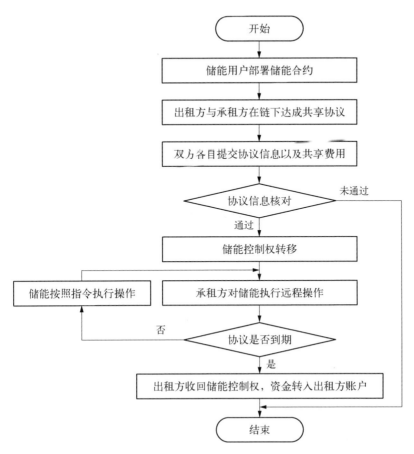

**图 8 - 1　储能点对点共享流程图**

## 8.4.4　电动汽车

随着化石能源的日益消耗,发展电动汽车已是大势所趋。2015 年 11 月,国家发改委出台了《电动汽车充电基础设施发展指南(2015—2020 年)》,旨在鼓励和推动我国电动汽车行业的发展,文件提出,到 2020 年,新增集中式充换电站超过 1.2万座,分散式充电桩超过 480 万个,以满足全国 500 万辆电动汽车充电需求。预计未来我国电动汽车的保有量将出现"井喷"式增长。

单个电动汽车的充电功率较小,但大规模电动汽车的无序充电会使区域负荷峰谷差增大,导致变压器等电力设备的利用率下降,甚至有可能出现变压器容量越限的情况。因此有必要对电动汽车用户的充电行为进行有序的管理。

未来,随着电动汽车车主意识的提高以及 V2G 技术的发展,负荷聚集商、虚拟电厂等市场参与主体都可以将电动汽车负荷作为可控负荷中的重要组成部分和互动手段。大规模电动汽车的充电需求和充电负荷分布呈现出规律性的集群响应特性。基于电动汽车集群的响应行为,可以设计有效引导电动汽车充放电行为的互动调度方案,包括群体充电概率分布模型、电动汽车群体充电电价灵敏度模型以及集群响应实时电价模型,通过电价对电动汽车的充电行为进行有序引导。

### 8.4.5 碳交易

随着"低碳经济"发展的持续升温,经济和社会的可持续发展对工业生产提出了低碳化发展的需求。为了减少碳排放,可以对碳排放进行经济性惩罚,即给碳排放源分配一定的碳排放额度,向碳排放量超出额度的碳排放源收取一定的碳排放税。但收取碳排放税的方式对碳排放的处理过于简单,仅考虑经济性惩罚的措施不够科学合理,碳交易机制则更加市场化,且能促进用户之间的互动,也是目前欧美国家广泛采用的方式。

碳交易是通过建立合法的碳排放权并允许这种权利进行买卖,从而实现碳排放量减少的交易机制。在能源市场中引入碳交易机制,能够有效促进节能减排,降低生产能耗,提高综合能源利用率,也可作为激励用户参与互动的有效手段。

一般而言,每个大用户都分配有一定的碳排放配额。碳配额的分配一般以降低能耗、提高能源利用率为基本目标,有效抑制能耗高的用户过度排放,激励用户以削减负荷或碳交易的方式参与互动,从而达到削峰填谷和提高能源利用率的目标。

虚拟电厂、区域综合能源系统等主体也可在内部建立碳交易平台,供系统内部各用户自由买卖碳排放额度。用能效率高的用户可自由选择将自己多余的碳配额出售给其他用户并获取一定的收益,从而降低自身用电成本;另一方面,碳排放配额不足的用户需要在碳交易市场中购买碳配额以避免罚款,这有利于激励各用户提升自身的用能效率和削减不必要的用电负荷,购买碳配额的费用增加了其用电开支,也能够激励用户参与需求响应项目,通过获取补偿以抵消该部分开支。

## 参 考 文 献

[1] 胡德胜.论我国能源监管的架构:混合经济的视角[J].西安交通大学学报(社会科学版),2014,34(4):1-8.

[2] 丁梦宁.我国新能源产业现状分析及对策[J].城市地理,2016(24):100.

[3] 吴仕业.我国新能源产业发展现状及战略研究[J].华东科技(学术版),2014(2):451-451.

[4] 郝薛妹.浅析 WTO 背景下我国新能源产业补贴现状以及解决措施[J].环球市场,2016(18):7-8

[5] 姜海洋,谭忠富,胡庆辉,等.用户侧虚拟电厂对发电产业节能减排影响分析[C].北京:北京

供热节能与清洁能源高层论坛,2011：37 - 40.

[6] 黄昆彪.基于峰谷电价机制下的用电消费模式的研究[J].电力需求侧管理,2008,10(1)：56 - 58.

[7] 刘兵,阮江军,魏远航,等.基于电力超市模式的配用电新概念[J].电力系统自动化,2007,31(10)：36 - 40.

[8] 陈来军,梅生伟,许寅,等.未来电网中的独立电力系统模式[J].电力科学与技术学报,2011,26(4)：30 - 36.

# 索　引